Kohlhammer

Grundriss der Psychologie

Herausgegeben von Bernd Leplow und Maria von Salisch

Begründet von Herbert Selg und Dieter Ulich

Diese Taschenbuchreihe orientiert sich konsequent an den Erfordernissen des Bachelorstudiums, in dem die Grundlagen psychologischen Fachwissens gelegt werden. Jeder Band präsentiert sein Gebiet knapp, übersichtlich und verständlich!

Eine Übersicht aller lieferbaren und im Buchhandel angekündigten Bände der Reihe finden Sie unter:

 https://shop.kohlhammer.de/grundriss-psychologie

Die Autorinnen

Jutta Kienbaum ist Professorin für Entwicklungspsychologie an der Pädagogischen Hochschule Karlsruhe. Ihre Forschungsschwerpunkte liegen im Bereich der sozio-emotionalen und sozio-kognitiven Entwicklung (Entwicklung von Mitgefühl und von Aufteilungsgerechtigkeit) in Kindheit und Jugend. Ihre Forschung ist u. a. kulturvergleichend angelegt, mit Studien in Russland, der Schweiz und Italien.

Bettina Schuhrke ist Seniorprofessorin für Psychologie an der Evangelischen Hochschule Darmstadt. Ihre entwicklungspsychologischen Forschungsinteressen liegen in den Bereichen sexuelle und Emotionsentwicklung und psychische Störungen bei Kindern und Jugendlichen.

Mirjam Ebersbach ist Professorin für Entwicklungspsychologie an der Universität Kassel. Ihre Forschungsschwerpunkte liegen im Bereich der kognitiven Entwicklung (z. B. mathematische Fähigkeiten, Informationsverarbeitung, Gedächtnis). Zudem beschäftigt sie sich mit der Förderung von nachhaltigem Lernen sowie von umweltbezogenen Einstellungen und Verhalten.

Jutta Kienbaum, Bettina Schuhrke und
Mirjam Ebersbach

Entwicklungspsychologie der Kindheit

Von der Geburt bis zum 12. Lebensjahr

3., aktualisierte Auflage

Verlag W. Kohlhammer

3., aktualisierte Auflage 2023

Alle Rechte vorbehalten
© W. Kohlhammer GmbH, Stuttgart
Grafik (Abb. 2.1, Abb. 2.2): Angelika Kramer
Gesamtherstellung: W. Kohlhammer GmbH, Stuttgart

Print:
ISBN 978-3-17-042765-5

E-Book-Formate:
pdf: ISBN 978-3-17-042766-2
epub: ISBN 978-3-17-042767-9

Geleitwort

Erkenntnisse der Psychologie werden täglich in den Medien transportiert. Junge Erwachsene drängeln sich um einen Studienplatz in diesem Fach. Denn die meisten Fragen der Gesellschaft von Morgen sind nicht ohne die Erkenntnisse dieser Wissenschaft des menschlichen »Erlebens und Verhaltens« zu beantworten. Großbaustellen wie der Umgang mit Pandemien und Kriegsereignissen, die Bewältigung von Digitalisierung und Globalisierung oder der gesellschaftliche Umbau in Richtung Nachhaltigkeit lassen sich im Grunde nur mit dem Wissen über die individuellen und sozialen Mechanismen des Verhaltens und Erlebens, der Analyse ihrer Entstehungsbedingungen und der Entwicklung von Veränderungen auf individueller und Gruppenebene sinnvoll bearbeiten. Psychologie ist zugleich – so eine Analyse der Zitiermuster in über 7000 natur- und sozialwissenschaftlichen Fachzeitschriften – eine von sieben »hub sciences«, (in etwa »Schlüsselwissenschaften«), welche die Debatte zur Gewinnung wissenschaftlicher Einsichten bereichert und enge Verbindungen zu einer Vielzahl von Nachbardisziplinen unterhält: Dazu zählen u. a. die Neurowissenschaft mit der Neuropsychopharmakologie, Psychiatrie, Gerontologie und die anderen Gebiete der Medizin ebenso wie die Gesundheitswissenschaft (»Public Health«), Konfliktforschung, die Sozial-, Bildungs-, Kommunikations-, Sport-, Rechts- und Wirtschaftswissenschaften, die Forensik sowie Marktforschung. Oft übersehen, aber nicht weniger von Bedeutung, sind die eher technisch orientierten Fächer wie beispielsweise die Ingenieurs-, Luft- und Raumfahrt-, Verkehrs- und Arbeitspsychologie (mit »Mensch-Maschine-Systemen«/»Human Factors«). Auch die Umwelt- und Architekturpsychologie, Raum- und Stadtplanung sowie die methodischen Anwendungsfelder der Diagnostik, Intervention, Evaluation und

Sozialforschung kommen nicht ohne spezifisch psychologisches Wissen aus.

Das Studium der Psychologie erfolgt in Bachelor- und Masterstudiengängen, die auf Modulen basieren. Diese sind in sich abgeschlossen und bauen oft aufeinander auf. Sie sind jeweils mit Lehr- und Lernzielen versehen und spezifizieren, welche Themen und Methoden in ihnen zu behandeln sind. Aus diesen Angaben leiten sich Art, Umfang und Thematik der Modulprüfungen ab. Die Bände der Reihe *Grundriss der Psychologie* orientieren sich stark am Lehrgebiet des Bachelorstudiums Psychologie. Seit Einführung der Bachelor-Masterstudiengänge sind jedoch eine Fülle von eigenständigen Bachelor- und Masterausbildungen mit Psychologiebezug hinzugekommen. Auch für diese Wissensgebiete stellt die Grundrissreihe das notwendige psychologische Basiswissen zur Verfügung.

Da im Bachelorstudium die Grundlagen des psychologischen Fachwissens gelegt werden, ist es uns ein Anliegen, dass sich jeder Band der Reihe *Grundriss der Psychologie* ohne Rückgriff auf Wissen aus anderen Teilgebieten der Psychologie lesen lässt. Jeder Band der Grundrissreihe orientiert sich an einem der Module, welche die Deutsche Gesellschaft für Psychologie (DGPs) für die Psychologieausbildung ausgearbeitet hat. Damit steht den Studierenden ein breites Grundwissen zur Verfügung, welches die wichtigsten Gebiete aus dem vielfältigen Spektrum der Psychologie verlässlich abdeckt. Dieses ermöglicht den Übergang u. a. auf den darauf aufbauenden Masterstudiengang der Psychologie und den neuen »Psychotherapiemaster«.

Zugleich können *Angehörige anderer Berufe, in denen menschliches Verhalten und Erleben Entscheidungsabläufe beeinflusst, von einem fundierten Grundwissen in Psychologie profitieren.* Neben Tätigkeiten in den bereits genannten Gebieten betrifft das eine vom Fachjournalismus und allen Medienberufen über den Erziehungs- und Gesundheitsbereich, die Wirtschaft, Produktgestaltung und das Marketing bis hin zu den Angehörigen des Justizsystems, der Polizei und des Militärs, allen Managementfunktionen und Führungskräften der Politik reichende Bandbreite. Bei ethisch vertretbarer Anwendung stellt die wissenschaftliche Psychologie mithin Methoden und Erkenntnisse zur Verfügung, über die sich gesellschaftliche Entwicklungen positiv verändern lassen. Damit kann in einer enormen Zahl auch nicht-klassisch psychologischer Studiengänge und Anwendungsfelder vom Wissen eines Bachelors in Psychologie profitiert werden.

Deshalb auch sind die einzelnen Bände so gestaltet, dass sie psychologisches Grundlagenwissen voraussetzungsfrei vermitteln.

So wünschen wir den Leserinnen und Lesern dieser Bände der Reihe *Grundriss der Psychologie* vielfältige Einsichten und Erfolge in der praktischen Umsetzung psychologischen Wissens!

Maria von Salisch
Bernd Leplow

Inhalt

Geleitwort **5**

Vorwort **17**

1   Grundlagen der Entwicklungspsychologie **19**
   1.1   Gegenstandsbestimmung 20
   1.2   Grundfragen 23
          1.2.1   Anlage versus Umwelt 23
          1.2.2   Kontinuität und Diskontinuität 24
   1.3   Historische Grundlagen der
          Entwicklungspsychologie 25
          1.3.1   Kindheit als eigenständige Lebensphase 25
          1.3.2   Etablierung von kindlicher Entwicklung als
                   Forschungsfeld der Wissenschaft 28
          1.3.3   Theorien zur ontogenetischen Entwicklung
                   des Menschen 29
   1.4   Methoden der Entwicklungspsychologie 37
          1.4.1   Interviews 40
          1.4.2   Beobachtung 40
          1.4.3   Experiment 43
          1.4.4   Kulturvergleich 45
   1.5   Untersuchungsdesigns 46
   1.6   Ethische Aspekte 48
   Zusammenfassung 50
   Empfohlene Literatur 52
   Lernfragen 52
   Bildteil – Der Beginn der Kindheit – Klara und Tobias 53

2 Neurowissenschaftliche Grundlagen der Entwicklung **55**

2.1 Untersuchungsmethoden 55

2.2 Der Aufbau des Gehirns 57

2.3 Prozesse der Gehirnentwicklung 60

    2.3.1 Bildung von Neuronen 61

    2.3.2 Der Aufbau der synaptischen Architektur ... 62

    2.3.3 Myelinisierung 65

    2.3.4 Gehirnentwicklung und Verhalten 65

2.4 Entwicklung und adaptive neuronale Plastizität 66

    2.4.1 Sensorische Repräsentation in kortikalen Karten 67

    2.4.2 Kontrollmechanismen neuronaler Plastizität 68

    2.4.3 Die Rolle von Umwelten für die Hirnentwicklung 69

    2.4.4 Sensible Perioden der neuronalen Entwicklung 71

    2.4.5 Korrektur abweichender Entwicklungspfade 74

Zusammenfassung 75

Empfohlene Literatur 75

Lernfragen 76

3 Wahrnehmung und Motorik **77**

3.1 Die Wahrnehmung 77

    3.1.1 Der Wahrnehmungsprozess 77

    3.1.2 Methoden der Wahrnehmungsforschung 78

3.2 Die Entwicklung der Sinnessysteme 79

    3.2.1 Visuelle Wahrnehmung 79

    3.2.2 Auditive Wahrnehmung 81

    3.2.3 Geruchs- und Geschmackswahrnehmung ... 82

    3.2.4 Vestibuläre und somatosensorische Wahrnehmung 84

    3.2.5 Intermodale Wahrnehmung 85

3.3 Die Motorik 85

    3.3.1 Anfänge der Bewegung – primäre motorische Muster und Reflexe 86

3.3.2 Antriebskräfte der motorischen
Entwicklung 88
3.3.3 Entwicklung ausgewählter motorischer
Funktionen 89
3.4 Praxisthema: Die motorische Leistungsfähigkeit der
Kinder von heute 93
3.4.1 Veränderte Lebenswelt und Bewegung 93
3.4.2 Diagnostik der motorischen
Leistungsfähigkeit 94
3.4.3 Befunde zur körperlichen Leistungsfähigkeit 96
Zusammenfassung 98
Empfohlene Literatur 99
Lernfragen 99
Bildteil – Der Kampf gegen die Erdanziehung 100

4 Sprache und Kommunikation **103**
4.1 Meilensteine des Spracherwerbs 104
4.1.1 Prosodisch-phonologischer Aspekt 104
4.1.2 Lexikalisch-semantischer Aspekt 106
4.1.3 Morphologisch-syntaktischer Aspekt 108
4.1.4 Pragmatischer Aspekt 110
4.2 Einflussfaktoren auf den Spracherwerb 112
4.2.1 Anlage- und umweltorientierte Theorien 112
4.2.2 Spracherwerb und soziale Interaktion 114
4.3 Praxisthema: Bilingualer Spracherwerb 117
4.3.1 Formen der Bilingualität 118
4.3.2 Bilinguale Kompetenz 118
4.3.3 Bilinguale Entwicklung 121
Zusammenfassung 124
Empfohlene Literatur 125
Lernfragen 125
Bildteil – Ich zeig Dir was! 126

5   Soziale Beziehungen und Sozialisation **127**
   5.1   Die Bindungstheorie 127
       5.1.1   Stabilität und Konsequenzen von
           Bindungs(un)-sicherheit 133
       5.1.2   Einflüsse auf die Bindungs(un)sicherheit 134
   5.2   Die Rolle der Peers für die Entwicklung des
       Kindes 137
       5.2.1   Peer-Akzeptanz und Peer-Ablehnung 139
       5.2.2   Folgen der Peer-Ablehnung im Kindesalter   143
   5.3   Praxisthema: Tagesbetreuung in der frühen
       Kindheit 143
   Zusammenfassung 145
   Empfohlene Literatur 146
   Lernfragen 147
   Bildteil – Freundschaft 148

6   Kognition **149**
   6.1   Die strukturgenetische Theorie von Jean Piaget 149
       6.1.1   Grundzüge von Piagets Theorie 151
       6.1.2   Die Entwicklungsstufen nach Piaget 153
       6.1.3   Kritik, pädagogische Bedeutung und
           Weiterentwicklung der Theorie 159
   6.2   Informationsverarbeitung und Gedächtnis 163
       6.2.1   Modelle des Gedächtnisses 163
       6.2.2   Gedächtniskapazität 166
       6.2.3   Gedächtnisstrategien beim Einspeichern und
           Abrufen von Informationen 167
       6.2.4   Metagedächtnis 170
       6.2.5   Vorwissen 170
       6.2.6   Weitere Faktoren, die zur Steigerung der
           Gedächtnisleistung beitragen 171
       6.2.7   Autobiographisches Gedächtnis 172
   6.3   Kategorisierung und Konzeptentwicklung 173
       6.3.1   Konzeptentwicklung im Rahmen intuitiver
           Theorien 174

6.3.2 Merkmalsbasierte Ansätze der
       Kategorisierung 175
6.3.3 Perzeptuelle und konzeptuelle Kategorien .. 175
6.3.4 Fortschritte der Forschungsmethodik 176
6.3.5 Welche Merkmale Kinder für die
       Kategorisierung nutzen 177
6.4 Praxisthema: Spiel 178
Zusammenfassung 181
Empfohlene Literatur 183
Lernfragen 183

7   **Soziale Kognition** **184**
7.1 Theory of Mind 184
      7.1.1 Untersuchungsmöglichkeiten und Befunde
            zur Entwicklung der Theory of Mind 185
      7.1.2 Erklärungen für die Entwicklung der
            Theory of Mind 188
7.2 Moralisches Urteil 189
      7.2.1 Moralische Entwicklung nach Jean Piaget
            (1896–1980) 190
      7.2.2 Moralische Entwicklung nach Lawrence
            Kohlberg (1927–1987) 192
      7.2.3 Neuere Forschung zur moralischen
            Entwicklung 194
      7.2.4 Entwicklung der Aufteilungsgerechtigkeit .. 196
7.3 Praxisthema: Förderung der moralischen
      Entwicklung 198
Zusammenfassung 204
Empfohlene Literatur 205
Lernfragen 206

8   **Emotion und Motivation** **207**
8.1 Emotion 207
      8.1.1 Das Komponenten-Prozess-Modell der
            Emotion und die Entwicklung der Scham .. 208
      8.1.2 Mitgefühl und Tröstbereitschaft 214

8.1.3 Allgemeine Entwicklung von Mitgefühl und
Tröstbereitschaft 215
8.1.4 Differentielle Entwicklung von Mitgefühl
und Tröstbereitschaft 219
8.2 Motivation 223
8.2.1 Leistungsmotivation 224
8.2.2 Allgemeine Entwicklung der
Leistungsmotivation nach Heinz
Heckhausen (1926–1988).................... 227
8.2.3 Differentielle Entwicklung der
Leistungsmotivation 231
8.3 Praxisthema: Förderung von Mitgefühl 235
Zusammenfassung 237
Empfohlene Literatur 239
Lernfragen 239
Bildteil – Auf zu großen Taten! 240

9 Identität und Persönlichkeit 242
9.1 Persönlichkeit und Temperament 242
9.2 Identität und Selbst 249
9.3 Identität und Selbst in der Entwicklung 252
9.3.1 Selbstentwicklung in Säuglingszeit und
früher Kindheit 254
9.3.2 Selbstentwicklung in der mittleren Kindheit 261
9.3.3 Selbstentwicklung in der späten Kindheit ... 262
9.4 Praxisthema: Bedeutung und Förderung des
Selbstwertgefühls 263
Zusammenfassung 266
Empfohlene Literatur 267
Lernfragen 268
Bildteil – Das Ende der Kindheit 269

10 Entwicklungspsychopathologie 270
10.1 Abweichende Entwicklungspfade und psychische
Störungen 271

10.2   Zur Epidemiologie und Ätiologie psychischer
       Störungen 281
10.3   Veränderung im Rahmen der
       Entwicklungspsychopathologie 287
Zusammenfassung 288
Empfohlene Literatur 289
Lernfragen 290

11   Entwicklungsdiagnostik **291**
11.1   Entwicklungstests 294
       11.1.1 Screening-Verfahren 294
       11.1.2 Allgemeine Entwicklungstests 295
       11.1.3 Spezielle Entwicklungstests 295
       11.1.4 Aussagemöglichkeiten von
              Entwicklungstests 296
11.2   Entwicklungsprognose 298
11.3   Fördermaßnahmen 299
11.4   Empfehlungen zum Einsatz von Entwicklungstests   300
11.5   Entwicklungsdiagnostik in der pädagogischen
       Praxis am Beispiel des PERIK 301
Zusammenfassung 307
Empfohlene Literatur 308
Lernfragen 308

12   Entwicklungsorientierte präventive Intervention **309**
12.1   Formen der Intervention 310
12.2   Die Wirksamkeit präventiver Interventionen 315
12.3   Vermeidung von Verhaltensauffälligkeiten und
       psychischen Störungen 318
12.4   Allgemeine Entwicklungsförderung von Kindern ..   324
       12.4.1 Versorgungs-/Large-Scale-Programme 327
       12.4.2 Modellprogramme 331
Zusammenfassung 335
Empfohlene Literatur 336
Lernfragen 336

Literatur **338**

Stichwortverzeichnis **383**

Vorwort[1]

Frühe Kindheit und Kindheit sind Abschnitte im menschlichen Leben, denen von jeher viel Aufmerksamkeit gewidmet wurde und die aktuell – z. b. im Rahmen der Diskussionen um frühkindliche Bildung oder um elterliche Vernachlässigung – einen breiten Raum in der öffentlichen Diskussion einnehmen. Die Entwicklungsprozesse, die in dem Lebensabschnitt stattfinden, den wir in diesem Buch behandeln, sind im Vergleich zu späteren Altersbereichen sehr augenfällig: Ob es sich um die Motorik, die Sprache, das Denken oder Fühlen handelt – alle Aspekte menschlichen Lebens und Verhaltens wandeln sich im Verlauf der Kindheit enorm. Von den faszinierenden Prozessen, die sich in diesem Zeitraum beobachten lassen, handelt dieses Buch.

Es beschäftigt sich sowohl mit Fragen der allgemeinen (Wie entwickeln sich wann welche Fähigkeiten?) als auch der differentiellen Entwicklung (Wie entstehen Unterschiede zwischen Menschen?) von der Zeit vor der Geburt bis zum zwölften Lebensjahr. Unser Anliegen dabei war, einen knappen, aber fundierten Einblick in Fragestellungen, Methoden, Probleme und Erkenntnisse der kindlichen Entwicklung zu geben, wobei wir uns innerhalb der verschiedenen Themenbereiche zwangsläufig auf in unseren Augen besonders aktuelle und interessante Forschungsbereiche beschränken mussten. Da die Erforschung der Kindheit mittlerweile immer mehr zu einem interdisziplinären Feld wird, haben wir z. T. auch Aspekte aus anderen Wissenschaften (z. B. den Neurowissenschaften) aufgenommen. Jedes Kapitel zu einem bestimmten Funktionsbereich wird abgeschlossen durch ein sogenanntes »Praxisthema«, in dem für die pro-

---

1 Aus Gründen der besseren Lesbarkeit wird im Folgenden oftmals die männliche Form verwendet. Es sind dabei alle Geschlechter in gleicher Weise gemeint.

fessionelle Arbeit mit Kindern besonders bedeutsame Aspekte angesprochen werden. Dieser Bezug zur praktischen Arbeit wird ferner durch drei Kapitel aus der angewandten Entwicklungspsychologie verstärkt, die sich mit Entwicklungsdiagnostik, Entwicklungspsychopathologie und Interventionsmaßnahmen beschäftigen.

Das Buch wendet sich an Studierende nicht nur der Psychologie, sondern auch der Lehramtsstudiengänge, der Kindheitspädagogik, der Erziehungswissenschaften, der Sozialpädagogik und der Sozialen Arbeit sowie an interessierte Laien.

Karlsruhe, Darmstadt und Kassel im Juni 2023
Jutta Kienbaum, Bettina Schuhrke und Mirjam Ebersbach

1 Grundlagen der Entwicklungspsychologie

Zum Zeitpunkt von Michaels Geburt war seine Mutter 16, sein Vater 19 Jahre alt. Michael kam als Frühgeburt zur Welt und verbrachte die ersten drei Wochen seines Lebens im Krankenhaus. Sein Vater wurde zu dieser Zeit für zwei Jahre zum Militär eingezogen, so dass Michael zunächst in der Familie seiner Mutter aufwuchs. Als er acht Jahre alt war, ließen sich die Eltern scheiden. Seine Mutter verließ die Familie, und er sah sie nie wieder. Er lebte nun in der Familie der Großeltern väterlicherseits, in der ein eher angespanntes und strenges Erziehungsklima herrschte. Wie würden Sie vor diesem Hintergrund Michaels Zukunftsperspektiven einschätzen?

Mit 18 Jahren erwies sich Michael als selbstbewusster und erfolgreicher junger Mann. Er hatte gute Noten in der Schule, war beliebt bei seinen Freunden, äußerte realistische Ziele für die Zukunft und schaute ohne Bitterkeit auf seine Kindheit zurück. Überrascht?

Michael war eines von 698 Kindern, die 1955 auf Kauai, einer zu Hawaii gehörenden Insel, geboren wurden. Alle diese Kinder und ihre Eltern wurden über 30 Jahre lang von einem entwicklungspsychologischen Forschungsteam untersucht. Die Projektleiterin Emmy Werner und ihre Mitarbeiterinnen und Mitarbeiter erhoben umfangreiche Daten zur Zeit der Schwangerschaft sowie im 1., 10., 18. und 30. Lebensjahr der Kinder (Werner & Smith, 1982). Ein Großteil dieser Kinder wuchs ähnlich wie Michael unter widrigen Bedingungen auf. Viele von ihnen entwickelten ernsthafte Lern- oder Verhaltensstörungen, waren mit 18 Jahren schon bei der Polizei aktenkundig geworden oder hatten Gesundheitsprobleme; bei den Mädchen gab es erste Schwangerschaften. Ein Drittel dieser Risikokinder hatte sich jedoch wie Michael zu jungen Erwachsenen entwickelt, die mit sich und ihrem Leben gut klarkamen – man nennt solche Kinder auch resilient.

Die Frage, wie solche unterschiedlichen Lebensläufe entstehen, gehört zu den faszinierendsten Themen der Entwicklungspsychologie. Wie kommt es dazu, dass einige Kinder trotz widriger Umstände ihren Weg gehen, also »unverwundbar« erscheinen, während andere daran zerbrechen? Welche Faktoren sind hierfür verantwortlich? Ist es eher die genetische Veranlagung der Kinder? Oder spielen kompensierende Umwelteinflüsse die entscheidende Rolle? Kommt es auf das Zusammenspiel von Anlage und Umwelt an? Wenn ja, wie sieht dieses aus?

Dies sind nur einige von vielen spannenden entwicklungspsychologischen Fragen, mit denen wir uns in diesem Buch beschäftigen wollen. Ein Kind in seiner Entwicklung zu beobachten ist für sich genommen bereits äußerst faszinierend. Wie entwickeln sich wann welche Fähigkeiten? Darüber hinaus ist entwicklungspsychologisches Wissen aber auch von großem Nutzen für die Erziehungspraxis. Ist es z. B. schädlich, wenn Kinder unter drei Jahren bereits in außerhäusliche Betreuung gegeben werden? Soll Geld für die Ausweitung außerhäuslicher Betreuung bereitgestellt werden oder nicht? Gibt es sensible Perioden in der Entwicklung von Kindern, in denen spezifische Erfahrungen maximale positive oder negative Wirkungen haben? Auf diese und viele andere Fragen versucht die Entwicklungspsychologie Antworten zu finden.

1.1 Gegenstandsbestimmung

Die Entwicklungspsychologie ist ein Teilgebiet der Psychologie, das sich mit *Veränderungen* und *Stabilitäten* des Verhaltens und Erlebens über die gesamte *Lebensspanne* von der Zeugung bis zum Tod befasst. In diesem Buch konzentrieren wir uns auf einen ganz bestimmten Ausschnitt des menschlichen Lebens – die *Kindheit*. Eine zentrale Frage der traditionellen entwicklungspsychologischen Forschung im Hinblick auf diesen Altersabschnitt lautet: Wozu sind Kinder in welchem Alter typischerweise in der

Lage? Informationen dieser Art sind in mehrfacher Hinsicht wichtig: Zum einen versorgen sie z. b. Eltern und alle Fachkräfte, die mit Kindern arbeiten, mit Anhaltspunkten, was sie von einem Kind in einem bestimmten Alter überhaupt erwarten können. Dies spielt zum Beispiel für die Entwicklung von Lehrplänen in der Schule eine große Rolle. Zum anderen erleichtern sie unser Verständnis der Fragen, wann ein Entwicklungsverlauf als »normal« oder als »abweichend« einzuschätzen ist und welche Art von Intervention von Nutzen sein könnte. Diese Perspektive der Entwicklungspsychologie, die sich mit typischen Entwicklungsverläufen und deren Erklärung beschäftigt, wird auch als *allgemeine* Entwicklungspsychologie bezeichnet. Sie betrachtet Veränderungen und Stabilisierungen, die in bestimmten Lebensphasen als Folge von biologischen Reifungsprozessen und typischen Erfahrungen, die Personen in einem bestimmten Alter mit ihrer Umwelt machen, auftreten.

Einen anderen Ansatz verfolgt die *differentielle* Entwicklungspsychologie. Hier geht es nicht um normative Entwicklungsverläufe, die bei einer Mehrheit von Personen eines bestimmten Alters zu beobachten sind, sondern um die Frage, ob und warum es Unterschiede zwischen Personen der gleichen Altersgruppe gibt. Warum ist das sechsjährige Kind X wesentlich aggressiver als das sechsjährige Kind Y? Welche Faktoren innerhalb (z. B. Persönlichkeitsunterschiede) und außerhalb der Person (z. B. Kultur, Schule, Elternhaus) führen zu der Entstehung interindividueller Unterschiede? Dabei ist es wichtig, zu beachten, dass Kinder nicht als passive Empfänger von Umwelteinflüssen betrachtet werden, sondern dass sie ihrerseits auch die Personen und Situationen beeinflussen, mit denen sie zu tun haben.

Dieser Umstand wird in einer Studie von Keller und Bell (1979) veranschaulicht: Psychologiestudentinnen wurden angewiesen, in vier kurzen Einzelsitzungen ein neunjähriges Mädchen dazu zu motivieren, sich gegenüber einem anderen Kind altruistisch zu verhalten, d. h. selbstloses Hilfeverhalten zu zeigen. Beispielsweise sollte es etwas für ein behindertes Kind herstellen. Die Zielkinder (insgesamt drei) waren aber tatsächlich Eingeweihte, d. h. sie waren zuvor vom Versuchsleiter trainiert worden, sich den Studentinnen gegenüber entweder sehr oder kaum »personenorientiert« zu verhalten. Hohe Personenorientierung bedeutete dabei, der Studentin ins Gesicht zu schauen und prompt zu antworten, wohingegen die wenig personenorientierten Kinder auf das zu bearbeitende Material blickten und vor jeder Antwort innerlich bis fünf zählten, was in einer um drei Sekunden verzögerten Antwort resultierte. Es zeigte sich, dass die Studentinnen in letzterer Bedingung signifikant häufiger Gebrauch von Strafandrohungen oder Kommandos machten, wohingegen die Studentinnen, die mit einem personenorientierten Mädchen interagierten, vor allem mit Hilfe von Erklärungen versuchten, sie zu altruistischem Handeln zu bewegen.

Das heißt also, dass sowohl dem sich entwickelnden Kind als auch dem Kontext, in dem es sich entwickelt, ein gestaltender Einfluss zugeschrieben werden kann. Theorien, die von dieser Annahme ausgehen, nennt man *interaktionistische* Theorien, da Individuum und Umwelt miteinander interagieren. Fügt man diesen Überlegungen noch die zeitliche Dimension hinzu (weder Persönlichkeit noch Umgebung sind ja zwingenderweise konstant über die Zeit, sondern können sich zu jedem Moment, Monat oder Jahr ändern), spricht man von einem *transaktionalen* Modell (Sameroff, 1975). Diese Modellfamilie sagt eine ungünstige psychische Entwicklung für solche Kinder voraus, die beispielsweise über ein schwieriges Temperament verfügen (z. B. unruhige, zum Schreien neigende Kleinkinder) und gleichzeitig wenig feinfühlige Eltern haben, die ihrerseits häufig mit Schreien oder Strafen reagieren. Hier besteht eine ungünstige »Passung« zwischen dem Temperament des Kindes und seiner Umwelt (Thomas & Chess, 1977). Die Wahrscheinlichkeit, dass solche Kinder Verhaltensauffälligkeiten entwickeln, ist hoch. Wenn Eltern jedoch lernen, positiv mit ihren schwierigen Kindern zu interagieren, nimmt deren schwieriges Verhalten mit der Zeit ab (Belsky et al., 1991). Dass ein schwieriges Temperament in anderen kulturellen Kontexten aber auch Überlebenswert haben kann, zeigt eine Beobachtung von deVries (1984) an den Massai in Afrika. Dort überlebten fünf von sechs Säuglingen mit einem »schwierigen« Temperament eine dreimonatige Hungerperiode, aber nur zwei von sieben »einfachen« Babys – vermutlich, weil die schwierigen Kinder stärker durch ihr Schreien auf sich aufmerksam machten.

Welches sind nun die Grundfragen, mit denen sich die Entwicklungspsychologie – aus allgemeiner und differentieller Perspektive – beschäftigt?

1.2 Grundfragen

1.2.1 Anlage versus Umwelt

Die Frage, zu welchen Teilen unsere Entwicklung durch unsere genetische Ausstattung (Anlage) oder durch Einflüsse vonseiten der Umwelt beeinflusst wird, gehört sicherlich zu den fundamentalsten Fragen der Entwicklungspsychologie. Wo haben wir die Ursachen für bestimmte Entwicklungsphänomene oder -verläufe zu lokalisieren? Populärwissenschaftliche Darstellungen versuchen häufig, diese Problematik auf ein entweder/oder zu reduzieren: Wird unser Schicksal von unseren Genen bestimmt oder der Umgebung, in der wir aufwachsen? Diese Fragestellung geht jedoch am Kern der Sache vorbei, da das Zusammenspiel von Anlage und Umwelt komplexer ist.

In der Entwicklungspsychologie herrscht heutzutage Einigkeit darüber, dass die Entwicklung jeglicher menschlichen Eigenschaften – seien es unsere Persönlichkeitseigenschaften, Gefühle, Kognitionen oder unsere körperliche Erscheinung – *sowohl* durch unsere Gene *als auch* durch unsere Umwelt beeinflusst wird. Die Frage, die sich stellt, lautet: Wie gestaltet sich dieses Zusammenspiel? Ein gewisses Ausmaß an Aggressivität oder ein bestimmter Intelligenzquotient kann auf verschiedene Weise zustande kommen – ein mittlerer IQ z. B. durch die Kombination einer guten Begabung mit einer ungünstigen Umwelt oder die Kombination einer schwachen Begabung mit einem optimalen Milieu (Montada, 2008). Ähnlich mag sich eine Anlage zur Depression in einem optimalen Umweltkontext nicht auswirken, wohingegen ungünstige Umweltbedingungen bei Menschen, die das Risiko einer genetischen Disposition in sich tragen, zum Auslöser werden können. Die Umwelt kann also genotypische Potentiale und Dispositionen fördern, behindern oder kompensierend auf sie wirken, weswegen es wesentlich sinnvoller ist, die Arten des Zusammenwirkens von Anlagen und Umwelten zu erkunden, als bei der Frage nach Einflussanteilen (Erklärt die Anlage oder die Umwelt mehr an den Unterschieden zwischen Menschen?) stehen zu bleiben. »Einige Auswirkungen von Anlagen werden sogar erst durch die Bewertungen, die die Umwelt vornimmt, produziert: Nicht nur das Schönheitsideal ist kulturell geprägt, sondern auch Idealvorstellungen von Eigenschaften, Fähigkeiten, Leistungen und Wertorientierungen« (Montada, 2002, S.33). Der entscheidende Punkt im Hinblick auf unsere psychische Entwicklung besteht also darin, zu klären, *wie* Anlage und Umwelt interagieren.

1.2.2 Kontinuität und Diskontinuität

Eine weitere zentrale Frage der Entwicklungspsychologie bezieht sich auf die Kontinuität bzw. Diskontinuität in der Entwicklung: Machen Kinder in ihrer Entwicklung qualitative »Sprünge«, in denen sie quasi »über Nacht« eine neue Stufe, eine neue Qualität ihres Erlebens und Verhaltens erreichen – ähnlich einem Schmetterling – oder ist Entwicklung eher ein kontinuierlicher Prozess kleiner Veränderungen, vergleichbar mit dem Wachstum einer Pflanze, die immer größer wird?

Eine der bekanntesten Theorien, die von einer diskontinuierlichen Entwicklung ausgehen, ist die Stufentheorie der kognitiven Entwicklung von Jean Piaget. Laut seiner Konzeption durchlaufen Kinder zwischen Geburt und Adoleszenz vier Stufen, die jeweils durch eine bestimmte Art von Erkenntnis- und Denkprozessen charakterisiert sind (▶ Kap. 6). Andere berühmte Stufentheorien stammen von Sigmund Freud (psychosexuelle Entwicklung), Erik Erikson (Entwicklungskrisen) oder Lawrence Kohlberg (Entwicklung des moralischen Urteils). All diesen Theorien liegt die Idee einer allgemeinen Entwicklungssequenz zugrunde, nach der Kinder eines gewissen Alters große Übereinstimmungen über viele Situationen zeigen und in ihrem Verhalten je nach Alter klar erkennbare Unterschiede aufweisen.

Die Stufentheorien waren sehr einflussreich. Dennoch haben sich in den letzten Jahren die Stimmen vermehrt, die Entwicklung eher als einen kontinuierlichen Prozess betrachten, der sich durch einen graduellen – und nicht plötzlichen – Wandel auszeichnet. Eine Beobachtung, die für diese Sichtweise spricht, ist, dass Kinder oft eine bestimmte Fähigkeit in einem Kontext zeigen, in einem anderen aber noch nicht – die Aussage, »Kind X befindet sich gerade in Stufe Y« ist also somit nicht haltbar. Kompliziert wird die ganze Debatte durch den Umstand, dass es häufig von der Perspektive abhängt, ob Entwicklung kontinuierlich erscheint

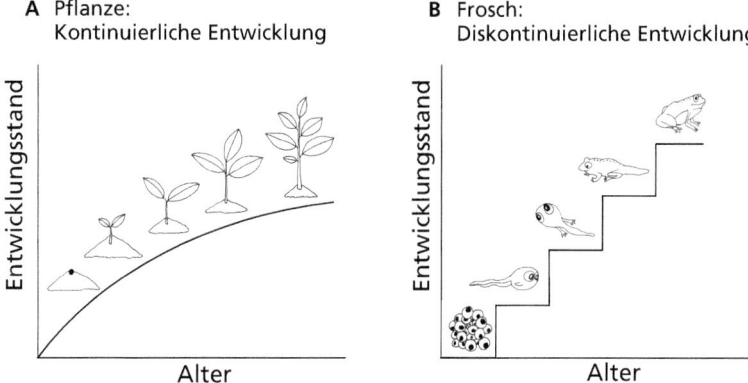

Abb. 1.1: Kontinuierliche und diskontinuierliche Entwicklung

oder nicht. So macht z. B. das Größenwachstum eines Kindes einen kontinuierlichen oder diskontinuierlichen Eindruck, je nachdem, ob man seine absolute Größe betrachtet, die von Jahr zu Jahr zunimmt (kontinuierliche Entwicklung) oder ob man sich für die Zunahme an Größe zu verschiedenen Zeitpunkten in seiner Entwicklung interessiert – hier wird sich herausstellen, dass das Kind während bestimmter Lebensabschnitte deutlich mehr gewachsen ist als in anderen (diskontinuierliche Entwicklung). Die Antwort auf die Frage, ob Entwicklung kontinuierlich oder diskontinuierlich verläuft, hängt also wesentlich von der Perspektive des Betrachters ab.

1.3 Historische Grundlagen der Entwicklungspsychologie

1.3.1 Kindheit als eigenständige Lebensphase

Das Verständnis von Kindheit als einer eigenständigen Lebensphase ist relativ neuen Datums. Analysen mittelalterlicher Kunst und Alltagsbeschreibungen legen den Schluss nahe, dass es »Kindheit« im heutigen Sinne im Mittelalter nicht gegeben hat (Ariès, 1960/2007). Kindheit beschränkte sich damals nur auf die Jahre, in denen das Kleinkind sich ohne fremde Hilfe physisch nicht zurechtfinden konnte. Sobald es dazu in der Lage war, sich allein fortzubewegen und verständlich zu machen, wurde es übergangslos zu den Erwachsenen gezählt und partizipierte an allen alltäglichen Anlässen, wie der Arbeit oder auch dem Spiel.

Dass Kinder *keine* kleinen Erwachsenen sind, wurde in den Schriften verschiedener Philosophen des 17./18. Jahrhunderts wie z. B. John Locke (1632–1704) oder Jean-Jaques Rousseau (1712–1778) hervorgehoben. Ihre weiteren Vorstellungen über einen gelungenen Entwicklungsprozess waren jedoch recht unterschiedlich. Locke war einer der Vertreter, die in einem Neugeborenen ein unbeschriebenes Blatt, eine »tabula rasa« sahen, mit der Konsequenz, dass nur Umwelteinflüsse über das weitere Schicksal eines Kindes entscheiden sollten. Folglich forderte er die Eltern auf, ihre Kinder sorgfältig zu instruieren, als wirkungsvolles Beispiel voranzugehen und sie für gutes Benehmen zu belohnen (Berk, 2011; Harris & Butterworth, 2002). Rousseau (1762/2010) proklamierte hingegen, dass Kinder von Anfang an maximale Freiheit haben sollten, um ihren guten Anlagen zu einer natürlichen Entfaltung zu verhelfen. Er verwehrte sich damit gegen ein Übermaß an pädagogischen Einflussmaßnahmen und forderte, formalen Unterricht erst ab zwölf Jahren, dem »Alter der Vernunft«, zu erteilen.

Wie eine Kindheit faktisch aussah, hing jedoch von der Schichtzugehörigkeit der Familie des Kindes ab. Besonders deutlich wird dies im 19. Jahrhundert, als im Zuge der industriellen Revolution viele Kinder in Fabriken, Handel und Gewerbe ohne jede Rücksicht auf ihr Alter und ihre körperliche oder psychische Leistungs- bzw. Leidensfähigkeit arbeiten mussten. Für diese Heranwachsenden gab es keine Kindheit! Vonseiten der Arbeitgeber und großen Teilen der Öffentlichkeit wurde diese Ausbeutung jedoch moralisch dadurch gerechtfertigt, dass es für die Kinder immer noch besser sei, zu arbeiten, statt zu betteln. Auf einer im Jahr 1839 in Bayern einberufenen Ministerialkonferenz wurde folgendermaßen argumentiert: Die Verwendung schulpflichtiger Kinder »sei zwar immer zu beklagen, müsse aber aus Rücksicht auf die Industrie sowie wegen Abwendung der Kinder vom Müssiggange als zulässig erklärt werden«

(Mühlbauer, 1991, S. 232). Die Industrie nahm folgendermaßen Stellung: »… nach unserer (…) Ansicht dürfte die Dauer der Arbeit für Fabrik-Kinder von sechs Uhr morgens bis acht Uhr abends beschränkt werden. Hierdurch und durch eine Freistunde zu Mittag und eine Viertelstunde am Vor- und Nachmittag dürfte zur Erhaltung der Gesundheit und zur kräftigen körperlichen Entwicklung die nöthige Vorsorge getroffen seyn« (Mühlbauer, 1991, S. 234). Dabei war schon zwei Jahre zuvor auf der ersten Kinderschutzdebatte in Preußen die Frage diskutiert worden, ob die Arbeitsstunden von Kindern auf maximal zehn täglich beschränkt werden sollten. Ein Abgeordneter sprach sich dagegen aus, da »dadurch der Bestand unserer Industrieanlagen wegen der Konkurrenz des Auslandes unmöglich gemacht wird« (Sitzung des 5. Rheinischen Provinziallandtags vom 6. Juli 1837, zit. nach Quandt, 1977, S. 12). Ein Argument, das der zeitgenössischen Leserschaft nicht unbekannt vorkommen dürfte …

Es waren einzelne engagierte Pädagogen und Beamte, die sich für den Kinderschutz in Deutschland einsetzten. Als Beispiel mag der Abgeordnete F. J. Völk aus Friedberg (bei Augsburg) gelten, der im Jahr 1855 an die Kammer der Abgeordneten des bayerischen Landtags den Antrag richtete, »die Verwendung von Kindern und jungen Leuten in den Fabriken und die Arbeitszeit derselben per Gesetz zu regeln«. Seine Begründung ist bemerkenswert: »Das Kind, meine Herren, hat ein Recht auf seine Kindheit, auch seinen Eltern gegenüber; und dieses Recht hat der Staat zu schützen« (Mühlbauer, 1991, S. 257–258). Diese Bewegung zum Schutz der Kinder stimulierte Forschung, die erste Beschreibungen über die ungünstigen Folgen negativer Umweltbedingungen für die kindliche Entwicklung lieferte (Siegler et al., 2016).

Erst beim Übergang vom 19. ins 20. Jahrhundert veränderte sich die Lage der Kinder zum Positiven. Ende des 19. Jahrhunderts wurde in Deutschland eine sechsjährige Schulpflicht eingeführt. Die Gesundheitssituation in den Städten besserte sich, die industrielle Kinderarbeit und die Kindersterblichkeit nahmen ab (Honig, 1993). Diese verbesserten Überlebenschancen trugen mit zu einem ansteigenden Interesse an der Entwicklung von Kindern bei (Harris & Butterworth, 2002).

Heute versteht man in den industrialisierten, westlichen Gesellschaften unter Kindheit einen relativ klar umrissenen Lebensabschnitt, der meistens im Zeitraum von vier bis elf Jahren angesetzt wird. In dieser Lebensphase haben die Kinder zwar bestimmte Entwicklungsaufgaben zu bewältigen, sind aber schichtübergreifend weitestgehend noch von der Verantwortung, welche Erwachsene haben, befreit. Erwerbsarbeit ist verboten. Die katastrophalen Lebensbedingungen, die noch vor 150 Jahren auch in unserem Land für Kinder der Unterschicht galten, sind für uns heute unvorstellbar. Dennoch gab es nach dem gemeinsamen Report der Internationalen Arbeitsorganisation und UNICEF Anfang 2020 weltweit rund 160 Millionen erwerbstätige Kinder im Alter von über 5 Jahren. Dabei wurde in der Altersgruppe der 5- bis 11-Jährigen sogar ein Anstieg verzeichnet, im Gegensatz zu einer Abnahme bei den über 12-Jährigen (ILO & UNICEF, 2022).

In Deutschland wird vor allem die zunehmende Kinderarmut zum Problem. 2015 lebten rund ein Viertel aller Kinder unter 15 Jahren in einer nicht gesicherten Einkommenssituation und galten somit als arm oder armutsgefährdet (Tophoven, Lietzmann, Reiter & Wenzig, 2017).

1.3.2 Etablierung von kindlicher Entwicklung als Forschungsfeld der Wissenschaft

Die wissenschaftliche Untersuchung der kindlichen Entwicklung begann im 19. Jahrhundert. Von großem Einfluss waren die Schriften Charles Darwins (1809–1882) zur Evolutionstheorie. Seine Arbeiten regten die Überlegung an, dass das Studium der kindlichen Entwicklung Einsichten in die menschliche Natur vermitteln könne. Darwin selbst war an Entwicklungsprozessen in der Kindheit interessiert und veröffentlichte 1877 biographische Aufzeichnungen aus der frühen Kindheit seines Sohnes (Siegler et al., 2016). Vier Jahre später, 1881, erschien das Kindertagebuch des deutschen Arztes Wilhelm Preyer, »Die Seele des Kindes«, in dem er die ersten drei Lebensjahre seines Sohnes beschrieb. Dieses Buch, das sich durch hohe Beobachtungsstandards auszeichnete (regelmäßig, häufig, objektiv, längsschnittlich; Montada, 2005) begründete maßgeblich die Kinderpsychologie v. a. in den USA (Heckhausen, 1978). In der Folgezeit verfassten weitere Wissenschaftlerinnen und Wissenschaftler Tagebücher, in denen sie die frühe Entwicklung ihrer Kinder beschrieben (z. B. Jean Piaget, 1936/1975; Clara & William Stern, 1907/1965).

Im späten 19./frühen 20. Jahrhundert wurde das Fach an verschiedenen Universitäten sowohl in den USA als auch in Europa etabliert (beispielsweise in Hamburg durch William Stern [1871–1938] und in Wien zunächst durch Karl Bühler [1879–1962], später durch Charlotte Bühler [1893–1974]), ferner erfolgte die Gründung erster Fachzeitschriften. Auch die ersten großen Theorien zur Entwicklung des Menschen kamen auf.

1.3.3 Theorien zur ontogenetischen Entwicklung des Menschen

Biologisch-reifungsbezogene Theorien

Die weiter oben beschriebene Auffassung von Entwicklung als einer Abfolge alterstypischer Leistungen war oft verbunden mit der Vorstellung, Entwicklung sei ein biologisch determinierter Prozess des Wachsens oder Reifens. Prominenter Vertreter dieser deskriptiv-normativen Entwicklungspsychologie war der Arzt und Psychologe Arnold Gesell (1880–1961), der Altersnormen für so verschiedene Verhaltensbereiche wie die Motorik oder die Sprache entwickelte. Den Einfluss der Umwelt auf die Entwicklung schätzte Gesell als sehr gering ein. Nur bei erheblicher Unterernährung oder Misshandlung eines Kindes könnten die Pläne der Natur behindert werden (Mietzel, 2002). Reifungstheoretiker sehen Entwicklung also in erster Linie als biologisches Wachstum; Unterschiede zwischen gleichaltrigen Kindern erklären sie deshalb nicht durch einen verschiedenartigen Anregungsgrad der Umwelt, sondern mit Unterschieden in der genetischen Ausstattung oder in der Ausreifung des Nervensystems.

Den Überlebenswert eines Verhaltens im Laufe der Menschheitsgeschichte stellt die *ethologische Forschung* in den Mittelpunkt. Aufbauend auf Darwins Ansatz (s. o.) stützten sich die entsprechenden Forschungen zunächst auf die Beobachtung von Tieren. Das berühmteste Beispiel betrifft vermutlich die *Prägung* von Graugänsen. Gemeint ist hiermit, dass die Jungvögel dem ersten sich bewegenden Objekt in ihrer Nähe – in der Regel der Mutter – überall hin nachfolgen. Da die jungen Tiere immer in der Nähe der Mutter bleiben, sind sie vor Gefahren geschützt und werden mit Nahrung versorgt. Diese Prägung findet innerhalb einer begrenzten Zeitspanne, der sog. *kritischen Periode*, statt. Konrad Lorenz (1903–1989) gelang es, eine Schar Graugänse auf sich zu prägen, indem er sich ihnen innerhalb der kritischen Altersspanne als erstes bewegliches Objekt präsentierte. Im Zusammenhang mit der menschlichen Entwicklung wird nicht von kritischen, sondern von *sensiblen Perioden* oder Phasen gesprochen. Hierunter wird ein Zeitraum verstanden, in dem das Individuum für Erfahrungen einer bestimmen Art besonders empfänglich ist und in dem sich bestimmte damit verbundene Fähigkeiten optimal entwickeln können. Im Gegensatz zur kritischen Periode ist jedoch der Zeitraum flexibler gehalten; auch ist die spätere Entwicklung bestimmter Fähigkeiten oder deren Modifikation nicht komplett ausgeschlossen. Eine in diesem Sinne verstandene sensible Phase scheint beim Menschen für den Erwerb von Sprache, und hier insbesondere von Grammatik, zu existieren; neben dem Alter spielt aber auch die Erfahrung mit Sprache eine große Rolle für deren Entwicklung (Szagun, 2013; ▶ Kap. 4).

Ein weiteres Forschungsgebiet, das auf den Arbeiten von Darwin aufbaut, ist die *Evolutionspsychologie*. Sie geht von der Prämisse aus, dass Individuen motiviert sind, sich so zu verhalten, dass der Genpool der eigenen Spezies erhalten bleibt (Siegler et al., 2016). Folglich fragt die Evolutionspsychologie nach dem Überlebenswert bestimmter Verhaltensweisen, wie z. B. den von John Bowlby in der Bindungstheorie (▶ Kap. 5) beschriebenen Bindungsverhaltensweisen – Weinen, Anklammern, Nachfolgen usw. Diese Signale sollen die Bindungsperson dazu motivieren, mit dem Kind Kontakt aufzunehmen und sich um es zu kümmern. Dennoch zeigt auch das Beispiel der Bindungstheorie, dass rein »biologische« Ansätze nicht ausreichend sind, um menschliche Entwicklung zu verstehen: Welche Art von Bindung ein Kind zu seiner Bezugsperson entwickelt, ist maßgeblich von deren Verhalten abhängig. Grossmann et al. (2003) drücken diesen Umstand folgendermaßen aus: Es gibt »so gut wie kein phänotypisch menschliches Verhalten, das ohne enorme Lernerfahrungen, rein aus dem Genotyp, entstanden wäre ...« (S. 268).

Psychoanalyse

Eine der bekanntesten frühen Entwicklungstheorien ist die auf den Wiener Arzt Sigmund Freud (1856–1939) zurückgehende Psychoanalyse. Für Freud waren *unbewusste Prozesse* eine zentrale Annahme seiner Theorie. Er führte die Neurosen seiner erwachsenen Patienten auf frühkindliche Störungen in ihrer Sexualentwicklung zurück. Auf der Grundlage seiner Arbeit mit Patienten entwarf er eine Theorie der psychosexuellen Entwicklung, in der er verschiedene Phasen unterschied – die orale, anale, phallische, Latenz- und genitale Phase (Freud, 1997). Kinder werden laut Freud in jeder Phase mit spezifischen Konflikten konfrontiert, die sie bewältigen müssen, um eine gesunde psychische Entwicklung zu durchlaufen. So entsteht das Potential zur Depression seiner Theorie nach dadurch, dass die Bedürfnisse des Kindes in der oralen Phase (Geburt bis zum zweiten Lebensjahr) zu wenig oder zu viel befriedigt werden. Mit Bedürfnis ist hier die sexuelle Triebbefriedigung durch die Reizung der Mundschleimhaut (saugen, beißen) etc. gemeint.

Wenngleich diese Theorie aufgrund ihrer mangelnden empirischen Überprüfbarkeit heute nur eine untergeordnete Rolle in der akademischen Psychologie spielt, hat sie das Denken in unserem Kulturkreis bezüglich der Bedeutung der frühen Kindheit für die Persönlichkeitsentwicklung eines Menschen entscheidend geprägt. Der Glaube, dass die Erfahrungen, die vor allem im Rahmen der Mutter-Kind-Interaktion in den ersten drei Lebensjahren gewonnen werden, den weiteren Lebenslauf determinieren, wurde maßgeblich von der Psychoanalyse beeinflusst.

Behaviorismus

Eine weitere große Theorie, die zu Beginn des 20. Jahrhunderts aufkam, war der *Behaviorismus*. Ganz im Gegensatz zur Psychoanalyse sind es hier nur die *offen beobachtbaren* Reize und Reaktionen, die im Mittelpunkt des Interesses stehen. Der Mensch wird deshalb als »Blackbox« betrachtet, bei dem die Vorgänge in seinem Inneren – der schwarzen Schachtel – nicht von Interesse sind. Beim sogenannten *Klassischen Konditionieren* werden natürliche Reflexe, wie z. B. die Schreckreaktion, mit einem vormals neutralen Reiz gekoppelt, der in der Folge zum Auslöser für diese Reaktion wird. Traurige Berühmtheit erlangte das Experiment mit dem »kleinen Albert« (Watson & Raynor, 1920). Als Albert neun Monate war, wurde ihm eine Ratte gezeigt, auf die er positiv reagierte. Mit elf Monaten dann begann das eigentliche Experiment: Gleichzeitig mit dem Erscheinen der Ratte (neutraler Reiz) ertönte ein sehr lautes und unangenehmes Geräusch (unkonditionierter Reiz), das Albert in Angst und Schrecken versetzte (unkonditionierte Reaktion). Nach mehrfacher gemeinsamer Darbietung von Geräusch und Ratte reagierte Albert beim bloßen Anblick der Ratte mit Angst (konditionierte Reaktion). Aus dem ehemals neutralen Reiz war ein konditionierter Reiz geworden, der zudem auf andere pelzartige Gegenstände generalisierte.

Eine weitere behavioristische Lernart ist das sogenannte *operante Konditionieren.* Hier geht es um Verhalten, das aufgrund seiner Konsequenz hervorgebracht wird. So werden wir Verhalten, für das wir belohnt werden, mit großer Wahrscheinlichkeit wieder zeigen, wohingegen die Auftretenswahrscheinlichkeit von Verhalten, das bestraft wird, sinkt. Alle Reize oder Ereignisse, die die Auftretenswahrscheinlichkeit einer vorangegangenen Reaktion *erhöhen*, nennt man *Verstärker.* Dabei wird das Hinzufügen eines positiven Reizes (Lob, Süßigkeiten, Geld …) als positive, das Entfernen eines negativen Reizes (Lärm nimmt beim Schließen des Fensters ab) als negative Verstärkung bezeichnet.

Aus Sicht des Behaviorismus wird davon ausgegangen, dass die kindliche Entwicklung allein von Umgebungseinflüssen abhängt. John Watson (1878–1958) brachte diese Haltung folgendermaßen auf den Punkt: »Give me a dozen healthy infants, well formed and my own specified world to bring them up and I'll guarantee to take any one at random and train him to become any type of specialist I might select – doctor, lawyer, artist, merchant-chief and yes, even beggar man and thief, regardless of his talents, penchants, tendencies, abilities, vocations and race of his ancestors« (Watson, 1930, S. 104). Heute wissen wir, dass diese Annahmen von Watson sich so nicht bestätigen lassen. Menschen sind (zum Glück) nicht komplett durch äußere Reize kontrollierbar, deren Manipulation jedes gewünschte Ergebnis bringt.

Eine Weiterentwicklung bestand in den sogenannten sozialen Lerntheorien, deren einflussreichste das *Modelllernen* nach Albert Bandura

(1977) ist. Laut dieser Theorie ist der größte Teil des menschlichen Lernens sozialer Natur und beruht auf der Beobachtung von Verhaltensmodellen. Kinder lernen also, indem sie die Verhaltensweisen anderer Menschen beobachten und anschließend imitieren. Die Zahl potentieller Modelle ist nahezu unbegrenzt und auch nicht auf »lebende« Vorbilder beschränkt; Medien wie z. B. das Fernsehen, der Computer oder Bücher gehören auch dazu. Der Nachahmungsprozess wird dabei von kognitiven Aspekten entscheidend beeinflusst: So muss dem interessierenden Verhalten zunächst einmal Aufmerksamkeit geschenkt werden; anschließend wird es im Gedächtnis gespeichert und von dort wieder abgerufen. Wichtig sind zudem die Konsequenzen, die wir von der Übernahme eines Verhaltens in unser eigenes Repertoire erwarten und die damit die Motivation, das beobachtete Verhalten auch zu zeigen, beeinflussen: Oft wird Verhalten von Personen imitiert, die uns ähnlich und/oder erfolgreich sind. Diese Prozesse wurden von Bandura im Laufe der Zeit immer stärker hervorgehoben, so dass er seine Theorie in ihrer jüngsten Fassung als »sozial-kognitive Lerntheorie« bezeichnete (Bandura, 1999).

Wie wirkungsvoll Modelllernen sein kann, soll an einer Längsschnittuntersuchung von Trautner et al. (1989, zit. nach Trautner, 1994, S. 184) zum Thema Geschlechtsrollenentwicklung exemplarisch dargestellt werden. Dort wurde herausgefunden, dass Väter und Mütter kaum geschlechtsspezifische Erziehungsziele für ihre Söhne und Töchter angaben, dass die den Kindern im Alltag vorgelebte Rollenaufteilung allerdings stark mit dem Geschlecht der Eltern assoziiert war. Die väterliche Domäne im Haus war das Autowaschen und Ausführen von Reparaturen, wohingegen die Mütter beim Nähen, Waschen, Putzen, Kochen, Arztbesuchen, Hausaufgaben etc. zu beobachten waren – die Domäne der Fürsorge für andere war also eindeutig der Mutter zugeordnet. Interessanterweise spiegelten die Konzepte und Einstellungen der Kinder sowie ihr Spielverhalten die häusliche Rollenverteilung wider, nicht die Erziehungsziele der Eltern.

Kognitive Entwicklungstheorien

Die Lerntheorien waren lange Zeit sehr populär. Erst in den 1960er Jahren führte die sogenannte »kognitive Wende« zu einer Abkehr von den klassischen lerntheoretischen Positionen. Auslöser war die stürmische Rezeption des Ansatzes von Jean Piaget (▶ Kap. 6), die zur Bevorzugung der kognitivistischen gegenüber den behavioristischen Theorieansätzen führte. Dies ist insofern erstaunlich, als Piaget seine ersten Werke bereits 1923 zeitgleich mit dem Behaviorismus, der deutschsprachigen Kinder- und Jugendpsychologie und der Psychoanalyse entwickelte, ohne zunächst große Resonanz zu finden.

Statt den Menschen weiterhin als »Blackbox« zu betrachten, dessen innere Prozesse nicht von Interesse sind, wurden nun Denken, Fühlen, Motivation usw. wieder zu entwicklungspsychologischen Forschungsthemen. Im Zentrum vieler Forschungsaktivitäten stand die kognitive Entwicklung im Kindesalter, am prominentesten vertreten durch den Schweizer Jean Piaget (1896–1980), dessen Stufentheorie der kognitiven Entwicklung wir bereits im Zusammenhang mit diskontinuierlichen Entwicklungsmodellen kurz angesprochen hatten. Piaget glaubte nicht daran, dass Kinder nur über Prozesse von Reiz-Reaktions-Verbindungen Wissen erwerben. Mit Hilfe von Beobachtungen und Befragungen kam er zu dem Schluss, dass Kinder durch aktive Auseinandersetzung mit ihrer Umwelt diese zu verstehen versuchen. Bei diesen Versuchen entstehen alterstypische Fragen, Fehler und Antwortversuche bezüglich der verschiedensten Phänomene in der physikalischen Umgebung. Durch ihre aktive Exploration entwickeln Kinder altersspezifische Theorien darüber, wie die Welt funktioniert. Da die Kinder als Reaktion auf ihre Erfahrungen und Erlebnisse Wissen aktiv für sich selbst konstruieren, wird Piagets Theorie auch als »konstruktivistisch« bezeichnet. Welchen Einfluss Piaget auf die Entwicklungspsychologie hatte, lässt sich daran ablesen, dass kein anderer Forscher hier so oft zitiert wird – mit Ausnahme höchstens von Freud (Harris & Butterworth, 2002).

Einen im Vergleich zu Piaget anderen Schwerpunkt bei der Analyse menschlicher Entwicklung wählte der auf dem Gebiet des heutigen Weißrussland geborene Lew Wygotski (1896–1934). In seiner Theorie interessierte ihn vor allem die Rolle der *Kultur* für Entwicklungsprozesse.

Unter Kultur werden dabei die Sitten, Gebräuche, Werte und Überzeugungen einer gegebenen sozialen Gruppe zu einer bestimmten Zeit verstanden. Wygotski sah Kinder im Gegensatz zu Piaget nicht in erster Linie als kleine Wissenschaftler an, die versuchen, die Welt aus eigener Anstrengung zu verstehen, sondern vor allem als soziale Wesen, deren Entwicklung im sozialen Kontext stattfindet. Erwachsene und erfahrene Gleichaltrige vermitteln den Kindern Fertigkeiten und Verständnis und dienen ihnen somit als Mentoren für den Erwerb kultureller Denk- und Verhaltensmuster. Die soziokulturelle Theorie Wygotskis betont also die Bedeutung der Interaktion zwischen Kindern und lebenserfahrenen Mitgliedern der Gesellschaft für die kindliche Entwicklung und wird daher auch sozial-konstruktiv genannt, im Gegensatz zum individuellen Konstruktivismus Piagets (Mietzel, 2002). Eine besondere Rolle kommt dabei der *Sprache* als tragendem Element der Kultur zu.

Charakterisierend für Wygotski ist weiterhin, dass er sich nicht nur mit dem Ist-Zustand der kindlichen Entwicklung beschäftigt, sondern auch auf das Entwicklungspotential eines Kindes eingeht. In diesem Zusammenhang ist der Begriff der *Zone nächster Entwicklung* (ZNE, zone of proximal development) zentral. Damit ist ein Bereich gemeint, der dem Kind aktuell noch nicht zugänglich ist, den es sich jedoch aller Wahrscheinlichkeit nach als nächstes aneignen wird. Erwachsene können dem Kind dabei helfen diesen Entwicklungsschritt zu tun, indem sie es genau an den Stellen stützen, wo es Hilfe benötigt. Im Englischen vergleicht man diesen Vorgang der optimalen Unterstützung mit dem Bau eines stützenden Gerüsts (»scaffolding«). Ähnlich wie beim Hausbau zunächst ein Gerüst benötigt wird, das später entfernt werden kann, braucht das Kind beim Lernen optimale Unterstützung, bis es den angestrebten Bereich selbst beherrscht.

Ökologische Entwicklungspsychologie

Die letzte Theorie, die wir betrachten wollen, legt den Schwerpunkt auf die soziale Entwicklung des Menschen und wird ökologische Entwicklungspsychologie genannt. Ihr »Vater«, Urie Bronfenbrenner (1917–2005), erlangte mit seiner ökologischen Systemtheorie Berühmtheit. Das Forschungsinteresse richtet sich in dieser Theorie auf die alltägliche Lebensumwelt des Menschen, im Gegensatz zur traditionellen Entwicklungspsychologie, die, laut einem berühmten Zitat von Bronfenbrenner, »zu einem großen Teil die Wissenschaft fremdartigen Verhaltens von Kindern in fremden Situationen mit fremden Erwachsenen in kürzestmöglichen Zeitabschnitten« (1978, S. 33) darstellt. Bronfenbrenners Anliegen war es, das menschliche Verhalten in seiner alltäglichen Entwicklungsumgebung zu untersuchen. Diese Umgebung wird von ihm in verschiedene Systeme aufgeteilt, die jeweils Teil des übergeordneten Systems sind. Das erste, dem Individuum am nächsten stehende System bezeichnet Bronfenbrenner als *Mikrosystem*. Hierzu zählen die Aktivitäten und Beziehungen aus der unmittelbaren Umwelt des Kindes. Zentraler Bestandteil des Mikrosystems ist die Familie, ihr Einfluss ist besonders während der Kindheit von Bedeutung. Das Mikrosystem wird mit dem Alter komplexer, da das Kind zunehmend mit Gleichaltrigen, Erzieherinnen, Lehrkräften und vielen anderen mehr in einer wachsenden Anzahl an Settings (Kindertagesstätte, Schule, Sportverein, Nachbarschaft usw.) interagiert.

Die zweite Schicht stellt das *Mesosystem* dar, das aus Beziehungen zwischen den verschiedenen Mikrosystemen wie z. B. Familie, Freunde und Schule besteht. So hängt der schulische Erfolg eines Kindes zumindest in unseren Breitengraden nicht nur davon ab, was in der Schule geschieht, sondern zu einem Großteil auch von unterstützenden Aktivitäten des Elternhauses.

Das Mesosystem ist wiederum eingebettet in die dritte Schicht, das *Exosystem*. Dieses umfasst Settings, mit denen das Kind möglicherweise nicht in direktem Kontakt steht, die es aber dennoch beeinflussen. Die Arbeitsstelle der Eltern ist z. B. insofern von Bedeutung, als Schichtarbeit den Rahmen der Eltern-Kind-Interaktion auf ständig wechselnde Zeitfenster festlegt. Aber auch die Wohnumgebung, die Massenmedien oder die Schulbehörden zählen zum Exosystem.

Das *Makrosystem* als letzte Schicht umfasst schließlich die allgemeinen Ansichten, Werte, Gebräuche und Gesetze einer gegebenen Kultur oder Subkultur. Sie beeinflussen und durchdringen jede der »tieferen« Schichten, bis hin zu Ansichten darüber, wie eine gelungene kindliche Entwicklung auszusehen hat.

Bronfenbrenners Modell hat auch eine zeitliche Dimension, die er *Chronosystem* nennt. Werte, Ansichten, Gebräuche, Technologien usw. sind nicht statisch, sondern ändern sich im Verlauf der Zeit. Computer und Smartphones z. B. stellen heute einen selbstverständlichen Gebrauchsgegenstand für Kinder in vielen Teilen der Erde dar und haben dadurch eine nachhaltige Veränderung der Kindheit bewirkt.

Es ist unmittelbar einsichtig, dass eine auch nur annähernde Erfassung aller potentiellen Größen aus Bronfenbrenners Modell innerhalb eines Forschungsprojektes kaum möglich ist. Dennoch ist es ungemein wichtig, sich bewusst zu machen, dass wir die kindliche Entwicklung erst dann verstehen werden, wenn wir von vereinfachenden Annahmen Abstand nehmen und zumindest versuchen, uns der Komplexität der kindlichen Lebensumwelt anzunähern. Während frühe Studien, wie Bronfenbrenner (1986) selbstkritisch bemerkt, fast ausschließlich von Kontextvariablen handelten, werden in der jüngsten Form seiner Theorie (Bronfenbrenner & Morris, 1998) auch weitere Variablen behandelt, wie z. B. *Charakteristika der Person* als Vorläufer und Erzeuger von Entwicklung. Weder werden wir Menschen also komplett von unserer Umwelt kontrolliert noch von unseren inneren Dispositionen. Entscheidend ist immer die Wechselwirkung zwischen beiden.

1.4 Methoden der Entwicklungspsychologie

Wie kommt die Entwicklungspsychologie zu ihren Aussagen? Um diese Frage zu beantworten, muss man sich mit ihren Forschungsmethoden auseinandersetzen. Am Anfang einer jeden wissenschaftlichen Untersuchung steht eine *Theorie* oder eine *Forschungsfrage*, wie z. B. die eingangs gestellte: Wie ist es zu erklären, dass sich manche Kinder trotz objektiv vorhandenen Risikofaktoren zu psychisch gesunden Erwachsenen entwickeln? Anschließend wird eine *Hypothese* formuliert, die z. B. lauten könnte: Wenn Kinder über eine gute Beziehung zu einer stabilen Bezugsperson verfügen, dann entwickeln sie sich trotz des Vorhandenseins von Risikofaktoren zu psychisch gesunden Erwachsenen. Im nächsten Schritt wird eine *Methode* entwickelt, mit der diese Hypothese getestet werden soll. So könnte man z. B. zwei Gruppen von Kindern auswählen, solche mit Risikofaktoren und einer stabilen Bezugsperson und solche mit Risikofaktoren, aber ohne stabile Bezugsperson. Die Kinder aus beiden Gruppen würde man im Abstand von mehreren Jahren wiederholt untersuchen, um zu prüfen, wie ihre Entwicklung verlaufen ist. Die Ergebnisse bestätigen oder widerlegen dann die zuvor aufgestellte Hypothese.

Auch im Alltag stellen wir uns Fragen, entwickeln dazu Vermutungen und glauben diese bestätigt zu finden oder nicht. Der Unterschied zur wissenschaftlichen Herangehensweise besteht darin, dass Letztere versucht mit Hilfe von *Untersuchungsmethoden*, die bestimmten Gütekriterien genügen müssen, gut begründbare Schlussfolgerungen zu ziehen. Zu diesen Gütekriterien zählen die *Objektivität*, die *Reliabilität* und die *Validität*.

Die Objektivität bezeichnet den Grad, in dem die Ergebnisse einer Messung unabhängig von der untersuchenden Person sind. Dies betrifft die Durchführung, Auswertung und Interpretation der Ergebnisse. Wenn also verschiedene Personen die gleiche Studie durchführen, auswerten und interpretieren, sollen im Idealfall jeweils identische Ergebnisse herauskommen.

Mit Reliabilität ist die *Messgenauigkeit* gemeint. Sie kann über verschiedene Wege bestimmt werden. Einer davon ist die *Beobachterübereinstimmung:* Wenn z. B. zwei verschiedene Menschen Kinder im Hinblick auf ihre Aggressivität auf einer Skala einschätzen und dabei zu übereinstimmenden Ergebnissen kommen, dann wird diese Skala als reliabel bezeichnet. Hier wird auch die enge Beziehung zwischen Objektivität und Reliabilität deutlich. Ein anderer Weg ist die *Messwiederholung.* Hier wird ein Kind zu zwei verschiedenen Zeitpunkten im Hinblick auf ein interessierendes Merkmal untersucht. Wenn es beide Male eine identische oder sehr ähnliche Ausprägung des Merkmals aufweist, wird die Messung ebenfalls als reliabel bezeichnet. Ein bei Tests und Fragebögen häufig angewandtes Maß der Reliabilität ist die sog. interne Konsistenz (▶ Kap. 11.5). Hier wird ein Test beliebig halbiert, z. B. in gerade und ungerade Items, und dann überprüft, ob beide Testhälften zu einem vergleichbaren Ergebnis kommen,

Validität bedeutet, dass eine *Messung das misst, was sie messen soll.* Das heißt, ein Fragebogen zur Erfassung von Mitgefühl soll tatsächlich Mitgefühl erfassen und nicht die Tendenz, sozial erwünschte Antworten zu geben. Auch die Validität kann über mehrere Wege erfasst werden. Zum Beispiel könnte man die Ergebnisse des Fragebogens vergleichen mit einer Verhaltensbeobachtung. Wenn eine Person, die sich beispielsweise im Fragebogen als hoch mitfühlend beschrieb, sich in einer realen Situation völlig gleichgültig gegenüber dem Kummer eines Gegenübers verhält, so sind Zweifel an der Validität des Fragebogens angebracht. Da hier zum gleichen Messzeitpunkt ein Vergleich mit einem Außenkriterium vorgenommen wird, spricht man von *Übereinstimmungsvalidität.* Eine andere Möglichkeit ist die *prognostische Validität:* Wenn ein Eignungstest den Studienerfolg sehr gut voraussagen kann, wird er als valide bezeichnet. Beide Bestimmungsarten sind Formen der sogenannten *Kriteriumsvalidität.* Ein anderer Weg wird bei der sogenannten *Konstruktvalidität* beschritten. Hiervon spricht man, wenn aus einem zu messenden Zielkonstrukt Hypothesen abgeleitet werden, die anhand der Ergebnisse der Untersuchung bestätigt werden können. So soll z. B. ein Fragebogen zur Erfassung von subjektiver Einsamkeit validiert werden. Aus der Einsamkeitstheorie ist bekannt, dass Einsamkeit mit geringem Selbstwertgefühl und sozialer Ängstlichkeit einhergeht und bei Geschiedenen stärker ausgeprägt ist als bei Verheirateten. Die Prüfung dieser inhaltlichen Hypothesen wäre Aufgabe einer Konstruktvalidierung (Döring & Bortz, 2016).

Eine Messung kann reliabel sein, ohne gleichzeitig das Kriterium der Validität zu erfüllen. So könnte man versuchen, Intelligenz dadurch zu messen, dass man jemandem ein Fieberthermometer ins Ohr steckt und die Temperatur misst (Huber, 2005). Diese Messung wäre genau, würde aber nicht das messen, was gemessen werden soll – die Intelligenz. Der Wertebereich der Koeffizienten bewegt sich zwischen Null und Eins; je näher der Wert an Eins liegt, desto besser sind Reliabilität und Validität (Döring & Bortz, 2016).

Wie sehen nun die Methoden aus, mit denen versucht wird, objektive, reliable und valide Ergebnisse zur kindlichen Entwicklung zu erhalten? Einige ausgewählte Erhebungsverfahren wollen wir im Folgenden betrachten.

1.4.1 Interviews

Eine Möglichkeit, Erkenntnisse über die kindliche Erfahrungswelt zu gewinnen, stellt die mündliche *Befragung* dar. Der große Vorteil dieser Methode besteht darin, dass die Kinder selbst Gelegenheit bekommen, einen Sachverhalt aus ihrer Sicht mit eigenen Worten darzustellen. Hier liegt aber auch gleichzeitig ein Problem: Unterschiede in den verbalen Fähigkeiten sowie der mögliche Wunsch, vor der Untersucherin gut dazustehen (sozial erwünschte Aussagen zu machen), können die Aussagekraft von Interviewdaten einschränken.

Grundsätzlich unterscheidet man zwei Arten: das strukturierte oder standardisierte und das klinische Interview. Beim *strukturierten* oder *standardisierten Interview* wird eine bestimmte Anzahl von Fragen in einer vorher festgelegten Reihenfolge gestellt. Anzahl und Reihenfolge sind bei jedem Kind gleich. Dies hat den Vorteil, dass die Bedingungen für alle Kinder identisch sind und somit eine Vergleichbarkeit eher gegeben ist (s. o. Objektivität und Reliabilität). Andererseits fehlt die Möglichkeit, flexibel auf die Antworten der Kinder einzugehen und Nachfragen zu stellen.

Beim *klinischen Interview* ist die Reihenfolge der Fragen nicht festgelegt, sondern die Antworten des Kindes bestimmen, welche Frage als nächste gestellt wird. Dadurch ist ein flexibles Eingehen auf die Denkweise des individuellen Kindes möglich und der Gegenstand des Interesses kann tiefer analysiert werden. Wenn etwas unklar ist, kann nachgefragt werden. Viele der Erkenntnisse von Jean Piaget z. B. (▶ Kap. 6) beruhen auf klinischen Interviews. Der Nachteil dieser Methode ist jedoch, dass eine echte Vergleichbarkeit zwischen den Kindern nicht mehr gegeben ist, da die Interviews zum Teil sehr unterschiedlich geführt werden. Auch sind sie in der Regel deutlich länger als strukturierte Interviews und bieten mehr Interpretationsspielraum beim Kategorisieren der Antworten.

1.4.2 Beobachtung

Der Methode der *Beobachtung* sind wir schon im Abschnitt über die Geschichte der Entwicklungspsychologie begegnet (▶ Kap. 1.3.2). Viele Wissenschaftler-Ehepaare haben die frühe Entwicklung ihrer eigenen Kinder beobachtet und in Tagebüchern dokumentiert. Dieses Vorgehen entspricht weitestgehend der sog. *naturalistischen* Beobachtung, bei der das Verhalten von Kindern in ihrer natürlichen Lebensumwelt (Schulen, Spielplätze, Zuhause) beschrieben wird, um so Erkenntnisse über ihre Entwicklung zu erlangen. Eine weitere Möglichkeit besteht darin, Fachpersonal in Kindertagesstätten im Hinblick darauf zu beobachten, wie oft im Umgang mit den Kindern warme, kalte, lenkende oder Freiraum gebende Verhaltensweisen verwirklicht werden. Diese können z. B. von im Raum befindlichen Beobachterinnen und Beobachtern auf Protokollbögen eingetragen werden oder auf Video aufgezeichnet und anschließend ausgewertet werden. Dabei stehen verschiedene Möglichkeiten wie die Time- oder Event-Sampling-Methode oder die Verwendung von Schätzskalen zur Verfügung. Bei der Time-Sampling-Methode wird der Beobachtungszeitraum in kurze Zeiteinheiten aufgeteilt. Für jede Zeiteinheit wird entschieden, ob ein vorab definiertes Verhalten vorliegt oder nicht (▶ Abb. 1.2). Bei der Event-Sampling-Methode werden Häufigkeit und Dauer des Auftretens von spezifischen, vorab definierten Verhaltensweisen festgehalten – immer genau dann, wenn sie auftreten. Bei den Schätzskalen wird nicht eine Entscheidung über Auftreten oder Nicht-Auftreten eines Ereignisses getroffen, sondern eine Einstufung des Ausprägungsgrads einzelner Verhaltensweisen (Intensität, Qualität, Häufigkeit) vorgenommen (▶ Abb. 1.3).

Eine andere Möglichkeit besteht darin, *standardisierte* Beobachtungen durchzuführen. Hier werden Situationen konstruiert, die das Auftreten des interessierenden Merkmals wahrscheinlich machen. So kann man z. B. das Mitgefühl eines Kindes erfassen, indem man es in einer eigens zu diesem Zweck herbeigeführten Situation beobachtet. Diese könnte so aussehen, dass eine instruierte Person mit dem Kind spielt. Im Laufe des Spiels geschieht ihr ein Missgeschick und sie simuliert Traurigkeit. Wie reagiert das Kind? Wendet es sich zu der traurigen Person hin oder von ihr weg? Tröstet es (Kienbaum, 2003)? Diese Situation würde mit einer großen Zahl von Kindern wiederholt, so dass letztlich eine Aussage über das Mitgefühl aller in dieser Studie untersuchten Kinder gemacht werden kann. Der Vorteil gegenüber der naturalistischen Beobachtung besteht darin, dass die Bedingungen über alle Kinder gleich und damit vergleichbar sind. Andererseits stellt sich wie bei jeder »künstlich« hergestellten Situation die Frage, inwiefern das kindliche Verhalten mit dem im Alltag übereinstimmt (s.o. Validität). In jedem Fall empfiehlt es sich, mehr als eine Beobachtung dieser Art durchzuführen, um eine verlässlichere Aussage treffen zu können.

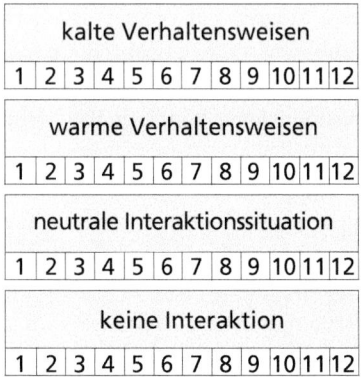

kalte Verhaltensweisen

| 1 | 2 | 3 | 4 | 5 | 6 | 7 | 8 | 9 | 10 | 11 | 12 |

warme Verhaltensweisen

| 1 | 2 | 3 | 4 | 5 | 6 | 7 | 8 | 9 | 10 | 11 | 12 |

neutrale Interaktionssituation

| 1 | 2 | 3 | 4 | 5 | 6 | 7 | 8 | 9 | 10 | 11 | 12 |

keine Interaktion

| 1 | 2 | 3 | 4 | 5 | 6 | 7 | 8 | 9 | 10 | 11 | 12 |

Abb. 1.2: Ausschnitt eines Protokollbogens zur Beobachtung der Häufigkeit verschiedener Verhaltensweisen mit der Time-Sampling Methode. Die Zahlen stehen für Intervalle von 5 Sekunden. Für jedes Intervall muss entschieden werden, ob eine in diesem Intervall stattfindende Verhaltensweise kalt, warm oder neutral ist oder ob keine Interaktion stattfindet, da die Person z. B. den Raum verlässt.

Wenngleich die Beobachtung in vielerlei Hinsicht eine äußerst wichtige Methode bei der Sammlung von Erkenntnissen über die kindliche Entwicklung darstellt, hat auch sie ihre Fehlerquellen. Tagebücher werden von Forscher-Ehepaaren im Gegensatz zu früher heute kaum noch verfasst (oder zumindest nicht veröffentlicht), da es quasi unmöglich ist, auch nur annähernd objektiv zu sein, wenn es um das eigene Kind geht. Aber auch »unvoreingenommene« Beobachter haben im Allgemeinen bestimmte Vorstellungen über die zu beobachtenden Verhaltensweisen (beispielsweise, dass Jungen aggressiver sind als Mädchen), wodurch die Objektivität ihrer Wahrnehmung leiden kann. Schließlich stellt sich die Frage, inwiefern sich das Verhalten der Beobachteten aufgrund der Tatsache, dass sie um die Beobachtung wissen, verändert.

Qualität der emotionalen Beziehung

A	Unfreundliches, distanzier-tes, emotional kaltes Verhalten	1 2 3 4 5	Freundliches, zugewandtes, emotional warmes Verhalten

Ausmaß des lenkenden Verhaltens

A	Vollständige Einschränkung der Handlungs- und Entscheidungsfähigkeit der Kinder	1 2 3 4	Kinder können selbstbestimmt handeln und entscheiden

Aktives – passives Begleiten von Entscheidungsspielräumen der Kinder
Diese Skala ist nur auszufüllen, wenn Punkt 3 oder 4 bei der Einschätzung des lenkenden Verhaltens angekreuzt wurde.

A	Kinder können selbstbe-stimmt handeln und entscheiden. Erzieherin verhält sich passiv und lässt die Kinder gewähren.	1 2 3 4	Kinder können selbstbestimmt handeln und entscheiden. Erzieherin begleitet sie dabei aktiv.

Abb. 1.3: Beispiele für Schätzskalen (aus: Kienbaum, 2003)

1.4.3 Experiment

Das *Experiment* wird häufig als der »Königsweg« in der Psychologie be-zeichnet. Während Interviews oder Beobachtungen auch dazu genutzt werden können, einen ersten Eindruck vom interessierenden Gegenstand zu gewinnen (z. B.: Wie häufig kommen überhaupt Mitgefühl auslösende Situationen in Kindergruppen vor? Wie sieht eine typische Reaktion aus, die wir als »Mitgefühl« bezeichnen würden?), dient das Experiment in der Regel der Überprüfung einer Hypothese oder Theorie. Man möchte Ur-sache-Wirkungsbeziehungen (»wenn …, dann …«) identifizieren. Indem man Bedingungen systematisch variiert, ist es möglich, eine Reaktion oder einen Effekt auf eine ganz bestimmte Ursache zurückzuführen. Gleich-zeitig wird die Wirkung anderer, sogenannter Störvariablen ausgeschaltet. Nehmen wir an, uns interessiere, an welchen Kriterien sich Kinder orien-tieren, wenn sie eine in ihren Augen gerechte Aufteilung zwischen zwei Personen treffen sollen. Geben sie der Person mehr, die mehr geleistet hat? Oder derjenigen, die bedürftiger ist? Sind nur Gleichaufteilungen für sie wirklich gerecht? Um diese Frage experimentell zu untersuchen, präsen-

43

tieren wir unseren Versuchskindern kleine Szenarien, in denen die Protagonisten sich unterschiedlich angestrengt haben bzw. unterschiedlich bedürftig sind. Zum Beispiel gibt es drei Ausprägungen der Variable Bedürftigkeit (gering, mittel, hoch) und drei Ausprägungen der Variable Anstrengung (gering, mittel, hoch). Wenn jetzt ein Kind seine Aufteilungsentscheidung in Abhängigkeit von der Höhe der Bedürftigkeit trifft (es gibt dem Protagonisten umso mehr, je bedürftiger er oder sie ist), schlussfolgern wir, dass diese Variable für das Kind die entscheidende ist. Teilt es jedoch in Abhängigkeit von der Höhe der Anstrengung auf (es gibt dem Protagonisten umso mehr, je mehr er oder sie sich angestrengt hat), scheint die Anstrengungsbereitschaft in seinen Augen der wichtigere Faktor zu sein. Das heißt, wir führen die Aufteilungsentscheidung der Kinder ursächlich auf die von uns kontrolliert variierten Variablen Anstrengung und Bedürftigkeit zurück (Kienbaum & Wilkening, 2009). Das Experiment gilt daher als der »wissenschaftlich tragfähigste Test für eine Hypothese« (Petermann & Rudinger, 2002, S. 1013). Um mögliche Störvariablen auszuschalten, müssen wir z. B. darauf achten, dass die Versuchsleiter sich allen Kindern gegenüber gleich verhalten und nicht etwa in den Geschichten die Bedürftigkeit stärker betonen als die Anstrengung. Auch könnte die Zugehörigkeit zu einem bestimmten Schultyp (Hauptschule, Gymnasium) eine Rolle spielen. Dies können wir kontrollieren, indem wir Schülerinnen und Schüler aus beiden Schularten untersuchen (Kienbaum, 2013, ▶ Kap. 7.2.4). Sollen verschiedene Bedingungen miteinander verglichen werden (z. B. der Lernerfolg nach Methode A im Vergleich zu Methode B), ist es zudem wichtig, darauf zu achten, dass die Teilnehmer den Bedingungen zufällig zugeordnet werden.

Der Vorteil des Experiments, eine Situation künstlich herbeizuführen, in der fremde,»störende« Einflüsse möglichst ausgeschaltet oder zumindest kontrolliert werden, kann je nach Gestaltung jedoch auch ein Nachteil sein, da die Verallgemeinerbarkeit auf die komplexe Entwicklungsumgebung eines Kindes u. U. infrage gestellt werden muss. Hier wird häufig die Forderung nach »ökologischer Validität« geäußert, also einer zumindest annäherungsweisen Entsprechung der realen Lebensbedingungen von Kindern und der Untersuchungssituation.

1.4.4   Kulturvergleich

Will man die Variation von Bedingungen im *natürlichen* Umfeld untersuchen, bieten sich *kulturvergleichende* Studien als eine Möglichkeit an. Wenn man sich z. B. dafür interessiert, welche Bedeutung das Aufwachsen in einer an kollektiven Prinzipien ausgerichteten Kultur im Vergleich zu einer individualistisch orientierten Kultur für bestimmte Verhaltensweisen von Kindern hat, kann man diese beiden »Zustände« kaum experimentell erstellen. Das Gleiche gilt für die bereits in Kapitel 1.1 berichtete Beobachtung von deVries (1984) zum Zusammenhang zwischen dem »schwierigen« Temperament von Babys und ihrem Überleben in einer Hungersnot. Die Zahl der Phänomene, die direkt im Rahmen ihres sozialen Kontextes untersucht werden können, steigt durch den Kulturvergleich somit drastisch an.

Abgesehen von diesen Aspekten ist der Kulturvergleich die einzige Möglichkeit, Theorien auf ihre Allgemeingültigkeit (Universalität) hin zu überprüfen. Da die große Mehrzahl der entwicklungspsychologischen Theorien im westlichen Kulturkreis entstand, stellen sie Produkte einer ganz spezifischen, bereits kulturell determinierten Sozialisation dar. Will man ethnozentrische Fehlschlüsse in Bezug auf die Allgemeingültigkeit dieser Theorien vermeiden, ist die Prüfung ihrer Gültigkeit für andere Kulturen geradezu unerlässlich.

Eine der größten Herausforderungen für kulturvergleichende Studien stellt die sog. *Äquivalenz der Indikatoren* dar. Identisch formulierte Fragen in einem Interview oder Fragebogen oder identisch ausgestaltete Experimente können in unterschiedlichen Kulturen völlig unterschiedliche Bedeutungen haben. Ein weiteres Problem entsteht durch evtl. vorhandene kulturspezifische Antworttendenzen. So könnte es in einer Kultur üblich sein, extreme Antworten (z. B. die äußersten Punkte auf einer Fragebogenskala) zu vermeiden, wodurch nicht vergleichbare Ergebnisse entstehen. Profunde Kulturkenntnisse sind vonnöten, um diesen Problemen zu begegnen. Zudem ist zu beachten, dass auch innerhalb einer Kultur in der Regel Untergruppen bestehen, die sich stark voneinander unterscheiden können.

1.5 Untersuchungsdesigns

Die soeben dargestellten Methoden finden nicht nur in der Entwicklungspsychologie, sondern mehr oder weniger in allen psychologischen Disziplinen Anwendung. Wie kann man nun mit ihrer Hilfe Veränderungen oder Stabilitäten *über die Zeit* am besten erfassen?

In *Querschnittuntersuchungen* werden Personen verschiedenen Alters im Hinblick auf das interessierende Merkmal verglichen, so dass es möglich ist, Ähnlichkeiten oder Unterschiede zwischen den älteren und jüngeren Kindern zu entdecken. Beispielsweise fragten O'Brien und Bierman (1988) Kinder der fünften, achten und elften Klasse nach ihrem Verständnis einer »Gruppe«. Die jüngeren Kinder definierten eine Gruppe über gemeinsame Aktivitäten von Kindern. Für die Achtklässler waren gemeinsame Einstellungen und ein ähnliches äußeres Erscheinungsbild wichtige Kriterien für eine Gruppe. In der elften Klasse waren gemeinsame Einstellungen am wichtigsten und gemeinsame Aktivitäten am unwichtigsten (▶ auch Kap. 5, soziale Beziehungen). Grundsätzlich besteht hier allerdings das Problem, dass man nicht davon ausgehen kann, dass die untersuchten Altersgruppen in allen Variablen außer dem Alter gleich sind. Darüber hinaus erhalten wir keine Informationen darüber, wie sich ein individuelles Kind entwickelt bzw. wie stabil die individuellen Unterschiede über den Zeitverlauf sind. Alters*veränderungen* (im Gegensatz zu Alters*unterschieden*) können demgegenüber nur mit Längsschnitt-Designs erfasst werden (▶ Tab. 1.1).

In *Längsschnittuntersuchungen* wird die Entwicklung von Menschen über eine bestimmte Zeitspanne (z. B. ein oder mehrere Jahre) hinweg verfolgt. Als Beispiel mag unsere eingangs geschilderte Studie der Hochrisikokinder aus Hawaii gelten, deren Lebensweg über 30 Jahre lang verfolgt wurde (Werner & Smith, 1982). Als ein wichtiger Faktor des »Erfolges« der »resilienten« Kinder erwies sich, dass sie schon früh in ihrem Leben von anderen Bezugspersonen als ihren Eltern emotionale Unterstützung bekamen. »Werner und Smith waren ›überrascht‹ von der großen Bedeutung der Großeltern, Geschwister und Freunde für die Überwindung von Belastungen, die durch Armut, Zerstörung der Familie oder psychische Probleme der Eltern gegeben waren« (Ulich, 1988, S. 155). Aber auch die

Persönlichkeit der Kinder spielte eine Rolle, da sie in der Lage waren, bei den Menschen in ihrem sozialen Umfeld überwiegend positive Reaktionen hervorzurufen.

Dass Längsschnittstudien im Vergleich zu Querschnittstudien seltener durchgeführt werden hat vor allem den praktischen Grund, dass es in der Regel einfacher ist, Menschen für eine einmalige Untersuchung zu gewinnen. Aber selbst, wenn die Eltern zusagen, ihr Kind über den Verlauf mehrerer Jahre immer wieder teilnehmen zu lassen, können Umstände (wie z. B. Umzüge, schwindendes Interesse) auftreten, die dazu führen, dass Kinder wieder aus der Stichprobe herausfallen. Abgesehen davon existiert die Möglichkeit, dass die Kinder sich durch eine wiederholte Teilnahme an die Testsituation »gewöhnen«, was z. B. zur Folge haben kann, dass bei bestimmten Aufgaben (wie z. B. einem IQ-Test) die Ergebnisse mit der Zeit besser ausfallen. Auch kann ein systematischer Drop-out in dem Sinne auftreten, dass ganz bestimmte Menschen (z. B. aus einer bestimmten sozialen Schicht) nicht mehr an der Untersuchung teilnehmen.

Ob eine Längs- oder eine Querschnittstudie angebrachter ist, hängt im Wesentlichen mit dem wissenschaftlichen Erkenntnisinteresse zusammen: Weinert (1990) bezeichnet Längsschnittstudien immer dann als unverzichtbar, wenn es »… um die Entstehung, die Stabilität, die Veränderung und gegebenenfalls auch die Erklärung der individuellen Variationen menschlicher Entwicklungsverläufe« geht (S. 1). Für die traditionelle Suche nach universellen Veränderungen jedoch empfehlen sich »gut geplante Querschnittsuntersuchungen«.

Tab. 1.1: Entwicklungspsychologische Untersuchungsdesigns

	Untersuchte Altersgruppen		
	2010	**2015**	**2020**
Querschnittsstudie	5-Jährige		
	10-Jährige		
	15-Jährige		
Längsschnittstudie	5-Jährige	→ gleiche Kinder als 10-Jährige	→ gleiche Kinder als 15-Jährige

Neben diesen beiden Hauptmethoden gibt es eine Reihe von Ansätzen, die Quer- und Längsschnittstudien kombinieren (z. B. Sequenzmodelle von Schaie, vgl. Schmiedek & Lindenberger, 2012).

1.6 Ethische Aspekte

Von größter Wichtigkeit in der (entwicklungspsychologischen) Forschung ist die Einhaltung ethischer Standards. So heißt es zum Beispiel in den ethischen Richtlinien der Deutschen Gesellschaft für Psychologie (2016, S. 20): Psychologinnen und Psychologen »stellen sicher, dass durch die Forschung Würde und Integrität der teilnehmenden Personen nicht beeinträchtigt werden. Sie treffen alle geeigneten Maßnahmen, Sicherheit und Wohl der an der Forschung teilnehmenden Personen zu gewährleisten und versuchen, Risiken auszuschließen«. Untersuchungen an Kindern stellen in dieser Hinsicht eine besondere Herausforderung dar, da Kinder in der Regel nicht in der Lage sind abzuschätzen, was die Teilnahme an einer Untersuchung für sie bedeutet. Deshalb muss neben der Zustimmung des Kindes auch immer die der Eltern eingeholt werden. Wenn das Kind nicht mehr an der Untersuchung teilnehmen möchte, muss ihm dies sofort und ohne jegliche Einwände gestattet werden. Ein Experiment, wie das bereits erwähnte vom »kleinen Albert« (Watson & Raynor, 1920), in dem einem kleinen Jungen Angst vor bestimmten Objekten »anerzogen« wurde, wäre heute aus ethischen Gründen undenkbar. Dennoch muss extrem darauf geachtet werden, dass auch weniger offensichtliche Stressoren wie Beschämung oder Frustration vermieden werden.

Korrelation und Kausalität

Während man mit Experimenten Aussagen über die kausalen Ursachen von Ereignissen treffen kann, ist dies mit sog. Korrelationsstudien grundsätzlich nicht möglich. Wenn man sich z. B. dafür interessiert, ob ein bestimmter väterlicher Erziehungsstil zusammenhängt mit dem Aggressionsniveau der Kinder, wäre es aus ethischen Gründen unvertretbar, Kinder experimentell bestimmten Arten von Erziehungsverhalten auszusetzen. Stattdessen wird man natürlich vorkommende Varianten von erzieherischen Verhaltensweisen erfassen (per Interview, Fragebogen oder Beobachtung) und diese in Zusammenhang setzen mit der Aggressivität der Kinder. Sollte sich herausstellen, dass aggressivere Kinder eher Väter haben, die zu Strenge und Wutausbrüchen neigen, so könnte man dennoch nicht darauf schließen, dass das väterliche Verhalten das der Kinder verursacht. Tatsächlich könnte es nämlich auch umgekehrt so sein, dass die Väter deshalb streng und wütend sind, weil ihre Kinder sich aggressiv verhalten. Korrelationskoeffizienten (die zwischen -1 und +1 variieren können, ▶ Abb. 1.4) erlauben deshalb nur eine Aussage über die Richtung und Enge eines linearen Zusammenhangs, nicht jedoch über seine Verursachung. Je höher der Betrag eines Korrelationskoeffizienten ausfällt, desto enger ist der Zusammenhang zwischen den beiden Variablen; je näher er an Null ist, desto schwächer ist der Zusammenhang. Eine Korrelation von −.89 wäre z. B. hoch, eine von .52 mittel und eine von −.15 niedrig. Das Vorzeichen sagt dabei etwas über die Richtung des Zusammenhangs aus. Ein positives Vorzeichen (+) bedeutet, dass die eine Variable zunimmt, wenn die andere auch zunimmt – wie bei unserem Beispiel mit der väterlichen Strenge und der kindlichen Aggressivität. Man spricht hier von einer positiven Korrelation. Ein negatives Vorzeichen bedeutet, dass die Zunahme einer Variablen einhergeht mit der Abnahme einer anderen. So könnte die kindliche Aggressivität umso niedriger sein, je höher die väterliche Wärme ist – und umgekehrt. Man spricht hier von einer negativen Korrelation.

Zusammenfassung

Die Entwicklungspsychologie befasst sich mit Veränderungen und Stabilitäten des Verhaltens und Erlebens über die gesamte Lebensspanne. Im vorliegenden Buch konzentrieren wir uns auf den Lebensabschnitt der Kindheit (Geburt bis zum zwölften Lebensjahr). Dabei werden sowohl Fragen der allgemeinen (Welche Übereinstimmungen zeigen Kinder eines gewissen Alters über viele Situationen hinweg? Welche Unterschiede gibt es zwischen Kindern verschiedenen Alters?) als auch der differentiellen Entwicklung (Was trägt zu Unterschieden zwischen Kindern gleichen Alters bei?) angesprochen.

Ein entwicklungspsychologisches Grundproblem betrifft die Frage nach dem Verhältnis von Anlage und Umwelt für die kindliche Entwicklung. Heutzutage herrscht Einigkeit, dass die Entwicklung jeglicher menschlichen Eigenschaft *sowohl* durch die Gene *als auch* durch die Umwelt beeinflusst wird. Gefragt wird, wie sich dieses Zusammenspiel gestaltet. Eine zweite Grundfrage betrifft die Kontinuität oder Diskontinuität von Entwicklung. Während Stufenmodelle, wie z. B. das der kognitiven Entwicklung von Piaget, klar von einer diskontinuierlichen Entwicklung ausgehen, mehren sich in den letzten Jahrzehnten Stimmen, die Entwicklung in vielen Bereichen eher als kontinuierlichen Prozess betrachten.

Die wissenschaftliche Erforschung der kindlichen Entwicklung begann im 19. Jahrhundert. Verschiedene Theorien versuchen die menschliche Entwicklung zu erklären, so die biologisch-reifungsbezogenen Theorien, die Psychoanalyse, der Behaviorismus, die kognitiven Entwicklungstheorien und die ökologische Entwicklungspsychologie.

Die wissenschaftlichen Methoden, mit denen die (Entwicklungs-)Psychologie zu ihren Aussagen kommt, müssen bestimmten Gütekriterien genügen. Hierzu zählen v. a. die Objektivität, die Reliabilität und die Validität. Wichtige Methoden der Datenerhebung in der Kindheit sind Befragung sowie Beobachtung. Beide können in mehr oder weniger standardisierter Form durchgeführt werden. Sollen Aussagen über Ursachen von kindlichem Verhalten und Erleben getroffen werden, empfehlen sich experimentelle Designs. Mit Hilfe von Korrelationen können nur Zusammenhänge zwischen Variablen untersucht werden. Kulturverglei-

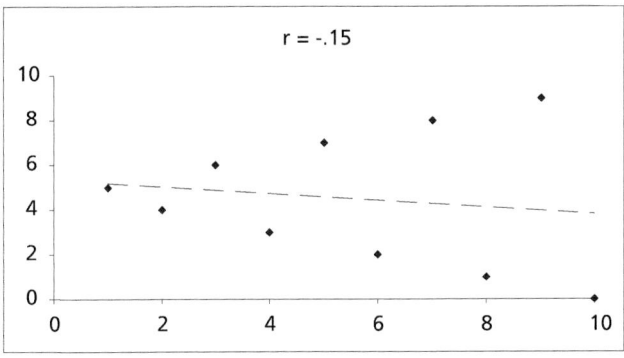

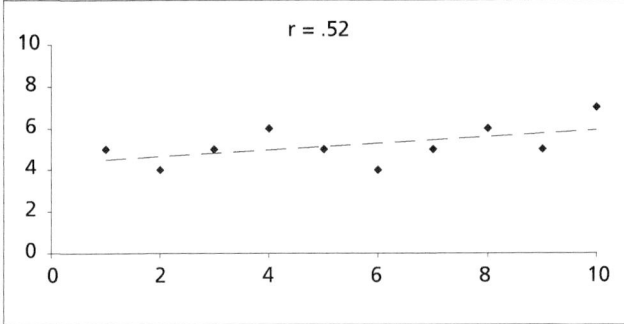

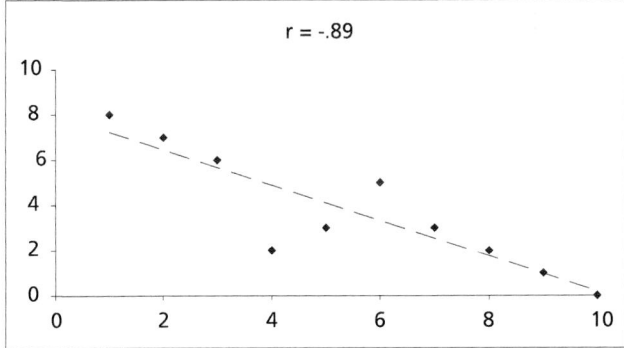

Abb. 1.4: Korrelationskoeffizienten verschiedener Höhe. Diese fiktiven Daten stellen eine schwach negative, eine mittel positive und eine hoch negative Korrelation dar (▶ Kasten). Jeder Punkt repräsentiert eine einzelne Versuchsperson.

chende Untersuchungen stellen die einzige Möglichkeit dar, Theorien auf ihre Allgemeingültigkeit hin zu überprüfen und beugen somit der Gefahr ethnozentrischer Fehlschlüsse vor.

Speziell entwicklungspsychologische Forschungsdesigns sind Quer- und Längsschnittuntersuchungen. Bei Ersteren werden Gruppen von Kindern verschiedenen Alters im Hinblick auf ein Merkmal verglichen; bei Letzteren wird die Entwicklung von Kindern einer bestimmten Gruppe über einen definierten Zeitraum hinweg verfolgt.

Von größter Wichtigkeit in der (entwicklungs-)psychologischen Forschung ist die Einhaltung ethischer Standards. Sowohl die Kinder als auch ihre Eltern müssen ihre Einwilligung zur Teilnahme an einer Studie geben. Das Wohl des Kindes, seine Sicherheit, Würde und Integrität müssen jederzeit gewährleistet sein.

Empfohlene Literatur

Döring, N. & Bortz, J. (2016). *Forschungsmethoden und Evaluation* (5., vollst. überarb., akt. u. erw. Aufl.) Berlin: Springer.

Montada, L., Lindenberger, U. & Schneider, W. (2012). Fragen, Konzepte, Perspektiven. In W. Schneider & U. Lindenberger (Hrsg.), *Entwicklungspsychologie* (7. Auflage, S. 27–60). Weinheim: Beltz.

Lernfragen

1. Welche typischen Fragestellungen untersucht die allgemeine, welche die differenzielle Entwicklungspsychologie?
2. Was versteht man unter einem transaktionalen Modell?

3. Nennen Sie Kernpunkte der folgenden Theorien zur ontogenetischen Entwicklung des Menschen: biologisch-reifungstheoretische Theorien, Psychoanalyse, Behaviorismus, kognitive Entwicklungstheorien, ökologische Entwicklungspsychologie!

4. Erläutern Sie die sog. Gütekriterien Objektivität, Reliabilität und Validität.

5. Nennen Sie je einen Vor- und einen Nachteil von mündlichen Befragungen (Interviews) und Beobachtungen.

6. Warum wird das Experiment häufig als »Königsweg« in der psychologischen Forschung beschrieben?

7. Worin besteht der Unterschied zwischen einem Experiment und einer Korrelationsstudie?

8. Was ist eine Quer-, was eine Längsschnittstudie?

Bildteil – Der Beginn der Kindheit – Klara und Tobias

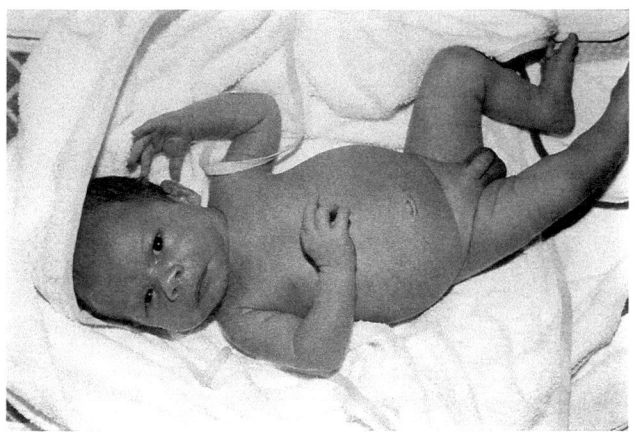

Tobias, 12 Tage

Klara, 6 Monate

2 Neurowissenschaftliche Grundlagen der Entwicklung

Die letzten drei Jahrzehnte haben einen ungeheuren Zuwachs an Wissen über das menschliche zentrale Nervensystem (ZNS) gebracht, das die wichtigste materielle Basis unserer Informationsverarbeitung und der damit verbundenen psychischen Vorgänge (Wahrnehmen, Denken, Erinnern, Fühlen, Handeln usw.) darstellt. Dabei erweist sich das *Zusammenwirken verschiedener Disziplinen* (Medizin, Psychologie, Biologie u. a.) in einer Neurowissenschaft als sehr fruchtbar (vgl. Singer, 2002). Die Gehirnforschung bereichert auch entwicklungspsychologische Vorstellungen und Modelle. Sie liefert neue Antworten auf Fragen nach dem Ineinandergreifen von Anlage und Umwelt, der Bedeutung sensibler Phasen und dem alterskorrelierten Aufbau von Fähigkeiten.

2.1 Untersuchungsmethoden

Die Fortschritte in der Forschung hängen eng mit der Weiterentwicklung von Untersuchungsmethoden zusammen (vgl. Pauen & Elsner, 2008; Thomas & Casey, 2003). Psychologisch besonders interessant sind solche Methoden, die es erlauben Strukturen und Prozesse am lebenden Gehirn aufzuzeigen – und dies optimalerweise im Längsschnitt. Damit wird es möglich Verbindungen herzustellen zwischen der Tätigkeit neuronaler Schaltkreise und dem beobachtbaren Verhalten bzw. zwischen strukturellen Veränderungen und dem Auftauchen und Verschwinden psychischer Funktionen im Laufe der menschlichen Entwicklung.

Insbesondere die *Magnetresonanztomographie (MRT)* hat die Forschung zur Hirnentwicklung revolutioniert, da bei ihr, anders als bei anderen bildgebenden Verfahren, auf die Verwendung radioaktiv markierter Substanzen verzichtet werden kann. Dies scheint ethisch besonders wichtig, wenn Personen untersucht werden sollen, bei denen keine klinische Indikation evtl. mögliche Untersuchungsrisiken rechtfertigen würde. Für Kinder vor dem Schulalter ist die Methode nur unter Anwendung von Beruhigungs- oder Betäubungsmitteln praktikabel, weil die Untersuchung in einer engen Röhre stattfindet und Stillhalten erfordert und die Apparatur laute Geräusche erzeugt. Bei der MRT setzt man das Gehirn starken magnetischen Feldern aus, die die Ausrichtung der Wasserstoffkerne vorübergehend beeinflussen. Da Wasserstoff in verschiedenen Hirnstrukturen in unterschiedlichem Maße vorkommt, können dreidimensionale anatomische Bilder erzeugt werden. Um Funktionen aufzuzeigen *(funktionelle MRT, fMRT)*, nutzt man die unterschiedlichen magnetischen Eigenschaften von sauerstoffreichem und sauerstoffarmem Blut. Ersteres wird gehäuft in aktive Hirnregionen transportiert (Spitzer, 2002; Casey et al., 2001; Krings, 2003).

Verbesserte Methoden der *EEG-Messung (Elektroenzephalogramm)* bei denen ein dichtes Netz von Elektroden am Kopf befestigt wird, sind auch bei jungen Kindern unbedenklich anzuwenden und erlauben eine etwas größere Bewegungsfreiheit als die MRT (Nelson & Monk, 2001; Eliot, 1999). Hierbei werden Veränderungen der Spannung an der Kopfhaut gemessen und als Verlaufskurven aufgezeichnet, die sich aufgrund von Änderungen in der elektrischen Aktivität der Neurone ergeben. Mit dem EEG können beispielsweise Unterschiede zwischen Schlaf- und Wachphasen bei Kindern verschiedenen Alters beschrieben oder Aktivitätskomponenten identifiziert werden, die mit der Verarbeitung von Reizen zeitnah zusammenhängen *(EKP, ereigniskorrelierte Potentiale)*. Wegen der Einschränkung des Aktionsraumes sind bisher noch keine Untersuchungen unter Alltagsbedingungen möglich.

Darüber hinaus liefern Beobachtungen und Untersuchungen an *Patienten mit neurologischen Auffälligkeiten* sowie *Tierstudien* wichtige Informationen. Trotz der intensiven Weiterentwicklung im Lauf der Evolution gerade im Bereich der Hirnrinde des Menschen, sind viele neuronale Mechanismen bezüglich des Aufbaus und der Vernetzung zwischen Tier und

Mensch ähnlich (Bourgeois, 2001). Bei Tieren werden auch experimentelle Versuchsanordnungen vorgenommen, die aus ethischen Gründen bei Menschen nicht möglich wären. Es werden z. B. deprivierende (reizarme) Entwicklungsbedingungen erzeugt und deren Folgen für die neuronale Vernetzung bestimmt, um das Zusammenspiel von Anlage und Umwelt zu klären.

2.2 Der Aufbau des Gehirns

Um entwicklungsbedingte Veränderungen des zentralen Nervensystems (ZNS) im Gehirn besser zu verstehen, sollen zunächst einige anatomische Grundlagen erläutert werden. Von oben betrachtet sieht man zunächst auf das *Großhirn* mit seinen zwei *Hemisphären* und symmetrisch auf beiden Hälften angeordneten *Lappen* (Lobi) (▸ Abb. 2.1). Vom Nacken zur Stirn sind dies: Okzipitallappen (Hinterhauptslappen), Parietallappen (Scheitellappen) und Frontallappen (Stirnlappen) und seitlich je ein Temporallappen (Schläfenlappen). Die Lappen sind von der *Hirnrinde* (Kortex, oberste Schicht: Neokortex) bedeckt, die zu wulstigen Windungen (Gyri) und flachen Furchen (Sulci) gefaltet ist, die sich pränatal vor allem in den letzten Schwangerschaftsmonaten bilden (vgl. Kolb & Wishaw, 1996; Dubois et al., 2008).

Bei der Draufsicht bleiben *tieferliegende Strukturen* des Kortex bzw. des Großhirns zunächst verborgen (u. a. Hippocampus, Amygdala). Die beiden Hirnhälften sind über den gesamten Scheitel durch ein kräftiges Faserbündel (Balken = Corpus callosum) verbunden, über das sie kommunizieren. Das Großhirn sitzt über dem Hirnstamm, den man in Zwischenhirn (u. a. Thalamus, Hypothalamus, Hypophyse), Mittelhirn, Hinterhirn (Kleinhirn und Brücke), verlängertes Rückenmark (Medulla oblongata) und Rückenmark unterteilt (▸ Abb. 2.2).

Neben der Beschreibung von Strukturen kann man den Aufbau des Gehirns auch noch auf andere Weise thematisch gliedern, z. B. über die Zuständigkeit von Regionen für bestimmte Aufgaben (*funktionale Be-*

trachtung) oder nach den in verschiedenen Bereichen vorzufindenden *Zelltypen.* Funktional wird beispielsweise eine Reihe von Groß- und Zwischenhirnstrukturen (u. a. Gyrus cinguli, Hippocampus, Amygdala) unter dem Begriff des limbischen Systems zusammengefasst, das besonders für emotionale und motivationsbezogene Informationsverarbeitung und Lernprozesse zuständig sein soll. Solche funktionalen Abgrenzungen sind jedoch oft schwer zu rechtfertigen, weil es zwar Spezialisierungen von Hirnregionen gibt, letztendlich aber immer alle Bereiche des Gehirns in der Verhaltenssteuerung zusammenarbeiten.

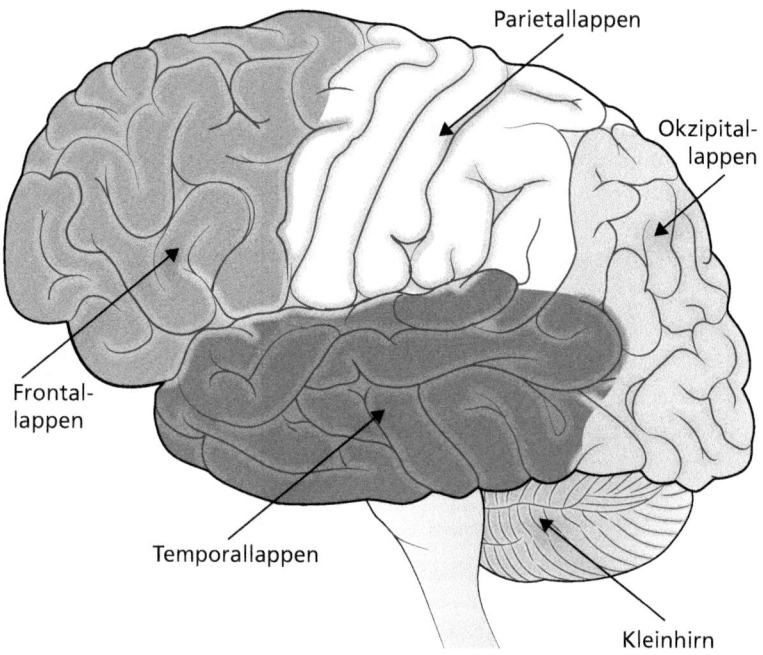

Abb. 2.1: Draufsicht auf das Gehirn

Die einfachste *Gliederung nach Zelltypen* im Gehirn ist die Unterscheidung in Nervenzellen (Neuronen) und Glia (s. u.), die sich wiederum differenzieren lässt (▶ Abb. 2.3). Jedes Neuron besitzt einen Zellkörper und maximal ein Axon, das häufig von einer schützenden Myelinscheide umgeben ist. Das Axon verzweigt sich in Kollaterale und schließlich Telodendrien, an denen die synaptischen Endknöpfchen sitzen. Über das Axon kann ein Signal an andere Neuronen weitergegeben werden. In diesem Prozess werden an den Endknöpfchen Botenstoffe (Neurotransmitter) in den synaptischen Spalt entlassen, die das nachgeordnete Neuron erregen. Der Kontakt des Axons kann zu allen Teilen des nachgeordneten Neurons bestehen, häufig aber zu den stark verzweigten Dendriten (vgl. Spitzer, 2002).

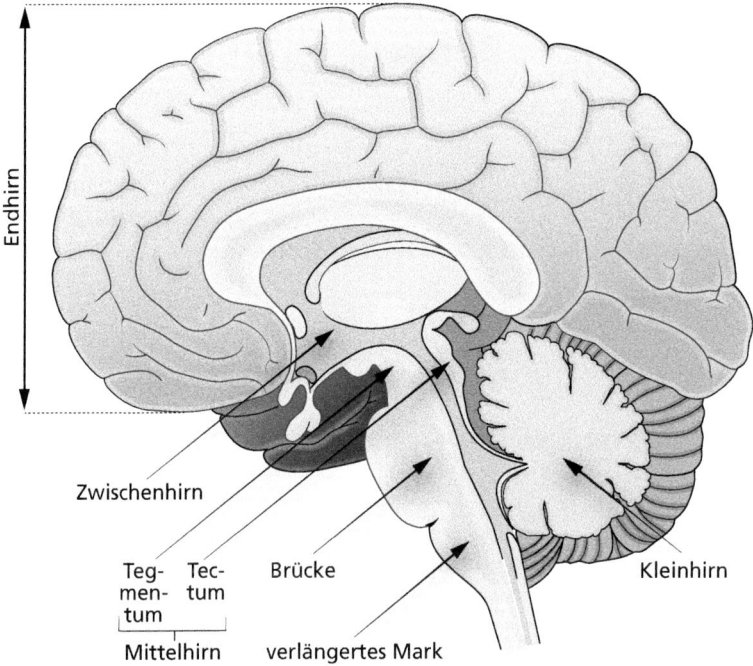

Abb. 2.2: Zentrale Strukturen des Gehirns

Die Gliazellen stellen die Mehrheit der Zellen im Großhirn dar, wobei ihnen vor allem Versorgungsfunktionen für die Neuronen zuerkannt wurden (Keller & Simbruner, 2007), neuerdings aber auch eine aktivere Rolle bei der Signalübertragung im Gehirn (Spitzer, 2002).

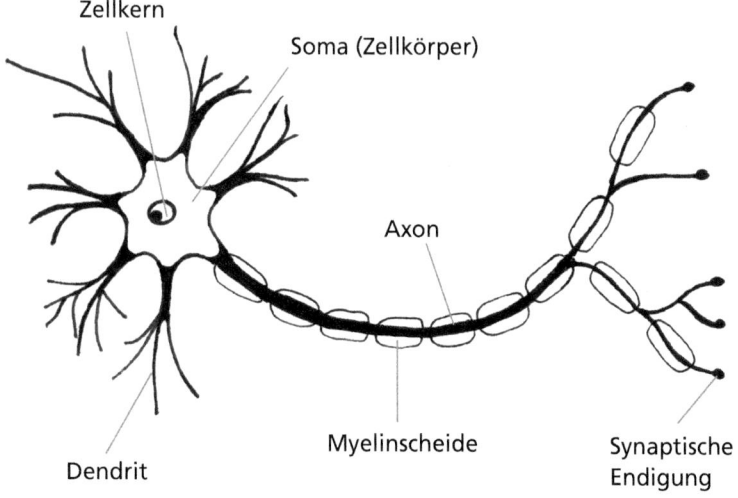

Abb. 2.3: Neuron mit unterschiedlichen Teilkomponenten

2.3 Prozesse der Gehirnentwicklung

Im Folgenden werden grundsätzliche Prozesse der Gehirnentwicklung dargestellt, die bei Ismail et al. (2017, S. 26) unter dem Begriff der Neuroplastizität diskutiert werden. Hierbei kann man unterscheiden zwischen der genetisch gesteuerten »normalen Entwicklungsplastizität« und der erfahrungsbeeinflussten »adaptiven Plastizität«. Ismail et al. (2017, S. 24) geben folgende Definition von Neuroplastizität: »[Sie] ist ein komplexer Prozess, der während zeitsensibler Perioden der vor- und nachgeburtlichen Entwicklung gesteigert ist und der sich während Adoleszenz und Erwachsenenalter fortsetzt, wenn auch in verringertem Ausmaß. Neuroplastizität verweist auf die dem Zentralen Nervensystem (ZNS) innewohnende dynamische biologische Kapazität zu reifen, sich strukturell und funktionell in Reaktion auf Erfahrungen zu verändern und nach Verlet-

zungen anzupassen« (Übersetzung der Verf.). Auf Neuroplastizität angesichts von Verletzungen oder Krankheiten wird hier nicht eingegangen.
Die Prozesse der Neuroplastizität können auf verschiedenen Ebenen
beschrieben werden, z. B. auf der genetischen oder molekularen (vgl. Ismail et al., 2017). Wir beschränken uns hier auf die Ebene von Neuronen
und größeren Netzwerken. Es geht um die *Entstehung von Nervenzellen*, ihre
Vernetzung durch die Bildung von Kontakten mittels Synapsen, die Erhöhung der Kontaktmöglichkeiten durch Dendritenwachstum und Spine-
Bildung, den *selektiven Rückgang* bei Synapsen und Neuronen und die
Isolierung von Axonen sowie um die damit verbundene *Verbesserung der
Signalübertragung*. Prozesse der Neuroplastizität wurden von Forschern
meist in spezifischen Regionen des Gehirns untersucht und können lokal
und zeitlich sehr unterschiedlich verlaufen. Die folgende Beschreibung
stützt sich vor allem auf die Übersichten in Eliot (1999), Keller und Simbruner (2007), Elsner und Pauen (2008), Ismail et al. (2017) und eine Reihe
von Beiträgen in Nelson und Luciana (2001).

2.3.1 Bildung von Neuronen

Die Entwicklung des Gehirns beginnt sehr bald nach der Befruchtung der
Eizelle. Aus teilungsbereiten Vorläuferzellen (Neuroepithelzellen) bilden
sich zunächst einfach strukturierte Nerven- und auch Gliazellen. Der
Prozess der Bildung von Nervenzellen *startet mit der dritten Woche der
Embryonalentwicklung*, erreicht einen Höhepunkt in der 7. Woche und ist
mit 18 Wochen weitgehend abgeschlossen. Neuere Forschungsergebnisse, zunächst aus der Tierforschung, später auch aus der Forschung am Menschen,
schieben diese Grenze jedoch immer weiter hinaus. Wurde zuerst noch ein
geringer Zuwachs von Nervenzellen bis in die ersten Monate nach der
Geburt eingeräumt (Eliot, 1999), so wird nun teilweise von Neubildungen
bis zum sechsten Lebensjahr (Shankle et al., 1998) und in manchen Bereichen des Kortex (u. a. im Hippocampus) sogar bis ins Erwachsenenalter
berichtet (vgl. Eriksson et al., 1998; Tanapat et al., 2001). Von den Gliazellen war schon länger bekannt, dass sich auch lange nach der Geburt
neue bilden können.

Um auf die schätzungsweise ca. *100 Milliarden Neurone* des menschlichen Gehirns zu kommen, muss die Produktion zumindest auf ihrem pränatalen Höhepunkt mit atemberaubender Geschwindigkeit ablaufen – mit mehr als einer halben Million neuer Zellen pro Minute.

Die neu gebildeten Neurone (Neuroblasten) wandern nach ihrer Entstehung *(Migration)* und differenzieren sich erst nach Erreichen ihrer endgültigen Position in verschiedene Typen aus. Die *Zielfindung* scheint in verschiedenen Hirnregionen unterschiedlich vor sich zu gehen. Die Migration der Nervenzellen findet hauptsächlich vom dritten bis zum fünften Schwangerschaftsmonat statt. Die meisten haben dann ungefähr ihre endgültige Position eingenommen und alle wichtigen Hirnstrukturen sind bereits vorhanden. Die frühe Neurogenese ist von ihrem Ablauf her weitgehend genetisch gesteuert.

Die meisten Neurone begleiten den Menschen ein Leben lang, auch wenn es bereits im Rahmen des Aufbaus effizienter Informationsübertragungswege und der grundlegenden Architektur des Gehirns in den ersten Lebensjahrzehnten zu einem programmierten Absterben von Neuronen *(Apoptose)* kommt.

2.3.2 Der Aufbau der synaptischen Architektur

In den einzelnen Hirnregionen kommt es zu einer Vernetzung der Zellen, sobald die zellulären Grundlagen geschaffen sind. Hierzu bilden sich pränatal beginnend Kontaktstellen für die Signalübertragung zwischen den Zellen *(Synaptogenese)*. Dazu ist zunächst das Wachstum von Axonen und Dendriten an den Nervenzellen notwendig. Nach Eliot (1999) beginnt die *Synaptogenese im Rückenmark in der fünften Schwangerschaftswoche*, im Kortex erst in der siebten; dort dauert sie auch am längsten an.

Bourgeois (2001) nimmt an, dass die Synaptogenese in der menschlichen Hirnrinde in fünf Phasen verläuft: Phase 1 beginnt in der sechsten bis achten Woche, Phase 2 in der 12. bis 17. Woche der Schwangerschaft. Diese führen zu einer Vernetzung niedriger Dichte. Phase 3 beginnt in der 17. bis 24. Woche, endet ca. acht bis zwölf Monate nach der Geburt und führt zu einer sehr hohen Dichte an Synapsen. Phase 4, eine Plateauphase mit einer hohen Dichte synaptischer Kontakte, dauert unterschiedlich lange an in verschiedenen Gebieten des Neokortex. Phase 5 geht mit einem langsamen, kontinuierlichen Verlust von Synapsen besonders an den dendritischen Dornen einher. Sie beginnt (spätestens) nach der Pubertät und setzt sich bis ins hohe Alter fort, in dem es dann zu einem deutlichen Verlust von Synapsen kommt. Die Veränderungen in Phase 1 und 2 werden wahrscheinlich von *erfahrungsunabhängigen* Prozessen dominiert, ebenso die der frühen Phase 3, in der später jedoch die *erfahrungserwartenden* Prozesse vorherrschen. In Phase 4 sind erfahrungsunabhängige und -erwartende Prozesse bedeutsam, in Phase 5 vor allem *erfahrungsabhängige* (▶ Kap. 2.4).

Die Angaben hinsichtlich des Zeitpunkts, zu dem die höchste Synapsendichte erreicht ist, variieren für verschiedene kortikale Regionen; sie reichen vom Ende des ersten bzw. zweiten Lebensjahres (Bourgeois, 2001; Eliot, 1999) bis zu Datierungen ins Vorschulalter z. B. für den präfrontalen Kortex (vgl. Casey et al., 2005). Auf dem Höhepunkt haben sich bis zu 15 000 Synapsen an jedem kortikalen Neuron gebildet.

Doch wie finden die einzelnen Neurone zunächst die Bereiche, mit denen sie in Kontakt treten sollen? Die Vernetzung beginnt mit dem *Wachstum des Axons*, an dessen Ende sich anfänglich ein Wachstumskegel mit Tentakeln befindet, die in alle Richtungen ausgesendet werden und nach chemischen und elektrischen Signalen der zu kontaktierenden Neurone suchen, die zu den Rezeptorstrukturen des Axons passen. Wenn ein Axon seinen Kontaktbereich gefunden hat, verzweigt es sich und bildet Synapsen mit einer Vielzahl von Neuronen in der Umgebung. Axone können auch die abgelegensten Bereiche des Körpers mit dem Gehirn verbinden und mehr als einen Meter Länge erreichen.

Es bestehen zwei unterschiedliche theoretische Vorstellungen, wie die synaptische Architektur im Kortex (in den Phasen 3 und 4) entsteht (vgl. Bourgeois, 2001, S. 29): die *selektionistische* und die *konstruktivistische*. Bei der konstruktivistischen Vorstellung entsteht durch Reifung aus einer schwachen eine dichte Vernetzung der Nervenzellen. Die spontane Eigenaktivität der Neurone und die durch Erfahrungen erzeugte Aktivierung verursacht die Bildung neuer Synapsen. Bei der selektionistischen Vorstellung entsteht zunächst auf der Basis intrinsischer Mechanismen eine große Anzahl synaptischer Kontakte. Die so entstandenen Informationsübertragungswege sind jedoch noch wenig effizient. Auf Basis der durch Erfahrung erzeugten neuralen Aktivität findet eine Auswahl statt, bei der aktive Synapsen, die ihre postsynaptischen Ziele in »erwarteter« Art und Weise stimulieren, stabilisiert werden bzw. andere, die dies nicht tun, verschwinden. Das Fazit aus den von Bourgeois zitierten Befunden ist, dass beide Vorstellungen einen Teil der Abläufe zutreffend beschreiben.

Durch tierexperimentelle Studien konnten für das visuelle System Prinzipien identifiziert werden, nach denen die *erfahrungsabhängige Selektion von Synapsen* verläuft (vgl. Singer, 2002). Die Erregungsübertragung zwischen einem von den Lichtsinneszellen in der Netzhaut des Auges kommenden Neuron und einer nachgeschalteten, also postsynaptischen Zelle im Kortex wird verbessert und gefestigt, wenn beide gemeinsam aktiv sind. Zu einer gemeinsamen Aktivität kommt es nur, wenn bei der nachgeordneten Zelle eine bestimmte Aktivierungsschwelle überwunden wird. Betrachtet man die synaptischen Verbindungen mehrerer sensorischer Neurone, die auf die gleiche nachgeschaltete Zelle einwirken, so kann ein *Wettbewerb zwischen diesen Neuronen* entstehen, der zur Festigung oder auch zur Schwächung bis hin zur vollständigen Aufgabe von Verbindungen führen kann. Die gleichzeitige Aktivität wird jedoch nicht nur durch das sensorische Neuron allein bestimmt, vielmehr kann die Aktivierungsschwelle für das Hirnrindenneuron nur überwunden werden, wenn durch modulierende Systeme im Hirn erzeugte Signale einen zusätzlichen Aktivierungsbeitrag leisten. Hierin kann man einen Schutzmechanismus gegenüber dem System widersprechenden Modifikationen der synaptischen Architektur sehen (▶ Kap. 2.4.2).

Auch die zunächst in großer Fülle gebildeten Neurone unterliegen einem Selektionsprozess. Sind sie nicht in der Lage, eine bestimmte Anzahl von Synapsen zu bilden, sterben sie einen *programmierten Zelltod*. Je nach Hirnregion gehen ca. 50 % der gebildeten Neurone wieder zugrunde (Keller & Simbruner, 2007).

Die Möglichkeit zur Bildung von Kommunikationspunkten zwischen Nervenzellen wird durch das *dendritische Wachstum*, das zu 83 % erst nach der Geburt auftritt und zusätzlich durch die Bildung von *Dornenfortsätzen* an den Dendriten (dendritic spines) erhöht. Als Ergebnis dieses Prozesses verdreifacht sich die Stärke der Hirnrinde im Laufe des ersten kindlichen Lebensjahres. Innerhalb der Umorganisation der neuronalen Netzwerke im Rahmen von Lernprozessen werden aber auch bei den dendritischen Dornen Verluste beobachtet. Dendriten zeigen auch noch im Erwachsenenalter erstaunliche Plastizität, denn sie können neue Dornen innerhalb von Stunden evtl. sogar Minuten nach einer bestimmten Erfahrung formen (vgl. Kolb & Gibb, 2001).

Als Ergebnis von Selektionsprozessen in neuronalen Netzen sollten nur solche Verbindungen bestehen bleiben, die sich im Hinblick auf die Informationsverarbeitungsnotwendigkeiten einer bestimmten Umwelt bewährt haben. Es gilt der Satz:»Use it or loose it!«

2.3.3 Myelinisierung

Zeitgleich mit dem Aufbau effizienter informationsverarbeitender Netze im Gehirn findet die Myelinisierung der Nervenbahnen statt. Bei Erwachsenen sind die Axone der meisten Nervenzellen mit einer von speziellen Gliazellen gebildeten, *isolierenden Schutzschicht* (Myelin) ummantelt, die verhindert, dass die innerhalb der Nervenzelle für die elektrische Übertragung verantwortlichen Ionen über »undichte« Stellen verloren gehen. Durch die Isolierung wird in den Nervenzellen die Übertragung von Aktionspotentialen erst möglich bzw. wird wesentlich beschleunigt (Spitzer, 2002). Die Myelinisierung wird nach bisherigem Wissen genetisch kontrolliert, wobei es Hinweise darauf gibt, dass die Aktivität der Nervenzellen den Vorgang fördert (Nagy et al., 2004). Die Myelinisierung folgt einer festen Sequenz: Sie *beginnt vorgeburtlich ungefähr im fünften bis sechsten Monat im Rückenmark* und *im achten Monat im Gehirn*, wobei phylogenetisch ältere Regionen vor jüngeren, die höhere mentale Fähigkeiten koordinieren, myelinisiert werden.

2.3.4 Gehirnentwicklung und Verhalten

Die bisher beschriebenen Prozesse laufen im kindlichen Gehirn in allen Regionen ab, jedoch zu sehr unterschiedlichen Zeiten. Generell gilt, dass die Reifung vom »Schwanz zum Kopf« verläuft, d. h. vom Rückenmark zur Großhirnrinde, und dass in dieser Abfolge auch bestimmte Areale des ZNS »online gehen«, was sich in der kindlichen Entwicklung dann auch im Auftauchen neuer Funktionen und Fähigkeiten im kindlichen Verhalten äußern sollte (vgl. Eliot, 1999; Spitzer, 2002). Messungen des Grades der

Myelinisierung können gute Hinweise auf den *Reifegrad abgegrenzter Regionen des Gehirns* liefern (Nagy et al., 2004). Der Kortex reift am langsamsten und ungleichmäßigsten. Zum Zeitpunkt der Geburt sind dort die primären sensorischen und motorischen Gebiete myelinisiert, die für die primäre Verarbeitung von Sehen, Hören und Tasten und die ersten Bewegungen verantwortlich sind. In großen Teilen von Parietal-, Temporal- und Frontallappen, die mit den höheren geistigen Funktionen verbunden sind, findet eine Selektion von Synapsen und eine Myelinisierung ihrer Axone noch gegen Ende des zweiten Lebensjahrzehnts statt.

2.4 Entwicklung und adaptive neuronale Plastizität

Im Hinblick auf Entwicklungseinflüsse unterscheiden Greenough und Alcantara (1993) in der Hirnentwicklung drei Arten von Ereignissen: *erfahrungsunabhängige, erfahrungserwartende* und *erfahrungsabhängige*. Erfahrungsunabhängige Entwicklungen (▶ Kap. 2.3, »normale Entwicklungsplastizität«) werden durch genetische und epigenetische Mechanismen innerhalb des Gehirns gesteuert. Diese können durch Mutationen und schädigende Einflüsse wie Gifte, Infektionen usw. gestört werden. Insbesondere die frühe massenhafte Entstehung von Neuronen und eine erste grundlegende Vernetzung fallen unter diese Art von Ereignissen. Bei den erfahrungserwartenden Entwicklungen sind einige Einflüsse aus der Umwelt außerhalb des Gehirns für eine Feinjustierung bestehender neuraler Netzwerke notwendig (z. B. Seherfahrungen für die Fähigkeit zum beidäugigen Tiefensehen). Selektionsprozesse in neuronalen Netzwerken fallen besonders unter diese Rubrik. Erfahrungsabhängige Entwicklungen sind vollständig von den Erfahrungen des Subjekts abhängig und nicht unbedingt notwendig.

Erfahrungserwartende und -abhängige Modifikationen des Gehirns ermöglichen dem Menschen eine sehr *hohe Flexibilität in der Umweltanpassung.* Man geht davon aus, dass das Gehirn evolutionär seit ca. 30 000 bis 40 000 Jahren im Wesentlichen unverändert ist und ein Steinzeitkind heute ebenso erfolgreich überleben könnte wie damals (vgl. Singer, 2002). Die Flexibilität ist einer der Gründe, warum sich die Natur auf das *Risiko* einlässt, dass z. T. vorübergehende Störungen in der Signalaufnahme (z. B. durch die Fehlstellung eines schielenden Auges oder eine anregungsarme Umwelt in Institutionen, s. u.) auch zu katastrophalen Veränderungen von Hirnfunktionen führen können. Als weiterer Vorteil gilt, dass auch Funktionen ausgebildet werden können, die auf Verschaltungsmustern beruhen, die durch genetische Instruktionen alleine nicht realisiert werden können. Ein Beispiel ist das bereits erwähnte beidäugige Tiefensehen (s. u.). Außerdem würde die bestehende Anzahl von Genen nicht ausreichen, um die Vielzahl neuronaler Schaltkreise zu programmieren, die in unserem ZNS realisiert sind (Eliot, 1999).

2.4.1 Sensorische Repräsentation in kortikalen Karten

Besonders gut untersucht ist die umweltabhängige Neuroplastizität in den Bereichen der Hirnrinde, die für die Verarbeitung von somatosensorischen, akustischen und visuellen Sinnesreizen zuständig sind, weil eine direkte Verbindung zum sensorischen Input hergestellt werden kann (vgl. Spitzer, 2002; Elbert et al., 2001). Reize von der Körperoberfläche und aus der Körpertiefe werden im Kortex zunächst landkartenförmig repräsentiert. Dabei werden ähnliche Signale nahe beieinander verarbeitet und häufigere nehmen einen größeren Raum ein (Spitzer, 2002). Auch die Steuerung willkürlicher Bewegungen ist regional organisiert (▶ Abb. 2.4).

Der Hand ist im Verhältnis zu ihrem faktischen Anteil an der Körperoberfläche ein relativ großer Verarbeitungsbereich im Kortex zugeordnet. Bei Blinden, die mit einem Zeigefinger Braille-Schrift lesen, vergrößert sich das für die Fingerkuppe zuständige Areal (Pascual-Leone & Torres, 1993). Bei blinden Lesern, die viele Stunden mit drei Fingern lesen, verschmelzen die Projektionsgebiete im Kortex, wodurch die Unterscheidung

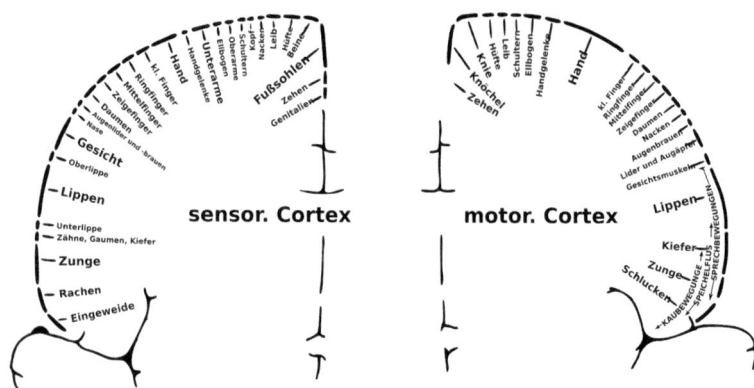

Abb. 2.4: Repräsentation im primären somatosensorischen und motorischen Kortex (Homunkulus) (in Anlehnung an Penfield & Rassmussen, 1950; Quelle: Wikimedia Commons)

von Reizen zwischen einzelnen Fingern leidet, gleichzeitig aber ein größerer sprachlicher Input verarbeitet werden kann. Bei Amputationen im Bereich der oberen Extremitäten dringt die Repräsentation des Gesichtsbereichs (Lippen) in die des ursprünglichen Handbereiches ein, was umso ausgeprägter ausfällt, je früher im Lebenslauf die Amputation stattgefunden hat. Dies gibt einen Hinweis auf die *größere Plastizität des Kortex in der Kindheit* (vgl. Elbert et al., 2001; Ismail et al., 2017).

2.4.2 Kontrollmechanismen neuronaler Plastizität

Die dem Gehirn innewohnende Plastizität muss durch Kontrollmechanismen begrenzt werden, um die einmal entstandenen Verschaltungen zu sichern (▶ Kap. 2.4.4). Kontrollmechanismen sind aber auch notwendig für den Aufbau von funktionalen Netzwerken. Singer (2002) beschreibt Beispiele im Hinblick auf das räumliche Sehen und die Unterscheidung von Objekten gegenüber einem Hintergrund. Bei der Ausbildung des räumlichen Sehens handelt es sich nach der Begrifflichkeit von Greenough und Alcantara (1993) um einen erfahrungserwartenden Prozess, denn ohne die Verarbeitung von visuellen Reizen wären Abstimmungsprozesse des visuellen Systems nicht möglich. Dazu ist es nötig, dass ein bestimmtes Neuron in der Sehrinde des Neokortex nur mit zusammengehörenden Bereichen auf den Netzhäuten beider Augen verbunden wird – nämlich denen, wo deckungsgleiche Signale aus dem Sehraum empfangen werden, wenn ein Objekt beidäugig fixiert wird. Für diese gilt dann wie oben beschrieben:»Neurons wire together if they fire together« (Singer, 2002, S. 49). Genetisch ist die Zuordnung von korrespondierenden Netzhautgebieten nicht genau vorherbestimmbar, da diese von Parametern wie dem Augenabstand abhängig sind, der wiederum durch außergenetische Faktoren beeinflusst wird und sich im Laufe der individuellen Entwicklung auch verändert. Eine Kalibrierung des Systems sollte nur erfolgen, wenn ein Lebewesen aufmerksam mit beiden Augen ein Objekt fixiert. Kontrollierend einbezogen werden dabei Rückmeldungen über den Kontraktionszustand der Augenstellmuskeln, über den Wachheitszustand und die Aufmerksamkeit. Es konnte gezeigt werden, dass sich bei narkotisierten Tieren nur dann langfristige Veränderungen der Hirnrindenfunktion herbeiführen lassen, wenn zusätzlich zur Darbietung visueller Reize auch die Kontrollsysteme elektrisch stimuliert werden (Singer 2002).

Elbert et al. (2001) sprechen im Zusammenhang mit der erfahrungsbedingten Reorganisation kortikaler Gebiete davon, dass der *Input Verhaltensrelevanz* haben muss. Sie beschreiben Untersuchungen bei Primaten, bei denen es nur dann zu einer Differenzierung der Tonhöhenrepräsentation in den entsprechenden sensorischen Landkarten kommt, wenn eine feinere Unterscheidung von Tonhöhen regelmäßig mit einer Belohnung verbunden ist.

2.4.3 Die Rolle von Umwelten für die Hirnentwicklung

Junge Ratten, die in einer *anregenden Umwelt* aufgezogen wurden, hatten größere Gehirne mit einer dickeren Hirnrinde im Vergleich zu denen, die eine anregungsarme Umwelt erfahren hatten. Die Neuronen ihrer Hirnrinde verfügten über ein größeres Soma, mehr Dendriten, mehr Dornenfortsätze und Synapsen (Eliot, 1999, S. 32). Studien zeigen aber auch, dass die Effekte je nach dem Alter der Tiere unterschiedlich sind, und dass

Anregung und Lernen nicht immer mit einem »Mehr« an neuronaler Masse einhergehen müssen. Effizientere Informationsverarbeitung wird verschiedentlich mit einem »Ausjäten« der Synapsen an dendritischen Dornen in Verbindung gebracht. Eine Verringerung war etwa bei sehr jungen Ratten zu verzeichnen, die gleich nach dem Entwöhnen in eine anregende Umwelt gebracht wurden (Kolb & Gibb, 2001), bei sehr jungen Hühnern und Strauchratten mit Beginn des Prägungslernens in Bezug auf ein Elterntier (Bock et al., 2003) oder bei Ratten, die mit einer Bürste taktil stimuliert wurden. Letztere verfügten als erwachsene Tiere zudem über eine verbesserte Feinmotorik und räumliche Orientierung.

Bei Menschen ist das Aufwachsen unter schlechten *sozioökonomischen Bedingungen* gehäuft mit verschiedenen Risikofaktoren verbunden, z. B. mit einem mangelhaften Zugang zu Ressourcen wie Bildung oder guter Ernährung, mit frühem Lebensstress z. B. durch Misshandlungserfahrungen oder mit mütterlichem Rauchen während der Schwangerschaft (vgl. Holz et al., 2015; Teicher et al., 2016). Solche Faktoren beeinflussen Aufbau und Funktion von Hirnarealen und können das Risiko für psychopathologische Entwicklungen erhöhen. Nachgewiesen sind Veränderungen in Regionen, die kognitive (z. B. Intelligenz, Gedächtnis, Aufmerksamkeitskontrolle), emotionale (z. B. Erwartung von Bedrohungen) und motivationale (z. B. Wahrnehmung von Belohnungen) Prozesse steuern.

Verschiedene Autoren (Wachs et al., 2014; Georgieff & Rao, 2001) diskutieren die Effekte bestimmter Mangelzustände bei der *Ernährung* (bei Protein, Energie und Spurenelementen wie z. B. Eisen), die sich besonders in Phasen rascher Hirnentwicklung bemerkbar machen. Eine pränatale Mangelernährung resultiert in einer allgemeinen intrauterinen Wachstumsretardierung. Nach Autopsiestudien verfügen solche Kinder über weniger und kleinere Gehirnzellen und einen geringeren Kopfumfang, wobei manche Regionen, z. B. Kleinhirn, Hirnrinde und Hippocampus, stärker betroffen zu sein scheinen. Strauss und Dietz (1998) zeigen, dass Kinder mit pränatal verringertem Kopfwachstum im Vergleich zu einer Kontrollgruppe von Geschwistern auch noch im Alter von sieben Jahren niedrigere kognitive Testwerte aufweisen.

Postnatal ist ein positiver Zusammenhang zwischen dem Stillen und der kognitiven Entwicklung belegt, bei dem unklar ist, inwieweit er auf die Mutter-Kind-Interaktion oder auf die Zusammensetzung der Muttermilch zurückzuführen ist. Es konnten Belege für ernährungsbedingte Defizite in der kognitiven Entwicklung in guatemaltekischen Dörfern erbracht werden, in denen normalerweise Eiweiß- und Kalorienmangel bei der Ernährung vorliegen. Mütter und Kinder bis zu sieben Jahren erhielten Nahrungszusatzstoffe, wobei in zwei von vier Dörfern weniger Kalorien und Eiweiß in diesen Zusatzstoffen enthalten waren als in den anderen beiden. Im Jugendalter lagen die Testwerte hinsichtlich Wissen, Zahlengewandtheit, Lesen, Verarbeitungsgeschwindigkeit und Vokabular in der Gruppe mit der hochwertigeren Nahrungszufuhr signifikant höher (Georgieff & Rao, 2001).

2.4.4 Sensible Perioden der neuronalen Entwicklung

Sensible Perioden sind seit Langem ein wichtiges Thema der Entwicklungspsychologie (▶ Kap. 1.3.3). In welchen Bereichen der Entwicklung sie vorkommen und welche Prozesse genau im Organismus dabei ablaufen, dazu liefert die neurowissenschaftliche Forschung zahlreiche neue Beiträge (vgl. Knudsen, 2004; Ismail et al., 2017). Dort werden die Veränderungen nicht auf der Ebene des Verhaltens, sondern auf der Ebene neuronaler Schaltkreise betrachtet.

Man versteht unter einer *sensiblen Periode* in der Gehirnentwicklung eine Phase, in der der Einfluss der Erfahrung auf das Gehirn ungewöhnlich stark sein kann und in der neuronale Schaltkreise und damit Fähigkeiten relativ leicht grundlegend geformt oder verändert werden können. *Kritische Perioden* bilden eine Unterklasse – in ihnen kommt es zu Veränderungen, die irreversibel sind. Studien am Menschen liefern eher Hinweise auf sensible als auf kritische Perioden (Wachs et al., 2014). Mrakotsky (2007) bemerkt, dass die in sensiblen Perioden erhöhte Plastizität auch mit einer erhöhten Vulnerabilität gegenüber schädigenden Einflüssen einhergeht.

Nicht alle neuronalen Schaltkreise werden durch Erfahrung geformt, manche bilden sich ganz auf der Basis genetischer Mechanismen aus; dazu gehören viele Verbindungen, die weniger im ZNS als nahe an der sensorischen und motorischen Peripherie arbeiten. Viele Schaltkreise bleiben auf breiter Ebene das ganze Leben lang offen für Modifikationen. Dazwischen liegen solche, die in sensiblen Perioden durch Erfahrung formbar sind. Es besteht eine ungefähre Übereinstimmung mit dem, was wir bisher als erfahrungserwartende Prozesse bezeichnet haben.

An der Steuerung komplexer Verhaltensweisen sind viele Schaltkreise beteiligt und damit möglicherweise auch viele sensible Perioden, zunächst auf niedriger, später auf höherer Verarbeitungsebene. So enden sensible Phasen für das beidäugige Sehen lange vor denen für Schaltkreise, mit denen komplexe Objekte analysiert werden.

Die Repräsentation der Augen im primären visuellen Kortex ist ein bei Tieren sehr gut studiertes Beispiel für eine kritische Periode (Eliot, 1999, S. 206 f). Wird während der ersten Monate nach der Geburt ein Auge geschlossen, so werden auf Grund des geringen elektrischen Inputs die Bereiche im visuellen Kortex wesentlich reduziert, in denen Information aus diesem Auge verarbeitet werden kann. Die Verarbeitung im Kortex wird dann durch das offene Auge dominiert und nach dem Ende der kritischen Periode stellt sich das normale Muster *beidäugigen Sehens* auch dann nicht mehr ein, wenn das verschlossene (gesunde) Auge wieder geöffnet wird.

Sensible Perioden gibt es möglicherweise auch für das *soziale Lernen*. Aus Tierversuchen sind kritische Perioden der Prägung auf Eltern belegt, die evtl. Modelle für das Entstehen der Eltern-Kind-Bindung auch beim Menschen liefern können (vgl. Bock et al., 2003). In einem Prägungsexperiment wurden neugeborene Haushuhnküken mit einem künstlichen Gluckenlaut beschallt und konnten gleichzeitig mit einer Hennenattrappe Kontakt aufnehmen. Die Küken lernten diesen Laut von anderen zu unterscheiden und reagierten mit einer Hinwendungsreaktion. Im Zusammenhang mit diesem Lernprozess kam es im Verlauf von Stunden und Tagen zu dramatischen Veränderungen an Neuronen und ihren synaptischen Verbindungen in verschiedenen prägungsrelevanten Vorderhirnregionen. Vergleichbare Veränderungen waren weder bei den Tieren zu finden, denen keine Möglichkeit zur Prägung gegeben worden war, noch bei denen, die nur den Laut gehört, aber keine Möglichkeit gehabt hatten, sich einer Hennenattrappe zuzuwenden (Bock et al., 2003). Man kann darin wiederum einen zerebralen Schutzmechanismus sehen, der verhindert, dass die kritische Phase zu Ende geht, ohne dass es tatsächlich zum Kontaktaufbau zwischen dem Küken und der das Überleben sichernden

Elternfigur gekommen ist. Bowlby (▶ Kap. 5.1) hat auch den Aufbau der Eltern-Kind-Bindung beim Menschen als einen prägungsähnlichen Vorgang angesehen. Die Trennung von ihren Familienmitgliedern erzeugt bei jungen Ratten eine *Stressreaktion*, die mit Veränderungen in vielen physiologischen Systemen einhergeht (Bock et al., 2003; Hofer & Sullivan, 2001). U.a. kommt es auch zu einer Reduktion des verfügbaren Wachstumshormons. Es bestehen biologische Ähnlichkeiten zwischen den bei Ratten gefundenen Effekten und den Symptomen von Kindern mit reaktiver Bindungsstörung im Kleinkindalter, die teilweise mit einer Wachstumsverzögerung einhergeht. Erfolgreiche Anwendung fanden diese neuen Erkenntnisse bei Frühgeborenen, denen man ein regelmäßiges Stimulationsprogramm mit Streicheln und Gliederbewegungen zukommen ließ. Zunahmen von Gewicht, Kopfgröße und Maßen der Verhaltensentwicklung im Vergleich zu einer Kontrollgruppe waren auch noch Monate später vorhanden (Field, 1986, nach Hofer & Sullivan, 2001).

Der *Beginn einer sensiblen Phase* kann durch Reifungsfortschritte oder intensive Erfahrungen eingeläutet werden. Nur ein bestimmtes, genetisch vorprogrammiertes Spektrum von Reizen ist dann in der Lage einen Schaltkreis zu formen (s. Filialprägung). Es kommt zu Prozessen wie der Entstehung neuer axonaler Projektionsfelder und der Eliminierung und Konsolidierung von Synapsen, Änderungen in der Synapsenstärke nach der sensiblen Phase sind jedoch immer noch möglich.

Die ersten Reize in einer sensiblen Periode haben die beste Möglichkeit einen Schaltkreis zu formen; solange die Periode nicht abgeschlossen ist, können aber auch weitere Reize wirken. So wird die phonologische Information verschiedener Sprachen gleich gut verarbeitet, wenn das Kind frühzeitig mit ihnen konfrontiert wird. Spätere Reize können gerade unter Bedingungen starker Erregung und Emotionalität wirksam werden.

Viele sensible Perioden laufen langsam aus, kritische dagegen eher unmittelbar, wenn der relevante Umweltreiz aufgetreten ist. Mittlerweile wurden auf molekularer und zellulärer Ebene nicht nur Mechanismen identifiziert, die Perioden gesteigerter Plastizität eröffnen, sondern auch solche, die sie beenden. Solche Mechanismen sind wichtig, denn sie ermöglichen die Stabilisierung der einmal gebildeten neuronalen Schaltkreise (vgl. Takesian & Hensch, 2013).

2.4.5 Korrektur abweichender Entwicklungspfade

Cicchetti (2002) verweist darauf, dass die psychologische und biologische Entwicklung nicht nur als Interaktion zwischen Natur und Umwelt gesehen werden darf, sondern insbesondere bei der Entwicklung des Kortex Prozesse der Selbstorganisation berücksichtigt werden sollten. Auch wenn es genetisch oder durch Erfahrung bedingt zu einer pathologischen Gehirnentwicklung gekommen ist, unternimmt der Organismus Anstrengungen, deren maladaptive Effekte zu überwinden (Cicchetti, 2002). So können verschiedene Teile des Gehirns inadäquate Formen der Anpassung kompensieren, z. B. höhere Ebenen der Verarbeitung Fehler der tieferen korrigieren, und aufgrund der parallelen Organisation der Informationsverarbeitung kann Information auf verschiedenen Wegen gewonnen werden. Kinder, die wegen frühen Schielens kein beidäugiges Tiefensehen gelernt haben, gleichen diesen Mangel oft aus, indem sie die Entfernung über die Größe u. a. Merkmale von Objekten abschätzen, die sie aus der Erfahrung kennen. Oft wird ihr im Verhalten nicht offensichtliches Defizit nur durch spezielle Tests bemerkt (Knudsen, 2004). Auf der Verhaltensebene bestehen solche Prozesse der kompensierenden Selbstorganisation z. B. darin, dass Individuen neue Erfahrungen auf Gebieten suchen, auf denen sie über Stärken verfügen (Cicchetti, 2002).

Für die Entwicklungspsychopathologie ist auch die Frage bedeutsam, inwieweit Entwicklungsfenster wieder geöffnet und die während sensibler Perioden erworbenen Verhaltensformen verändert werden können. Psychologisch besonders interessant sind hier neue Erfahrungen, die ein Individuum im Zustand von Aufmerksamkeit, Aufregung und emotionaler Betroffenheit macht. Neben behavioralen Verfahren werden aber auch pharmakologische, elektrische und biologische Interventionsansätze diskutiert, mit denen Eröffnung, Dauer und Ende von sensiblen Perioden beeinflusst werden können (Knudsen, 2004; Ismail et al., 2017). Erfahrungsabhängige Prozesse können während der gesamten Lebensspanne stattfinden und soziale Interventionen, Psycho- und Pharmakotherapie können im Zusammenhang mit der Tendenz zur Selbstkorrektur gestörte Gehirne reparieren (vgl. Hüther & Rüther, 2003). Es zeigt sich mehr und mehr, dass diese Veränderungen bis auf die zelluläre und physiologische Ebene vordringen (Cicchetti, 2002).

Zusammenfassung

Der ungeheure Wissensfortschritt im Hinblick auf die Entwicklung des ZNS hängt mit der Weiterentwicklung von Forschungsmethoden zusammen. Um die Entwicklung des Gehirns zu verstehen, bedarf es eines grundlegenden Wissens über dessen strukturellen und funktionalen Aufbau, die vorhandenen Zelltypen und den Ablauf von Prozessen der Informationsweiterleitung. Der Prozess der Neubildung von Gehirnzellen (Neurogenese) erfolgt größtenteils pränatal. Etwas später beginnt die Vernetzung der Neurone durch den Aufbau von Kontaktstellen (Synaptogenese), was erst die Informationsübertragung möglich macht. Zum Aufbau effizienter Schaltkreise muss ein zunächst massenhafter reifungsbedingter Aufbau von Verbindungen durch Selektionsprozesse optimiert werden. Dabei spielen die Erfahrungen, die eine Person in ihrer Umwelt macht, eine wichtige Rolle. Die volle Funktionsfähigkeit von Hirnregionen wird vielfach erst durch die Isolierung der verbindenden Nervenfortsätze erreicht (Myelinisierung), was zu einer beschleunigten und verlustärmeren Informationsübertragung führt. Entwicklungspsychologisch besonders bedeutsam ist die Frage nach sensiblen Perioden der Gehirnentwicklung bzw. nach dem Ausmaß lebenslanger Neuroplastizität. Viele Argumente für vorschulische Bildung und mehrsprachige Erziehung basieren auf Überlegungen zu frühen sensiblen Phasen, z. B. bei der Sprachentwicklung. Die Entwicklung in späteren Lebensphasen sollte stärker in den Blick genommen werden. Ebenso ist noch zu wenig geklärt, inwieweit neurowissenschaftliche Erkenntnisse zu konkreten Verbesserungen psychosozialer Praxis führen können.

Empfohlene Literatur

Kaufmann, L., Nuerk, H.-C., Konrad, K. & Willmes, K. (2007). *Kognitive Entwicklungsneuropsychologie.* Göttingen u. a.: Hogrefe.

Schandry, R. (2016). *Biologische Psychologie* (4., überarb. Aufl.). Weinheim & Basel: BeltzPVU.

Lernfragen

1. Welche zentralen Methoden werden zur Untersuchung der Hirnentwicklung verwendet und mit welchen Vorteilen und Einschränkungen sind sie verbunden?
2. Was versteht man unter Neuroplastizität und durch welche Kontrollmechanismen wird sie begrenzt?
3. Aus welchen Teilkomponenten besteht ein Neuron und was ist ihre Funktion?
4. Welchen Verlauf nimmt die Neurogenese im Lebenslauf?
5. Welche Prozesse sind für die Vernetzung und den Aufbau der Kommunikationsfähigkeit der Neuronen bedeutsam?
6. Zu welchen Hirnstrukturen werden im Kapitel die meisten Forschungsergebnisse vorgelegt und was erfährt man über ihre Lage und ihren Aufbau?
7. Welche Rolle spielen Reifungsprozesse für die Hirnentwicklung und welche Umwelteinflüsse und die damit verbundenen Erfahrungen?
8. Was versteht man unter einer sensiblen Periode der Hirnentwicklung und was unter einer kritischen?
9. Welche Hinweise für die Unterstützung einer gelingenden Entwicklung lassen sich im Kapitel identifizieren?

3 Wahrnehmung und Motorik

3.1 Die Wahrnehmung

3.1.1 Der Wahrnehmungsprozess

Wahrnehmung dient dazu, uns über jene Eigenschaften und Vorgänge in unserer Umwelt und in unserem eigenen Körper zu informieren, die für unser Leben wichtig sind. Sie hilft uns damit in angemessener Weise zu agieren. Zum Prozess der Wahrnehmung gehört zunächst die Aufnahme von Reizen aus der Umwelt mittels unserer Sinnesorgane. Nur ein Teil dieser Reize wird weitergeleitet und in höheren Zentren verarbeitet, und nur ein Teil wird zur bewussten Erkenntnis. Der Verlauf der Wahrnehmung, der seinen Ausgang bei den Reizen nimmt und nur deren Merkmale analysiert, wird daher als *Bottom-up-Prozess* bezeichnet. Zusätzlich zu den Reizinformationen kommen bei der Wahrnehmung jedoch häufig Informationen zum Tragen, die auf höheren Verarbeitungsebenen bereits vorliegen. Die greifen dann als eine Art Voreinstellung in die Reizverarbeitung ein, indem sie die Aufmerksamkeit auf bestimmte Aspekte lenken oder die Interpretation von Reizkonfigurationen beeinflussen. Man spricht hier vom *Top-down-Prozess* (Goldstein, 2015). Mit zunehmendem Lebensalter, einem immer reicher werdenden Schatz an im Gedächtnis gespeicherten Erfahrungen und immer komplexeren Denkprozessen, gewinnt der Top-down-Prozess an Einfluss auf die Wahrnehmung des Kindes.

Eine geordnete Reizverarbeitung ist, anders als lange angenommen, schon bei Neugeborenen gegeben. Gegenüber der von Erwachsenen weist sie jedoch noch viele Defizite auf. Bis zum Ende des ersten Lebensjahres, teilweise auch im zweiten Jahr, machen die einzelnen Sinnessysteme eine rasante Entwicklung durch, so dass in vielen Aspekten nur noch geringe Unterschiede zur Funktionsweise beim Erwachsenen bestehen. Bemerkenswerte weitere Veränderungen gibt es besonders bei den höheren Sinnen, dem Sehen und Hören, denn dort bestehen noch große Spielräume für die Verarbeitung komplexer Reize auf höheren Ebenen des Wahrnehmungsprozesses (vgl. Wilkening & Krist, 2008).

3.1.2 Methoden der Wahrnehmungsforschung

Im frühen Alter können wir unsere Probanden nicht einfach nach ihren Sinneseindrücken fragen. Hinzu kommt, dass sich Säuglinge nur über kurze Phasen in einem optimalen Zustand von Wachheit und Wohlsein befinden, der für die Teilnahme an Untersuchungen nötig ist. Gerade für die Kleinsten bedarf es spezieller Methoden: Verwendet werden die Erfassung der Präferenz, der Habituation bzw. Dishabituation und der evozierten Potentiale. Mit der Präferenzmethode kann beispielsweise die Sehschärfe bestimmt werden, indem man dem Kind ein Muster, z. B. schwarze und weiße Streifen zeigt und gleichzeitig eine ungemusterte graue Fläche gleicher Helligkeit. Das Kind wird das Streifenmuster länger betrachten. Schritt für Schritt werden die Streifen dann schmaler gemacht. Ab dem Punkt, ab dem das Kind keine Präferenz mehr für dieses Muster gegenüber der ungemusterten Fläche zeigt, kann man davon ausgehen, dass es die Streifen nicht mehr unterscheiden kann. Aus der Breite der Streifen kann nun die Sehschärfe bestimmt werden. Bei der Methode der Habituation wird die stärkere Neugier von Kindern für Neues ausgenutzt (▶ Kap. 6.3.4). Als weitere Methode wird die direkte Ableitung neuronaler Aktivität verwendet. Dazu werden auf dem Kopf des Kindes Elektroden direkt oberhalb der kortikalen Projektionsfelder für ein Sinnessystem – z. B. der Sehrinde – angebracht. Unterschiedliche, durch visuelle Reize evozierte Potentiale für die graue Fläche und das Streifenmuster werden sich nur so lange finden lassen, wie das Kind die beiden Muster noch unterscheiden kann. Im Folgenden soll auf einige ausgewählte Aspekte der frühen Entwicklung jedes Sinnessystems eingegangen werden.

3.2 Die Entwicklung der Sinnessysteme

Gemeinhin werden sieben Sinnessysteme unterschieden. Zu jedem gehören Sinnesorgane mit jeweils einem oder mehreren Typen von Rezeptoren, die nur auf bestimmte Reizarten ansprechen. Die weitere Verarbeitung der Reize erzeugt spezifische Empfindungen. Zu unterscheiden sind die visuelle, die auditive, die olfaktorische, die gustatorische, die vestibuläre, die propriozeptive und die taktile Wahrnehmung, wobei die beiden Letzteren oft unter somatosensorisch zusammengefasst werden.

3.2.1 Visuelle Wahrnehmung

Bei der visuellen Wahrnehmung ist das zugehörige Sinnesorgan das Auge. Die Rezeptoren sitzen auf der Netzhaut im Augenhintergrund und sprechen auf elektromagnetische Wellen im Bereich von 400 bis 700 nm an. Als Empfindungen resultieren Eindrücke von Helligkeitsgraden, Formen, Farben und Bewegung (Goldstein, 2015).

Die *Sehschärfe* (vgl. Goldstein, 2015; Schwarzer, 2015) ist bei der Geburt des Kindes schlecht entwickelt, verbessert sich jedoch in den ersten sechs bis neun Monaten rasch und erreicht den Wert der Erwachsenen erst mit ca. 18 Monaten. Anfänglich würde ein Säugling beim Betrachten eines Reizmusters aus 50 cm Entfernung die gleiche Auflösung erreichen wie ein Erwachsener aus 10 Metern. Die Ursache der geringen Sehschärfe liegt wohl daran, dass die für das Sehen zuständigen Felder im Kortex (Sehrinde) noch nicht vollständig entwickelt sind und ein Rezeptortyp, die Zapfen im Zentralbereich der Netzhaut, noch selten und unausgereift ist. Auch die Anpassungsfähigkeit der Linse an verschiedene Entfernungen erreicht erst mit ca. einem halben Jahr Erwachsenenniveau.

Mit der Sehschärfe ist auch die *Kontrastempfindlichkeit* herabgesetzt, so dass Neugeborene noch keine feinen Einzelheiten erkennen können, sicher aber relativ große Objekte mit starkem Kontrast. Ein Bereich mit starkem Kontrast ist der Übergang des Haaransatzes zum Gesicht. Dieser liefert wahrscheinlich entscheidende Informationen dafür, dass schon wenige Tage alte Säuglinge das Gesicht ihrer Mutter erkennen können

(Pascalis et al., 1995). Im Laufe des ersten Lebensjahres nähert sich die Kontrastempfindlichkeit dem Erwachsenenniveau (Schwarzer, 2015). Wenn Gesichter und mimischer Emotionsausdruck besser wahrnehmbar werden, könnte dies eine wichtige Rolle für den Beziehungsaufbau spielen. Das *Farbensehen* ist schon bei Neugeborenen möglich und bis zum Alter von drei bis vier Monaten recht gut ausgeprägt. Bis zu diesem Alter sind alle drei für das Farbensehen notwendigen Zapfentypen vorhanden. Allerdings gibt es Hinweise, dass sich die Farbwahrnehmung noch bis zum Teenageralter verändert (Goldstein, 2015).

Die *Wahrnehmung räumlicher Tiefe* ist eine komplexe Fähigkeit, zu der mehrere Informationsarten zusammengeführt werden müssen. Zunächst bedarf es der Fähigkeit, beide Augen zuverlässig auf ein Ziel auszurichten, was ungefähr mit drei Monaten möglich zu sein scheint. Bis zum Alter von sechs Monaten beginnen Säuglinge dann die Querdisparation, d. h. die Unterschiedlichkeit der Abbildung dreidimensionaler Objekte auf den Netzhäuten beider Augen, zur Tiefenwahrnehmung nutzen. Auch die stärker erfahrungsabhängige monokulare Tiefenwahrnehmung, die sich auf Informationen aus dem gegenseitigen Verdecken von Objekten, Veränderungen ihrer gewohnten Größe oder den Schattenwurf von Objekten stützt, beginnt sich mit fünf bis sieben Monaten zu entwickeln (Goldstein, 2015). Beim klassischen Versuch mit der visuellen Klippe scheuen Kinder mit ca. neun Monaten davor zurück, von einem festen Platz aus zu ihrer Mutter auf der anderen Seite einer Glasplatte zu krabbeln, die sich ca. eine Tischhöhe über einem karierten Bodenmuster befindet. Hier geht es jedoch offensichtlich nicht nur um die Wahrnehmung von Tiefe, sondern wahrscheinlich haben die Kleinen aufgrund ihrer zunehmenden Beweglichkeit bereits Erfahrung mit Stürzen gemacht und es wird eher die Tiefenangst geprüft (Wilkening & Krist, 2008).

Eine Reihe von Studien beschäftigt sich mit der frühen Wahrnehmungsorganisation. Werden z. B. Objekte von einem Hintergrund abgegrenzt, teilweise verdeckte Objekte noch als Einheiten wahrgenommen bzw. nahe beieinander befindliche Objekte getrennt? Eine Reihe von Experimenten zeigt, dass Bewegungsinformation für die Wahrnehmungsorganisation sehr wichtig ist und es auch noch für viele Monate bleibt (vgl. Goldstein, 2002). Johnson und Aslin (1995) habituierten zwei Monate alte Säuglinge auf Darstellungen eines Stabes, der sich hinter einer Kiste seitwärts bewegte. Nach der Habituation wurden den Säuglingen Darstellungen eines gebrochenen Stabes und ein kompletter Stab gezeigt. Sie schauten bevorzugt auf den gebrochenen Stab, was nahelegt, dass sie während der Habituationsphase aus der gleichmäßigen Bewegung der sichtbaren Stabteile auf die Ganzheit des bewegten Stabes geschlossen hatten.

3.2.2 Auditive Wahrnehmung

Das der auditiven Wahrnehmung zugehörige Sinnesorgan ist das Ohr. Die Rezeptoren, an denen zunächst mechanisch weitergeleitete Reize in neuronale Erregung umgesetzt werden, befinden sich auf Membranen im Innenohr – in der Schnecke. Das Ohr spricht auf Schallwellen im Bereich von 20 bis 20 000 Hz an. Die wichtigsten Merkmale der Sinneseindrücke sind Lautheit, Tonhöhe und Klangfarbe; hinzu kommt jedoch bei komplexen Schallereignissen noch eine Reihe anderer.

Schon Neugeborene scheinen über beachtliche Hörleistungen zu verfügen. DeCasper und Fifer (1980) untersuchten bei zwei Tage alten Säuglingen, ob sie die *mütterliche Stimme* von anderen unterscheiden konnten. Die Kleinen hatten einen Schnuller im Mund, der mit einem Abspielgerät gekoppelt war. Über Kopfhörer hörten sie die Stimme der Mutter, wenn sie eine bestimmte Pausenlänge zwischen Saugdurchgängen einhielten (z. B. lang), eine fremde weibliche Stimme, wenn sie eine andere Pausenlänge wählten (z. B. kurz). Die Säuglinge stellten ihre Pausen so ein, dass sie die Stimme der Mutter insgesamt längere Zeit hörten. Mit demselben Verfahren konnte die Bevorzugung der Muttersprache gegenüber einer Fremdsprache nachgewiesen werden und die Bevorzugung von Geschichten, die pränatal regelmäßig vorgelesen worden waren, gegenüber anderen, die in einzelnen Worten verändert worden waren (vgl. Goldstein, 2015).

Schon Neugeborene orientieren sich auf markante *Schallquellen* hin. Nach Griffiths Entwicklungsskalen sollten sich Kinder mit sechs Monaten prompt einem Glöckchen zuwenden, das seitlich hinter ihnen erklingt (Brandt & Sticker, 2001). Die Fähigkeit zur Lokalisierung von Schallquellen hat bis zur Mitte des zweiten Lebensjahres fast das Niveau von

Erwachsenen erreicht. So konnten Morrongiello et al. (1990) zeigen, dass 18 Monate alte Kleinkinder zwei Schallquellen noch unterscheiden können, wenn die Richtungsdifferenz nur noch 5 Grad beträgt. Eine zunehmend promptere Reaktion auf Schallquellen ist auch darauf zurückzuführen, dass die *Hörschwellen* sinken, d. h. die minimale Lautstärke (Schalldruckpegel), bei der die Kinder Schallreize bestimmter Frequenzen (Tonhöhe) wahrnehmen können. Im Bereich der besten Hörempfindlichkeit, einem Bereich, der auch für die Sprachwahrnehmung zentral ist, liegt die Hörschwelle bei Erwachsenen bei ca. 2 000 Hz bei 0 dB. Normale Gespräche verlaufen ungefähr bei einer Lautstärke von 60 dB (vgl. Goldstein, 2015). Olsho et al. (1988) haben in ihrem Versuch im Frequenzbereich von ca. 200 bis ca. 10 000 Hz Beobachter anhand der Verhaltensänderungen von Säuglingen beurteilen lassen, ob diese einen Ton hören können. Mit sechs Monaten verläuft die Hörschwellenkurve nur noch zwischen 10 und 15 dB über der von Erwachsenen.

3.2.3 Geruchs- und Geschmackswahrnehmung

Der über die Rezeptoren der Nasenschleimhaut aufgenommene Geruch und der über die Rezeptoren der Zunge vermittelte Geschmack (*süß, sauer, salzig, bitter, neuerdings auch: fleischig*) sind die bei der Geburt am weitesten entwickelten Sinnesempfindungen. Dies ist sinnvoll, weil die zugehörigen Moleküldetektoren zusammenwirken und als Torhüter vor der Aufnahme schädlicher Substanzen bei der Ernährung schützen. In zahlreichen Studien wurde nachgewiesen, dass Neugeborene süße, saure und bittere Reize unterscheiden können. Zwischen dem vierten und achten Monat werden auch zunehmend salzige Lösungen akzeptiert, was im Laufe der Kindheit noch weiter zunimmt (Goldstein, 2015). Nicht zuletzt wegen der Sorge, dass die modernen Ernährungsgewohnheiten gesundheitliche Risiken für die Kinder mit sich bringen, werden zunehmend Studien zur Entwicklung von Geruchs- und Geschmacksvorlieben durchgeführt.

Die Unterscheidung von bestimmten Geruchsstoffen kann schon pränatal gelernt werden, weil diese über die mütterliche Nahrung in das *Fruchtwasser* vordringen. Schaal et al. (2000) fanden, dass Säuglinge, deren Mütter in den letzten beiden Schwangerschaftswochen besonders viel Anis zu sich genommen hatten, wenige Stunden nach der Geburt vor jeder Nahrungsaufnahme eine Präferenz für den entsprechenden Geruch zeigten, im Gegensatz zu einer Kontrollgruppe, deren Mütter nur im Rahmen der normalen Nahrungsaufnahme Anis konsumiert hatten. Bei den Neugeborenen wurden die mimische Reaktion und das Hinwenden des Kopfes zu einem Wattebausch mit Anis- oder geruchlosem Paraffinöl ausgewertet. Einige der pränatal wahrnehmbaren Geruchsstoffe erleben Säuglinge weiterhin in der Muttermilch. Frühe Geruchserfahrungen steigern die *Akzeptanz von Nahrungsmitteln* noch bis in die Entwöhnungsphase und die Kindheit. Um die Wirkung früher Erfahrungen zu studieren, bedienten sich Mennella und Beauchamp (2005) eines natürlichen Experiments. Sie verglichen zwei Gruppen von Kindern mit einer Kuhmilchunverträglichkeit, von denen jede mit Soja-Ersatznahrung einer anderen Marke ernährt wurde, und eine Gruppe von Kindern, die mit Flaschenmilch gefüttert wurde. Erwachsene und Kinder, die nicht vor dem Alter von vier Monaten die Soja-Ersatznahrung erhalten haben, empfinden gewöhnlich sowohl deren ausgeprägten Kasein-Geruch als auch den Geschmack als äußerst unappetitlich. Der Geschmack verschiedener Marken ist noch einmal unterschiedlich. Als die Kleinkinder in der Studie mit der Ersatzmilch der anderen Marke bzw. Milch-Kinder mit einer Soja-Ersatzmilch gefüttert wurden, tranken sie signifikant weniger und kürzere Zeit als bei ihrer gewohnten Nahrung. Solche Geschmacks- bzw. Geruchspräferenzen sind auch noch bei Vier- bis Fünfjährigen wirksam.

Ebenfalls von Bedeutung ist der Geruch für die *Personenwahrnehmung*. Cernoch und Porter (1985) fanden, dass sich zwei Wochen alte gestillte Säuglinge bevorzugt Kissen mit dem Achselgeruch ihrer Mutter zuwandten, nicht jedoch Kissen mit dem Geruch anderer stillender oder nicht stillender Frauen oder ihrer Väter. Nicht gestillte Kinder zeigten jedoch keine Präferenz für den Achselgeruch der Mutter. Dieser Geruch wird offensichtlich nach der Geburt erst gelernt, denn bei Neugeborenen ist eine solche Präferenz noch nicht vorhanden.

3.2.4 Vestibuläre und somatosensorische Wahrnehmung

Das *Vestibulärorgan* mit seinen Rezeptoren sitzt im Innenohr und ist für die Kontrolle der Lageorientierung des Körpers zuständig. Eine eigene Erlebnisqualität fehlt in diesem Zusammenhang. Das *propriozeptive Sinnessystem* dient der Wahrnehmung der Stellung und der Bewegung der Gliedmaßen. Die Rezeptoren sitzen an Muskeln, Sehnen und in der Haut. Große Bedeutung haben diese Wahrnehmungsformen zusammen mit dem Sehen für die Orientierung im Raum und das Ausbilden von Haltungskontrolle und Gleichgewicht, die Voraussetzung für den Einsatz aller Formen von Motorik sind (s. u.).

Spiele mit starker Stimulation der *Raumlagewahrnehmung* – Schaukeln, Herumtragen, Hochwerfen und Fangen – begeistern Säuglinge und Kleinkinder und erlauben es Eltern in vielen Situationen, die Kleinen in einen erwünschten Zustand zu versetzen – sie wach zu halten, zu beruhigen, freudig zu stimmen oder zum Einschlafen zu bringen.

Weitere Rezeptoren in der Haut liefern Informationen über *Tast- bzw. Berührungsempfindungen, Schmerz- und Temperaturempfindungen* (vgl. Goldstein, 2015). Sie werden oft unter dem Begriff *taktile Wahrnehmung* zusammengefasst (Kaufmann-Hayoz & Leuwen, 2002). Berührungen unterstützen das Kennenlernen des eigenen Körpers, den Beziehungsaufbau mit anderen Menschen (Schuhrke, 1991; Hertenstein et al., 2006) und die gesamte physiologische Regulierung des Körpers. Durch taktile Stimulation (Liegen auf Schaffellen oder Bauch der Eltern, Massage) konnten die Überlebensraten und das Gedeihen von Frühgeborenen gesteigert werden. Field (1998) und Mitarbeiter zeigten für unbelastete und belastete Kinder (Frühgeburt, Drogenexposition, chronische Krankheiten, psychische Störungen der Mütter) kurzfristige (stärkere Gewichtszunahme, frühere Krankenhausentlassung, höhere Werte auf der Brazelton Neonatal Behavior Assessment Scale) und langfristige (Gewichtsvorteil, bessere Testwerte Bayley Scales of Infant Development) positive Effekte einer tief wirkenden Massage. Diese werden auf die Senkung von Stresshormonen und die gesteigerte Aktivität des Nervus vagus zurückgeführt, was u. a. zu einer Senkung des Herzschlags und zur Erhöhung von Darmbewegungen und Verdauungshormonen führt.

3.2.5 Intermodale Wahrnehmung

Bei der intermodalen oder auch multisensorischen Wahrnehmung geht es um eine Verknüpfung zwischen den Informationen aus verschiedenen Sinnessystemen, z. B. das Feststellen einer Entsprechung von Sprachlauten und Gesichtsbewegungen bei sich selbst oder beobachteten Sprechern. Wahrscheinlich gelingt die Verbindung zusammengehörender Sinneseindrücke über amodale Reizcharakteristika, d. h. solche, die nicht spezifisch für eines der Sinnessysteme sind (z. B. Synchronie, gleiche Dauer und Intensität) (vgl. Schwarzer, 2015). Gleiche Dauer würde bedeuten, dass Gesichtsbewegungen und Sprachlaute gleichzeitig beginnen und enden; größere Lautstärke könnte regelmäßig mit größerer Mundöffnung einhergehen. Schon Neugeborene scheinen in einem gewissen Umfang zu einer solchen integrierten Wahrnehmung der Welt in der Lage zu sein. Bisher ist noch unklar, ob die integrierte Verarbeitung durch ein spezielles angeborenes neuronales System ermöglicht wird. Sicher ist, dass sie sich abhängig von Erfahrung und Hirnreifung noch bis in die Adoleszenz weiterentwickelt. Je nach beteiligten Sinnessystemen (z. B. akustisch-somatosensorisch beim Sprechen, visuell-somatosensorisch beim Greifen) geschieht dies jedoch mit einem unterschiedlichen Verlauf (Trudeau-Fisette et al. 2019).

3.3 Die Motorik

Obwohl motorische Entwicklung in der Psychologie seit langem untersucht wird, geschah dies selten um ihrer selbst willen. Für eine Wissenschaft, die sich als Lehre vom Erleben und Verhalten definiert, ist dies zumindest merkwürdig, denn Verhalten ist überwiegend motorisches Verhalten. Es erlaubt Menschen Informationen über ihre Umwelt zu sammeln und das Ergebnis psychischer Prozesse handelnd umzusetzen. Gerade in der Kleinkindforschung ist das Studium motorischen Verhaltens einer der wichtigsten Zugänge zu inneren Prozessen. Fortschritte in der

Motorik sind mit anderen Entwicklungsbereichen verbunden und setzen ganze Kaskaden von Veränderungen in Gang. So erlaubt der aufrechte Gang eine neue Perspektive auf die Welt, die mit erweiterten Wahrnehmungs- und Explorationsmöglichkeiten und kognitiven und kommunikativen Fortschritten einhergeht (Adolph & Hoch, 2019).

Bös und Mechling verstehen unter Motorik »[…] die Gesamtheit aller Steuerungs- und Funktionsprozesse […], die der Haltung und Bewegung zugrunde liegen« (in Bös, 2003, S. 2). Die Kontrolle der Haltung erlaubt die Orientierung im Raum und das Zusammenspiel der Körperteile (vgl. Blischke, 2010). Goldstein (2002) unterscheidet nach funktionellen Gesichtspunkten drei Bereiche der Motorik: die *ausführende* und vollziehende Motorik, mit der wir in der Umwelt etwas bewirken wollen; die *kommunikative* Motorik, bei der es vor allem um die Übermittlung nonverbaler und verbaler Signale geht; und die *explorative* Motorik, die die Informationsaufnahme unterstützt. Teile des muskulären Apparates sind dabei an mehreren Funktionen beteiligt. So dienen Bewegungen der Hand allen drei Funktionen: Wir greifen Dinge und holen sie heran, wir übermitteln im Gespräch durch Gesten Informationen, und wenn wir Objekte greifen, ermitteln wir Informationen über deren Oberflächenstruktur und Größe.

3.3.1 Anfänge der Bewegung – primäre motorische Muster und Reflexe

Schon zwischen der neunten und 14. Schwangerschaftswoche entwickeln sich alle Bewegungsmuster, die später bei Neugeborenen beobachtbar sind (Largo, 2004). Häufig entsteht in der Literatur der Eindruck, das Bewegungsverhalten des Neugeborenen sei in erster Linie reflexives Verhalten. Das reflexive Verhalten bildet jedoch nur einen Ausschnitt des reaktiven motorischen Verhaltens, das, obwohl bereits pränatal möglich, erst nach der Geburt eine Rolle spielt, wenn das Kind nicht mehr gegen Umweltreize abgeschirmt ist. Große Teile der prä- und postnatalen Bewegung sind jedoch nicht reaktiv, sondern eigenständig aktiv vom Gehirn des Kindes gesteuert (Touwen, 1998).

Unter einem *Reflex* versteht man ein stereotyp ablaufendes Verhalten, das auf einen spezifischen auslösenden Reiz aus der Umwelt erfolgt. Reflexe können mehr oder weniger komplex sein, d. h. unter Beteiligung einer unterschiedlichen Zahl von Neuronen und ihrer synaptischen Schaltstellen ablaufen. Unter reflexives Verhalten fällt z. b. die Suchreaktion mit dem Mund, die bei einer Berührung der Wange einsetzt, die Saugbewegung, die durch Berührung der Lippen ausgelöst wird, oder das Schließen der Hand bzw. Krümmen der Zehen, das auf Berührungen der Handfläche bzw. Fußsohle folgt. Largo (2004) führt in einer Übersicht für das erste Lebensjahr nicht weniger als 33 Reflexreaktionen auf, deren zeitgerechtes Vorhandensein bzw. Verschwinden klinisch bedeutsame Hinweise auf eine gesunde Entwicklung des Kindes geben kann. Manche Reflexe spielen erst im Zusammenhang mit der zunehmenden Kontrolle der Körperhaltung eine Rolle. So ist beim Labyrinthstellreflex der neuronale Mechanismus wahrscheinlich früh vorhanden, kann aber erst bei entsprechender Zunahme der Muskelkraft im Halsbereich ungefähr ab dem zweiten Lebensmonat vom Kind gezeigt werden. Die Kopfbalance wird so ausgeübt, dass der Scheitel oben und der Mund waagrecht gehalten wird, und dies wird über die Auslenkung der Flüssigkeit in den Bogengängen des Labyrinths im Ohr gesteuert (Pflüger, 1991). Zumindest einige der Reflexe haben auch heute noch eine überlebenssichernde Bedeutung; so dreht das Kind den Kopf auf die Seite, wenn es auf das Gesicht abgelegt wird, und hält damit die Atmungsorgane frei. Andere hatten vielleicht eine Bedeutung in der stammesgeschichtlichen Vergangenheit. Einige der frühen Reflexe bleiben lebenslang erhalten, z. B. die Würgereaktion, wenn etwas zu tief in die Kehle gerät. Andere Reflexe müssen verschwinden, da sie in ihrer reflexhaften Form die weitere motorische Entwicklung behindern würden. Touwen (1998) betont jedoch, dass die neuronale Basis der Reflexe nicht zerstört wird, sondern in komplexeren Schaltkreisen aufgeht, was sich auch darin zeigt, dass im Alter und bei neuronalen Traumata die Reflexmuster wieder auftauchen können.

Die primären aktiven Bewegungsmuster haben pränatal und bis in den zweiten und dritten Lebensmonat hinein noch keine Funktion. Nach der Geburt müssen sie unter dem Einfluss neuer sensorischer Bedingungen – vor allem der *Schwerkraft* – neu eingestellt werden. Die erste Phase der funktionalen Entwicklung ist durch eine primäre Variabilität gekennzeichnet, d. h. das gesunde Kind führt Bewegungsmuster immer wieder mit geringen Veränderungen aus, wodurch dem neuronalen System jeweils geringfügig andere Erregungsmuster rückgemeldet werden. Erst im nächsten Schritt, ungefähr ab dem Erreichen des freien Laufens, kommt es zur Auswahl von Bewegungsstrategien im Hinblick auf angestrebte Ziele und zur Automatisierung von Bewegungsabläufen. Touwen (1998) spricht in diesem Zusammenhang von *adaptiver Variabilität*. Stereotypes Bewegungsverhalten ist eher ein Kennzeichen gestörter motorischer Entwicklung, sei es, dass Reflexe weiterhin dominieren, sei es, dass willentlich gesteuerte motorische Muster relativ stereotyp ablaufen.

Im Verlauf der motorischen Entwicklung sind auch immer wieder *Momente der Regression* festzustellen, die Touwen (1998) mit massiven Umstrukturierungen in der neuronalen Verschaltung in Verbindung bringt. Beispielsweise kommt es bei der Entwicklung des gezielten Greifens beim Übergang vom Scherengriff zum Pinzettengriff (▶ Kap. 3.3.3) oftmals dazu, dass das Kind vorübergehend nicht mehr zum willentlichen Greifen in der Lage zu sein scheint.

3.3.2 Antriebskräfte der motorischen Entwicklung

Während Touwen (1998) sich vor allem mit den neuronalen Veränderungen als Basis und Triebkraft der motorischen Entwicklung beschäftigt, hat Thelen (2000) auf die Bedeutung biomechanischer Parameter hingewiesen. Veränderungen des Bewegungsapparates in Bezug auf Form, Gewicht oder Beweglichkeit wirken umgekehrt auf neuronale motorische Steuerungsprozesse zurück und verlangen Anpassungen. So geht Thelen (2000) z. B. davon aus, dass der Schreitreflex aufgrund des zunehmenden Gewichts der Beine verschwindet. Ihr Ansatz ist den *dynamischen Systemtheorien* zuzurechnen, die davon ausgehen, dass sich Verhaltensmuster spontan aus der Kooperation vielfältiger Komponenten herausbilden, ohne dass es dazu eines vorher im Nervensystem heranreifenden Planes bedarf. Das System ist durch Bedingungen (constraints) gekennzeichnet, die die möglichen motorischen Lösungen begrenzen. Solche Bedingungen liegen im Individuum (z. B. neuronale Organisation, Beweglichkeit von Gelenken), in Umwelteigenschaften (z. B. Gewicht von Gegenständen) und der zu bewältigenden Aufgabe (z. B. einen Gegenstand zu ergreifen) (vgl. Ulrich, 1997; Haywood & Getchell, 2014).»Constraints« spielen sowohl für die Entwicklung neuer Bewegungsmuster eine Rolle (z. B. Veränderungen der Körpergröße) als auch im Hinblick auf die Realisierung von bereits vorhandenen Mustern in konkreten Situationen (z. B. der aktuelle Untergrund beim Laufen). Motorische Entwicklung wurde traditionell als überwiegend reifungsbedingt angesehen. Vergleichende Längsschnittstudien zwischen Kleinkindern aus verschiedenen Kulturen zeigen jedoch Unterschiede in Entwicklungstempo und Entwicklungsverlauf im grob- und feinmotorischen Bereich, die durch kulturelle Praktiken beeinflusst sind (Lohaus et al., 2014; Adolph & Hoch, 2019).

3.3.3 Entwicklung ausgewählter motorischer Funktionen

Informationen über motorische Entwicklungsnormen sind heute regelmäßig in vielen Elternzeitschriften zu finden. Dabei wird leicht die große zeitliche Variabilität des Erreichens bestimmter motorischer Funktionen übersehen und eine gewisse Unterschiedlichkeit auch in den Vorformen, die Kinder durchlaufen, bevor eine Funktion vollständig ausgebildet ist. In welchem Alter Kinder Meilensteine, z. B. das freie Gehen, erreichen, eignet sich nicht für die Vorhersage der weiteren Entwicklung. Allerdings kann das nicht altersentsprechende Erreichen von *Grenzsteinen* ein Hinweis auf neurologische Störungen sein und muss daher weiter untersucht werden. Als Grenzstein bezeichnet man nach Michaelis den Zeitpunkt zu dem 90 bis 95 % der Kinder einen bestimmten Entwicklungsschritt vollzogen haben. Auch nach dem Erreichen eines Meilensteins kommt es noch zu qualitativen Verbesserungen in der Ausführung von Bewegungen, z. B. in ihrer Eleganz und Effizienz (vgl. Jenni et al., 2012). Im Folgenden geht es exemplarisch um die (grobmotorische) Fortbewegung und das (feinmotorische) Greifen.

Die Lokomotion

Nach den Ergebnissen der Züricher Wachstums- und Entwicklungsstudien können sich am Ende des ersten Lebensjahres 95 % aller Kinder auf irgendeine Weise fortbewegen (vgl. Largo, 2004). Das freie Gehen erreichen sie im Alter zwischen zehn und 20 Monaten, wobei der häufigste Wert bei 13 Monaten (35 %) liegt. Beim häufigsten Verlauf, der bei 87 % der Kinder zu beobachten war, kommt das Kind vom Drehen in die Bauchlage über das Kreisrutschen, Robben, Kriechen auf Händen und Knien in den Vierfüßlergang und dann zum Aufstehen und zum freien Gehen. Dazu muss das Kind ausreichend muskuläre Stärke im Rumpf und in jedem Bein einzeln entwickeln sowie die Fähigkeit zur Balance. Zu besonders dramatischen Verbesserungen scheint es in den ersten drei bis sechs Monaten nach dem Beginn des freien Laufens zu kommen, wobei Übung eine wichtige Rolle zu spielen scheint. Tagebücher dokumentieren, welch ein »bewegtes Leben« Kleinkinder führen: Sie kommen auf ein tägliches, über den Tag verteiltes Steh- und Laufpensum von sechs Stunden und auf bis zu 9 000 Schritte pro Tag (Adolph et al., 2003). Forscher sind sich uneins, wann das kindliche Gangmuster in etwa dem eines Erwachsenen entspricht: Manche gehen von einem Jahr nach Beginn der Laufversuche aus, andere von einem Alter von sieben bis acht Jahren. Adolph et al. (2003) finden in den von ihnen untersuchten Aspekten ab dem Kindergartenalter keinen Unterschied mehr. Unter den Laufanfängern finden sich auch mannigfache Typen, die angesichts individueller körperlicher Voraussetzungen jeweils unterschiedliche Lösungen für das Fortbewegungsproblem präsentieren – so bspw. die »Kopfüberfallenden« (headlong fallers), Kleinkinder, deren Muskelkraft sich früher als ihre Haltungskontrolle entwickelt. Sie machen größere Schritte, halten die Balance durch besonders breitbeiniges Laufen, um sich dann am Ende einer Wegstrecke in die Arme eines Elternteiles zu stürzen (Adolph et al., 2003). Häufiger beschriebene Merkmale früher, unvollendeter Gangmuster sind breitbeiniges Laufen, flaches Aufsetzen der Füße statt des Aufsetzens auf der Ferse und Abrollens über den Vorderfuß, starke Außenstellung des Vorderfußes beim Aufsetzen, das Abhalten der Arme vom Körper und ein mangelndes Mitnehmen im Gehrhythmus, eher kurze und von ihrer Länge variable Schritte und ein geringes Einbeziehen des Rumpfes in die Bewegung, ein in die Schritte fallen, statt eines sich aus dem leicht gebeugten Knie Vorwärtstreibens, mangelnde Richtungskonstanz und seitliche Ausgleichsbewegungen (vgl. Wolff, 2000; Adolph et al. 2003; Haywood & Getchell, 2014).

Ausführliche Beschreibungen der Entwicklung weiterer grobmotorischer Bewegungsformen (Rennen, Werfen, Fangen, Hüpfen usw.) finden sich bei Haywood und Getchell (2014) und Schott und Munzert (2010).

Das Greifen

Kinder beginnen mit vier bis fünf Monaten gezielt zu greifen (vgl. Largo, 2004). Der Greifreflex wird dagegen zunehmend schwächer, kann aber noch nebenher bestehen, wenn das Kind gerade nichts gezielt greifen will (Touwen, 1998). Seine Hände hat das Kind bereits in den ersten Lebensmonaten kennengelernt, indem es sie in den Mund genommen, betrachtet oder wechselseitig betastet hat. Während am Ende des ersten Lebensjahres das Kind bereits geschickt greifen kann, verbessert sich das gezielte Loslassen noch mind. bis zur Hälfte des zweiten Lebensjahres (Largo, 2004; Haywood & Getchell, 2014).

Das Greifen entwickelt sich über Zwischenstufen, die in der Literatur differenziert dargestellt werden (vgl. Largo, 2004; Haywood & Getchell, 2014). Beim palmaren Greifen werden alle Finger gebeugt, wobei zunächst beide Hände eingesetzt werden (ab vier bis fünf Monaten) und dann zunehmend nur noch eine (ab sieben Monaten). Erst nach und nach gelingt es dem Kind beim *palmaren Greifen,* den Daumen in Opposition zu den anderen Fingern zu bringen und damit einen Gegendruck zur Handfläche auszuüben. Beim folgenden *Scherengriff* wird der Gegenstand mit der Basis von Daumen und Zeigefinger erfasst (sieben bis zehn Monate), beim *Pinzettengriff* benutzt es dann die Fingerkuppen von Daumen und Zeigefinger (ab ca. neun Monaten), beim *Zangengriff* (ab ca. einem Jahr) wird auch der Zeigefinger gebeugt und die anderen Finger der Hand kommen unterstützend hinzu.

Eng verbunden mit dem Greifen sind das gezielte Ausstrecken des Armes und Anpassungen der Hand an die Form der zu greifenden Objekte. Schon beim Neugeborenen sind Auge und Hand in gewissem Maße koordiniert. Bei *Armbewegungen,* bei denen die Kleinen ein Objekt auch betrachten, kommen sie diesem am nächsten (Ennouri & Bloch, 1996). Das gezielte Greifen verbessert sich wesentlich zwischen dem vierten und siebten Monat (Haywood & Getchell, 2014). Die klassische Ansicht über die Rolle des Sehens ist dabei, dass der Säugling zunehmend *visuell gesteuerte Richtungskorrekturen* vornehmen kann und später sogar in der Lage ist auf der Basis einer anfänglichen visuellen Information die gesamte Bewegung antizipierend zu steuern. Diese Ansicht muss zumindest modifiziert werden. Man geht nun davon aus, dass propriozeptive Wahrnehmungen eine wichtige steuernde Rolle spielen und mit der visuellen Information kombiniert werden. Wichtige Hinweise dazu lieferten Studien zum Greifen im Dunkeln, bei denen das Kind den Weg seiner Hand zu einem leuchtenden oder Geräusche abgebenden Objekt nicht mit den Augen verfolgen kann, das Greifen aber ebenso gut gelingt wie im Hellen (vgl. Bertenthal & Clifton, 1998). Erst im letzten Viertel des ersten Lebensjahres formt das Kind schon frühzeitig im Bewegungsablauf die Hand relativ angemessen im Hinblick auf das Objekt, während dies vorher erst im Kontakt mit dem Objekt geschah (Haywood & Getchell, 2014). Wahrscheinlich nimmt auch in dieser Zeit die Bedeutung der visuellen Information für das Greifen zu. Sie hilft dann bei der Feinabstimmung von Bewegungen, die nicht vollständig vorhergesehen werden können, z. B., wenn ein Objekt plötzlich seine Lage verändert (vgl. Bertenthal & Clifton, 1998).

Neuere, von einer dynamischen Systemperspektive ausgehende Studien beziehen den Handlungsspielraum beschränkende Merkmale der Aufgabe (z. B. Handlungsziel, Objektgröße und -form) und des Organismus (z. B. Handgröße) systematisch in das Studiendesign mit ein. Solche Studien zeigen, dass bei der Wahl eines Griffmusters z. B. das Verhältnis von Objektgröße zur möglichen Weite der Öffnung zwischen Daumen und Zeigefinger eine Rolle spielt und dass dann, wenn in Studien Objekte der kindlichen Handgröße adäquat sind, beinahe alle möglichen Varianten von Präzisionsgriffen früher als bislang angenommen auftauchen. In den frühen Studien von Halverson oder Gesell wurden Babys und Erwachsenen die gleichen Objekte vorgegeben und die Griffmuster verglichen (vgl. Haywood & Getchell, 2014; Newell & McDonald, 1997).

3.4 Praxisthema: Die motorische Leistungsfähigkeit der Kinder von heute

Die aktuelle Besorgnis um die motorische Leistungsfähigkeit von Kindern speist sich besonders aus gesundheitlichen Überlegungen. Mangelnde körperliche Leistungsfähigkeit wird in Zusammenhang mit Bewegungsmangel und medizinischen Risikofaktoren wie Fettleibigkeit gesehen. Rütten und Pfeifer (2016, S. 25) kommen nach einer Auswertung internationaler Studien zu den folgenden Bewegungsempfehlungen: Säuglinge und Kleinkinder (0 bis 3 Jahre) sollen sich so viel wie möglich bewegen und so wenig wie möglich in ihrem Bewegungsdrang beschränkt werden. Kindergartenkinder (4 bis 6 Jahre) sollen insgesamt eine Bewegungszeit von 180 Minuten/Tag und mehr erreichen, die aus angeleiteter und nichtangeleiteter Bewegung bestehen kann. Grundschulkinder (6 bis 11 Jahre) sollen eine tägliche Bewegungszeit von 90 Minuten und mehr in moderater bis hoher Intensität erreichen. 60 Minuten davon können durch Alltagsaktivitäten, wie z. B. mindestens 12 000 Schritte/Tag, absolviert werden. Gleichzeitig wird eine Beschränkung nicht notwendiger Zeiten des Sitzens insbesondere in Zusammenhang mit Mediennutzung empfohlen, die einen wesentlichen Teil der veränderten Lebenswelt von Kindern ausmacht.

3.4.1 Veränderte Lebenswelt und Bewegung

Unter dem Stichwort »modernisierte Kindheit« werden häufig geschichtliche Wandlungsprozesse im Sinne von Verlusten thematisiert, die auch den Bewegungsbereich betreffen (vgl. Lange, 1996, S. 77). Kindheit wird als etwas beschrieben, das sich stärker in Innenräumen abspielt, bei gleichzeitigem Verlust des Außenraumes »Straße«. Hier spielen nicht nur ein vergrößerter Wohnraum (Kinderzimmer) und eine gesteigerte Mediennutzung (Fernsehen, Computer) eine Rolle, sondern auch die Veränderungen der räumlichen Umwelt in den Wohnquartieren (Verkehrsaufkommen, Funktionsentmischung und Raumspezialisierung) (vgl. Breuer, 2002).

Bewegung findet in hohem Maße in *Sportvereinen* statt (vgl. Breuer, 2002; Kleine, 2003). Heute werden Kinder bereits in der frühen Schulphase oder noch früher in das Handlungsystem des Sports eingegliedert. Im Jugendalter findet dann teilweise wieder ein Ausstieg statt. Die im Verein gelernten Regeln werden auch in den Spielalltag transferiert. Im Zusammenhang mit bestimmten Sportarten werden nur spezifische Bewegungsabläufe trainiert und die Bewegungserziehung erfolgt im Hinblick auf Leistung und Wettbewerb. Weitere relevante Kontexte sind die schulischen Sportstunden und vor allem auch die Pausenzeiten (vgl. Zask et al., 2001). Kleine (2003) hebt noch die »körperaktive Wegbewältigung« hervor, die heute durch passive, motorisierte Formen (Auto, öffentliche Verkehrsmittel) zurückgedrängt ist.

Repräsentative Daten zur sportlichen Betätigung von Heranwachsenden (Kindergartenalter bis 17 Jahre) in Deutschland finden sich erstmals im Kinder- und Jugendgesundheitssurvey (KiGGS). Die Basiserhebung wurde von 2003 bis 2006 bei 17 641 Personen durchgeführt und durch eine weitere Erhebung (KIGGS Welle 1) bei 2820 Personen ergänzt. Laut Ergebnissen der Basiserhebung treiben 55 % der Mädchen und 57 % der Jungen zwischen drei und zehn Jahren mind. einmal pro Woche Sport im Verein, 48 % bzw. 52,5 % treiben Sport außerhalb von Vereinen. 25,1 % der Mädchen und 23,4 % der Jungen gelten als sportlich inaktiv. Mädchen aus Familien mit einem niedrigen Sozialstatus, aus Familien mit Migrationshintergrund und solche aus den neuen Bundesländern sind signifikant weniger sportlich aktiv (Lampert et al., 2007). Bei der zweiten Erhebung setzt sich der Trend zu einer zunehmenden Versportung in Schul-AGs und Vereinen fort bei gleichzeitiger Reduzierung der intensiven Bewegung außerhalb (Albrecht et al., 2016).

3.4.2 Diagnostik der motorischen Leistungsfähigkeit

Nach Bös (2003) liefert der fähigkeitsorientierte Ansatz der Sportwissenschaft Grundlagen für ein Beschreibungssystem motorischer Leistungsniveaus (▶ Abb. 3.1). Zu den latenten *motorischen Fähigkeiten (konditionelle und koordinative)* kommen Eigenschaften *passiver Systeme der Energieübertragung* hinzu, die die Qualität von Bewegungshandlungen mit bedingen.

Dementsprechend wird Beweglichkeit oft vereinfachend ebenso wie *Ausdauer, Kraft, Schnelligkeit und Koordination* als motorische Fähigkeit eingeordnet. Die sichtbaren Vollzüge von Bewegungshandlungen werden als *Fertigkeiten* bezeichnet und können zur Diagnostik der Leistungsfähigkeit genutzt werden.

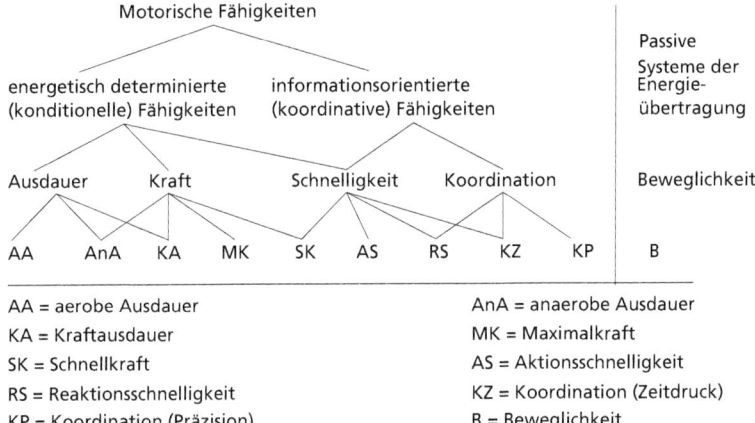

AA = aerobe Ausdauer
KA = Kraftausdauer
SK = Schnellkraft
RS = Reaktionsschnelligkeit
KP = Koordination (Präzision)

AnA = anaerobe Ausdauer
MK = Maximalkraft
AS = Aktionsschnelligkeit
KZ = Koordination (Zeitdruck)
B = Beweglichkeit

Abb. 3.1: Differenzierung motorischer Fähigkeiten (aus: Bös, 2003)

Bös führt drei verschiedene Arten normierter Tests auf: *Konditionstests, Koordinationstests,* zu denen die meisten Entwicklungstests gehören, und *Komplextests,* die beide Bereiche einschließen. Bei vielen Tests fehlen aktuelle Normierungen. Neben den motorikbezogenen Aufgaben im Kernmodul von KiGGS (Nachfahren einer Linie, Einbeinstand, Einstecken von Stiften, Reaktionstest, seitliches Hin- und Herspringen sowie Rumpfbeugen) wurde daher ein spezielles Motorik-Modul entwickelt, von dem man sich Normwerte zur Leistungsfähigkeit von Kindern und Jugendlichen erhofft (Bundesarbeitsgemeinschaft für Haltungs- und Bewegungsförderung e. V., 2004).

3.4.3 Befunde zur körperlichen Leistungsfähigkeit

Die Frage nach einem zeitgeschichtlichen Wandel ist nicht abschließend zu beantworten. So konstatiert eine Reihe von Studien bei Grundschulkindern Verschlechterungen im konditionellen und koordinativen Bereich, einige aber auch ein Gleichbleiben (vgl. Klein et al., 2004), wobei die Studienlage im koordinativen Bereich besonders schlecht ist. Unbeantwortet ist auch noch die Frage, ab welchem unteren Grenzwert der Leistungsfähigkeit man von motorischen Auffälligkeiten mit einer sich daraus ableitenden Empfehlung zur individuellen Förderung sprechen sollte.

Bös selbst versucht auf der Basis von 54 Studien aus mehr als 20 Ländern bei mehreren 100 000 Kindern und Jugendlichen im Alter von sechs bis 17 Jahren zu einer Veränderungsaussage zu kommen. Die Studien umfassen den Zeitraum von 1965 bis 2000. Einbezogen werden nur die Leistungen in fünf Basisaufgaben: Lauf über lange und kurze Distanz (aerobe Ausdauer und Aktionsschnelligkeit), Standweitsprung (Schnellkraft), Sit-ups (Kraftausdauer) und Rumpfbeugen (Beweglichkeit). Die vergleichende Betrachtung zeigt nach Bös, »[...] dass die motorische Leistungsfähigkeit von Kindern und Jugendlichen in den vergangenen 25 Jahren um durchschnittlich mehr als 10 % abgenommen hat. Besonders deutlich sind die Unterschiede in der Laufausdauer und in der Beweglichkeit, weniger deutlich bei Aktionsschnelligkeit und Schnellkraft und keine Unterschiede zeigen sich bei den Sit-ups [...]. Bei Körpergröße und Körpergewicht zeigen sich Trends zu einer früheren Akzeleration [...]« (Bös, 2003, S. 17). Klein et al. (2004) sprechen aufgrund der Ergebnisse einer Studie an 220 saarländischen Kindern und Jugendlichen eher von einer Verschiebung des Spektrums sportmotorischer Fähigkeiten als von einer generellen Verschlechterung. Ein Vergleich von Personen aus der ersten und der zweiten Erhebung der KIGGS-Studie anhand der Aufgaben des Motorik-Moduls zeigt ebenfalls keine Verschlechterung, sondern in vielen Teilen sogar Leistungsverbesserungen. Diese sind besonders ausgeprägt im Grundschulalter. Albrecht et al. (2016) argumentieren, dass Bewegungsförderung als mittlerweile integraler Bestandteil frühkindlicher und früher schulischer Bildung zu greifen scheint.

Bei allen motorischen Aufgaben im Kernmodul des KiGGS mit Ausnahme der Rumpfbeugen kommt es zu Verbesserungen zwischen vier und zehn Jahren. Mädchen schneiden bei allen Aufgaben besser ab, mit Ausnahme des Reaktionstests, bei dem die Jungen besser sind. Der Reaktionstest ist auch die einzige Aufgabe, bei der keine negativen Effekte von Migrationshintergrund und niedrigem sozialen Status festzustellen sind. Insgesamt erklären die Variablen Geschlecht, Migrationshintergrund und Sozialstatus allerdings nur einen geringen Anteil der Unterschiede in der motorischen Leistungsfähigkeit von Kindern (Starker et al., 2007).

Ein weiterer Faktor, dem in Studien zunehmend nachgegangen wird, ist zu hohes Körpergewicht. Dieses nimmt bei Kindern weltweit zu und ist mit schlechteren motorischen Leistungen verbunden. Betroffen sind in der Studie von de Waal & Pienaar (2021) an Kindern zwischen dem siebten und 13. Lebensjahr bestimmte Fähigkeiten, bei denen Körpergewicht getragen und räumlich verlagert werden muss (Laufgeschwindigkeit und Aktionsschnelligkeit, Stärke und Balance). Grenzwerte zwischen Normal-, Übergewicht und Fettleibigkeit basieren häufig auf einer Einteilung des Body Mass Index (BMI) nach Kriterien der WHO. Es ist sinnvoll weiterhin zwischen »übergewichtig« und »fettleibig« zu unterscheiden. So wiesen »übergewichtige« Kinder in der Studie von Krombholz (2013; Alter 43 bis 84 Mon.) meist einen sehr guten Gesundheitszustand auf und konnten sogar häufiger schwimmen als Kinder mit einem als »gesund« eingestuften Gewicht (Krombholz, 2013). Ein zu hohes Körpergewicht ist bei Kindern mit niedrigerem Sozialstatus und bei Kindern mit Migrationshintergrund verbreiteter (vgl. Ghanbari et al. 2012; Krombholz, 2013).

Eine Förderung motorischer Leistungen im Vorschulalter durch eine qualitative und quantitative Verbesserung des Bewegungsangebotes in Kindergärten scheint möglich zu sein. Gemessen werden die Leistungen mit einer Testbatterie, die Aufgaben aus verschiedenen Leistungsbereichen kombiniert (MoTB3–7). Verbesserungen im Gesamtwert werden vor allem bei Kindern mit niedrigem und mittlerem Leistungsniveau verzeichnet, wobei die Stärke der Effekte gering ist. Auswirkungen auf das Körpergewicht konnten nicht nachgewiesen werden (Krombholz, 2015).

Ein häufig genutzter Indikator speziell für aerobe Ausdauerleistungen ist die maximale Sauerstoffaufnahme des Körpers pro Minute. Dieser Wert steigt von vier Jahren bis zwölf Jahren linear an und ist bei Jungen und Mädchen ungefähr gleich. Eine Mehrzahl von Studien kommt aber zu dem Ergebnis, dass dieser Wert erst ab dem Jugendalter durch Training steigerbar ist (Haywood & Getchell, 2014). Wahrscheinlich ist es in der Kindheit wichtiger vielfältige und effiziente Bewegungsmuster zu etablieren und Freude an Bewegung und Sport zu fördern, in der Hoffnung, dass dies auf spätere Lebensalter ausstrahlt.

Zusammenfassung

Die Wahrnehmung liefert Informationen über den Zustand der Umwelt und des Körpers und hilft somit in angemessener Weise zu agieren. Bereits die Wahrnehmungswelt von Neugeborenen ist geordnet gegenüber der von Erwachsenen aber doch defizitär. Bis ins zweite Lebensjahr machen die einzelnen Sinnessysteme eine rasante Entwicklung durch, so dass in vielen Aspekten nur noch geringe Unterschiede zur Funktionsweise beim Erwachsenen bestehen. Die Wahrnehmung verbessert sich jedoch weiterhin, gewinnt durch die zunehmende Erfahrung und muss sich immer wieder den veränderten körperlichen Bedingungen anpassen.

Zu jedem der sieben Sinnessysteme gehören spezifische Sinnesorgane mit jeweils einem oder mehreren Typen von Rezeptoren, die nur auf bestimmte Reizarten ansprechen. Die weitere Verarbeitung der Reize erzeugt spezifische Empfindungen. Zu unterscheiden sind die visuelle, die auditive, die olfaktorische, die gustatorische, die vestibuläre, die propriozeptive und die taktile Wahrnehmung.

Das Studium der Motorik wurde in der Entwicklungspsychologie lange Zeit vernachlässigt. Unter Motorik kann man die Gesamtheit der Steuerungs- und Funktionsprozesse verstehen, die der Körperhaltung und -bewegung zugrunde liegen. Bereits pränatal ist eine Fülle von Bewegungsmustern feststellbar. In der frühen Kindheit wird besonders den motorischen Reaktionen auf Reize, den Reflexen und der Entwicklung des Greifens und der Fortbewegung Aufmerksamkeit geschenkt. Motorische Entwicklung vollzieht sich in einer wechselseitigen Anpassung zwischen Veränderungen der neuronalen Steuerungsprozesse und Veränderungen des Bewegungsapparates. Die Entwicklung der Motorik stellt in der frühen

Kindheit einen wichtigen Indikator im Hinblick auf eine unauffällige Gesamtentwicklung dar. Über den regelmäßig in Elternzeitschriften publizierten normativen Mittelwerten wird aber leicht die große Variabilität in den normalen individuellen Entwicklungen motorischer Funktionen vergessen.

Unter dem Stichwort »modernisierte Kindheit« werden häufig historische Wandlungsprozesse als Verluste thematisiert, die auch den Bewegungsbereich betreffen. Der Bewegungsmangel im Alltagsleben und im freien Spiel wird nur unzureichend durch sportliche Bewegung ersetzt. Studien zum zeitgeschichtlichen Wandel der motorischen Kompetenzen von Kindern zeichnen ein differenziertes Bild und keineswegs das einer durchgängigen Verschlechterung.

Empfohlene Literatur

Goldstein, E. B. (2015). *Wahrnehmungspsychologie. Der Grundkurs (9., überarb. und aktual. Aufl.)*. Berlin & Heidelberg: Springer & Spektrum Akademischer Verlag.
Haywood, K. M. & Getchell, N. (2021). *Life span motor development (7. Aufl.)*. Leeds: Human Kinetics.

Lernfragen

1. Wie verläuft der Bottom-up-Prozess der Wahrnehmung und wie der Top-down-Prozess?
2. Welcher Methoden bedient sich die Forschung zur Wahrnehmung?
3. Über welche Sinnessysteme verfügt ein Kind, wo sitzen die zugehörigen Rezeptoren, auf welche physikalischen Reize sprechen sie an und welche bedeutsamen psychischen Erfahrungen vermitteln sie?

4. Wann haben die Sinnessysteme eine Funktionsweise erreicht, die sich nur noch wenig von der der Erwachsenen unterscheidet?
5. Welche Funktionen erfüllt die Motorik?
6. Über welche Entwicklungsschritte kommen die meisten Kinder zum freien Gehen?
7. Über welche Schritte entwickeln Kinder ihre Greiffähigkeit und welche Sinnessysteme unterstützen das gezielte Greifen?
8. Welche Beiträge leistet die systemische Theorieperspektive zum Verständnis der motorischen Entwicklung?
9. Welche Bewegungsempfehlungen werden für Kinder gegeben?
10. Welche Trends einer modernen Kindheit und welche gesellschaftlichen Risikofaktoren müssen ggf. kompensiert werden, um die motorische Leistungsfähigkeit von Kindern zu sichern?

Bildteil – Der Kampf gegen die Erdanziehung

Tobias (rechts), 4 Monate

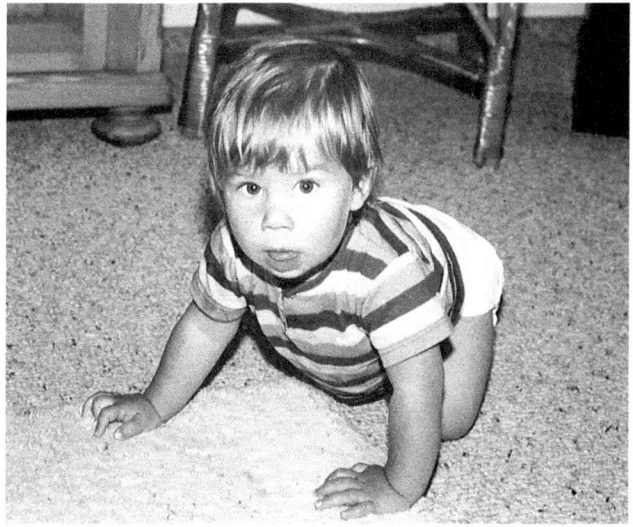

Tobias, 8 Monate

Klara, 6 Monate

Tobias, 1 Jahr, 4 Monate

4 Sprache und Kommunikation

Was Babys glücklicherweise nicht wissen und Schülern erst langsam dämmert – sprachlich kompetent zu werden bedeutet, gleich mehrere, teilweise unabhängige Wissenssysteme zu erwerben (vgl. Grimm & Weinert, 2002, S. 517). Bei der *Prosodie* geht es um übergeordnete Strukturierungen im Sinne von Sprachmelodie und Sprachrhythmus, z. B. um das Ansteigen der Stimme im Fragesatz. Die *Phonologie* beschäftigt sich mit der Lautstruktur der Sprache. Phoneme sind die kleinsten bedeutungsunterscheidenden Lautklassen einer Sprache, z. B. /sch/ und /s/, weil sie den Bedeutungsunterschied von Schuppe und Suppe ausmachen. Regeln der Wortbildung sind Sache der *Morphologie*, und als Morpheme bezeichnet man die kleinsten bedeutungstragenden Einheiten einer Sprache. So ergeben z. B. ein Stammmorphem und ein Flexionsmorphem das Wort mach/te (vgl. Weissenborn, 2000). Bei der *Syntax* geht es um für die Satzbildung gültige Kategorien und Regeln. Durch verschiedene Wortordnungen können mit denselben Wörtern unterschiedliche Bedeutungen ausgedrückt werden – »Lukas lächelt Clarissa an«; »Clarissa lächelt Lukas an«. Die Bedeutung von Wörtern ist Sache der *Wortsemantik* und die von Sätzen der *Satzsemantik*. Sprachen unterscheiden sich darin, für welche Sachverhalte sie Wörter in ihrem Lexikon haben, z. B. welche Farbbegriffe. Die Entscheidung über eine Wortbedeutung kann oft erst im Kontext eines Satzes getroffen werden, z. B. »Svenja fliegt von der Schule. Anschließend fliegt sie mit ihren Eltern in den Urlaub«. Zu der Fähigkeit, Sprache zur Verständigung mit anderen einzusetzen (*Pragmatik*), gehört z. B. dass Äußerungen dem Kontext angemessen und in ihrer Abfolge zusammenhängend (kohärent) erfolgen. Die benannten Wissenssysteme resultieren zusammenfassend in einer *prosodischen*, *linguistischen* (aus Phonologie, Morphologie, Syntax und Semantik) und *pragmatischen Kompetenz*.

Erst die Unterscheidung von Komponenten erlaubt ein Verständnis der Entwicklung, weil Kinder z. B. ungleich kompetent bei verschiedenen Komponenten sein können und manche Komponenten erst den Erwerb anderer ermöglichen. Auch Sprachstörungen sind in der Regel nicht generell, sondern selektiv im Hinblick auf einzelne Komponenten. Und schließlich eröffnet eine differenziertere Betrachtung auch die Möglichkeit, nach Zusammenhängen mit Gehirnstrukturen zu suchen, die für die rezeptive Seite, das Verstehen, oder die produktive Seite, das Sprechen, zuständig sind (Suchodoletz, 2001). Auf die verschriftlichte Sprache, das Schreiben und Lesen, werden wir in diesem Kapitel nicht eingehen.

4.1 Meilensteine des Spracherwerbs

Im Folgenden sollen zu den einzelnen Komponenten zentrale Entwicklungsschritte skizziert werden. Untersuchungen zur auditiven Wahrnehmung des Kindes haben gezeigt, dass die Entwicklung der Sprache schon pränatal beginnt.

4.1.1 Prosodisch-phonologischer Aspekt

Schon lange vor der Geburt (27. SSW) kann der Fötus gut hören. Gedämpft durch das Fruchtwasser und den Körper der Mutter dringen Hörreize zu ihm vor. Die dabei am besten erhaltenen Merkmale der Sprache sind die prosodischen (Hennon et al., 2000). Wie in Kapitel 3 ausgeführt, können Neugeborene schon unmittelbar nach der Geburt die menschliche Sprache von anderen Geräuschen unterscheiden, ebenso wie ihre Muttersprache von fremden Sprachen. Diese Differenzierung erfolgt auf der Grundlage prosodischer Merkmale der Sprache und nicht auf der Basis von Lauten (vgl. Mehler et al., 1988).

Zunächst verfügen Babys über eine sehr gute Differenzierungsfähigkeit im gesamten System menschlicher Sprachlaute. Bereits mit einem Monat unterscheiden sie einfachste Silben (z. B.»ba« und»pa«) (Eimas et al., 1971). Schon zwei bis sechs Monate alte Säuglinge können einen Vokal, z. B. das Phonem /a/, das in der Aussprache verschiedener Sprecher sehr unterschiedlich klingt, der gleichen Lautklasse zuordnen und als Vokal /a/ identifizieren (Marean et al., 1992). Während des ersten Lebensjahres hören sich Säuglinge dann in ihre jeweilige Muttersprache oder auch Erstsprache ein. Unterstützend ist dabei eine typische, von Erwachsenen, insbesondere von den Müttern an sie gerichtete Art der Sprache (▶ Kap. 4.2.2), die Säuglinge auch gegenüber anders gestalteten Arten der Kommunikation bevorzugen (vgl. Fernald et al., 1989; s. u.). Bereits mit zehn Monaten ist die Differenzierungsfähigkeit sowohl beim Hören als auch beim zugehörigen Sehen der mimischen Merkmale auf die für die Erstsprache typischen Sprachlaute eingeengt (Aslin et al., 1998; Altvater-Mackensen & Grossmann, 2015).

Im Gegensatz zu geschriebener Sprache ist gesprochene Sprache nicht durch Lücken, Satzzeichen usw. gegliedert. In den ersten zehn Monaten sind es vor allem prosodisch-rhythmische Merkmale (Betonung, Stimmhöhe und ihre Verlaufsmuster, Pausen), die dem Säugling helfen, den Lautstrom in immer feinere Einheiten (Satz, Phrase, Wort, Segment) zu unterteilen, die allerdings zu diesem Zeitpunkt noch rein formal sind, ohne Zuordnung von Bedeutungen (Penner, 2000; vgl. auch Hennon et al., 2000). In der zweiten Hälfte des ersten Lebensjahres helfen zeitlich und räumlich mit Sprache koordinierte visuelle Merkmale bei Interaktionspartnern (z. B. Beginn der Mundöffnung, Rhythmus und Weite der Mundöffnung) (▶ Kap. 3.2.5, intermodale Wahrnehmung), Sprache von Umgebungsgeräuschen, verschiedenartige Silben und verschiedene Sprechende zu unterscheiden (Lalonde & Werner, 2021). Zu dieser Zeit sind Kinder auch bereits sensitiv dafür, welche Sprachlaute oder Silben in welcher Abfolge mit welcher Häufigkeit vorkommen (▶ Kap. 4.2.1, statistisches Lernen). Eine Lautkombination »ng« kommt im Englischen nur am Ende eines Wortes (z. B. sing) vor, nie am Anfang (Zamuner & Kharlamov, 2016). Auch dies kann Ausgangspunkt für das Gliedern des Lautstromes werden, z. B. für das Erkennen von Wortgrenzen (Penner, 2000).

Haben wir uns bisher mit der Sprachwahrnehmung befasst, so folgen nun einige Ergebnisse zur vorlexikalischen Sprachproduktion. Die Untersuchung des Säuglingsschrei und seiner Veränderungen in den ersten

Lebensmonaten hat gezeigt, dass sich daraus wichtige Hinweise auf Entwicklungsstörungen ableiten lassen (z. B. abnorme Höhe der Grundfrequenz, die normalerweise bei 400 Hz liegt). Es bestehen Zusammenhänge zwischen dem Durchlaufen verschiedener Modulationsmuster beim Schreien und dem problemlosen Verlauf der Lallphase (vgl. Penner, 2000). Diese beginnt mit ca. einem halben Jahr. Bereits vorher äußern Säuglinge eine Vielfalt nicht-sprachlicher Laute. Den eigentlichen Höhepunkt der *Lallphase* bildet das kanonische Lallen, bei dem die Lalleinheiten von Hörern als klanggleich mit der zu erlernenden Sprache empfunden werden (zunächst »reduplizierendes«, z. B. dadada, später »buntes Lallen«, z. B. daba). Kinder benutzen bereits die für die Zielsprache typischen Konsonantenverbindungen, spanische Kinder andere als deutsche (Penner, 2000, S. 118; Lleó et al., 1994). Mit dem dritten Lebensjahr haben Kinder in der Regel ein vollständiges phonologisches System ihrer Zielsprache entwickelt.

4.1.2 Lexikalisch-semantischer Aspekt

Natürlich beginnt die lexikalische Entwicklung schon Monate vor der lang erwarteten Äußerung erster Worte, und zwar dann, wenn im Sprachstrom phonologische Sequenzen ausgefiltert und z. B. Personen oder Objekten zugeordnet werden. Und auch der Ausdruck von Bedeutungen (Semantik) ist bereits im ersten Jahr durch Vokalisationen möglich, die prosodisch z. B. als Fragen markiert und nonverbal durch Blicke oder Gesten unterstützt werden. Für den Erwerb erster Wörter kommt eine Reihe von Studien zu ähnlichen Ergebnissen. Das Verständnis der ersten zehn Wörter wird auf durchschnittlich 10,7 Monate datiert, die Produktion auf 14,2 Monate, das Verständnis der ersten 50 Wörter auf 13,5 Monate und die Produktion auf 18,4 Monate (Menyuk, 2000).

Ab dem Alter von 18 Monaten wird in der Regel ein schneller Worterwerb (vocabulary spurt, Benennungsexplosion) besonders im Hinblick auf Objektbenennungen konstatiert. Dafür werden verschiedene Ursachen angenommen. So könnten kognitive Fortschritte in der Kategorisierungs- und Assoziationsfähigkeit oder im phonologischen Gedächtnis (▶ Kap. 6) für diesen raschen Zuwachs verantwortlich sein oder soziale Faktoren, wie die zunehmende Sensibilität für Bezeichnungen, die von anderen Personen verwendet werden (Menyuk, 2000). Im Alter von zwei Jahren und fünf Monaten verfügen Kinder bereits über einen Wortschatz von ca. 525 Wörtern und mit sechs bis sieben Jahren über einen von über 10 000 bis 14 000 Wörtern, wobei nur ca. 8 000 Stammwörter sind. Darüber hinaus werden diejenigen gezählt, die durch Vor- oder Nachsilben (happy – unhappy – happiness) oder andere Variationen zustande kommen (Anglin, 1993).

Welche Strategien helfen Kindern, Zusammenhänge zwischen Worten und den durch sie bezeichneten Sachverhalten herzustellen? Hier werden einschränkende Mechanismen (*constraints*) diskutiert, die solche Zuordnungsprozesse leiten. Die wichtigsten dieser Beschränkungen sind die *Ganzheits-, die Taxonomie- und die Disjunktionsannahme.* »Wenn das Kind neue Wörter in einer Benennungssituation hört, so geht es davon aus, dass sich diese neuen Wörter auf ganze Objekte und nicht auf Teile davon, ihre Substanz, Farbe, Größe oder andere Eigenschaften beziehen (whole-object-constraint), und dass diese Wörter kategoriale und keine thematischen Relationen zwischen Objekten bezeichnen (taxonomic constraint)« (Grimm, 2003). Hört ein Kind ein neues Wort und wird ihm gleichzeitig ein Objekt gezeigt, für das es schon eine Bezeichnung hat, so wird es dieses einem Teil oder einer Eigenschaft zuordnen. Ist noch ein weiteres, bislang unbenanntes Objekt vorhanden, so wird das Wort auf dieses bezogen (mutual exclusivity constraint) (Belliveau, 2002). Bei den »constraints« handelt es sich um erlernte Sprachlernmechanismen, die eine gewisse Abhängigkeit von der Erstsprache und dem Entwicklungsstand zeigen (Weinert, 2003).

Sobald Wortkombinationen auftreten, üblicherweise zwischen 18 und 24 Monaten, beginnt der Prozess der gleichzeitigen Entwicklung von Lexikon, Semantik und Syntax. Gegen Ende des zweiten Jahres und im dritten Jahr vergrößern Kinder ihr Vokabular in allen syntaktischen Kategorien – Substantive, Verben, Adjektive, Pronomen usw. (Menyuk, 2000).

Die Reihenfolge, in der Wortarten erworben werden, hat etwas mit der wahrnehmungsmäßigen Deutlichkeit der Referenz zu tun. Substantive werden früh und häufig verwendet; Verben, die Handlungen beschreiben (»drücken«), vor solchen, die sich auf Zustände beziehen (»schmelzen«). Ausdrücke, die auf personale, lokale oder andere Aspekte der Situation verweisen (z. B. »du« und »ich«, »hier« und »da«) werden früh verwendet, aber erst nach einiger Zeit auch durchgängig korrekt (Menyuk, 2000). So steht z. b. für das Kind »ich«, wenn es selbst spricht und »du«, wenn es von einer Gesprächspartnerin adressiert wird, und »hier« und »da« sind unterschiedliche Orte, je nach dem Aufenthaltsort der Sprecherin.

Die lexikalisch-semantische Entwicklung ist eng mit der konzeptuellen Entwicklung verbunden. Man geht aber nicht mehr davon aus, dass erst ein vollständig ausdifferenzierter Begriff vorliegen muss, bevor ein Wort dafür gelernt werden kann (vgl. Belliveau, 2002). Wortlernen ist auch bei unvollständigen Konzepten möglich und das Hören neuer Wörter kann gerade begriffliche Überlegungen anstoßen. Die Fähigkeit zu formalen Definitionen entwickelt sich langsam und zeigt einen kontinuierlichen Anstieg bis zum Alter von neun bis zehn Jahren, wobei der schulischen Unterweisung eine wichtige Rolle zukommt (Menyuk, 2000).

4.1.3 Morphologisch-syntaktischer Aspekt

Die Sprache verfügt im Wesentlichen über drei Mittel, um Beziehungen zwischen einzelnen bedeutungsvollen Einheiten einer Äußerung kenntlich zu machen (Weissenborn, 2000):

1. die zeitliche Aufeinanderfolge von Elementen (z. B. schwarze Katze),
2. die Gleichzeitigkeit von zwei Elementen (z. B. Intonationskurve und Worte) und
3. zusätzliche bedeutungsvolle Lautkombinationen (z. B. Funktionswörter wie »von« oder Flexionsendungen wie bei »d-en braun-en Hund«, die hier zeigt, dass es sich um ein direktes Objekt eines Verbs handelt).

Sprachen unterscheiden sich darin, welche Mittel sie nutzen. Englisch und Französisch verlangen eine relativ feste Wortstellung im Satz, während das Deutsche mehr Freiheiten lassen kann, z. B. wegen des markierten Artikels (der braune Hund – Subjekt; den braunen Hund – Objekt).

Mit erstaunlicher Schnelligkeit, nämlich bis zum Alter von zwei Jahren und sechs Monaten bzw. drei Jahren, erwerben Kinder die wichtigsten Regeln von Morphologie und Syntax in ihrer Zielsprache. Auffällig ist, dass sie von Anfang an relativ wenige Fehler machen und wenn doch, dann sind diese systematisch und erklärbar.

Schon im ersten Lebensjahr, wenn die Kinder selbst noch keine Äußerungen produzieren, nehmen ihre sprachverarbeitenden Systeme statistische Analysen des einströmenden sprachlichen Inputs vor, zunächst vor allem der prosodischen Merkmale. Sie verfügen dadurch über ein beträchtliches syntaktisches Wissen, das im Rahmen von Experimenten sichtbar gemacht werden kann. So zeigen Kinder frühzeitig eine Präferenz, eine Folge von einer betonten und einer unbetonten Silbe als Einheit zu behandeln (trochäisches Betonungsmuster des Englischen, das im Wesentlichen auch das des Deutschen ist) und können bereits mit sieben bis acht Monaten Wörter wie »búcket« erkennen, was ihnen bei Wörtern mit einer jambischen Struktur (Betonung auf der zweiten Silbe, z.B. »guitár«) noch nicht gelingt. Da die prosodische und syntaktische Struktur nur partiell übereinstimmen, muss diese Strategie durch die Segmentierung lexikalischer Einheiten (vgl. Saffran et al., 1996) und im Weiteren durch semantische Prozesse ergänzt werden.

Die für die grammatische Struktur einer Sprache so wichtigen unbetonten funktionalen Einheiten (z.B. Artikel, Pronomen, Flexionsendungen) können erst mit Hilfe der lautlichen Segmentierung erkannt werden. So können z.B. Wörter mit gleichen Endungen als zu Wortklassen gehörig identifiziert und auf ihre typische Stellung in Aussagen analysiert werden (-te als häufiges Zeichen für Verben und aus Verben gebildete Adjektive).

Beim Erwerb der korrekten Morphologie sind zwei Arten des Lernens wichtig – eine für Häufigkeiten sensitive, mit der vor allem auch unregelmäßige (seltenere) sprachliche Strukturen erworben werden, und eine auf Regeln orientierte (▶ Kap. 4.2.1, statistisches Lernen). Mit Hilfe von Regeln können dann auch neue Wörter gebildet werden. Dabei kommt es zu den bekannten Übergeneralisierungen wie z.B. »geschwimmt« (Weissenborn, 2000, S. 149).

Studien des Englischen deuten darauf hin, dass Kinder verschiedene grammatische Elemente zwar in sehr unterschiedlicher Geschwindigkeit aber in ähnlicher Reihenfolge erwerben. Im Hinblick auf die Komplexität von Satzstrukturen gibt Szagun (2000) für das Deutsche folgende grobe Altersorientierungen an: Erste Ein-Wort-Äußerungen treten danach zwischen einem Jahr und 18 Monaten auf und gehen langsam in Zwei-Wort-

Äußerungen zwischen einem Jahr und sechs Monaten und zwei Jahren und drei Monaten über und zwischen zwei und vier Jahren in Drei- und Mehrwort-Äußerungen. Komplexere Strukturen (z. B. Mehrwortsätze, Passivformen) finden sich vereinzelt ab drei Jahren, häufiger erst ab vier Jahren.

Auch wenn Kinder grammatische Elemente noch nicht selbst verwenden, konnte doch in vielen Versuchen mit englisch- und mit deutschsprachigen Kindern im zweiten und dritten Lebensjahr nachgewiesen werden, dass sie grammatisch korrekte Sätze gegenüber nicht korrekten bevorzugen und erstere auch besser verstehen und z. B. Abbildungen zuordnen konnten (vgl. Weissenborn, 2000, S. 152 f; Hirsh-Pasek & Golinkoff, 1996). Kinder haben spätestens in der Ein-Wort-Phase grammatische Formen erworben, die die späteren Mehrwort-Äußerungen bestimmen. Dabei handelt es sich z. B. um die Unterscheidung genereller syntaktischer Wortklassen wie Adjektiv oder Artikel, die eine bestimmte Stellung im Satz einnehmen (Weissenborn, 2000).

Sprachanfänger verwenden oft strategisch Standardeinstellungen (default values). Nach dem »Prinzip der minimalen Struktur« (Weissenborn, 2000, S. 158) wählen sie vielfach eine Äußerungsstruktur, die angesichts der mangelnden Automatisierung von Sprachproduktionsprozessen den geringsten kognitiven Aufwand mit sich bringt. So machen z. B. Infinitivsätze anfänglich mehr als 80 % der Sätze Deutsch lernender Kinder aus. Dabei handelt es sich nicht um fehlendes grammatisches Wissen, sondern das Kind vermeidet damit die im Hauptsatz obligatorische Verb-Zweitstellung und die Subjekt-Verb-Kongruenz, die mit der aufwändigen Wahl einer finiten Verbform verbunden sind.

4.1.4 Pragmatischer Aspekt

Funktionale Theorien beschreiben Sprache als ein Werkzeug. Sie hat mindestens eine repräsentationale (Kodierung von Informationen) und eine soziale oder kommunikative Funktion, evtl. auch eine textuelle (Strukturierung von Äußerungen in Diskursen) (Hickmann, 2000).

Schon in der vorsprachlichen Kommunikation kann man bestimmte Abwechslungsrhythmen (turn-taking, Sprecherwechsel) im Vokalisieren zwischen Mutter und Baby als Vorläufer sprachlicher Dialoge verstehen. Mütter unterstellen ihren Kindern von Anfang an kommunikative Absichten und interpretieren das Verhalten. Schon wenige Wochen alte Säuglinge initiieren Dialoge auch selbst und bringen sich zeitlich angemessen ein (Gratier et al., 2015). Mit ca. neun Monaten vor dem Einsetzen der eigenen Wortproduktion verlangsamt sich ihre Übernahme der Sprecherposition jedoch. Die Gründe sind noch nicht ganz geklärt, hängen aber wahrscheinlich damit zusammen, dass Kleinkinder in diesem Alter neue kommunikative Fertigkeiten und ein neues Verständnis des kommunikativen Austausches erwerben und damit anspruchsvollere kognitive Prozesse ablaufen. Die Aufmerksamkeit auf Objekte wird mit Interaktionspartnern geteilt, die Zeigegeste erscheint und andere Personen werden als absichtsvoll Handelnde wahrgenommen (Hilbrink et al., 2015). Bei Dreijährigen lässt sich zeigen, dass prosodische Hinweisreize wie Satzmelodie bzw. Betonung bei der Antizipation eines Sprecherwechsels helfen. Erwachsene verlassen sich dabei stärker auf den Inhalt der Konversation als auf prosodische Merkmale (Keitel & Daum, 2015).

Im Alter von zwei bis drei Jahren können Kinder schon eine Reihe von Sprechakten der Situation angemessen ausführen und auf sie reagieren (z. B. fragen, fordern, bitten). Der Erwerb anderer sprachlicher Fähigkeiten kann sich aber über die gesamte Kindheit hinziehen, z. B. die Fähigkeit zur verschobenen Referenz. Dabei geht es darum, für andere nachvollziehbar über Dinge zu reden, die nicht Teil der gemeinsamen Situation sind, z. B. einen Weg zu beschreiben, den der andere nicht kennt oder von einer Einladung zum Geburtstag zu erzählen, die man allein erlebt hat (Hickman, 2000).

Unter vielen Aspekten pragmatischen Wissens wird im Folgenden nur ein Aspekt berücksichtigt, der sich bis in die späte Kindheit hinein entwickelt. Im Hinblick auf die textuelle Funktion konnten universelle Prinzipien identifiziert werden, die für einen inneren Zusammenhang von sprachlichem Ausdruck und Interpretation in Gesprächen sorgen (Diskurskohärenz). Sprecher müssen demnach 1. ihren Informationsstatus aufeinander abstimmen, und 2. Informationen als zum Vordergrund (chronologisch geordnete Hauptereignisse) oder zum Hintergrund gehörend verankern. Sprachen verfügen über verschiedene *Mittel zur Markierung des Informationsstatus* und zur *Verankerung von Informationen*, die

Kinder erwerben müssen. So gibt es in Sprachen z. B. eine universelle Tendenz neue Informationen an das Satzende zu stellen. Im folgenden Beispiel zu Punkt 1 wird deutlich, dass der Sprecher nur wenig geteiltes Wissen beim Hörer voraussetzt. Dies zeigt sich an der Verwendung indefiniter Artikel (ein, einer), allgemein verständlicher Begriffe (Freund und Auto, statt Personennamen und Automarke) und von Angaben zum raum-zeitlichen Rahmen (Werkstatt, sein Haus, gestern, heute). Außerdem werden Referenzausdrücke diskursintern gebraucht (z. B. es, er, zurück).»Gestern hat ein Freund von mir ein altes Auto in einer Werkstatt bei seinem Haus gesehen. Es gefiel ihm so gut, dass er heute hingegangen ist und […] es sofort bar gekauft hat« (Hickmann, 2000, S. 196).

In Untersuchungen an französischen und spanischen Kindern, die Geschichten unter den Bedingungen geteiltes und nicht geteiltes Wissen erzählen sollten, wird deutlich, dass bei Sechs- bis Neunjährigen zwar ein Bewusstsein für den unterschiedlichen Informationsstatus vorhanden ist, ihnen aber die systematische Verwendung definiter und indefiniter Formen zur Einführung von Referenten erst mit neun Jahren gelingt (Kail & Hickmann, 1992; Kail & Sanchez, 1997).

4.2 Einflussfaktoren auf den Spracherwerb

4.2.1 Anlage- und umweltorientierte Theorien

Theorien des Spracherwerbs unterscheiden sich im Hinblick auf den Einfluss, den sie Anlage und Umwelt einräumen. Wahrscheinlich lässt sich der Spracherwerb am besten als eine Interaktion der verschiedenen Ansätze beschreiben (Hennon et al., 2000). Anlageorientierte Theorien nahmen lange an, dass es angeborene sprachspezifische Fähigkeiten geben muss, da das sprachliche Modell, das dem Kind in seiner Umwelt zur Verfügung steht, zu viele Defizite aufweist, um als Vorlage für ein korrektes Lernen des Regelsystems zu dienen. So postulierte z. B. der Linguist Chomsky, dass

Kinder von Anfang an über eine »Universal Grammar« verfügen, die allen Sprachen zugrunde liegt und die dabei hilft die Grammatik einer natürlichen Umgebungssprache aufzudecken. Entsprechende Nachweise fehlen jedoch bis heute (Halpern, 2016).

Auch Entwicklungspsychologen vertreten die Auffassung, dass Sprache einen teilweise eigenständigen und von der sonstigen kognitiven Entwicklung unabhängigen Phänomenbereich mit spezialisierten Verarbeitungsstrukturen darstellt (Weinert, 2003). Module wie die als motorisches Sprachzentrum angesehene und bei den meisten Menschen in der linken Hälfte des Neokortex gelegene Broca-Region sind aufgrund ihres Zellaufbaus für die Sprachverarbeitung besonders geeignet, aber nicht unbedingt von Anfang an genetisch darauf festgelegt. Von Modularität spricht man, wenn Gehirnregionen relativ unabhängig Informationen verarbeiten und auf bestimmte Formen des Inputs spezialisiert sind. Modularität steht für Elsabbagh und Karmiloff-Smith (2006) aber wahrscheinlich nicht am Anfang von Entwicklung, sondern ist erst das Ergebnis.

Neuere Ansätze gehen davon aus, dass Kinder schon im ersten Lebensjahr in der Lage sind aus einem kontinuierlichen Strom von Sprachreizen herauszufiltern, welche Elemente mit welcher Wahrscheinlichkeit aufeinander folgen. Schon acht Monate alte Kinder konnten so in Kombinationen vorher unbekannter Silben nach wenigen Minuten Worte heraushören. Die anhand eines spezifischen Inputs identifizierten Zusammenhänge konnten darüber hinaus auf ähnliche Silben generalisiert werden. Aslin (2017) spricht von *statistischem Lernen*, dem nichtbewusste Berechnungsfähigkeiten im Gehirn zugrunde liegen, die allerdings auch auf nichtsprachliche Reize angewandt werden.

Umweltorientierte Theorien stellen die sozialen Interaktionen in den Vordergrund, auf die wir im Folgenden genauer eingehen wollen. Auch beim statistischen Lernen zeigt sich das Zusammenwirken der im Gehirn angelegten Programme mit sozialen Prozessen: So sind es u. a. die aufmerksamkeitslenkenden Interaktionen mit den Eltern, die Kindern den Weg weisen, worauf sie ihre statistischen Fähigkeiten sinnvoll anwenden sollten (vgl. Aslin, 2017).

4.2.2 Spracherwerb und soziale Interaktion

Für den Spracherwerb ist sprachlicher Input in der Interaktion mit realen Personen unerlässlich. Es reicht nicht aus, Kinder mit Sprache z. B. medial zu überschütten (vgl. Close, 2004), ohne dass ihnen geeignete Interaktionsmöglichkeiten geboten werden. Das Kind muss selbst seine sprachlichen Fähigkeiten praktizieren. In normalen Umwelten ist ihm das auch möglich, denn die Kommunikation Erwachsener, insbesondere die der Eltern, stellt sich auf die kindlichen Möglichkeiten ein und motiviert Kinder zur Kommunikation. Dort, wo Eltern dies besonders in den ersten Lebensjahren nicht bieten, bleiben die Kinder hinter ihren Möglichkeiten zurück.

Wenn wir uns an Säuglinge wenden, verändert sich die Art, wie wir kommunizieren, auffällig. Papoušek und Papoušek (1987) sprechen von »intuitivem Elternverhalten«. Dies geschieht so schnell und unbewusst, dass hier wahrscheinlich biologische Prädispositionen zum Tragen kommen, die eine optimale Steuerung der Interaktion im Hinblick auf kindliche Lernbedürfnisse sichern. Teil dieses Verhaltens ist eine bestimmte kindgerichtete Sprache, die auch als *Ammen- oder Babysprache* bezeichnet wird (Weinert & Grimm, 2002). Mittlerweile weiß man, dass sogar schon Vier- bis Fünfjährige (Shatz & Gelman, 1973) ihre Sprache anpassen; besonders auffällig gegenüber der Erwachsenensprache sind prosodische Veränderungen.

Fernald et al. (1989) untersuchten Mütter und Väter verschiedener Sprachen, insgesamt 60 Elternteile mit Kindern im Alter von zehn bis 14 Monaten. Über die untersuchten Sprachen/Dialekte hinweg fanden sie für beide Elternteile in der kindgerichteten Sprache eine höhere durchschnittliche Grundfrequenz, ein höheres Frequenzminimum und -maximum und eine größere Variabilität der Grundfrequenz, kürzere Äußerungen und längere Pausen. Es gab jedoch auch einige kulturelle Unterschiede und solche zwischen Müttern und Vätern. So findet sich bei den japanischen Müttern keine erhöhte Spannweite des Frequenzspektrums, was sich möglicherweise dadurch erklären lässt, dass im Japanischen normalerweise eine Veränderung der Tonhöhe zur Wortbetonung genutzt wird. Insgesamt zeigten die amerikanischen Eltern die ausgeprägtesten prosodischen Modifikationen. Unter den zehn häufigsten Merkmalen der kindgerichteten Sprache, die Blount für das Englische und Spanische nennt, stimmen sechs überein (in Feldman, 2001, S. 182): übertriebene Intonation (Betonung), hohe Stimmlage, verlängerte Vokale, Wiederholung von Elementen, geringere Lautstärke und (be-)lehrende Betonung, d. h. Betonung wichtiger Wörter, z. B. neuer Objektbezeichnungen.

Die hohe Übereinstimmung in den Veränderungen über die Sprachen hinweg legt nahe, dass diese bestimmten Merkmalen der kindlichen Kommunikation entgegenkommen (vgl. Fernald et al., 1989). Zunächst scheint die hohe Stimmlage besonders geeignet, die kindliche Aufmerksamkeit einzufangen und aufrechtzuerhalten. Kinder bevorzugen hohe Stimmfrequenzen und in diesem Zusammenhang auch weibliche gegenüber männlichen Stimmen. Darüber hinaus kommuniziert die Prosodie kleinkindgerichteter Sprache Gefühle an das Kind und moduliert sein Erregungsniveau. Mütter nutzen typischerweise steigende Frequenzkonturen, um ein Kind wach und aufmerksam zu halten, fallende dagegen, um es zu beruhigen (vgl. Papoušek, 1997). Und schließlich erleichtert die besondere prosodische Struktur auch Sprachverarbeitung und Sprachverstehen, indem sie eine bessere Segmentierung des Sprachstromes erlaubt, Hinweise auf syntaktische Strukturen gibt (s. o.) oder auf besonders wichtige neue semantische Information, z. B. eine neu eingeführte Objektbezeichnung (Fernald et al., 1989). Zwölf Monate alten Kindern gelingt es in ihrer Erstsprache die Beziehung zwischen Sprachlauten und Mimik herzustellen, wenn Sätze in kindorientierter Sprache dargeboten werden, nicht jedoch in Erwachsenensprache (Kubicek et al., 2014).

Im zweiten Lebensjahr reduziert sich die überzogene Intonation. Auffällig sind nun wiederholende und ritualisierte Sprachspiele, die den Wortschatzaufbau des Kindes auf eine implizite, nicht bewusst lehrende Weise unterstützen. Die kindliche Aufmerksamkeit wird darauf gelenkt, dass Dinge Namen haben. Darüber hinaus könnte das Kind sich mit zunehmender Kompetenz im Dialog einbringen, z. B. nach einer Frage (s. Beispiel, Grimm, 1999, S. 46, in Ritterfeld, 2000, S. 409). Man spricht von einer *stützenden Sprache (engl. scaffolding,* ▶ Kap. 1).

Vokativ:	Oh, schau, was das ist!
Frage:	Was ist das nur?
Benennung:	Das ist ein Hühnchen.
Bestätigung:	Ja, das stimmt, das ist ein Hühnchen.

Ab dem dritten Lebensjahr wird in einer explizit lehrenden Form kommuniziert, die vor allem der grammatikalischen Verbesserung dient (*lehrende Sprache, engl. motherese*). Erwachsene sagen Kindern dabei nicht, dass sie etwas falsch gemacht haben, sondern korrigieren durch die berichtigte Wiederholung der kindlichen Äußerungen (E1) und deren grammatikalische Vervollständigung (E2), wobei darüber hinaus auch noch semantische Erweiterungen vorgenommen werden können (E3) (s. Beispiel, Ritterfeld, 2000, S. 410).

K1	Der hat da rein getut.
E1	Rein getan.
E2	Der hat etwas da rein getan.
E3	Der Junge hat die Äpfel in den Korb getan.

Über diesen groben Rahmen hinaus diskutiert Ritterfeld (2000) eine Vielzahl von Sprachförderstrategien auf einem feineren Niveau, die vor allem auch darauf abzielen, das Kind in einen Dialog hineinzuziehen. Hier nur einige Beispiele – die Unterstützung der Lautsprache durch Gestik und Mimik, das Stellen von sprachanregenden Fragen, die Provokation von Widerspruch beim Kind durch absichtliche falsche Benennungen.

Besonders für den Sprechstil der Mutter konnte ein Einfluss auf den kindlichen Spracherwerb in vielen Untersuchungen nachgewiesen werden (vgl. Ritterfeld, 2000). Whitehurst et al. (1988) überprüften diesen Einfluss auch experimentell; sie führten ein vierwöchiges Training durch, mit dem die mütterlichen Sprachlehrstrategien beim Bilderbuchbetrachten verbessert werden sollten. Die Kinder einer Experimentalgruppe profitierten davon in Form komplexerer Sprachproduktion. Eine Replikationsstudie nach sechs Jahren konnte noch immer Effekte nachweisen (Arnold et al., 1994).

In Familien mit berufstätigen Müttern könnte das Sprachverhalten anderer betreuender Personen, z. B. des Vaters, an Bedeutung gewinnen. In der Studie von Pancsofar und Vernon-Feagans (2006) war die mit 24 Monaten in Mittelschichtfamilien gemessene Vielfalt des väterlichen Vokabulars in einer Spielsituation ein signifikanter Prädiktor für das kindliche Abschneiden mit 36 Monaten in einem Test, der den sprachlichen Ausdruck misst. Die Väter kommunizierten sehr unterschiedlich; ein differenziertes Vokabular ihrerseits bietet den Kindern eine Art Zusatznutzen, indem es neue Bedeutungsbereiche eröffnet. Sind Väter von ihrer Erziehungsaufgabe gestresst, so zeigt sich ein negativer Effekt auf das Vokabular der dreijährigen Söhne, nicht jedoch der Töchter. Harewood et al. (2017) fanden dies bei einer großen Stichprobe von Familien mit niedrigem sozioökonomischen Status, die in den USA am Early Head Start Programm teilgenommen hatten. Söhne sind möglicherweise von weniger anregenden Interaktionen anders betroffen als Mädchen, weil Väter mit Ersteren häufiger interagieren.

4.3 Praxisthema: Bilingualer Spracherwerb

Eine scheinbar besondere Umweltsituation für Kinder stellt das Aufwachsen in einer Umgebung dar, die nicht eindeutig durch eine Zielsprache charakterisiert werden kann. Weltweit betrifft dies jedoch schätzungsweise mehr als die Hälfte aller Kinder von frühester Kindheit an (vgl. Belliveau, 2002). In Deutschland wachsen aktuell 25% bis 30% aller Kinder zu Hause mit mehr als einer Sprache auf (Chilla et al., nach Rinker et al., 2017). Eine Erhebung an Grundschulen in der Stadt Essen ergab, dass dort 28% der befragten Schüler und Schülerinnen über 100 verschiedene Familiensprachen sprechen (Chlosta et al., in Bainski, 2005).

Die gesellschaftliche Integration und der soziale Aufstieg von Migrantenkindern sind in der Regel an deutsche Sprachkenntnisse geknüpft. Mittlerweile keimt die Erkenntnis, dass die Sprachen der Einwanderer wertgeschätzt und schulisch gefördert werden sollten, nicht zuletzt deshalb, weil sie eine gesellschaftliche Ressource in einem größer werdenden Europa und angesichts einer globalisierten wirtschaftlichen Situation darstellen (vgl. auch Bainski, 2005). Die Entwicklungspsychologie kann durch Erkenntnisse zum Ablauf einer mehrsprachigen Entwicklung helfen, Chancen und Fördernotwendigkeiten realistisch einzuschätzen. Im Folgenden beschränken wir uns auf die zweisprachige (bilinguale) Situation.

4.3.1 Formen der Bilingualität

Was soll man eigentlich unter Bilingualität verstehen? Wer sich hierzu aus der Literatur eindeutige Antworten verspricht, wird enttäuscht (vgl. Tracy & Gawlitzek-Maiwald, 2000; Belliveau, 2002). *Das engste Verständnis von Bilingualität* würde von einem Kleinkind ausgehen, das ab der ersten Lebenswoche regelmäßig mit beiden Sprachen konfrontiert wird, diese damit gleichzeitig (simultan, im Gegensatz zu sequenziell mit unterschiedlicher zeitlicher Verschiebung) erwirbt und im natürlichen sprachlichen Austausch mit anderen Personen (im Gegensatz zum gesteuerten fremdsprachlichen Schulunterricht) und in beiden Sprachen ein vergleichbares kommunikatives Niveau erreicht (balanciert, im Gegensatz zur Dominanz einer Sprache), das im Wesentlichen dem von monolingualen Personen entspricht.

Je früher, gleichzeitiger und vergleichbarer der Umfang der Konfrontation eines Kindes mit mehreren Sprachen verläuft, desto ausgewogener sollte das erreichte Niveau bei den Sprachen sein. Eine derartige Gleichmäßigkeit in den Sozialisationsbedingungen wird am ehesten noch in Familien erreicht, in denen jedes Elternteil konsequent in seiner Erstsprache mit dem Kind kommuniziert (*Partnerprinzip*, Kielhöfer & Jonekeit, 1995). Faktisch entstehen jedoch vielfältige Muster, abhängig auch von der Art der elterlichen Kommunikation miteinander, der Kommunikation mit Geschwistern und dem Input aus außerfamilialen Kontakten (vgl. auch Tracy & Gawlitzek-Maiwald, 2000; Belliveau, 2002). Diese Vielfalt erschwert es, vergleichbare Versuchspersonen für die Forschung zu finden und Empfehlungen für die pädagogische Praxis von Institutionen zu geben.

4.3.2 Bilinguale Kompetenz

Entwicklungspsychologisch und linguistisch geprägte Überlegungen müssen dringend durch solche zur kulturellen Eingliederung eines Individuums ergänzt werden. Abhängig von den Formen der Akkulturation (z. B. Integration, Assimilation) ist eine unterschiedliche Bewertung von Herkunftskulturen und zugehörigen Sprachen zu erwarten (vgl. Krampen et al., 2003). Lambert (1975, zit. nach Oller & Pearson, 2002) verweist mit den Konzepten der additiven und subtraktiven Bilingualität auf die potenzielle Bedeutung von Einstellungen gegenüber Sprachen für das Ergebnis des Spracherwerbsprozesses bei *sequentiellem Bilingualismus.* Bei der additiven Bilingualität wird die Erstsprache nicht verdrängt, sondern weiterentwickelt und der Erwerb der Zweitsprache ergänzt das gesamte Sprachverständnis. In Deutschland erleben Migrantenkinder dagegen häufig eine *subtraktive Bilingualität*, bei der Kindergarten oder Schule sich vollständig auf den Erwerb der Zweitsprache (hier Deutsch!) konzentrieren und die Erstsprache nicht wertgeschätzt wird. Die Zweitsprache wird zur Bedrohung für die Erstsprache und es kommt eher zu deren Zurückbleiben, gemessen an den für monolinguale (einsprachige) Kinder geltenden Normen. Da Sprach- und Identitätsentwicklung von Kindern eng miteinander verknüpft sind, kann es bei der ersten institutionellen Konfrontation mit der Zweitsprache zu einem krisenhaften Prozess der Selbstverunsicherung kommen, bei dem das Kind zunächst einmal verstummt (Röhner, 2005).

Eine schließlich erreichte bilinguale Sprachkompetenz ist in vielen Fällen durch die Dominanz einer Sprache geprägt, die in Studien allerdings unterschiedlich operationalisiert wird – durch Selbsteinschätzung oder durch objektivere Maße zu sprachlichen Leistungen wie Wortschatz oder Textproduktion. Der Gegenbegriff zur *dominanten Bilingualität* wäre die *balancierte (ausgeglichene) Bilingualität* (Tracy & Gawlitzek-Maiwald, 2000). Krampen et al. (2003) finden in ihrer Studie an 466 sechs- bis zwölfjährigen luxemburgischen Primarschulkindern einen Anteil von 51 % für die balancierte Zweisprachigkeit und 6 % für die balancierte Dreisprachigkeit. Sie stützen sich dabei aber nur auf lexikalische Maße (Wortschatz und Flüssigkeit von Wortassoziationen) und vernachlässigen andere sprachliche Bereiche.

In den 1980er Jahren waren die Debatten durch die Furcht geprägt, dass bilinguales Aufwachsen Kinder überfordern könnte (vgl. Tracy & Gawlitzek-Maiwald, 2000). Von Skutnabb-Kangas stammt dabei der Begriff der *Semilingualität* »[…] als ›doppelte Halbsprachigkeit‹ mit geringen Sprachkompetenzen in allen individuell vorliegenden Sprachen […]« (zit. in Krampen et al., 2003, S. 287). In der Untersuchung von Krampen et al. ergibt sich bei 9 % der Kinder ein Verdacht auf Semilingualität, was über der geschätzten Prävalenzrate von 3 bis 5 % für die expressive Sprachstörung bei monolingualen Kindern nach DSM-IV liegt und damit einen Hinweis auf eine etwas größere Gefahr für Sprachstörungen bei bilingualen Kindern gibt. Andererseits wirkt sich Bilingualität positiv auf nichtsprachliche Steuerungsprozesse aus, z. B. auf die inhibitorische Kontrolle. Dies wird darauf zurückgeführt, dass während der Verwendung einer Sprache eine weitere Sprache unterdrückt werden muss (Wimmer & Marx, 2014). Unter inhibitorischer Kontrolle versteht man die Fähigkeit eine dominante Reaktion zugunsten einer weniger dominanten zu unterdrücken oder Störreize bei einer Tätigkeit auszublenden.

Das bisher eher geringe Wissen um die bilinguale Entwicklung ist auch auf einen Mangel an geeigneten Untersuchungsmethoden zurückzuführen. Oller und Pearson (2002) verweisen darauf, dass das Konzeptwissen mehrsprachiger Kinder genauso groß ist wie das monolingualer, dass es sich aber auf die verschiedenen Sprachen verteilt (distributed knowledge). Es besteht die Gefahr, dass bei einer ausschließlich nach Sprachen getrennten Auswertung von Tests die Leistungen jeweils unterdurchschnittlich erscheinen und der Gesamtwortschatz unterschätzt wird. Zu einem verteilten Wissen kommt es, wenn Sprachen in unterschiedlichen Bereichen der Lebenswelt vorherrschen. Rinker et al. (2017) finden bei zwei- bis dreijährigen türkisch-deutschen Kindern, dass Kategorien für Einrichtungsgegenstände und Personen im türkischen Sprachanteil stärker waren, Spielzeuge und Fahrzeuge waren dagegen eher im deutschen repräsentiert, was auf den Einfluss von außerhäuslicher Betreuung zurückgehen könnte.

Sprachliche Defizite von mehrsprachigen Kindern sollten nicht vorschnell auf Mehrsprachigkeit an sich zurückgeführt werden. Diese ist oft mit den seelischen Belastungen der Migration und einem niedrigen sozioökonomischen Status verbunden, der mit sprachlich ungünstigeren Sozialisationsbedingungen einhergehen kann (Oller & Pearson, 2002).

Gogolin (2005) fasst wichtige Erfolgsbedingungen für die institutionelle Förderung von zweisprachigen Kompetenzen zusammen, die sich größtenteils aus Modellevaluationen in den USA und Kanada ergeben und die sich mit den Ergebnissen von Oller und Eilers (2002a, b) überschneiden. Ein positiver Effekt für beide Sprachen ergibt sich erst aus deren koordinierter Förderung. Günstig wäre dabei ein langsamer Übergang von der

Herkunftssprache in die Zweitsprache. Vorzugsweise sollte das Lernen auch nicht auf die Sprache an sich beschränkt sein, sondern mit fachlichen Inhalten verschränkt werden. Bedeutsam sind eine dauerhafte Förderung von nicht unter ca. sechs Jahren und ein Schulklima, das zur Unterstützung der Maßnahmen und Anerkennung der besonderen mehrsprachigen Kompetenzen beiträgt. Vorschulische Förderung allein ebnet noch nicht den Weg zu einer erfolgreichen Bildungskarriere.

4.3.3 Bilinguale Entwicklung

Zentrale Fragen drehen sich um die Verarbeitung der beiden Sprachen – erfolgt diese innerhalb eines linguistischen Systems oder in mehreren und bestehen grundsätzliche Unterschiede im Verlauf der Sprachentwicklung zwischen monolingualen und bilingualen Personen?

Besondere Aufmerksamkeit finden neuerdings neurobiologische Studien, bei denen das Gehirn während der Sprachverarbeitung in Aktion dargestellt wird. Zumindest für das vor allem an der Sprachproduktion beteiligte Broca-Areal, zeigen sich deutliche Unterschiede zwischen früh und spät bilingualen Personen. Bei frühem Bilingualismus ist bei Personen, die Geschichten in zwei Sprachen erzählen sollen, jeweils das gleiche neuronale Netz aktiv, während bei spät Bilingualen verschiedene Netzwerke aktiviert werden. In das gemeinsame Netz der früh Bilingualen können noch weitere, später erworbene Sprachen integriert werden. Die früh verankerte Form der Sprachproduktion zeichnet sich durch einen hohen Grad der Automatisierung aus, während später verankerte Sprache mit einem höheren kognitiven Aufwand verbunden ist, weil immer wieder bewusst auf Regelkonformität kontrolliert wird (vgl. Franceschini, 2002; Kramer, 2003).

Um die eingangs gestellten Fragen auf der Verhaltensebene zu beantworten, wurden vor allem simultan bilingual aufwachsende Kinder überwiegend auf lexikalische und grammatikalische Phänomene, seltener auf phonologische, untersucht, wobei systematische elterliche Aufzeichnungen der kindlichen Sprachentwicklung zu den wichtigsten Quellen gehören.

Aussagen mit verschiedensprachigen Elementen

Im Hinblick auf die Frage nach geteilten linguistischen Systemen sind besonders solche kindlichen Aussagen von Interesse, in denen lexikalische oder grammatikalische Elemente beider Sprachen auftreten. Bei der *Sprachmischung*, die oftmals eher als Hinweis auf ein gemeinsames System gilt, werden Wörter aus verschiedenen Sprachen ohne besondere Funktion für die Kommunikation gemischt (»Von the bear« oder »Where the duck hingo«, Belliveau, 2002, S. 119). Als mögliche Hinweise auf getrennte Systeme betrachtet man z. B. *Interferenzen*, d. h. die Übertragung von Strukturen der einen Sprache auf äquivalente Strukturen der anderen, aber auch *metalinguistische Äußerungen*, die ein Bewusstsein des mehrsprachigen Status explizit ausdrücken. Auf Nachfrage liefert Belliveaus Tochter Sophia schon mit 17 Monaten Übersetzungen, ab 20 Monaten von sich aus: »Mami sagt ›Kasperle‹, Daddy *puppetshow*«. Im Alter von 24 Monaten beginnt sie die Sprachen zu benennen und mitzuteilen, dass sie zwei Sprachen spricht: »Sophia sagt auch *grape juice*, sagt auch englisch« (Belliveau, 2002, S. 148 f).

Belliveau (2002, S. 167) ist der Ansicht, dass der linguistische Entwicklungsstand nicht als Beleg dafür angeführt werden darf, wann sich die kognitive Differenzierung der Sprachen vollzieht. So sind für Sprachmischungen alternative Deutungen möglich – sie könnten z. B. dadurch erklärt werden, dass trotz getrennter Systeme lexikalische Lücken der einen Sprache mit zuerst gelernten, geläufigeren und allgemeineren Wörtern aus der anderen gefüllt werden (Kielhöfer & Jonekeit, 1995). So sucht Jens mit zwei Jahren und neun Monaten im Gespräch mit seinem Vater nicht mühsam nach einem deutschen, weniger geläufigen Wort, obwohl es ihm bekannt zu sein scheint: »Jens: ›Guck‹ mal! Eine *mouche!*‹ Vater: ›Eine … was?‹ Jens: ›Eine mouche! Da! Guck!‹ Vater: ›Ach so! Eine Fliege!‹ Jens: ›Ja, eine Fliege!‹« (Kielhöfer & Jonekeit, 1995, S. 74).

Der Anteil von gemischtsprachlichen Aussagen geht zwar im Laufe der Kindheit zurück; entgegen idealisierten linguistischen Vorstellungen gehören Sprachmischungen jedoch auch bei bilingualen Erwachsenen zur Normalität. Der Ausdruck des zweisprachigen Bewusstseins in der frühen Kindheit ist umso besser möglich, je weiter die linguistische Entwicklung in beiden Sprachen fortgeschritten ist (Belliveau, 2002, S. 168). Die personenbezogene Anpassung der eigenen Sprachverwendung scheint die früheste zu sein (Lanza, 1997). Bergmans Tochter Mary spricht nach den Beobachtungen ihrer Mutter bereits mit 15 Monaten diese zuverlässig in Englisch und das Kindermädchen in Spanisch an (Bergman, in Belliveau, 2002). Der Anteil von Sprachmischungen liegt in der Kommunikation mit Personen höher, die selbst inkonsequenter in ihrer Sprachwahl gegenüber dem Kind sind und seine Sprachmischungen nicht korrigieren (Lanza, 1997). Bei älteren Kindern herrscht eher ein bewusster Sprachwechsel (*code-switching*) vor, der als bewusste Anpassung an Gesprächspartner oder als stilistisches Element gesehen werden kann.

Unterschiede in der Sprachentwicklung

Ein Phänomen, das in diesem weiten Feld relativ große Aufmerksamkeit fand, war die Untersuchung der *Constraint–Mechanismen*, insbesondere die Disjunktionsannahme (▶ Kap. 4.1.2). Diese wird vor allem darauf zurückgeführt, dass Kinder annehmen, ein Referent könne nur mit einer Benennung belegt werden. Mehrsprachig aufwachsende Kinder sind jedoch ständig damit konfrontiert, dass ihnen für einen Referenten verschiedene Benennungen angeboten werden. Einige Studien zeigen, dass Kinder (und auch Erwachsene) zwischen zwei Sprachen diesen Effekt nicht anwenden; für die Verwendung innerhalb einer Sprache sind die Ergebnisse widersprüchlich (Belliveau, 2002).

Trotz solcher Besonderheiten kommen Tracy und Gawlitzek-Maiwald auf der Basis der von ihnen referierten Studien zur Sprachentwicklung abschließend zu der Folgerung »(...), dass es berechtigt ist, die Gemeinsamkeiten zwischen monolingualen und bilingualen Kindern zu akzentuieren« (2000, S. 528). Die Erwerbsverläufe ähneln sich mit Ausnahme der mehr oder weniger starken Mischphänomene sehr.

Zusammenfassung

Sprachlich kompetent zu werden, bedeutet gleich mehrere Wissenssysteme zu erwerben – eine prosodisch-phonologische, lexikalisch-semantische, morphologisch-syntaktische und pragmatische Kompetenz. Diese Komponenten sind nur teilweise unabhängig voneinander und stützen sich gegenseitig beim Erwerb.

Zu den Spracherwerbsprozessen leisten sowohl Anlage als auch Umwelt wichtige Beiträge. Einen Hinweis auf genetische Anlagen liefert z. B. die Existenz sprachspezifischer Module der Informationsverarbeitung, z. B. das für die Sprachproduktion bedeutsame Broca-Zentrum. In der Umwelt sind bestimmte Formen sozialer Interaktion wichtig. So wechseln kompetentere Sprecher z. B. dem Säugling gegenüber in die Ammensprache, die Aufmerksamkeit erregt und ein vereinfachtes Sprachmaterial liefert, das den unreifen Verarbeitungsstrukturen des Säuglings entgegenkommt.

Eine in Deutschland immer häufiger vorzufindende Situation ist das frühe mehrsprachige Aufwachsen von Kindern. Die Unterschiedlichkeit in den Spracherwerbsituationen macht es schwer, vergleichbare Versuchspersonen für die Forschung zu finden. Sprachliche Defizite sollten nicht vorschnell auf Mehrsprachigkeit zurückgeführt werden, da Letztere oft mit den Belastungen der Migration und der kulturellen Abwertung von Migrantensprachen verbunden ist. Es gilt eine subtraktive Mehrsprachigkeit zu vermeiden, bei der die ursprüngliche Erstsprache verkümmert, da das Kind in Bildungsinstitutionen ausschließlich im Hinblick auf die höher geschätzte Landessprache Deutsch gefördert wird. Eine besonders günstige Entwicklung scheint sich bei einer koordinierten langfristigen Förderung beider Sprachen einzustellen.

Die Sprachentwicklung von ein- und mehrsprachigen Kindern verläuft sehr ähnlich, mit Ausnahme der bei Letzteren verbreiteten Phänomene der Mischung von Sprachen in der Sprachproduktion.

Empfohlene Literatur

Szagun, G. (2019). Sprachentwicklung beim Kind (7., überarb. Aufl.). Weinheim & Basel: BeltzPVU.

Klann-Delius, G. (2016). Spracherwerb. Eine Einführung (3., aktual. und erw. Aufl.). Stuttgart u. a.: Metzler.

Röhner, C. (Hrsg.) (2008). *Erziehungsziel Mehrsprachigkeit. Diagnose von Sprachentwicklung und Förderung von Deutsch als Zweitsprache.* Weinheim, München: Juventa.

Lernfragen

1. Welche Komponenten der Sprache werden unterschieden und wofür stehen sie?
2. In welchem Alter haben Kinder in der Regel ein komplettes lautsprachliches System ihrer Erstsprache erlernt?
3. Ab welchem Alter wird ein beschleunigter Worterwerb konstatiert?
4. Bis zu welchem Alter erwerben Kinder die wichtigsten Regeln von Wortstruktur und Satzbau in ihrer Erstsprache erworben?
5. Was versteht man unter Diskurskohärenz und wodurch wird sie hergestellt?
6. Welche Formen kindgerichteter Sprache sind bekannt und was zeichnet sie aus?
7. Was versteht man bei der bilingualen Entwicklung unter dem Partnerprinzip?
8. Welches Vorgehen wäre in Bildungsinstitutionen bei sequenzieller Bilingualität sowohl für den Spracherwerb als auch für die kulturelle Identität günstig?
9. Welche neurobiologischen Befunde bestehen in Bezug auf frühe und späte Bilingualität?

Bildteil – Ich zeig Dir was!

Klara, 1 Jahr

Klara, 1 Jahr, 6 Monate
Tobias, 5 Jahre, 10 Monate

5   Soziale Beziehungen und Sozialisation

In diesem Kapitel beschäftigen wir uns mit der Frage, inwiefern die kindliche Entwicklung mit den sozialen Beziehungen zusammenhängt, in die ein Kind eingebunden ist. In erster Linie ist hier natürlich an die Familie zu denken, doch mit zunehmendem Alter vermehren sich auch die Beziehungen zu Gleichaltrigen, Erzieherinnen und Erziehern, Lehrkräften und vielen mehr.

5.1   Die Bindungstheorie

Die Bindungstheorie beschäftigt sich mit den Auswirkungen frühkindlicher Beziehungserfahrungen auf das spätere Leben des Menschen. *Bindung* (*attachment*) wird dabei verstanden als »die besondere Beziehung eines Kindes zu seinen Eltern oder Personen, die es beständig betreuen. Sie ist im Gefühl verankert und verbindet das Individuum mit der anderen, besonderen Person über Raum und Zeit hinweg« (Ainsworth, 1973, zit. nach K. E. Grossmann et al., 2003, S. 223). Entwickelt wurde die Bindungstheorie im Wesentlichen von *John Bowlby* und *Mary Ainsworth*.

John Bowlby (1907–1990), ein englischer Psychiater und Psychoanalytiker, bekam nach Ende des Zweiten Weltkrieges von der Weltgesundheitsorganisation (WHO) den Auftrag, einen Bericht über das Schicksal heimatloser Kinder im Nachkriegs-Europa zu verfassen. Dieser Bericht (Bowlby, 1951) bildete den Ausgangspunkt der Bindungstheorie. Bindungsstörungen, Trennung und Verlust sah Bowlby als die wesentlichen

Ursachen für abweichende Entwicklungsverläufe an. Obwohl von Haus aus Psychoanalytiker, brach er mit orthodoxen psychoanalytischen Ansichten, indem er die Forderung nach prospektiver, theoriegeleiteter empirischer Forschung aufstellte. Die längsschnittliche Beobachtung des Bindungsverhalten von der frühen Kindheit an sollte an die Stelle der retrospektiven Berichte erwachsener Patienten treten. Seine Forderung nach Beobachtung entstammte den Forschungsmethoden der *Ethologie*, von der Bowlby sich hatte anregen lassen. In der Ethologie wird Verhalten v. a. im Hinblick auf seine *Funktion* und seine *Signalwirkung* beobachtet. Das Bindungsverhalten hat nach Bowlby die Funktion, dem Kind das Gefühl von Sicherheit und Vertrauen zu vermitteln, wenn es unter emotionaler Belastung steht (K.E. Grossmann et al., 2003).

Wichtig ist dabei die Unterscheidung zwischen *Bindung* und *Bindungsverhalten: Bindung* ist ein hypothetisches Konstrukt, das erschlossen wird. Unter *Bindungsverhalten* versteht man demgegenüber beobachtbare Verhaltensweisen, die das Kind ausführt, um mit seiner Bezugsperson in Verbindung zu kommen, z. B. Weinen, Nachfolgen, Anklammern, Rufen usw. (K.E. Grossmann et al., 2003).

Die Bindung zwischen Kind und Bezugsperson ist dabei nach Bowlby *umweltstabil*, d. h. jedes Kind wird, phylogenetisch determiniert, Bindungen zu seinen Bindungspersonen entwickeln. Die Qualität der Bindung hängt jedoch von den Erfahrungen ab, die das Kind mit seinen Bezugspersonen macht, und ist insofern *umweltlabil* (K.E. Grossmann et al., 2003). Wie kann man nun die Qualität der Bindung eines Kindes an seine Bezugspersonen ermitteln?

Die erfolgreiche empirische Erforschung der Bindungstheorie im Rahmen der Entwicklungspsychologie geht auf Mary Ainsworth (1913–1999) zurück. Während eines Forschungsaufenthaltes in Uganda hatte sie die Gelegenheit, über einen Zeitraum von neun Monaten Säuglinge und ihre Mütter in natürlichen Interaktionen zu beobachten (Ainsworth, 1967). Ungefähr zehn Jahre später führten sie und ihre Mitarbeiter in Baltimore, USA, alle drei Wochen mehrstündige Hausbesuche in 26 weißen Familien der Mittelschicht mit einem Säugling durch. Beobachtet wurden während des ersten Lebensjahres der Kinder – wie in Uganda – verschiedene Verhaltenskomplexe, wie die Mutter-Kind-Interaktion beim Füttern oder Spielen, die Qualität und Häufigkeit des Körperkontaktes mit dem Baby, besonders aber auch die Reaktionen der Mütter auf kindliches Weinen (Ainsworth, 1985/2003; Ainsworth & Bell, 1974/2003). Aus diesen Studien entstand das Konzept der mütterlichen *Feinfühligkeit* gegenüber den Mitteilungen des Säuglings. Feinfühligkeit wird von Ainsworth über vier Merkmale definiert:

1. die Wahrnehmung der Befindlichkeit des Säuglings,
2. die richtige Interpretation,
3. die prompte Reaktion (der Säugling soll eine Verbindung zwischen seinem Verhalten und dem Effekt der mütterlichen Handlung herstellen können; dadurch wird ein Gefühl der Hilflosigkeit vermieden),
4. die Angemessenheit der Reaktion.

In Abgrenzung zur Überbehütung soll die Reaktion dabei entwicklungsfördernd sein, d. h. dem Kind nichts abnehmen, was es selber schon kann, und somit Respekt für die kindliche Autonomie bezeugen (K. E. Grossmann et al., 2003). Die Feinfühligkeit der Mütter in Baltimore stand in enger Beziehung zu vielen positiven Verhaltensweisen der Säuglinge. »Die sechs bis neun Monate alten Babys feinfühliger Mütter weinten seltener, zeigten eine ausgewogene Balance zwischen selbstständigem Spiel und Freude am Kontakt mit der Mutter, suchten ihre Nähe bei Leid, aber lösten sich auch wieder von ihr, wenn sie getröstet waren« (K. E. Grossmann et al., 2003, S. 237).

Ainsworth und Wittig (1969) entwickelten daraufhin die sogenannte »*Fremde Situation*« (strange situation test), eine halbstandardisierte Beobachtungssituation. Ihr Ziel besteht darin, das Zusammenspiel zwischen Bindungs- und Erkundungsverhalten unter verschiedenen belastenden Bedingungen zu untersuchen. Die Fremde Situation wird in einem mit Spielzeug attraktiv ausgestatteten, für das ca. zwölf Monate alte Kind und seine Mutter bzw. seinen Vater aber fremden Raum durchgeführt. Dort wird das Kind zunehmendem Stress ausgesetzt, der vor allem durch eine zweimalige, höchstens drei Minuten andauernde Trennung von der Bezugsperson herbeigeführt wird (▶ Tab. 5.1).

Tab. 5.1: Ablauf der Fremden Situation (nach Ainsworth et al., 1978, S. 37)

Episode	Anwesende Personen	Dauer	Kurze Beschreibung der Handlung
1	Mutter, Kind & Beobachter	30 Sek.	Beobachter zeigt Mutter und Kind den Versuchsraum, geht dann.
2	Mutter & Kind	3 Min.	Mutter ist unbeteiligt, während das Kind den Raum exploriert; falls nötig, wird es nach 2 Minuten zum Spielen angeregt.
3	Fremde, Mutter & Kind	3 Min.	Fremde tritt ein. Erste Minute: Fremde ist ruhig. Zweite Minute: Fremde redet mit Mutter. Dritte Minute: Fremde nähert sich dem Kind. Mutter verlässt den Raum unauffällig.
4	Fremde & Kind	3 Min. oder weniger[1]	Erste Trennungsepisode. Die Fremde passt ihr Verhalten an das des Kindes an.
5	Mutter & Kind	3 Min. oder mehr[2]	Erste Wiedervereinigung. Mutter grüßt und/oder tröstet das Kind, versucht dann, es wieder zum Spielen zu bewegen.
6	Kind alleine	3 Min. oder weniger[1]	Zweite Trennungsepisode.
7	Fremde & Kind	3 Min. oder weniger[1]	Fortsetzung der zweiten Trennungsepisode. Fremde tritt ein und passt ihr Verhalten an das des Kindes an.
8	Mutter & Kind	3 Min.	Zweite Wiedervereinigung. Mutter tritt ein, grüßt das Kind, nimmt es hoch. Währenddessen verlässt die Fremde den Raum unauffällig.

1 Episode wird abgekürzt, wenn das Kind übermäßig weint.
2 Episode wird verlängert, wenn mehr Zeit benötigt wird, um das Kind wieder ins Spiel zu involvieren.

Die Kinder und Mütter der Baltimore-Stichprobe nahmen an der Fremden Situation teil, als die Kinder ein Jahr alt waren. Ainsworth und Wittig interessierten sich zunächst hauptsächlich für Unterschiede im *Erkundungsverhalten* der Kinder bei An- und Abwesenheit der Mutter bzw. in Anwesenheit einer fremden Person. Tatsächlich zeigte sich, dass die Kleinen das Spielzimmer und die Spielsachen in *Anwesenheit* der Mutter deutlich mehr erkundeten, als wenn die fremde Person hinzukam oder die Mutter abwesend war. Gleichzeitig war aber auch eine unerwartete Vielfalt in den Reaktionen der Kinder nach der Rückkehr der Mutter zu beobachten. Einige Kinder waren ärgerlich, wenn die Mutter zurückkam; sie wollten einerseits Kontakt zu ihr, zeigten aber andererseits zwiespältige Gefühle durch ärgerliches Strampeln oder sogar Schlagen nach ihr. Andere Kinder dagegen schienen die Mutter zu ignorieren. Ainsworth verglich diese Reaktionsmuster mit den Verhaltensbeobachtungen aus den *Hausbesuchen* und stellte fest, dass diejenigen Kinder, die sich in der Fremden Situation bei der Wiedervereinigung mit der Mutter ambivalent oder vermeidend verhielten, zu Hause eine weniger optimale Beziehung zu ihren Müttern hatten als diejenigen Kinder, die bei der Wiedervereinigung die Nähe oder den Kontakt mit der Mutter suchten (Bretherton, 1995).

Dieses Ergebnismuster konnte in der ersten bindungstheoretischen Untersuchung in Deutschland, die 1976 von Klaus und Karin Grossmann in Bielefeld begonnen wurde, bestätigt werden (K. Grossmann et al., 1985). Obwohl sie eigentlich ursprünglich zur *Validierung* der Verhaltensbeobachtungen diente, wurde die Fremde Situation seit dieser Zeit zu *dem* Standard-Instrument, mit dem die Sicherheit und Qualität der Mutter-Kind-Beziehung ermittelt werden soll. Von besonderem Interesse ist dabei das Verhalten des Kindes nach der Rückkehr der Mutter. Folgende Typen werden unterschieden:

Sichere Bindung (»B«, 4 Untertypen): Die Kinder zeigen offen ihren Kummer über die Trennung. Wenn die Mutter zurückkehrt, suchen sie ihre Nähe, lassen sich trösten und nehmen das unterbrochene Erkunden wieder auf.

Unsicher-vermeidend (»A«, 2 Untertypen): Diese Kinder lassen kein Trennungsleid erkennen und wirken sehr selbstständig. Sie suchen keinen Kontakt, wenn die Bindungsperson zurückkehrt, sondern vermeiden ihn.

Unsicher-ambivalent (»C«, 2 Untertypen): Diese Kinder suchen Nähe und Kontakt zur Bindungsperson, weisen sie aber auch zurück. Durch den Kontakt mit ihr finden sie keine Beruhigung.

Das Verhalten des *sicher gebundenen Kindes* könnte man auch so beschreiben, dass es »wie an einem unsichtbaren Gummiband zum Erkunden ausschwärmt und bei Verunsicherung die Nähe zur Mutter sucht bzw. durch offenen Ausdruck von Not und Erleichterung emotionale Zuwendung holt« (Rauh, 2000, S. 83). Das *unsicher-vermeidend* gebundene Kind hält eine gewisse räumliche und emotionale Distanz zur Mutter und reduziert seinen Emotionsausdruck, als müsse es fürchten, durch zu offene Anzeichen von Kummer auf Ablehnung zu stoßen. Das *unsicher-ambivalent* gebundene Kind dagegen übersteigert seinen Emotionsausdruck, mitunter gepaart mit Ärger, als befürchte es, sonst nicht beachtet zu werden (Rauh, 2000).

Als vierter Typus wurde Ende der 1980er Jahre das sogenannte *desorganisierte* oder *desorientierte Verhalten* (»D«) identifiziert. Es wird von Mary Main (1995) als »Zusammenbruch aller Strategien im Umgang mit der durch die Fremde Situation induzierten Belastung« (S. 138) bezeichnet. D-Kinder zeigen deutliche Anzeichen von Angst, sie sind aber nicht in der Lage, sich an die Bezugsperson zu wenden. Diese Kategorie tritt in der Regel zusätzlich zu den oben genannten organisierten Bindungsmustern auf. Die Gefahr, Verhaltensprobleme zu entwickeln, ist bei diesen Kindern besonders hoch. Einer der größten Risikofaktoren für eine desorganisierte Bindung ist Kindesmisshandlung; andere Ursachen, wie z. B. das gleichzeitige Auftreten mehrerer sozioökonomischer Risikofaktoren, können aber ebenfalls dazu führen (Granqvist et al., 2017).

Die Standardverteilung der einzelnen Bindungstypen in nicht-klinischen Stichproben aus der Mittelschicht in den USA ist: sicher gebunden (B) = 62 %, unsicher-vermeidend gebunden (A) = 15 %, unsicher-ambivalent gebunden (C) = 9 % und unsicher-desorganisiert gebunden (D) = 15 %. In Unterschichtsstichproben steigt der Anteil der als D klassifizierten Kleinkinder auf 25 % an (van IJzendoorn et al., 1999). Kulturelle Unterschiede müssen jedoch beachtet werden. So überwiegt zwar auch in deutschsprachigen Untersuchungen der sichere Bindungstyp, unsicher-vermeidende Bindungen treten im Vergleich zu den USA jedoch deutlich häufiger auf. Für Japan und Israel wurde eine hohe »C«-Quote ermittelt (K. E. Grossmann et al., 2003).

Die Messung der Bindungsqualität über die Fremde Situation ist *nur für einen Altersbereich von 11 bis maximal 20 Monaten valide*; bei älteren Kindern aktiviert sie das Bindungssystem nicht mehr (K. E. Grossmann et al., 2003). Aus bindungstheoretischer Sicht wird angenommen, dass sicher gebundene Kinder von ihren Bezugspersonen verlässlich akzeptiert werden, wenn sie Nähe suchen. Unsicher-vermeidende Kinder (A) dagegen machen häufig die Erfahrung, dass sie abgewiesen werden, wenn sie bei Kummer die Bezugsperson aufsuchen. Unsicher-ambivalent gebundene Kinder (C) hingegen erleben Unvorhersagbares; ihre Bezugspersonen reagieren das eine Mal und das andere Mal nicht auf ihre Signale. Das desorganisierte Muster, so wird vermutet, entsteht, wenn die Bindungsfigur in eigenen, unverarbeiteten Problemen gefangen ist.

Aufgrund dieser Erfahrungen, so die Bindungstheorie, schafft das Kind sich Vorstellungsmodelle von der Welt und von sich selber, mit deren Hilfe es Ereignisse wahrnimmt, die Zukunft vorhersieht und Pläne macht. Diese Modelle werden *innere Arbeitsmodelle* genannt. Sie stellen eine *innere Repräsentation* von Bindung dar.»Einmal gebildet, existieren die Arbeitsmodelle (vergleichbar mit ›self-fulfilling prophecies‹) zum Teil außerhalb des Bewusstseins und neigen, obwohl nicht unveränderbar, zu deutlicher Stabilität« (K. E. Grossmann et al., 2003, S. 234).

Wie groß ist diese Stabilität? Kann man folgern, dass ein sicher bzw. unsicher gebundenes Kind immer sicher bzw. unsicher gebunden bleibt?

5.1.1 Stabilität und Konsequenzen von Bindungs(un)-sicherheit

In einer Metaanalyse von 127 Längsschnittstudien fanden Pinquart, Feußner und Ahnert (2013) Nachweise für eine mittelhohe Stabilität ($r = .39$), die aber nur für Zeitintervalle galt, die nicht länger als 15 Jahre waren. Dabei erwiesen sich sichere Bindungen im Vergleich zu unsicheren als stabiler. Dies galt jedoch nicht für Kinder, die sozialen Risikofaktoren (z. B. Scheidung, Armut, Misshandlung) ausgesetzt waren. Hier fiel die Stabilität der Bindung für diejenigen mit einer sicheren Bindung niedriger aus als für diejenigen mit einer unsicheren Bindung. Zusammenfassend kann man sagen, dass eine einmal festgestellte sichere bzw. unsichere Bindung nicht sicher bzw. unsicher bleiben muss. Dies ist eine gute Nachricht vor allem für Interventionen, die den Bindungsstatus eines Kindes zu verbessern suchen.

Ein weiterer wichtiger Bereich betrifft die *Konsequenzen*, die eine sichere oder unsichere Bindung für den weiteren Lebenslauf hat. Eine sichere Bindung ist keine Garantie für lebenslanges Wohlbefinden, doch stellt sie einen wichtigen Schutzfaktor dar, wohingegen unsichere Bindungen Risikofaktoren bedeuten (Zimmermann & Spangler, 2008). Sowohl soziale als auch kognitive Kompetenzen sind bei Kindern mit sicherer Bindung in der Regel erhöht (K. E. Grossmann et al., 2003). Die Forschungsgruppe um Klaus und Karin Grossmann zieht aufgrund ihrer in Deutschland durchgeführten Längsschnittstudien den Schluss, »..., dass psychische Einschränkungen bis zum 22. Lebensjahr statistisch signifikant mit ungünstigen Bindungserfahrungen zusammenhängen, wenn auch nicht mit einzelnen Methoden, wie z. B. der Fremden Situation« (K. E. Grossmann, 2014, S. 39).

Die Universalität dieser Aussage ist aus kulturvergleichender Sicht umstritten; Keller (2014, S. 113) spricht von einer »euroamerikanischen Sichtweise«, die außer Acht lässt, dass in anderen Kulturen aufgrund von unterschiedlichen Menschenbildern und damit verbundenen Werten und Sozialisationszielen auch andere Verhaltensweisen adaptiv für die kindliche Entwicklung sein können. Zumindest im Hinblick auf den europäischen und nordamerikanischen Kulturraum scheint jedoch beim derzeitigen Forschungsstand die vorsichtige Schlussfolgerung gerechtfertigt, dass als sicher gebunden klassifizierte Kinder im Vergleich zu unsicher gebundenen mit größerer Wahrscheinlichkeit eine gelungene psychosoziale Entwicklung durchlaufen werden.

5.1.2 Einflüsse auf die Bindungs(un)sicherheit

Die zentrale Frage lautet nun, wodurch die Bindungssicherheit eines Kindes am Ende des ersten Lebensjahres beeinflusst wird. Ist es die Feinfühligkeit der Mutter im ersten Lebensjahr? Metaanalysen (Goldsmith & Alansky, 1987; de Wolff & van IJzendoorn, 1997, Nievar & Becker, 2008) ermittelten nur niedrige Zusammenhänge zwischen mütterlicher Feinfühligkeit und Bindungssicherheit.

Die Annahme, dass die Unterschiede im Verhalten in der Fremden Situation auf *Temperamentsunterschiede* zurückzuführen seien (also Irritierbarkeit; Neigung zu Schreien; motorische In-/Aktivität), wird von mehreren Autoren geteilt (Fox, 1995; Kagan 1998/2000; Mangelsdorf & Frosch, 2000). Zentral ist dabei der Gedanke, dass mancher Säugling schwieriger zufriedenzustellen ist als ein anderer und es somit seinen Bezugspersonen auch schwerer macht, feinfühlig mit ihm umzugehen. Interessanterweise gibt es auch innerhalb der bereits erwähnten Studien Ergebnisse, die *für* die Bedeutung des kindlichen Temperaments sprechen. So zeigte sich bei einer genauen Analyse einer Teilstichprobe der Bielefelder Längsschnittstudie – nämlich bei Kindern, die trotz mütterlicher Feinfühligkeit keine sichere Bindung zur Mutter aufwiesen – dass es »sich hier fast ausschließlich um besonders ›schwierige‹ Kinder mit hoher Irritierbarkeit und geringer Orientierungsfähigkeit handelte« (Fremmer-Bombik, 1992, zit. nach Zimmermann et al., 1995, S. 314).

Temperamentsunterschiede (▶ Kap. 9.1) gehören somit »notwendig in bindungstheoretische Forschungsansätze« (K. E. Grossmann et al., 2003, S. 268). Sowohl das Kind als auch die Bezugsperson tragen zur Interaktionsqualität bei, sie stehen in *wechselseitiger Beziehung* und beeinflussen sich *gegenseitig*. Van den Boom (1997) drückt diesen Umstand folgendermaßen aus: »it takes two to become attached« (S. 593). Feinfühligkeit sollte daher nicht als statische, sondern als *dynamische* Eigenschaft betrachtet werden, die sich in der Interaktion mit dem Kind über die Zeit erst herausbildet bzw. sich in Anpassung an das sich entwickelnde Kind wandelt.

Ferner gilt es zu berücksichtigen, dass die Interaktionskompetenz von Erwachsenen durch das *Vorhandensein oder Fehlen sozialer Unterstützungssysteme* nachhaltig beeinflusst wird. Es fällt natürlich viel leichter, seinem Baby gegenüber feinfühlig zu sein, wenn man über ein soziales Netzwerk verfügt, das für Entlastung sowohl in kritischen Situationen als auch im Alltag sorgt.

Eine Studie, die dieses Zusammenspiel veranschaulicht, wurde von Susan Crockenberg (1981) veröffentlicht. Sie erhob die kindliche Irritierbarkeit, die mütterliche Feinfühligkeit und die soziale Unterstützung, die die Mütter erfuhren, in ihrer Bedeutung für die Bindungsklassifikation mit einem Jahr. Die *soziale Unterstützung* war der beste Prädiktor für eine sichere Bindung; sie war am wichtigsten für Mütter mit hoch irritierbaren

Babys. Soziale Unterstützung ist also dann von besonderer Bedeutung, wenn die Familie unter Stress steht.

Dieses Ergebnis zeigt, wie wichtig es ist, den sozialen Kontext zu berücksichtigen, wenn man Entwicklung verstehen will. Es macht intuitiv Sinn, dass Mütter mit sozialer Unterstützung weniger gestresst sind, sich weniger überfordert fühlen und in der Folge *verfügbarer* für ihre Kinder sind. »Eine Mutter, die wegen bedrückender Lebensumstände keine zuverlässige und feinfühlige Unterstützung geben konnte, kann feinfühlig werden, wenn sich ihre Lebensumstände verbessern« (K. E. Grossmann, 2014, S. 34). Soziale Unterstützung kann aber auch direkt auf die Kinder wirken. Feinfühlige Großeltern oder Geschwister können das Kind gegen eine unresponsive Mutter oder einen unresponsiven Vater abschirmen. Man spricht hier von einem *kompensatorischen* Effekt. Der Erforschung dieser Fragen widmet sich die Bindungstheorie vergleichsweise aber eher wenig.

Ein weiterer Aspekt der Bindungstheorie, der Kritik auf sich gezogen hat, ist der mehr oder weniger implizite *Determinismus*. Damit ist gemeint, dass spätere Beziehungen durch frühere determiniert werden, dass also, wenn ein Kleinkind an seine Mutter unsicher gebunden ist, es auch in seinem weiteren Leben z. B. beim Aufbau von Freundschaften oder Liebesbeziehungen Probleme haben wird.

Gegen diese Sichtweise spricht, dass negative Konsequenzen der Mutter-Entbehrung zum Beispiel durch Kontakte mit Gleichaltrigen kompensiert werden können. Ein besonders beeindruckendes Beispiel wird von Anna Freud, der Tochter von Sigmund Freud, und Sophie Dann (1951) berichtet. Sie beschreiben das Schicksal von sechs Kindern deutsch-jüdischer Herkunft, deren Eltern kurz nach ihrer Geburt von den Nazis verschleppt und getötet wurden. Als die Kinder zwischen sechs und zwölf Monaten alt waren, kamen sie in das Konzentrationslager Theresienstadt. Nach zwei bis drei Jahren erfolgte die Befreiung durch sowjetische Truppen und die anschließende Verschickung nach England, wo die Kinder zusammenbleiben konnten. Sie entwickelten ein starkes Gruppenzusammengehörigkeitsgefühl sowie enge Bindungen aneinander, die offensichtlich in der Lage waren, zumindest teilweise den Mangel an all dem, was eine glückliche Kindheit normalerweise ausmacht, zu kompensieren. Ihre Familie war ihre kleine Kindergruppe. Diese enge Beziehung zwischen den Gleichaltrigen bewahrte sie vor schlimmeren seelischen Schäden.

Es gibt auch weniger dramatische Beispiele dafür, wie Kinder mit gestörten Eltern-Beziehungen durch Peer-Kontakte therapiert werden können (Mietzel, 2002), woraus geschlossen werden kann, dass spätere Beziehungen keineswegs immer durch frühere determiniert werden.

Fazit: Die Bindungstheorie nimmt uns als Eltern bzw. Bezugspersonen in die Pflicht. Sie macht deutlich, wie extrem wichtig eine vertrauensvolle Beziehung zwischen dem Kind und den Bezugspersonen für die Persönlichkeitsentwicklung ist. Im Sinne des in Kapitel 1 beschriebenen transaktionalen Modells erscheint es dabei sinnvoll, Bindung als Resultat eines komplexen Wechselspiels zwischen den Eigenschaften der engsten Bezugspersonen, denen des Kindes, des familiären Kontextes und somit auch der Lebensumstände der Familie anzusehen.

5.2 Die Rolle der Peers für die Entwicklung des Kindes

Welche Rolle Peers für die Entwicklung von Kindern spielen können, haben wir am Beispiel des Schicksals der sechs deutsch-jüdischen Waisenkinder während des Zweiten Weltkrieges bereits betrachtet. Anna Freud und Sophie Dann beschreiben, dass so gut wie keine Eifersucht, Rivalität oder Wettbewerb zwischen den Kindern bestand – ganz im Unterschied zu dem, was man normalerweise zwischen Geschwistern oder unter Gleichaltrigen findet. Zu den sie betreuenden Erwachsenen nahmen die Kinder zunächst keine Beziehungen auf; dies änderte sich erst nach einiger Zeit. Hier haben wir also ein Beispiel dafür, wie Erwachsenen-Kind-Beziehungen auf Peer-Beziehungen aufbauen können. Die Beziehungen zu den Erwachsenen wurden aber nie so eng wie die der Kinder untereinander (Freud & Dann, 1951).

Der Begriff »peer«, der auch in der deutschsprachigen Psychologie inzwischen standardmäßig verwendet wird, war ursprünglich eine Bezeichnung für ranggleiche englische Adlige (von Salisch, 2000). Die deutsche Übersetzung »Gleichaltrige« ist somit streng genommen ungenau, denn Gleichaltrige müssen einander nicht zwingend ebenbürtig sein im Hinblick z. B. auf intellektuelle oder soziale Kompetenzen.

Was kennzeichnet eine Peer-Beziehung im Gegensatz zu den Eltern-Kind-Beziehungen, mit denen wir uns bislang beschäftigt haben? Zunächst einmal sind Eltern-Kind-Beziehungen natürlich biologisch bestimmt. Die Eltern haben einen staatlich geregelten Erziehungsauftrag, in den Behörden sich nur in Ausnahmefällen einmischen dürfen. Beziehungen zu Gleichaltrigen dagegen beruhen demgegenüber in der Regel auf eigenen Entscheidungen; sie sind freiwillig (Grob & Jaschinski, 2003). Weiter setzt das Interesse an Gleichaltrigen später ein als die Eltern-Kind-Beziehung. Die Beziehungsebene zwischen Kindern ist eher symmetrisch – im Gegensatz zur asymmetrischen Macht- und Kompetenzverteilung zwischen Eltern und Kindern. Schließlich unterscheiden sich sowohl die Interaktionsmerkmale als auch die Funktionen. Beispielsweise kontrollieren Kinder in der Gegenwart von Peers den Ausdruck »negativer« Gefühle wie Aggression, Traurigkeit oder Schmerz stärker als im Zusammensein mit Erwachsenen (Zeman & Garber, 1996).

Verschiedene Möglichkeiten, sich das Verhältnis von *Mutter-Kind* und *Peer-Interaktionssystem* vorzustellen, beschreibt Rauh (1984, zit. nach Schmidt-Denter, 2005, S. 69):

Das erste Modell sieht eine *Unabhängigkeit* zwischen den beiden Beziehungssystemen. Soziale Kompetenz mit Gleichaltrigen steht in keinem psychologischen Bezug zur Mutter-Kind-Interaktion. Konner (1975) bezeichnet aus evolutionstheoretischer Sicht die altersgemischte Gruppe als das »natürliche« soziale Umfeld des Kindes. Dies sei fast während der ganzen Menschheitsgeschichte der soziale Rahmen gewesen, an den sich das Kind habe anpassen müssen. Altersgleiche Gruppen (Schule) sind so gesehen Produkte der Erziehungssysteme der modernen Industriegesellschaften. Ein Beispiel für ein eigenständiges Merkmal von Kinder- und Jugendgruppen wäre die für sie typische Dominanzhierarchie. Deren Funktionen (z. B. eine Rangreihe nach Stärke zu bilden) weichen von den Funktionen des Eltern-Kind-Bindungssystems (z. B. Beschützen) ab.

Die zweite Gruppe sieht die Mutter-Kind-Interaktion als *Grundlage und Voraussetzung* für Gleichaltrigen-Beziehungen. Diese Auffassung wird von der Bindungstheorie vertreten: Ist das Kind sicher an seine Mutter gebunden, zeigt es auch größere soziale Kompetenzen im Umgang mit Peers. Schließlich gibt es die Modellannahme der *wechselseitigen Beeinflussung:* Entwicklungsfortschritte auf der einen Ebene haben Auswirkungen auf die andere. Mutter-Kind- und Peer-Interaktionen stellen interdependente Subsysteme innerhalb eines sozialen Netzwerks dar.

Im Kindesalter nehmen Eltern offensichtlichen Einfluss auf die Peer-Beziehungen ihrer Kinder. Bereits das Wohnumfeld der Familie bestimmt Ausmaß und Art der Peer-Kontakte in erheblichem Maße. Abgesehen davon nehmen manche Eltern sehr aktiven Einfluss, indem sie Besuche von Spielkameraden arrangieren, den Umgang mit bestimmten Kindern fördern oder hemmen oder Vereine aussuchen, in denen die Kinder einen Teil ihrer Freizeit verbringen.

Anzeichen einer *wechselseitigen sozialen Beeinflussung zwischen Peers* finden sich spätestens ab dem sechsten Lebensmonat (Schmidt-Denter, 2005, S. 70); koordinierte und anhaltende Interaktionen zwischen Kindern lassen sich jedoch im Allgemeinen erst mit dem Beginn des dritten Lebensjahres beobachten.

Interessanterweise sind Peergroups in der Kindheit fast immer nach Geschlechtern getrennt. Deshalb werden Studien zum Thema *Peer-Akzeptanz* bzw. *Peer-Ablehnung* (s. u.) üblicherweise nur mit gleichgeschlechtlichen Nominierungen durchgeführt (Rubin et al., 2011).

5.2.1 Peer-Akzeptanz und Peer-Ablehnung

Zur Messung der Akzeptanz bzw. Ablehnung durch Gleichaltrige werden meistens soziometrische Verfahren eingesetzt. Bei der *Nominationstechnik* werden die Mitglieder einer Gruppe (z. B. einer Kindergarten- oder Schulklasse) gebeten, eine bestimmte Zahl von Kindern (im Allgemeinen drei) für eine bestimmte Aktivität zu benennen. So sollen sie z. B. angeben, mit wem sie in der Pause zusammenspielen wollen bzw. mit wem nicht. Aus diesen Angaben wird ein Index zum Ansehen des Kindes in der Gruppe, der sog. *Peer-Status*, abgeleitet. Dieser spiegelt die relative Position des individuellen Kindes in der Gruppe wider, in der es sich befindet. Der Status hängt also sowohl vom Kind (z. B. von seiner Aggressivität) als auch von der Gruppe (z. B. ihrer Aggressivitätsnorm) ab (Cillessen, 2009). Zwei Variablen werden unterschieden: soziale Präferenz und soziale Beachtung. Die *soziale Präferenz* wird ermittelt aus der Differenz zwischen der Anzahl der positiven und der negativen Stimmen, die ein Kind erhält. Sie bestimmt damit das Ausmaß, in dem das Kind in seiner Gruppe »gemocht« wird. Die *soziale Beachtung* errechnet sich demgegenüber aus der Summe der positiven und der negativen Voten und erlaubt damit eine Aussage über die »Sichtbarkeit« des Kindes, also das Ausmaß, in dem ein Kind von den Gleichaltrigen beachtet wird (von Salisch, 2000, S. 352). Auf der Basis dieser beiden Dimensionen werden die Kinder in fünf Gruppen klassifiziert:

a) Beliebte Kinder (viele positive und wenige negative Stimmen, d. h. hohe Beachtung und hohe Präferenz);
b) Abgelehnte Kinder (viele negative und wenige positive Stimmen bzw. hohe Beachtung und niedrige Präferenz);
c) Vernachlässigte Kinder (wenig positive und wenig negative Stimmen, d. h. niedrige Beachtung);
d) Durchschnittliche Kinder (mittlere Zahl sowohl an positiven als auch negativen Stimmen);
e) Umstrittene Kinder (viele positive und viele negative Stimmen, d. h. hohe Beachtung und mittlere Präferenz).

Wenn die Standardmethode mit einer Begrenzung auf 3 Nominierungen durchgeführt wird, werden ungefähr 55 % der Kinder als durchschnittlich, 15 % als populär oder abgelehnt, und zwischen 5 und 10 % als vernachlässigt oder kontrovers eingestuft. Dabei gibt es einen kleinen, aber durchgängigen Trend, dass Mädchen in der populären Gruppe überrepräsentiert sind und Jungen in der abgelehnten. Eine Alternative zur Nominierungstechnik sind Ratingskalen. Hier soll das Kind z. B. auf einer Skala angeben, wie gerne es mit einem anderen Kind spielen möchte – beispielsweise gar nicht (Wert 1 auf der Skala) oder sehr (Wert 5 auf der Skala). Die Ratingskalen haben den Vorteil, dass sie das ethische Problem der negativen Peer-Nominierungen (Benennung von Kindern, die man nicht mag) abschwächen, können jedoch nicht z. B. zwischen vernachlässigten und abgelehnten Kindern unterscheiden (Cillessen, 2009).

Die Stabilität von Peer-Nominierungen hängt ab vom zugrundeliegenden soziometrischen System, dem Alter der Kinder und dem Zeitraum, über den der Vergleich stattfindet. In der Regel fällt die Stabilität umso höher aus, je älter die Kinder sind, und umso niedriger, je länger der Zeitraum ist, über den sie gemessen wird. Cillessen et al. (2000) fassten die Ergebnisse von zwölf Studien, welche die Stabilität von Statusklassifikationen untersucht haben, zusammen. Bei denjenigen, denen ein Zeitraum von drei Monaten oder größer (bis zu 48 Monaten) zugrunde lag, fiel die Stabilität im Mittel mäßig aus; am höchsten war sie für die abgelehnte Gruppe. Die *Ablehnung durch die Gleichaltrigen* scheint damit ein relativ stabiles Merkmal zu sein. Welche Gründe führen hierzu?

4 0–50 % der abgelehnten Kinder verhalten sich aggressiv; Aggression ist somit der stärkste Prädiktor für Ablehnung (Rubin et al., 2011). Es gibt jedoch auch Ausnahmen: Aggressive Kinder, die gleichzeitig über positiv gewertete Eigenschaften wie z. B. gute sportliche Fähigkeiten verfügen, können auch der kontroversen Gruppe angehören oder gar als populär wahrgenommen werden. Aggressive Jungen, die abgelehnt werden, stören zudem häufig andere und sind hyperaktiv oder unaufmerksam und unreif (Rubin et al., 2013). Unreifes Verhalten zeigt sich z. B. bei wenig erfolgreichen Versuchen, sich an einer bereits laufenden Aktivität zu beteiligen oder bei einer misslingenden Emotionsregulation beim Spiel, wo abgelehnte im Vergleich zu durchschnittlichen Kindern mehr Ärger zeigen, wenn sie verlieren, und mehr nonverbale Freude, wenn sie gewinnen (Hubbard, 2001). Interessanterweise wird der Zusammenhang zwischen Aggressivität und Ablehnung durch Peers mit zunehmendem Alter schwächer – möglicherweise aufgrund von sich ändernden Normen im Jugendalter (Rubin et al., 2013).

Weitere 10 bis 20 % der abgelehnten Kinder verhalten sich schüchtern und ängstlich. Dies scheint eher bei Jungen zu Ablehnung zu führen als bei Mädchen – vermutlich, weil es geschlechtsstereotypem Verhalten widerspricht (Rubin et al., 2013).

Während sich Aggression als Prädiktor für Ablehnung durch Gleichaltrige auch in anderen Kulturen bestätigen ließ (Rubin et al., 2013), scheint die Bedeutung schüchternen, sozial zurückgezogenen Verhaltens je nach kulturellem Kontext unterschiedlich bewertet zu werden. So berichtet Chen (2010), dass schüchtern-ängstliche Kinder im China der 1990er Jahre als sozial kompetent angesehen wurden und populär bei ihren Peers waren. Im Gegensatz dazu fand beispielsweise Mayr (1992) in Deutschland, dass sich populäre Kindergartenkinder durch niedrigere Schüchternheitswerte, zurückgewiesene und vernachlässigte Kinder hingegen durch höhere Schüchternheitswerte vom Durchschnitt abgrenzen ließen. Interessanterweise scheint sich die Einschätzung von Schüchternheit in China in den letzten Jahren aber gewandelt zu haben. Schüchternes, zurückhaltendes Verhalten geht zunehmend mit negativen Peer-Bewertungen einher (Chen, 2010).

Die Stabilität des soziometrischen Status hängt jedoch nicht allein von der Stabilität der zugrundeliegenden Merkmale des Kindes ab. Cillessen et al. (2000) weisen darauf hin, dass auch die sozialen Erfahrungen der Kinder eine Rolle spielen. Populäre Kinder, die häufig mit anderen in Kontakt treten, bekommen regelmäßig positive wie negative Rückmeldungen bezüglich der Wirkung ihres Verhaltens und können ihre sozialen Fähigkeiten dementsprechend verbessern. Abgelehnte Kinder, denen positive Peer-Interaktionen fehlen, können nicht von ähnlichen Erfahrungen profitieren. Ferner kommt auch den sozialen Wahrnehmungsprozessen, die in der Gruppe ablaufen, eine tragende Rolle zu. So fand Dodge (1980, zit. nach Cillessen et al., 2000, S. 85) heraus, dass Kinder einem bekanntermaßen aggressiven Peer negativere Intentionen unterstellen als einem nicht-aggressiven Peer. Diese Erwartungen führen wiederum zu einem negativen Verhalten der abgelehnten Kinder und verstärken somit den Teufelskreis, in dem sie sich befinden. Ein letzter, noch wenig untersuchter Punkt betrifft die soziale Selbstwahrnehmung der Kinder. Rabiner und Coie (1989, zit. nach Cillessen et al., 2000, S. 85) berichten, dass Kinder, die davon ausgehen, dass die anderen Kinder sie mögen, sich bei nachfolgenden Interaktionen mit neuen Kindern angemessener verhalten und dann tatsächlich mehr gemocht werden.

5.2.2 Folgen der Peer-Ablehnung im Kindesalter

Schwierigkeiten im Umgang mit Peers stellen einen Risikofaktor im Hinblick auf die Persönlichkeitsentwicklung dar. Dabei unterliegt die Gruppe der abgelehnten Kinder einem erhöhten Risiko v. a. für die Entwicklung sogenannter *externalisierender*, aber auch *internalisierender* Verhaltensstörungen (Rubin et al., 2013). Unter Ersterem versteht man sozial störende, d. h. oppositionell-aufsässige und aggressive Verhaltensweisen, unter Letzterem Probleme wie Angst, Depression oder Einsamkeit.

Diese Schwierigkeiten resultieren nicht nur aus den Verhaltensweisen, die zur Ablehnung führten (Aggression, Schüchternheit), sondern die Ablehnung durch Peers erhöht das Risiko zusätzlich (Rubin et al., 2015). Ähnlich wirkt sich Ablehnung durch Peers auch auf den schulischen Werdegang aus. So konnten Bierman, Kalvin und Heinrichs (2015) nachweisen, dass sowohl Aggression als auch Peer-Ablehnung im Kindesalter Schulprobleme im Jugendalter vorhersagten.

5.3 Praxisthema: Tagesbetreuung in der frühen Kindheit

Die frühe außerfamiliäre Tagesbetreuung wird seit vielen Jahren sozialpolitisch, aber auch theoretisch-psychologisch kontrovers diskutiert. Am 01. 03. 2022 besuchte im früheren Bundesgebiet fast ein Drittel (31,8 %), in den neuen Bundesländern einschließlich Berlin jedes zweite Kind (53,3 %) unter drei Jahren eine Tageseinrichtung für Kinder (Statistisches Bundesamt, 2023). Dies ist ein deutlicher Anstieg im Vergleich zu den in der 1. Auflage dieses Buches berichteten Zahlen von 2008 (10 % bzw. 38,4 %). Der überwiegende Teil der Kinder besucht erst nach dem 12. Lebensmonat eine Tageseinrichtung, was vermutlich dadurch zu erklären ist, dass die staatliche finanzielle Förderung für Familien im ersten Lebensjahr der Kinder etwas größer ist als später. Dabei wird jedes achte Kind ganztags betreut; die meisten Kinder besuchen also halbtags die Einrichtung (Ahnert & Eckstein-Madry, 2013).

Historisch gesehen gehören Entscheidungen über die Betreuung und Beaufsichtigung von Kindern zu den ältesten Problemen menschlicher Gesellschaften. In verschiedenen Teilen der Welt wurden dabei ganz unterschiedliche Arrangements entwickelt. Eine ausschließliche Betreuung durch die Mutter während der Kindheit war weltweit und historisch gesehen nie die dominierende Form: Junge Kinder wurden schon immer von anderen Verwandten, Nachbarn und vor allem von älteren Geschwistern betreut. Was sich also tatsächlich geändert hat, ist nicht die Tatsache nichtmütterlicher Betreuung an sich, sondern der Trend in den Industrieländern, Kinder in die Obhut von bezahlten Betreuungspersonen außerhalb des Familienkreises zu geben (Ahnert & Lamb, 2011).

Wie sieht es nun mit empirischen Belegen zu Folgen der außerhäuslichen Betreuung in unserem Kulturkreis aus? Eine sehr sorgfältig geplante und durchgeführte Studie entstammt einem US-amerikanischen Forscherkreis, der sich Early Child Care Research Network (NICHD) nennt. Ursprünglich 1 364 Kinder, 1991 in verschiedenen Teilen der USA geboren, wurden längsschnittlich von der frühen Kindheit an untersucht. Der Schwerpunkt lag dabei auf der Frage, inwiefern Zusammenhänge bestehen zwischen verschiedenen Formen nicht-mütterlicher Betreuung in der frühen Kindheit und der körperlichen, kognitiven und sozioemotionalen Entwicklung der Kinder. Eine interessante Frage bezog sich darauf, ob eine frühe nicht-mütterliche Betreuung sich negativ auf die Mutter-Kind-Bindung auswirkt. Dabei ist zu beachten, dass in den USA Qualität und Kosten der Kinderbetreuung komplett dem Markt überlassen sind und es daher immense Unterschiede zwischen einzelnen Betreuungsarrangements gibt. Es zeigte sich, dass *kein direkter* Zusammenhang zwischen Fremdbetreuung und Bindungsklassifikation gefunden werden konnte. Bei gleichzeitiger Berücksichtigung der Mutter-Kind-Interaktion stellte sich jedoch heraus, dass ein Kind, dessen Mutter *wenig feinfühlig* ist, dann mit höherer Wahrscheinlichkeit als unsicher an die Mutter gebunden klassifiziert wird, wenn es in der Tagesstätte ebenfalls eine wenig positive Betreuung erfährt (im Sinne eines Mangels an positiven Gefühlen, Körperkontakten, Gesprächen usw.). Ähnlich, jedoch nicht ganz so deutlich war das Muster, wenn das Kind einer wenig feinfühligen Mutter einen Großteil seiner Zeit in der

Tagesstätte verbrachte oder wenn es zwischen vielen verschiedenen Betreuungsarrangements hin und her wechselte (NICHD Early Child Care Network, 2005). Die Kombination von ungünstiger Interaktionsqualität sowohl vonseiten der Mutter als auch im Rahmen der Fremdbetreuung stellt somit den größten Risikofaktor für die kindliche Entwicklung dar.

Fazit: Ob sich die Fremdbetreuung positiv oder negativ auf die Entwicklung der Kinder auswirkt, lässt sich in dieser Einfachheit nicht beantworten. Die Entwicklung eines Kindes hängt ab von der Qualität sowohl des häuslichen als auch des nicht-häuslichen Umfeldes.

Zusammenfassung

Die Bindungstheorie beschäftigt sich mit den Auswirkungen frühkindlicher Beziehungserfahrungen auf das spätere Leben des Menschen. Sie postuliert, dass jedes Kind eine Bindung (attachment) zu seinen Bezugspersonen entwickelt, dass die Qualität dieser Bindung jedoch von den Erfahrungen abhängt, die das Kind in der Interaktion mit ihnen macht. Eine sichere Bindung (B) entsteht demzufolge in erster Linie durch feinfühliges Verhalten vonseiten der Bezugsperson; das Kind macht hier die Erfahrung, dass ihm bei Kummer verlässlich geholfen wird. Eine unsicher-vermeidende Bindung (A) ist die Folge der Erfahrung, bei Kummer abgewiesen zu werden; unsicher-ambivalent (C) gebundene Kinder erleben Unvorhersehbares in der Interaktion mit ihren Bezugspersonen. Desorganisiertes Verhalten (D) findet sich häufig in Familien mit Missbrauchserfahrungen. Neben diesen Beziehungserfahrungen spielen auch Temperamentsunterschiede zwischen den Kindern sowie die soziale Unterstützung, die die Familie erfährt, für die Entwicklung einer (un)sicheren Bindung eine Rolle. Das Standardinstrument zur Messung von Bindungssicherheit in der frühen Kindheit ist die Fremde Situation. Eine sichere Bindung stellt einen Schutz-, eine unsichere Bindung einen Risikofaktor für die weitere Entwicklung eines Kindes dar.

Auch die Peers (Gleichaltrigen) spielen eine wichtige Rolle für die Entwicklung von Kindern. Koordinierte und anhaltende Kind-Kind-Interaktionen lassen sich in der Regel mit dem Beginn des dritten Lebensjahres beobachten. Die Ablehnung oder Akzeptanz durch Peers wird durch soziometrische Verfahren wie z. B. die Nominationstechnik gemessen. Abgelehnte Kinder zeichnen sich häufig durch aggressives, aber auch durch ängstlich-zurückgezogenes Verhalten aus. Die Ablehnung ist über die Zeit recht stabil. Schwierigkeiten im Umgang mit Peers stellen einen Risikofaktor für die Persönlichkeitsentwicklung dar.

Tagesbetreuung in der frühen Kindheit wird kontrovers diskutiert. Das Early Child Care Research Network (NICHD) untersuchte bei über 1 000 Kinder aus verschiedenen Teilen der USA im Rahmen einer Längsschnittstudie u. a. den Zusammenhang zwischen Fremdbetreuung und Mutter-Kind-Bindung. Es zeigte sich, dass lediglich die Kombination von ungünstiger Interaktionsqualität zuhause und in der Tagesstätte einen Risikofaktor für die kindliche Entwicklung darstellt, die Eltern-Kind-Bindung aber nicht generell gefährdet wird.

Empfohlene Literatur

Ahnert, L. (Hrsg.) (2019). *Frühe Bindung* (4. Aufl.). München: Reinhardt.
Ahnert, L. & Lamb, M. (2011). Öffentliche Tagesbetreuung auf dem Prüfstand entwicklungspsychologischer Forschung. In H. Keller (Hrsg.), *Handbuch der Kleinkindforschung* (4. Aufl.). Bern: Hans Huber

Lernfragen

1. Was bedeutet Bindung und womit beschäftigt sich die Bindungstheorie?
2. Welchen Beitrag leisteten John Bowlby und Mary Ainsworth für die Bindungstheorie?
3. Über welche Merkmale ist die Feinfühligkeit einer Bezugsperson definiert?
4. Wie stabil ist die Bindungsklassifikation?
5. Welche Folgen hat eine un-/sichere Bindung für den weiteren Lebenslauf?
6. Wodurch wird die Bindungssicherheit eines Kindes beeinflusst?
7. Wodurch unterscheiden sich Gleichaltrigen-Beziehungen von Eltern-Kind-Beziehungen?
8. Beschreiben Sie das Vorgehen bei der sog. Nominationstechnik! In welche Gruppen werden die Kinder eingeteilt?
9. Wodurch zeichnen sich abgelehnte Kinder aus?
10. Ist frühe Tagesbetreuung schädlich für die Mutter-Kind-Bindung?

Bildteil – Freundschaft

Klara (rechts), 7 Jahre, 8 Monate

Tobias (rechts), 8 Jahre, 6 Monate

6 Kognition

Unter Kognition versteht man verschiedene, eng miteinander verbundene geistige Prozesse, wie z. B. Wahrnehmung, Lernen und Gedächtnis, Denken, Informationsverarbeitung, Problemlösen oder Handlungsplanung und -steuerung (vgl. Lohaus & Vierhaus, 2019). Zunächst widmen wir uns der klassischen Theorie der kognitiven Entwicklung von Jean Piaget. Im Anschluss werden neuere Ansätze zur Entwicklung der Informationsverarbeitung und des Gedächtnisses betrachtet sowie Faktoren vorgestellt, die die Gedächtnisleistung beeinflussen. Schließlich beschäftigen wir uns mit der Fähigkeit von Kindern, Objekte oder Phänomene zu kategorisieren und abstrakte Konzepte zu entwickeln, was eine ganz wesentliche Grundlage des menschlichen Denkens und Handelns ist. Das Praxisthema ist einer Aktivität gewidmet, die für Kinder besonders charakteristisch ist und von der man annimmt, dass sie in besonderem Maße am kindlichen Erkenntnisgewinn beteiligt ist – dem Spiel.

6.1 Die strukturgenetische Theorie von Jean Piaget

Der Schweizer Jean Piaget (1896–1980) war promovierter Biologe, als er begann, sich für die kognitive Entwicklung von Kindern zu interessieren und eine entsprechende Theorie zu formulieren. Auch wenn es aus heutiger Sicht berechtigte Kritikpunkte an seiner Arbeit gibt (▶ Kap. 6.1.3), bildet diese Theorie doch eine wichtige Grundlage für zahlreiche nachfolgende empirische Forschungen sowie für die weitere Theorieentwicklung und pädagogische Implikationen.

Piagets Forschungsmethoden

Piagets wissenschaftliche Wurzeln in der Biologie beeinflussten seine Forschungsmethoden, die wesentlich auf der *Beobachtung* und *Klassifikation von Verhaltensweisen* von Säuglingen und Kleinkindern (insbesondere auch der seiner eigenen drei Kinder) beruhen (▶ Kap. 1).

In seiner frühen Arbeit mit Vorschulkindern stützte sich Piaget vor allem auf das *klinische Gespräch*, das auf seinen Erfahrungen mit psychisch auffälligen Patienten im Rahmen seines Studiums an der Sorbonne in Paris basiert. Zu Beginn eines Interviews stand in der Regel eine von ihm gestellte Frage oder Aufgabe. Bei den nachfolgenden Fragen ließ er sich von den Antworten des Gegenübers leiten und versuchte, dessen Gedankengänge nachzuvollziehen (▶ Kasten).

Zu dem Problem, was ein achtjähriges Kind für den Ursprung der Sonne hält, entwickelte sich folgendes Gespräch, das Piaget in »Das Weltbild des Kindes« berichtet (1926/1978, S. 280):
»Wie hat die Sonne begonnen? – Eine große Wolke hat sie gemacht. – Woher ist die Wolke gekommen? – Aus dem Rauch. – Und woher ist der Rauch gekommen? – Aus den Häusern ... – Wie haben die Wolken gemacht, dass die Sonne scheint? – Ein Licht gemacht, daß sie scheint. – Was für ein Licht? – Ein großes Licht; im Himmel ist einer, der hat es angezündet ...«

Später kombinierte Piaget diese Gesprächstechnik oft mit der *Manipulation von Gegenständen* und führte kleine *Experimente* mit wenigen Kindern durch, um deren Wahrnehmung und Verständnis physikalischer oder numerischer Phänomene zu erkunden (▶ Kap. 6.1.2, Umschüttaufgabe).

Aus seinen häufig eher *unsystematischen Beobachtungen* leitete Piaget abstrakte entwicklungspsychologische, pädagogische und erkenntnistheoretische Aussagen ab. Mit diesem Vorgehen unterscheidet sich Piaget von moderner Forschung, die zumeist hypothesengeleitet und methodisch strukturiert vorgeht, und statistisch fundierte Schlussfolgerungen zieht, die auf einer Vielzahl von Beobachtungen basieren.

6.1.1 Grundzüge von Piagets Theorie

Genetische Erkenntnistheorie

Piaget war der Meinung, dass man durch die Untersuchung entwicklungsbedingter Veränderungen bezüglich der Art, wie Menschen Wissen erwerben und wie es organisiert ist, Antworten auf die von der Philosophie seit Jahrtausenden gestellten Fragen nach dem Wesen menschlicher Erkenntnis ableiten könnte. Deshalb wird seine Theorie auch als eine *genetische Erkenntnistheorie* (genetisch im Sinne von Entstehung, Entwicklung) bezeichnet. Aus seinem Interesse an Philosophie speist sich die Untersuchung der dort als grundlegend bezeichneten Phänomene des Denkens, wie Zeit, Raum, Kausalität und Quantität.

Kognitive Organisation

Nach Piagets Vorstellung erwirbt ein Kind Wissen, indem es aktiv mit seiner Umwelt interagiert – Säuglinge eignen sich z. B. ein räumliches Wissen an, indem sie nach verschiedenen Gegenständen im Raum greifen oder indem sie durch Räume krabbeln. Das neue Wissen, welches das Kind dabei konstruiert, wird in bestehende, hoch abstrakte, übergeordnete Strukturen eingegliedert. Deshalb bezeichnet man Piagets Theorie auch als *strukturalistisch*. Die geistigen Strukturen verändern sich im Laufe der Entwicklung und bestimmen laut Piaget durchgängig die Art der Denkprozesse eines Kindes auf einer bestimmten Entwicklungsstufe. Piaget interessierte sich dabei kaum für individuelle Unterschiede, sondern nahm Erkenntnismechanismen an, die allen Menschen auf einem bestimmten Entwicklungsstand gemeinsam sein sollen (*normativer Ansatz*, s. Berk, 2020).

In Piagets Schriften tauchen verschiedene Arten von Strukturen auf: Am Anfang der Entwicklung stehen allgemeine Mechanismen der Verhaltenskoordination – am Ende, als höchste Form, die kognitiven Operationen. Gerade im Zusammenhang mit den frühen, sensomotorischen Strukturen (s. u., Stufe 1) gebraucht Piaget den Begriff *Schema* (pl. Schemata). Mit Schema ist eine kognitive Struktur gemeint, die der Informationsaufnahme und -verarbeitung – also der Verknüpfung von neuem mit bestehendem Wissen – dient, auf Erfahrungen basiert und hierarchisch aufgebaut ist (Buggle, 2001; Lohaus & Vierhaus, 2019). Ein typisches Beispiel ist das Greifschema als eine kognitive Struktur, die das Greifen von Objekten steuert, indem diese – je nach Art der Objekte und dem Entwicklungsstand des Kindes – mit einer oder zwei Händen, evtl. Füßen, später auch Fingern umschlossen werden (vgl. Schneider & Lindenberger, 2018).

Interaktion mit der Umwelt: Assimilation, Akkomodation, Differenzierung und Äquilibration

Wie entwickeln sich die geistigen Fähigkeiten des Kindes in Interaktion mit seiner Umwelt nun weiter? Piaget nahm hier zwei zentrale Mechanismen an: *Assimilation* und *Akkomodation*. Unter Assimilation verstand er, dass neue Umweltgegebenheiten in bestehende kognitive Strukturen des Kindes eingeordnet werden. Wenn das Kind beispielsweise nach einem ihm noch unvertrauten Objekt greift (z. B. einer Schnecke) – wird dieses neue Objekt in das bestehende Greifschema integriert. Ist dies aufgrund der Beschaffenheit der Umwelt nicht möglich, findet eine Akkomodation der kognitiven Strukturen des Kindes statt. Für das Greifschema wäre ein Beispiel, dass das Kind den Schaum in der Badewanne greifen will, der ihm durch die Finger rinnt. Nun entwickelt es ein neues Schema, z. B. ein Schöpfschema. Akkomodation findet auch in anderen Bereichen statt, z. B. im Rahmen der Sprachentwicklung, in der das Kind Begriffe zunächst übergeneralisiert (z. B. zu allen runden Objekten »Ball« sagt; ▶ Kap. 4) und dann durch Rückmeldungen seiner Umwelt das ursprüngliche kognitive Schema ändert (z. B. lernt, dass das runde Objekt am Himmel »Mond« und nicht »Ball« heißt; vgl. Lohaus & Vierhaus, 2019). Deutlich wird hier auch, dass eine *Differenzierung* stattfindet: bestehende – kognitive, sprachliche oder auch handlungsbezogene – Strukturen werden verfeinert und immer besser auf spezifische Herausforderungen der Umwelt angepasst.

Piaget nahm zudem an, dass das sich entwickelnde Kind ein offenes, aktives System ist, das sich selbst reguliert, um einen *Gleichgewichtszustand* (Äquilibrium) mit der Umwelt zu erreichen. In der Interaktion mit der Umwelt erfährt das Kind jedoch immer wieder Erkenntnislücken, logische Widersprüche oder Grenzen der eigenen Handlungsfähigkeit – das Gleichgewicht zwischen seinen kognitiven Fähigkeiten und Anforderungen der Umwelt geht kurzzeitig verloren. Durch Integration der Umwelt in die eigenen kognitiven Schemata (Assimilation) oder durch Veränderung und Anpassung der kognitiven Schemata an die Umweltgegebenheiten (Akkomodation) kann das Gleichgewicht wiederhergestellt werden.

Das Streben nach Gleichgewicht führt nie zur Erstarrung. Das Kind dehnt seine Interaktion mit der Umwelt aus und wird immer wieder an neue Grenzen stoßen, die es intrinsisch motiviert (d. h. ohne äußere Belohnung) zu überwinden versucht. Zentral für die kognitive Entwicklung nach Piaget ist also die Bereitstellung einer anregenden, herausfordernden Umwelt, um dem angeborenen Drang des Kindes, seine Umwelt zu explorieren, gerecht zu werden und ihm zu neuen Erkenntnissen zu verhelfen.

6.1.2 Die Entwicklungsstufen nach Piaget

Piagets Theorie der kognitiven Entwicklung postuliert ein *Stufenmodell* mit vier Stufen, die an vier Altersphasen gebunden sind. Diese Stufen zeichnen sich jeweils durch spezifische Denkstrukturen und Denkfehler aus, welche sich in verschiedenen Situationen und Bereichen widerspiegeln. Laut Piaget durchläuft jedes Kind in seiner Entwicklung die aufeinander aufbauenden Stufen aufgrund seiner Erfahrungen und auf Basis seiner Gehirnreifung in einer festen Reihenfolge, stets hin zur nächsthöheren Stufe. Zudem nimmt er an, dass seine Theorie unabhängig vom kulturellen oder bildungsbezogenen Hintergrund des Kindes gültig ist, was einen Kritikpunkt an seiner Arbeit darstellt (▶ Kap. 6.1.3).

Stufe 1: Sensomotorische Stufe (ca. 0 bis 2 Jahre)

Aufbauend auf angeborenen Reflexen (z. B. Saug- oder Greifreflex) und Instinkthandlungen (komplexere angeborene Verhaltensweisen) bilden sich auf dieser Stufe erste sensorische und motorische Schemata, die zunehmend auch miteinander koordiniert werden. Auf dem konkreten »Be-Greifen« dieser Stufe baut das verinnerlichte, erkennende »Begreifen« höherer Stufen auf, z. B. basieren Kategorisierungen von Aggregatzuständen wie »fest« und »flüssig« auf dem Greif- und Schöpfschema (Buggle, 2001). Als zentrale Errungenschaft dieser Stufe gilt das Verständnis, dass Personen und Objekte dauerhaft existieren, auch wenn sie temporär nicht sichtbar sind (*Personen- bzw. Objektpermanenz*), was sich in gezieltem Suchverhalten des Kindes zeigt.

Die erste Stufe kann in sechs Unterstadien gegliedert werden (vgl. Lohaus & Vierhaus, 2019; Piaget, 1936/1975), in denen aus angeborenen Reflexhandlungen (z. B. Greifreflex) einfache Gewohnheiten werden, welche interessante Effekte hervorbringen, und später auch willentlich wiederholt werden. Es folgt die zielgerichtete Koordination von Schemata (z. B. Greifen und Heranziehen eines Tuches, um den auf ihm liegenden Löffel zu erreichen) und ab dem Alter von etwa 12 Monaten auch das aktive Experimentieren mit Handlungsfolgen im Sinne von Versuch und Irrtum. Die sensomotorische Stufe mündet darin, dass das Kind Handlungsabläufe verinnerlicht hat und entsprechende Effekte in der Vorstellung antizipieren kann. Damit vollzieht sich ein fundamentaler, qualitativer Entwicklungsschritt, indem das Kind lernt, nicht mehr nur die Handlung, sondern auch das Denken als Quelle von Erkenntnis zu nutzen (vgl. Lohaus & Vierhaus, 2019).

Stufe 2: Prä-operationale Stufe (ca. 2 bis 7 Jahre)

Der Beginn dieser Stufe ist geprägt durch massive Fortschritte in der Sprachentwicklung (▶ Kap. 4), die ein wesentlicher Bestandteil symbolischen Denkens ist. Das Kind ist nun in der Lage, ein Objekt oder Phänomen durch ein anderes zu repräsentieren. Das können Bilder oder Symbole sein, die dem bezeichneten Objekt ähnlich sind (z. B. Bauklotz als Auto), sprachliche Zeichen oder Gesten (z. B. »winke winke«), oder auch sogenannte Begriffe oder abstrakte geistige Schemata (z. B. das Konzept »Tiere«). Für Piaget lag der Ursprung des Denkens zwar im vorsprachlichen sensomotorischen Handeln, doch war auch er der Meinung, dass auch die Sprache in die Verdichtung des Denkens wesentlich fördert. Sie ermöglicht die gleichzeitige Repräsentation komplexer Sachverhalte über zeitliche und räumliche Distanzen hinweg (Buggle, 2001).

Das Vorschulkind verfügt noch nicht über voll ausgebildete Konzepte – oder begriffliche Strukturen (▶ Kap. 6.3) – wie Piaget es nannte, sondern nur über *Vorbegriffe*, die sich eher an irrelevanten, oft wahrnehmungsbezogenen hervorstechenden Merkmalen orientieren. So ist nach Piagets Beobachtungen z. B. für seine Tochter Jaqueline ihre Schwester Lucienne nicht mehr dieselbe, wenn diese andere Badebekleidung trägt – sie ist nicht mehr identisch, obwohl die Veränderungen nur Äußerlichkeiten betreffen.

Laut Piaget sind Kinder auf der prä-operationalen Stufe zunächst auch nicht in der Lage, unbelebte Naturphänomene naturwissenschaftlich, z. B. mechanistisch, zu erklären. Sie greifen stattdessen auf Erklärungen zurück, die dem Bereich der belebten Natur entlehnt sind. Er spricht von *animistischen Erklärungen*, wenn ein Kind z. B. behauptet, dass eine Wolke die andere anschiebt (Berk, 2020).

Das Denken im Vorschulalter ist laut Piaget zudem durch *Egozentrismus* gekennzeichnet. Damit meinte er die angenommene Unfähigkeit des Kindes, die Perspektive anderer Personen einzunehmen und stattdessen zu vermuten, andere Personen würden das Gleiche wahrnehmen wie das Kind selbst. Dies hat Piaget mit dem Drei-Berge-Versuch erforscht, bei dem ein Kind ein dreidimensionales Modell einer Landschaft von verschiedenen Seiten sieht. Soll es ein Bild auswählen, das die Landschaft aus der Perspektive einer Puppe zeigt, die sich auf der anderen Seite befindet, so wählt es meist das Bild aus, das seine eigene Perspektive zeigt. – Nachfolgende Forschung hat allerdings nachgewiesen, dass schon viele 2-Jährige und fast alle 3-Jährigen ihre eigene Perspektive von der anderen Person unterscheiden können, wenn man die Aufgabe vereinfacht. Dies kann man z. B., erreichen, indem man Kindern ein Buch zeigt, auf dem auf der Vorder- und Rückseite jeweils ein anderes Tier abgebildet ist und sie fragt, was sie sehen und was die auf der gegenüberliegenden Seite sitzenden Person sieht (Masangkay et al., 1974).

Als ein weiteres Merkmal prä-operationalen Denkens nahm Piaget die *Zentrierung* an, d. h. die Berücksichtigung nur einer Dimension in komplexen Aufgabenstellungen, in denen mehrere Dimensionen einbezogen werden müssten. Anschaulich wird die Zentrierung beispielsweise in dem Umschüttversuch (▶ Kasten). Vorschulkinder beachten laut Piaget in Urteilen, die das Volumen von Gefäßen betreffen, nur die Füllhöhe, nicht aber den Durchmesser der Gefäße. Dies führt dazu, dass sie zu falschen Urteilen kommen, weil sie z. B. in einem schmaleren Gefäß, in welchem der Flüssigkeitsspiegel höher ist, auch mehr Flüssigkeit vermuten (s. aber Wilkening, 1980). Vorschulkinder seien damit noch nicht fähig, anzunehmen, dass die Menge gleichbleibt, wenn sich die äußere Erscheinung der Menge verändert (fehlendes Konzept von *Invarianz / Konservierung der Menge*). Ähnliches gilt für Anzahlen von Objekten oder das Gewicht von Gegenständen. Ein Problem, welches zu diesem Urteilsfehler beiträgt, ist, dass das Denken von Vorschulkindern noch *nicht reversibel* sein soll, d. h. sie können den Prozess der Änderung der Erscheinungsform in der Vorstellung nicht rückwärts ablaufen lassen, um wieder zum Ausgangspunkt zurückzukommen. Zentrierung, also die Berücksichtigung nur einer Dimension führt auch dazu, dass Vorschulkinder Aufgaben zur *Klasseninklusion* noch nicht lösen können. Das sind Aufgaben, in denen verschiedene Kategorisierungsebenen miteinander verglichen werden müssen (z. B. Gibt es mehr Tulpen oder mehr Blumen in der Vase? vgl. Lohaus & Vierhaus, 2019).

Umschüttversuch (Invarianz der Menge)

Zwei identische Gefäße werden mit der gleichen Menge einer farbigen Flüssigkeit (»Saft«) gefüllt. Die Kinder werden gefragt, in welchem Glas sich mehr Saft befindet oder ob in beiden gleich viel enthalten ist – Letzteres stellen die Kinder üblicherweise auch fest. Dann wird der Inhalt des einen Glases in ein schmaleres höheres Glas gegossen. Das Kind wird nun gefragt, ob dieses Glas mehr, weniger oder gleich viel Saft wie das andere enthält. Kinder auf der prä-operationalen Stufe sagen oft, es sei mehr. Die Flüssigkeitsmenge ist für sie nicht unveränderlich (invariant) nach Formveränderung. Kinder begründen ihre

Antwort häufig damit, dass es mehr ist, weil der Flüssigkeitsspiegel höher ist. Es gelingt ihnen laut Piaget erst auf der konkret-operationalen Stufe, zu Konstanzurteilen zu gelangen. Drei Argumentationsformen bilden dafür die Grundlage, die nach Piaget die grundlegenden Operationen der Erkenntnis widerspiegeln: Identität (es wurde nichts hinzugefügt oder weggenommen), Kompensation (das Glas ist zwar höher, aber dafür schmaler), Reversibilität (man kann den Saft zurückschütten und erhält wieder ursprüngliche Füllhöhe der Flüssigkeit).

Stufe 3: Konkret-operationale Stufe (ca. 7 bis 12 Jahre)

Die bislang von Piaget postulierten Denkfehler (Animismus, Egozentrismus, Zentrierung, irreversibles Denken) werden auf der dritten Stufe überwunden.

»Das Denken (des Kindes) haftet nun nicht mehr an besonderen, bevorzugten Zuständen des Gegenstandes, sondern bemüht sich, seinen sukzessiven Veränderungen auf allen möglichen Um- und Rückwegen zu folgen, und geht nicht mehr von einem besonderen Standpunkt des Subjekts aus, sondern koordiniert alle besonderen Gesichtspunkte zu einem objektiven System« (Piaget, 1966, S. 161).

Auf der konkret-operationalen Stufe werden dem Kind nun eine Reihe von Operationssystemen zugänglich, die auch zentral für schulische Leistungen sind: Es kann Elemente aufgrund abstrahierter gleicher Eigenschaften in Klassen einordnen und Systeme von Ober- und Unterklassen aufbauen (*Klassifikation*, z. B. Tulpe als Unterklasse von Blume). Außerdem kann es Elemente anhand von Kriterien (z. B. Länge) in Reihen ordnen (*Seriation*). Auf dieser Basis können auch Operationen im räumlichen und zeitlichen Bereich gelingen und es kann sich das von der Wahrnehmung abgelöste, abstrakte Zahlensystem bilden. Trotz allem ist das Denken des Kindes noch stark von konkreten Inhalten und Handlungen abhängig, was die zentrale Einschränkung auf der konkret-operationalen Stufe ist. Es kann laut Piaget z. B. keine abstrakten Aufgaben lösen, wie:»Peter ist größer als Paul, Paul ist größer als Maja – ist Peter größer als Maja?« Erst auf der nächsten Stufe gelingt der Aufstieg zum abstrakten, formalisierten Denken. Die Merkmale des konkret-operationalen Denkens prägen das kindliche Denken auch im sozialen Bereich und werden dort geübt, z. B. durch Hierarchie-bildung bei Normen und Werten (z. B. »Ich mag Tiere, aber Spinnen mag ich nicht.«) oder dem Vergleich von sportlichen Leistungen.

Stufe 4: Formal-operationale Stufe (ab ca. 12 Jahren)

Auf dieser Stufe schreitet laut Piaget das Denken *vom Konkret-Anschaulichen zum Hypothetisch-Möglichen* weiter. Jugendliche müssen nun nicht mehr alle Objekte oder Personen vor sich haben, um Urteile zu fällen, sondern können in Möglichkeiten denken (»Was wäre wenn …?«) und verschiedene Optionen abwägen. Dies führt l auch dazu, dass Jugendliche wissen-schaftliches Denken entwickeln, indem sie das logisch Mögliche auf der Basis von Beobachtung und Analyse des Vorliegenden analysieren. Ein klassischer Versuch in diesem Zusammenhang ist der Pendelversuch, bei dem zwei Pendel mit Gewichten präsentiert werden, die an einer Auf-hängung schwingen – ein kurzes Pendel mit einem schweren Gewicht und ein langes Pendel mit einem leichten Gewicht. Die Frage ist, wovon die Geschwindigkeit der Schwingungen des Pendels abhängt. Erst auf der formal-operationalen Stufe werden Jugendliche sagen, dass sie zur Beant-wortung dieser Frage die Pendelgeschwindigkeit in allen Kombinationen, d. h. auch bei den beiden, die ihnen nicht vorliegen (langes Pendel mit schwerem Gewicht und kurzes Pendel mit leichtem Gewicht), empirisch überprüfen müssen. Sie kombinieren systematisch Variablen, leiten Hy-pothesen ab und prüfen sie (vgl. Schneider & Lindenberger, 2018). Tat-sächlich hängt die Frequenz nur von der Länge des Pendels ab, nicht vom Gewicht: Kurze Pendel schwingen schneller. Die neuen operatorischen Systeme erlauben auch Schlussfolgerungen über Proportionalität, Wahr-scheinlichkeit und Korrelationen.

Auch im sozialen Bereich spiegelt sich die für diese Stufe charakteristi-sche Art des Denkens wider: Häufig findet man z. B. eine starke Orien-tierung an Idealen im Sinne des hypothetischen Denkens. Auch neigen Jugendliche nun eher zum deduktiven Schlussfolgern (vom Allgemeinen auf den Einzelfall) als zum induktiven Schlussfolgern (vom Einzelfall auf das Allgemeine).

Die formal-operationale Stufe zeigt sich selbst bei Gymnasiastinnen und Gymnasiasten erst wesentlich später als von Piaget erwartet (Stork, 1988) und wird auch nicht von allen Erwachsenen erreicht (vgl. Long et al., 1979). Für den naturwissenschaftlichen Unterricht würde dies bedeuten, dass systematisch-experimentelles Denken zunächst vermittelt werden müsste.

6.1.3 Kritik, pädagogische Bedeutung und Weiterentwicklung der Theorie

Kritik

Kritiker attestieren Piagets umfangreichem Werk Genialität und erkennen seine Kreativität und Originalität in Hinblick auf weitere Fragestellungen, Theoriebildung und Methodik an. Zudem hat er eine ganz neue, vom damals vorherrschenden Behaviorismus (▶ Kap. 1.3.3) abweichende Sicht geprägt. Sie identifizieren aber auch Defizite, die vermeidbar gewesen wären (vgl. Buggle, 2001; Furth, 1986). So entspricht Piagets *methodisches Vorgehen* nicht heutigen experimental-psychologischen Regeln (▶ Kap. 6.1, Forschungsmethoden). Miller stellt dazu fest:

>»In der Regel sagen diese (Untersuchungs-)Protokolle nichts über die Anzahl der Versuchspersonen, das genaue Alter und die Schichtzugehörigkeit der Kinder oder über Einzelheiten des Testverfahrens aus. Manchmal lässt sich kaum sagen, ob Piaget von hypothetischen Kindern spricht oder von Kindern, die er tatsächlich getestet hat! Statistische Analysen interessieren ihn nicht besonders« (Miller, 2000, S. 102).

Neuere Befunde sprechen weiterhin nicht für eine *strenge Abfolge der Stufen*, auf denen unabhängig vom inhaltlichen Bereich dieselben Veränderungen des Denkens auftreten (vgl. Schneider & Lindenberger, 2018). Piaget hat dies später selbst eingeräumt und dafür den Begriff der »horizontalen Verschiebung« eingeführt, diese aber nicht weiter erklärt. So kann ein Kind auf der konkret-operationalen Stufe die Invarianz des Volumens erkennen, die des Gewichts aber noch nicht. Möglicherweise ist sogar ein frühzeitiges Training von Konzepten auf früheren Stufen möglich. Hat eine Person eine bestimmte Stufe des Denkens erreicht, bedeutet dies außerdem keineswegs, dass ihr Denken nicht zeitweise auf einem niedrigeren Niveau abläuft.

Piaget beschrieb zudem eher den Verlauf der Entwicklung, eine *umfassende Erklärung* aber fehlt. Im Einzelnen bleibt unklar, wie es tatsächlich zu den Übergängen zwischen den Stufen kommt und was Assimilation und Akkomodation auslöst. Ebenso fehlt eine genaue Vorstellung darüber, wie kognitive Strukturen in Verhalten umgesetzt werden und wie sie es steuern.

Zudem trifft Piagets Zuordnung von bestimmten *Fähigkeiten oder Denkfehlern* zu bestimmten *Altersphasen* nicht immer zu. So finden sich z. B. Belege für Objektpermanenz bereits bei 3.5 Monate alten Säuglingen (Baillargeon, 1987), nicht erst im Alter von 8–9 Monaten. Auch zeigte sich, dass Vorschulkinder bereits zwei oder sogar mehr Dimensionen gleichzeitig in ihren Urteilen berücksichtigen können, also nicht immer nur auf eine Dimension zentrieren (s. u.; Wilkening, 1979). Unterschätzungen der Fähigkeiten von Kindern einer bestimmten Altersstufe sind durch Piagets Methoden zu erklären. Er hat mit seinen Aufgaben eher das explizite Wissen erfasst (▶ Kap. 6.2.1), welches er aus der Beobachtung von willentlichen Handlungen von Kleinkindern (z. B. Suchverhalten zur Testung der Objektpermanenz) bzw. den Antworten von Kindern in seinen verbalen Wahlaufgaben (▶ Umschüttversuch) ableitete. Das implizite Wissen entwickelt sich in vielen Bereichen aber früher.

In Nachfolgestudien haben sich zudem neben dem Alter auch *weitere Einflussfaktoren* auf die kognitive Entwicklung als wichtig erwiesen, die Piaget auf seiner Suche nach den universellen Strukturen weitestgehend ausgeblendet hat: z. B. der *Schwierigkeitsgrad der Aufgaben* (Komplexität, sprachliche Gestaltung usw.), bisherige *Lernerfahrungen* (z. B. Fahrmeier, 1978) und die *extrinsische Motivation* durch Eltern oder Lehrkräfte (vgl. Buggle, 2001; Sutherland, 1992).

Pädagogische Bedeutung

Obwohl der pädagogische Aspekt nur in einem kleinen Teil von Piagets Schriften aufgegriffen wird, wurden dessen Erkenntnisse in der *Pädagogik* besonders stark rezipiert. Seine Überlegungen, die auch auf pädagogische

Kontexte übertragen werden können, konzentrieren sich auf die Aktivität des lernenden Subjekts und die Gestaltung der pädagogischen Situation. Aktivität bedeutet in den frühen Schriften, dass dem Kind nicht fertige Erkenntnisse präsentiert werden sollen, sondern, dass es selbst experimentierend und entdeckend zu einem verinnerlichten Wissen kommt (*Konstruktivismus*). Später betont Piaget, dass das Handeln auch die Grundlage der Konstruktion von Denkwerkzeugen durch das Kind ist. Zudem sollten Lehrkräfte nicht nur die Kooperation zwischen den Schülerinnen und Schülern fördern, zum selbständigen Experimentieren anregendes Lehrmaterial anbieten und anregende Situationen schaffen, sondern möglichst selbst forschend tätig sein, weil es ihnen so am besten gelingt, angemessene pädagogische Situationen zu gestalten (Parrat-Dayon & Tryphon, 1999). Nicht zuletzt macht Piaget auch deutlich, dass ein fehlendes Gleichgewicht zwischen den Fähigkeiten eines Kindes und den Anforderungen der Umwelt zur Weiterentwicklung anregt. Im Rahmen des Unterrichts kann dies genutzt werden, indem – insbesondere für Kinder, die sich in einer Übergangsphase von einer zur nächsten Stufe befinden – solche Diskrepanzen gezielt geschaffen werden, die dann neue Erkenntnisse anregen (z. B. in der Umschüttaufgabe die Flüssigkeit wieder in das erste Glas zurückfüllen und zeigen, dass das Urteil des Kindes nicht mit der Realität übereinstimmt).

Weiterentwicklung der Theorie

Neo-Piaget'sche Theoretiker wie z. B. Juan Pascual-Leone oder Robbie Case bauen auf Piagets Annahmen auf, unterstreichen aber die Unterschiedlichkeit von Konzepten in verschiedenen Erfahrungsbereichen (z. B. Zahlen, räumliche Beziehungen) bei verschiedenen Kindern, abhängig von deren (Lern-)Erfahrungen und kulturellem Hintergrund, und versuchen Überlegungen aus Theorien der Informationsverarbeitung (s. u.), insbesondere zum Gedächtnis, mit Piagets Ansatz zu verbinden (vgl. Kail, 2004; Miller, 2000).

Ein weiterer wichtiger Ansatz, der insbesondere Piagets Annahme der Zentrierung im Kindergartenalter hinterfragt und einen ganz neuen Zugang zur Entwicklung der Informationsverarbeitung lieferte, ist die Informationsintegrationstheorie (Anderson, 1981). Sie macht Annahmen darüber, wie Personen verschiedenen Alters quantifizierbare Informationen perzeptuell erfassen (z. B. Höhe und Durchmesser eines Gefäßes) und miteinander integrieren, um zu einem quantitativen Urteil zu kommen (z. B. Volumen des Gefäßes). Als Methode wird das funktionale Messen eingesetzt (vgl. Anderson, 1974a, 1974b, 1982). Im Gegensatz zu Piaget werden hier keine geschlossenen, verbalen Fragen gestellt (»mehr, weniger oder gleichviel«?), da sie insbesondere bei jüngeren Kindern, deren sprachliche Fähigkeiten noch nicht ausdifferenziert sind, zu Missverständnissen führen können (»mehr« = höher / breiter). Stattdessen werden mehrere Reize nacheinander gezeigt, bei denen mindestens zwei Dimensionen systematisch variiert werden (z. B. Gefäße, deren Höhe und Durchmesser jeweils drei verschiedene Ausmaße haben). Aufgabe ist es, ein resultierendes Merkmal (z. B. die Flüssigkeitsmenge, die in das jeweilige Gefäß passt), auf einer eindimensionalen Skala anzuzeigen. Diese ist an beiden Enden mit entsprechenden Ankerpunkten versehen (z. B. links ein sehr kleines Gefäß und rechts ein sehr großes Gefäß). Es gibt also ein *offenes Antwortformat*, das keine direkten verbalen oder numerischen Urteile erfordert und dennoch quantitativ ist. Auf Basis der systematischen Variation und Kombination der Dimensionen und der entsprechenden Urteile ist es möglich, statistisch abzuleiten, ob Personen nur eine Dimension oder mehrere berücksichtigt haben – und in letzterem Fall auch, auf welche arithmetische Weise sie diese miteinander verknüpft haben (z. B. additiv, multiplikativ). Mithilfe dieser Technik konnte Wilkening (1979) feststellen, dass Vorschulkinder, die sich laut Piaget auf der prä-operationalen Stufe befinden – und damit zur Zentrierung neigen –, bereits die Höhe und Breite von Rechtecken berücksichtigen, um deren Fläche zu schätzen und auch, dass sie die Höhe und den Durchmesser räumlicher Körper einbeziehen, um deren Volumen zu schätzen (Wilkening, 1980). Selbst drei Dimensionen können Kindergartenkinder berücksichtigen, z. B. bei der Schätzung des Volumens von Quadern (Ebersbach, 2009) oder in Wahrscheinlichkeitsurteilen (Schlottmann, 2001). Forschung zur Informationsintegrationstheorie hat also zeigen können, dass junge Kinder bereits zu komplexen Urteilen fähig sind, in die mehrere Dimensionen einfließen.

6.2 Informationsverarbeitung und Gedächtnis

Um die menschliche Informationsverarbeitung und ihre Entwicklung zu erklären, hat man früher u. a. die Wirkungsweise von Computern als Analogie herangezogen. So dient die neuronale Hardware als materielle Basis des menschlichen Denkens, auf der verschiedene Programme laufen – die psychische Software –, welche Daten aus der Umwelt oder dem Organismus verarbeiten, in einer, dem System angemessenen Form speichern und Reaktionen vorbereiten. Die Grenzen dieses Modells lagen darin, dass man von Computern als unflexiblen »Rechnern« ausging, die nach festen Algorithmen Daten verarbeiten. Heutzutage hingegen ermöglicht »Machine Learning« es Computern, selbständig auf Basis von umfangreichen Datensätzen Algorithmen abzuleiten und für die Vorhersage einzusetzen. Das Besondere am Menschen ist zudem, dass sein Wissen nicht nur rein kognitiv im Gehirn repräsentiert ist, sondern dass die Sensomotorik des Körpers ganz wesentlich zum Erwerb neuen Wissens und seiner Speicherung beiträgt (Körperbasiertes Wissen: *Embodied Cognition*, z. B. Wilson, 2002). Diesen zentralen Aspekt versucht man erst seit Kurzem auf die Weiterentwicklung von Computer und künstlicher Intelligenz zu übertragen, während er bereits in verschiedene pädagogische Konzepte integriert wurde.

6.2.1 Modelle des Gedächtnisses

Der Begriff des Gedächtnisses ist unmittelbar mit Prozessen des Lernens, Erinnerns und Vergessens verbunden. Allerdings handelt es sich beim Gedächtnis nicht um ein einheitliches Phänomen, sondern es umfasst eine Reihe mehr oder weniger unabhängiger Fähigkeiten, die einem eigenen Entwicklungsverlauf und -tempo folgen und individuell unterschiedlich gut funktionieren können (vgl. Schneider & Bjorklund, 2005). Zwei klassische Modelle werden im Folgenden vorgestellt.

Ein Modell (Atkinson & Shiffrin, 1968) bezieht sich auf die Abfolge der Informationsverarbeitung und die Dauer der Speicherung. Informationen aus Wahrnehmungsprozessen kommen zunächst für Sekundenbruchteile bis zu mehreren Sekunden in einen *sensorischen Speicher (Ultrakurzzeitgedächtnis)*, wo ein Teil von ihnen einer impliziten Verarbeitung unterliegt und unbewusst in den *Langzeitspeicher* gelangt. Ein anderer, kleiner Teil wird durch Aufmerksamkeitslenkung und eine damit verbundene bewusste Verarbeitung in das hinsichtlich der Speicherkapazität begrenzte *Kurzzeitgedächtnis* überführt. Hier werden die Informationen üblicherweise kürzer als eine Minute behalten und zerfallen, wenn keine Wiederholungsprozesse stattfinden. Mittels verschiedener Gedächtnisstrategien können Informationen von hier aus in das *Langzeitgedächtnis* transferiert werden (▶ Kap. 6.2.3; vgl. Parkin, 2000; Schneider & Lindenberger, 2018), wobei man heute nicht mehr von einer strikten Trennung zwischen Kurz- und Langzeitgedächtnis ausgeht (Baddeley, 2001; Cowan, 1997).

Ein anderes Modell differenziert das Langzeitgedächtnis weiter in das *explizite, deklarative Gedächtnis*, d. h. Inhalte, die bewusst gelernt wurden und die Personen sprachlich äußern können (z. B. Wie viele Zentimeter sind ein Meter?) und das *implizite, nicht-deklarative* Gedächtnis, d. h. Inhalte, die unbewusst gelernt wurden und damit schwerer oder gar nicht sprachlich zu äußern sind (z. B. Grammatikregeln der Muttersprache oder Bewegungsabläufe beim Fahrradfahren). Das explizite Gedächtnis wird wiederum unterteilt in ein *episodisches Gedächtnis* für persönlich Erfahrenes mit Raum-Zeit-Bezug (z. B. Wie hat man das letzte Wochenende verbracht?) und ein *semantisches Gedächtnis* für generelles Faktenwissen (z. B. Was ist die Hauptstadt von Japan?). Im impliziten Gedächtnis hingegen finden sich einerseits prozedurale, motorische und wahrnehmungsbezogene Fertigkeiten (s. o.), die nicht bewusst, sondern quasi automatisiert im *prozeduralen Gedächtnis* abgelegt sind. Andererseits sind hier aber auch die Ergebnisse von klassischen und operationalen Konditionierungsprozessen (z. B. erworbene Ängste, ▶ Kap. 1, »kleiner Albert«) oder Modelllernen u. a. abgespeichert (vgl. Markowitsch, 2009).

Von Baddeley und Hitch (1974; Baddeley, 2000, 2003) wurde die Vorstellung eines mehr oder weniger passiven Kurzzeitgedächtnisses erheblich verfeinert. Sie sprechen vom *Arbeitsgedächtnis* als einer zentralen Arbeitseinheit, in der neue Informationen bewusst mit bereits bestehenden, aus dem Langzeitgedächtnis abgerufenen Informationen verknüpft werden (▶ Abb. 6.1). Außerdem postulieren sie zwei zugeordnete Zwischenspeicher: einen für (geschriebene oder gesprochene) verbale Informationen *(phonologische Schleife)* und einen für visuell-räumliche Informationen *(visuell-räumlicher Notizblock)*. Hinzu kommt ein *episodischer Puffer*, der Ereignisabläufe (Episoden) zwischenspeichert und dabei gleichzeitig auf visuell-räumliche, phonologische Informationen und auf das Langzeitgedächtnis zugreifen kann. Er erlaubt also eine vernetzte Verarbeitung von multi-modalen Informationen und stellt zudem eine Verbindung zwischen Arbeits- und Langzeitgedächtnis her. Die *zentrale Exekutive* steuert die Informationsaufnahme ins Arbeitsgedächtnis über die Aufmerksamkeitslenkung sowie die Informationsweiterleitung ins Langzeitgedächtnis über den Einsatz von Gedächtnisstrategien und kontrolliert deren Erfolg. In dieser Modellannahme des Gedächtnisses liegen wichtige Ansatzpunkte für die Organisation von Lernmaterial (vgl. Parkin, 2000). Beispielsweise kann man aus der Begrenzung des Arbeitsgedächtnisses ableiten, dass Lernende nicht mit zu vielen Informationen auf einmal konfrontiert werden sollten und – wenn das Lernmaterial gleichzeitig verbale und visuelle Informationen enthält – es zu einer Überlastung des einen (z. B. phonologische Schleife) oder anderen Subsystems (z. B. räumlich-visueller Notizblock) kommen kann. Dies hätte eine schlechtere Verarbeitung der Information und ein vermindertes Behalten zur Folge. Entsprechend sollte man auch irrelevante Information vermeiden, die die Aufmerksamkeit auf sich zieht, aber nichts zum eigentlichen Verständnis beiträgt (z. B. Animationen in elektronischen Präsentationen; Dekorationselemente in schriftlichem Lernmaterial; vgl. Garner et al., 1989).

Während man implizite Gedächtnisinhalte eher über handlungsbasierte Tests, Wiedererkennungsaufgaben oder Urteile erfasst, wird die *explizite Gedächtnisleistung* zum einen ebenfalls über *Wiedererkennen* getestet. Hier bittet man Personen, die gelernten Informationen zu identifizieren, nachdem diese mit neuen Informationen gemischt wurden (z. B. Multiple-Choice-Tests). Zum anderen kann man sie bitten, das Gelernte (z. B. Wortlisten, Texte) aus dem Gedächtnis *abzurufen* – und es gegebenenfalls sogar in korrekter Reihenfolge zu reproduzieren, was deutlich schwerer ist als das reine Wiedererkennen.

Das implizite Gedächtnis funktioniert schon im Säuglingsalter gut und entwickelt sich eher wenig. Bezüglich des expliziten Gedächtnisses hingegen zeigt sich bis ins späte Jugendalter ein deutlicher Zuwachs. Um diesen zu erklären, konzentrieren sich Studien auf Veränderungen der Gedächt-

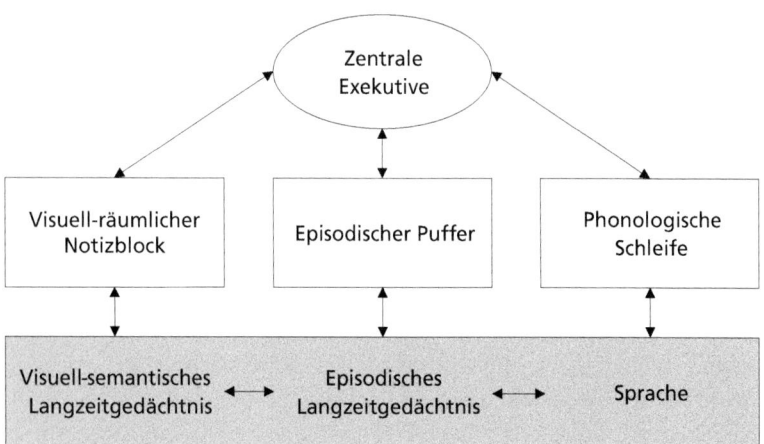

Abb. 6.1: Modell der Komponenten des Arbeitsgedächtnisses und ihre Verknüpfung mit dem Langzeitgedächtnis (grau unterlegt) (aus: Baddeley, 2000)

niskapazität, von Lern- und Abrufstrategien, metakognitivem Wissen
sowie auf die Rolle von inhaltlichem Vorwissen für Gedächtnisprozesse.

6.2.2 Gedächtniskapazität

Mit Gedächtniskapazität ist die Menge an Informationen gemeint, die man
gleichzeitig behalten kann. Während die Kapazität des Langzeitgedächtnisses vermeintlich unendlich groß ist, ist die des Kurzzeit- oder Arbeitsgedächtnisses begrenzt[2]. Aufgaben zur Erfassung der Kapazität des Arbeitsgedächtnisses umfassen z.B. Tests, in denen meist im
Sekundenabstand Zahlen, Buchstaben oder Wörter (sogenannte »Items«)

---

2 Wie unter 6.2.1 beschrieben, stellt das Modell des Arbeitsgedächtnisses nach
Baddeley (2003) eine theoretische Weiterentwicklung des Kurzzeitgedächtnisses
dar. Die Ansätze unterscheiden sich insofern, als dass das Kurzzeitgedächtnis nur
der kurzfristigen Abspeicherung von Informationen und deren Abruf dient,
während das Arbeitsgedächtnis auch zur Transformation von Informationen
eingesetzt wird, die im Kurzzeitgedächtnis gespeichert sind. Der Einfachheit
halber sprechen wir in diesem Abschnitt vom Arbeitsgedächtnis.

vorgelesen werden mit der Anweisung, diese hinterher – gegebenenfalls auch in der gleichen Reihenfolge – zu wiederholen. Die *Gedächtnisspanne* ist die Anzahl Items, die eine Person (in der richtigen Reihenfolge) wiedergeben kann. Die Gedächtnisspanne für einsilbige Wörter beträgt bei Sechsjährigen im Durchschnitt ca. 4 Worte, bei Zwölfjährigen im Durchschnitt ca. 5 Worte (Dempster, 1985). Für Zahlen umfasst die Gedächtnisspanne bei Vierjährigen ca. 4 Zahlen, bei Zwölfjährigen ca. 6 Zahlen, wobei hier ein kontinuierlicher Zuwachs bis zum Alter von 17 Jahren beobachtet wurde (Schneider et al., 2009). Insbesondere bei jüngeren Kindern (4–6 Jahre) ist die Gedächtnisspanne deutlich geringer, wenn sie die Items in der richtigen Reihenfolge wiedergeben müssen, während dies bei älteren Kindern und Jugendlichen nicht mehr der Fall ist (Weinert & Schneider, 1999). Für Erwachsene ging man lange von einer Kapazität des Arbeitsgedächtnisses von 7 +/- 2 Einheiten aus, die für ca. 30 Sekunden behalten werden können (Miller, 1956). In einem neueren Modell (Cowan, 1999) wird angenommen, dass das Arbeitsgedächtnis nur eine Aktivierung von Information aus dem Langzeitgedächtnis darstellt, die typischerweise innerhalb von 10–20 Sekunden nachlässt und ca. 4 unverbundene Informationseinheiten umfassen kann. Geübte Lerner können mittels verschiedener Strategien auch mehrere Items zu einer Einheit zusammenfassen (z. B. die Ziffern 3–1–4 zu Dreihundertvierzehn) und damit deutlich mehr Informationen aktiv halten.

Die Bedeutung der Gedächtnisspanne wird z. B. in Bezug auf die Sprachentwicklung deutlich. So korreliert die Gedächtnisspanne recht hoch mit der Artikulationsgeschwindigkeit von Kindern (Hasselhorn & Marx, 2000). Zudem findet sich bei Kindern mit einer Sprachentwicklungsstörung oft eine relativ niedrige Gedächtniskapazität beim Nachsprechen von Zahlen und Kunstwörtern, die mit einem Defizit vor allem in der phonologischen Schleife erklärt wird (vgl. Janczyk et al., 2004).

6.2.3 Gedächtnisstrategien beim Einspeichern und Abrufen von Informationen

Ein weiterer Schwerpunkt der Forschung liegt auf potenziell bewussten, absichtsvoll verwendeten kognitiven Aktivitäten, die das Enkodieren (d. h.

die Informationsaufnahme), das Einspeichern und den Abruf von Informationen verbessern. Bedeutsam für das Einspeichern und Abrufen sind *Organisationsstrategien* – z. B. *das semantische Kategorisieren*, bei dem zu lernende Wörter nach Oberbegriffen geordnet werden und der Abruf sich ebenfalls an diesen Oberbegriffen orientiert. In der LOGIK-Studie (Schneider, 2008) zeigen Kinder diese Strategie zum ersten Mal in unterschiedlichem Alter – rund 40 % der Kinder schon mit vier bis sechs Jahren. Eine andere beliebte Gedächtnisstrategie, die viele Kinder spontan bereits im Kindergartenalter anwenden, ist das *Wiederholen.* Die Wiederholung einzelner Wörter ist allerdings wenig effizient (z. B. Katze-Katze-Katze), besser sind *kumulative Strategien*, bei denen mehrere Wörter gleichzeitig in die phonologische Schleife aufgenommen werden (z. B. Katze-Maus-Käse; vgl. Ornstein et al., 1988). Solche kumulativen Strategien treten erst bei älteren Grundschulkindern häufiger auf. Anspruchsvollere Enkodierstrategien wie das *Elaborieren* (z. B. der Gebrauch von Eselsbrücken, bei denen visuelle oder sprachliche Verbindungen zwischen Wörtern hergestellt werden oder auch die tiefere Verarbeitung über die Aktivierung von Vorwissen) finden sich erst im späteren Kindesalter und im frühen Jugendalter. Viele Menschen benutzen solche Strategien nie. Das Elaborieren kann systematisch eingesetzt werden, wie es z. B. die *Methode der Orte* zeigt. Hier werden komplexe visuelle Vorstellungen eingesetzt – basierend auf der Annahme, dass wir uns allgemein besser an konkrete Bilder erinnern können als an abstrakte Begriffe. Bei der Methode der Orte geht man in der Vorstellung durch einen vertrauten Raum (z. B. die eigene Wohnung) und »legt« zu lernende Worte an bestimmten Plätzen in dem Raum ab (z. B. an der Eingangstür »Schild«, im Flur »Besen«, an der Garderobe »Katze« usw.). Um die Worte abzurufen, geht man diesen Weg in der Vorstellung wieder ab (vgl. Myers & Wilson, 2014). Trainiert man diese Strategie systematisch, kann die Gedächtnisleistung deutlich gesteigert werden. Eine andere Methode, die sich auf den Lernprozess bezieht, ist das über mehrere Zeitpunkte *verteilte Lernen*, welches für das langfristige Behalten förderlicher ist, als wenn man die Inhalte geballt nur zu einem Zeitpunkt lernt (vgl. Wiseheart et al., 2019).

Zentral für langfristiges Behalten ist es, Informationen möglichst tief zu verarbeiten, d. h. nicht nur die Oberflächenmerkmale zu lernen (z. B. Auswendiglernen ohne Verständnis), sondern den *zu lernenden Informa-*

tionen Sinn abzugewinnen. Dies erreicht man u. a., indem man versucht, neue Informationen mit bestehendem Vorwissen in Verbindung zu bringen oder sich vorab Fragen zu dem zu lernenden Thema zustellen, die man während des Lernens beantwortet. Zudem wird das Behalten gefördert, wenn man einen *persönlichen Bezug* zum Lernstoff herstellen kann (vgl. Myers & Wilson, 2014) und wenn Lernende in der Lernsituation *emotional involviert* sind. Für die Unterrichtsgestaltung bedeutet dies, dass man z. B. versuchen sollte, Bezüge zwischen dem Lernstoff und Alltagsthemen der Lernenden aufzuzeigen und deren Gefühle zu aktivieren (z. B. über Humor).

Gedächtnisleistungen lassen sich nicht nur durch Strategien beim Einspeichern verbessern, sondern auch durch *Strategien beim Abruf* (Erinnern) der Information. So wird beim Lernen immer auch irrelevante Information aus dem Kontext mit abgespeichert (z. B. Merkmale des Raumes oder die eigene Stimmungslage). Entsprechend fällt das Erinnern leichter, wenn man versucht, den *Lernkontext* (in der Vorstellung oder real) wiederherzustellen (vgl. Myers & Wilson, 2014). Zudem wird das erfolgreiche Erinnern auch durch das Training des Abrufs gefördert (*Testeffekt*, Roediger & Karpicke, 2006). Für das Lernen in der Schule hat Letzteres wichtige Implikationen: nämlich, dass das (Selbst-)Testen, also der aktive Versuch, Gelerntes zu erinnern, günstiger ist als die reine Wiederholung des Lernstoffs.

Man geht davon aus, dass jüngere Kindergartenkinder Gedächtnisstrategien im Allgemeinen noch gar nicht einsetzen. Auch 5- bis 7-Jährige nutzen spontan kaum Gedächtnisstrategien (*Produktionsdefizit*). Zu Beginn des Grundschulalters nutzen Kinder zwar auch von sich aus Strategien, dies ist allerdings noch nicht sehr effizient (*Nutzungsdefizit*), weil sich die Gedächtnisleistung erst dann verbessert, wenn die Anwendung der Strategie automatisiert ist und nicht mehr mit einem hohen kognitiven Aufwand für das Kind verbunden ist (Schneider, 2008; Schneider & Bjorklund, 2005). Gegen Ende der Grundschulzeit sind die meisten Kinder aber in der Lage, viele der beschriebenen Strategien erfolgreich zu nutzen (Schneider & Lindenberger, 2018). Durch die automatisierte Nutzung von Gedächtnisstrategien werden weniger kognitive Ressourcen für den Strategieeinsatz benötigt und es steht mehr Gedächtniskapazität für die Abspeicherung weiterer Inhalte zur Verfügung (Case, 1985).

6.2.4 Metagedächtnis

Das Metagedächtnis bezeichnet das Wissen über Gedächtnisvorgänge, wobei zwischen faktisch verfügbarem, verbalisierbarem Wissen (*deklaratives Metagedächtnis*) und der Fähigkeit zur Kontrolle und Regulation der eigenen gedächtnisbezogenen Aktivitäten (*prozedurales Metagedächtnis*) unterschieden wird. Mit zunehmendem Alter verfügen Kinder über mehr Wissen über Gedächtnisprozesse. Schon im Kindergartenalter wissen sie z. B., dass man etwas vergessen kann, oder dass es schwerer ist, sich an lang als an kurz zurückliegende Ereignisse zu erinnern. Ältere Kinder erkennen, dass es schwieriger ist, Lernstoff exakt statt nur sinngemäß wiederzugeben, und dass ablenkende Tätigkeiten das Lernen beeinträchtigen können (Kreutzer et al., 1975). Man geht davon aus, dass sich diese verbalisierbare Form des Metagedächtnisses noch bis ins Erwachsenenalter verbessert, während das prozedurale Metagedächtnis schon im mittleren Kindesalter relativ gut ausgeprägt ist. Die Fähigkeit zur kognitiven Selbstregulation verbessert sich allerdings noch einmal deutlich beim Übergang vom Vorschulalter ins Grundschulalter. Obwohl Sechsjährige beim Lernen paarweise dargebotener Wörter erkennen, welche Wortpaare leicht und welche schwer zu lernen sind, investieren sie – anders als die Zehn- bis Zwölfjährigen – bei den schweren Paaren nicht mehr Lernzeit (Dufresne & Kobosigawa, 1989).

Eine Metaanalyse, in die mehr als 60 Studien mit mehr als 7 000 Kindern und Jugendlichen eingingen, zeigt einen mittleren Zusammenhang von $r =$ .41 zwischen Merkmalen des Metagedächtnisses und Gedächtnisleistungen (Schneider & Pressley, 1989), wobei von einer wechselseitigen Beeinflussung auszugehen ist sowie von weiteren Variablen, wie dem Vorwissen, die das Gedächtnis beeinflussen (vgl. Schneider & Bjorklund, 2005).

6.2.5 Vorwissen

Eine verbreitete Modellvorstellung, wie Wissen repräsentiert wird, ist, nimmt *Netzwerke* an, die aus »Knoten« bestehen, welche Wissensbestandteile repräsentieren (z. B. Auto, Rad, bewegt), und die qualifiziert miteinander verbunden sind (z. B. Auto und Rad durch die Verbindung »ist Teil von«). Die Verbindungen zwischen Knoten sind umso stärker, je häufiger die Knoten als Gedächtnisinhalte gleichzeitig »aktiviert« bzw. abgerufen werden, was häufiger bei Knoten geschieht, die zum gleichen Begriff/ Konzept gehören (z. B. rot, gelb, blau, Farbe; vgl. Smith, 1998). Neue Informationen werden in dieses Netzwerk integriert. Mit zunehmender Erfahrung – üblicherweise mit zunehmendem Alter – wird diese Wissensstruktur reichhaltiger und vernetzter, d. h. das Vorwissen nimmt zu. Wenn wir versuchen, uns an etwas zu erinnern und dabei einen Knoten in unseren Wissensbeständen aktivieren, so ist die Wahrscheinlichkeit, dass wir zu einem gesuchten Wissensbestand gelangen, umso größer, je stärker die Vernetzung ist.

Ein bedeutsamer Zusammenhang zwischen Vorwissen und Gedächtnisleistung hat sich in vielen Studien gezeigt. So waren zehnjährige *Schachexperten* selbst erwachsenen *Schachnovizen* bei einer Aufgabe deutlich überlegen, bei der es um das Erinnern von sinnvollen Figurenkonstellationen auf dem Schachbrett ging. Hier trägt also das Vorwissen unabhängig vom Alter zu besseren Gedächtnisleistungen bei. Ähnliche Ergebnisse fanden sich auch für das Erinnern von Textinhalten. In der MAST-Studie (Schneider et al., 2003) waren Kinder der Expertengruppe denen der Novizengruppe auf jeder Altersstufe (3., 5., 7. Klasse) überlegen. Experten aus der dritten Klasse konnten sogar mehr Textinformation erinnern als Novizen aus der siebten Klasse. Ein weiterer Vorteil der Experten drückte sich auch qualitativ aus – sie erinnerten wesentlich mehr wichtige als unwichtige Information, während dieses Verhältnis bei den Novizen ausgewogen war. Vorwissen trägt also wesentlich zu einer besseren Gedächtnisleistung bei, während das Lernen ohne jegliches Vorwissen zunächst einmal erschwert ist. Eine pädagogische Implikation davon ist, im Unterricht möglichst an bestehendes Vorwissen der Lernenden anzuknüpfen.

6.2.6 Weitere Faktoren, die zur Steigerung der Gedächtnisleistung beitragen

Neben den genannten Faktoren (Gedächtnisstrategien, Metagedächtnis, Vorwissen) tragen weitere Faktoren zur Steigerung der Gedächtnisleistung von der Kindheit bis ins frühe Jugendalter bei. Zum einen verbessern sich sprachliche Fähigkeiten und die Artikulationsgeschwindigkeit nimmt zu, was dazu führt, dass mehr Information in die phonologische Schleife aufgenommen werden kann (▶ Kap. 6.2.1). Dies bedeutet, dass die Kapazität des Arbeitsgedächtnisses größer wird, aus welchem dann mehr Information ins Langzeitgedächtnis überführt werden kann. Des Weiteren nimmt auch die Verarbeitungsgeschwindigkeit von Informationen aufgrund neurophysiologischer Reifungsprozesse im Gehirn zu. Neue Information kann also schneller wahrgenommen, enkodiert und mit Vorwissen verknüpft werden.

6.2.7 Autobiographisches Gedächtnis

Das autobiographische Gedächtnis ist ein Teil des expliziten, episodischen Langzeitgedächtnisses (▶ Kap. 6.2.1), in dem komplex strukturierte Erlebnisse mit Selbstbezug abgespeichert werden. Lange nahm man an, dass Personen sich nicht an Ereignisse erinnern können, die sie vor dem Alter von drei oder vier Jahren erlebt haben (Fivush & Hamond, 1990). Dies nannte man *infantile Amnesie*.

Heute geht man nicht mehr von einer absoluten Amnesie in der frühen Kindheit aus. So zeigen Säuglinge und Kleinkinder bereits erstaunliche Fähigkeiten bezogen auf ihr implizites episodisches Langzeitgedächtnis (Meltzoff, 1995). Darüber hinaus scheint sich das autobiographische Gedächtnis in der frühen Kindheit eher kontinuierlich als abrupt zu verbessern, d. h. Drei- oder Vierjährige können sich durchaus an vergangene Ereignisse erinnern, die eigentlich in den Altersbereich der infantilen Amnesie fallen. Je älter Kinder werden, desto weniger Informationen können sie jedoch aus dieser Phase erinnern (z. B. Bauer & Larkina, 2014; vgl. Lohaus & Vierhaus, 2019). Um die dennoch geringere autobiographische Erinnerungsleistung in Hinblick auf die frühe Kindheit zu erklären, nimmt man an, dass die Informationsverarbeitungsgeschwindigkeit und die Gedächtnisspanne in den ersten Lebensjahren noch deutlich limitiert sind (▶ Kap. 6.2.6). Darüber hinaus werden mehr (irrelevante) kontextuelle Reize abgespeichert (z. B. Farbe des Sofas), die beim Aufbau der Erinnerung (z. B. Geburtstagsfeier) vorhanden waren (Hayne, 2004). Nelson (1995) geht zudem davon aus, dass im Kleinkindalter zunächst eher typische Routinen (Skripte) und nicht konkrete Einzelereignisse gespeichert werden. Perner und Ruffman (1995) stellen außerdem fest, dass jüngere Kinder Ereignisse seltener als selbst erlebt enkodieren. Ein personales Selbst, an das Ereignisse angekoppelt werden können, entwickelt sich erst im zweiten Lebensjahr (▶ Kap. 9.3). Der Erwerb der Sprache und – gemeinsam mit den Eltern oder anderen Bezugspersonen – die Ko-Konstruktion von Ereignissen durch Sprache (d. h. das gemeinsame Sprechen über Ereignisse) spielen eine wesentliche Rolle bei der Verbesserung des frühen autobiographischen Gedächtnisses (Fivush & Hamond, 1990).

6.3 Kategorisierung und Konzeptentwicklung

Unsere Umwelt bietet uns eine unendliche Vielfalt von Objekten, Personen und Ereignissen. Ganz automatisch vergleichen wir neue Phänomene (z. B. zottiges Tier mit spitzen Zähnen) mit anderen, mit denen wir bereits Erfahrungen gesammelt haben. Letztere sind in mentalen Repräsentationen abgespeichert. Je nach Ähnlichkeit werden neue Phänomene diesen Repräsentationen zugeordnet (z. B. Hund), d. h. sie werden kategorisiert. Dies erlaubt es uns, schneller zu entscheiden, was wichtig ist und was nicht, und angemessenen zu reagieren (z. B. nicht streicheln). In der Literatur nennt man diese mentalen Repräsentationen *Kategorien*, oder auch *Konzepte*, *Klassen*, *Begriffe* oder *Schemata* (▶ Kap. 6.1). Während Kategorien auf Basis von Gemeinsamkeiten gebildet werden (z. B. werden verschiedene einander ähnliche Tiere der Kategorie »Hund« zugeordnet), umfassen Konzepte abstrakteres Wissen über diese Kategorien, d. h., was diese Kategorien charakterisiert und wie sich Mitglieder verschiedener Kategorien voneinander unterscheiden (Pauen & Träuble, 2006). Konzepte bilden eine zentrale Grundlage unseres Denkens über die Welt.

6.3.1 Konzeptentwicklung im Rahmen intuitiver Theorien

Zur Kategorisierung und Konzeptentwicklung haben sich verschiedene Forschungsrichtungen herausgebildet. Zum einen gibt es Ansätze, die die Entwicklung von Konzepten und Wissensrepräsentationen als eine Art *intuitive Theoriebildung* in verschiedenen inhaltlichen Domänen betrachten. Zu den Domänen zählen Physik, Biologie, Mathematik und Psychologie (Goswami, 2001; Sodian, 2018; zur psychologischen Domäne ▶ Kap. 10,»Theory of Mind«). Da Wissen in diesen Domänen dem Überleben dienen kann, nimmt man an, dass diese Domänen evolutionär privilegiert sind. Dies äußert sich darin, dass in den genannten Bereichen zum Teil ein *angeborenes Kernwissen* existiert bzw. Wissen besonders schnell erworben werden kann (Carey, 2009). Zum Kernwissen gehört z. B., dass bereits Neugeborene kleine Anzahlen von Objekten voneinander unterscheiden können (Antell & Keating, 1983). Auch reagieren wenige Monate alte Babys überrascht auf physikalisch unmögliche Ereignisse, z. B. wenn eine solide Platte scheinbar einen soliden Klotz durchdringt (Baillargeon, 1987). Auch die Unterscheidung von belebten und unbelebten Objekten gelingt bereits im ersten Lebensjahr (Pauen, 2002). Dieses Kernwissen erlaubt es Kindern, sich in der Folge in Interaktion mit der Umwelt (einschließlich formaler Bildungsprozesse) relativ schnell weiteres Wissen anzueignen und ein zusammenhängendes, zumindest intuitives Verständnis von Phänomenen in einer Domäne zu entwickeln. Dieses Verständnis muss nicht unbedingt korrekt sein, sondern kann auch Misskonzepte aufweisen (vgl. Hansen, 2020). Im Unterschied zu Piagets Annahmen (▶ Kap. 6.1.1) wird in diesen Ansätzen postuliert, dass sich die kognitiven Fähigkeiten je nach Inhaltsbereich unterschiedlich entwickeln. Kenntnisse über angeborene bzw. sich früh entwickelnde Fähigkeiten im Sinne von intuitivem Vorwissen können von Lehrkräften im Unterricht sinnvoll genutzt werden. Misskonzepte müssen aufgedeckt und korrigiert werden.

6.3.2 Merkmalsbasierte Ansätze der Kategorisierung

Merkmalsbasierte Ansätze der Kategorisierung und Konzeptentwicklung untersuchen eher auf einer generellen Ebene die Entstehungsbedingungen kindlicher Kategorisierungen und die dabei verwendeten Merkmale. Rosch und Mervis (1975) gehen von hierarchisch organisierten Kategorien aus – einer *globalen* übergeordneten Ebene (z. B. Tier), einer *basalen* mittleren Ebene (z. B. Katze) und einer *spezifischen* untergeordneten Ebene (z. B. Siamkatze). Die basale Ebene spielt dabei eine besondere Rolle. Auf ihr sind die charakteristischen Merkmale durch die Wahrnehmung vorgegeben. Die einzelnen Mitglieder (Exemplare) einer basalen Kategorie weisen bezüglich ihrer Merkmale die höchste Ähnlichkeit untereinander auf, während sie sich von Mitgliedern einer anderen basalen Kategorie maximal unterscheiden. Prototypen bezeichnen Exemplare, die die typischen Merkmale einer basalen Kategorie in sich vereinen. Rosch et al. (1976) nahmen an, dass sich bei Kindern die basale Ebene von Kategorien als erste entwickelt.

6.3.3 Perzeptuelle und konzeptuelle Kategorien

Generell lassen sich auf Ähnlichkeit von Merkmalen basierende, perzeptuelle Formen von Kategorien von konzeptuellen Kategorien, in die zunehmend abstrakteres Wissen, z. B. über Funktionen von Objekten eingeht, unterscheiden (Mandler, 2000, 2004). Beide Arten von Kategorisierungen, die sich eng verschränkt miteinander entwickeln, dienen unterschiedlichen Zwecken: während perzeptuelle Kategorien für die Objektidentifizierung und -wiedererkennung genutzt werden, unterstützen konzeptuelle Kategorien induktive Generalisierungsprozesse (d. h. Schlussfolgerungen vom Einzelfall auf allgemeine Phänomene). Auch wenn Forschung nahelegt, dass die Entwicklung eher von ähnlichkeitsbasierten, perzeptuellen Kategorien hin zu abstrakteren, konzeptuellen Kategorien verläuft, gibt es dennoch Befunde, die frühe konzeptuelle Kategorien bei Kindern demonstrieren (vgl. Gelman & Meyer, 2010). So unterscheiden 3-monatige Säuglinge zwar z. B. Katzen von Hunden auf Basis ihrer Ähnlichkeit innerhalb der Kategorien (Quinn et al., 1993). Allerdings zeigte sich auch, dass eine der frühesten Kategorisierungen die zwischen belebten und unbelebten Objekten ist (vgl. Arterberry, 2001). Ein weiterer Hinweis, dass Babys auch früh schon konzeptuelle Kategorien bilden, ist, dass 3- bis 4-monatige Säuglinge bereits Säugetiere und Möbel unterscheiden können (Behl-Chadha,1996). Dies ist insbesondere deswegen erstaunlich, weil sich Exemplare einer globalen Kategorie zum Teil äußerlich sehr unähnlich sind (z. B. Hasen und Giraffen; vgl. auch Quinn & Eimas, 1998). Pauen (2002) zeigte zudem, dass Babys im Alter von 11 Monaten Möbel und Tiere auch dann voneinander unterschieden, wenn z. B. die Möbel Augen hatten oder die Tiere eckig waren. Die Kategorisierung fand hier also nicht nur auf Basis von perzeptueller Ähnlichkeit statt.

Unabhängig davon geht man davon aus, dass kindliche Begriffsrepräsentationen durch die Integration von neuen Informationen kontinuierlich reichhaltiger werden. Informationen, auf denen diese Repräsentationen aufbauen, stammen nicht nur aus eigenen Sinneswahrnehmungen, sondern auch aus sprachlich vermittelter Information beispielsweise von Erwachsenen (Quinn & Eimas, 2000).

6.3.4   Fortschritte der Forschungsmethodik

Wie lässt sich die Kategorisierung und Konzeptbildung, insbesondere bei sehr jungen Kindern, die noch nicht über ausreichende sprachliche Fähigkeiten verfügen, untersuchen? Im Vergleich zu Piaget, der diesbezüglich Kinder getestet hat, die bereits sprechen konnten und der daher den Beginn der Kategorisierung eher spät ansetzt, erlauben es neuere innovative Versuchsanordnungen, auch schon jüngere Kinder zu testen (▶ Kasten; vgl. Quinn & Oates, 2004).

Habituation/Dishabituation (frühes Säuglingsalter). Diese Forschungsmethode basiert darauf, dass schon sehr junge Säuglinge auf einen wiederholt gezeigten Reiz mit abnehmender Aufmerksamkeit reagieren (Habituation/Gewöhnung). Dies wird über Blickrichtungen oder -zeiten erfasst. Bei einem neuen Reiz wird diese Aufmerksamkeit dann wieder geweckt (Dishabituation). Zur Untersuchung der Begriffsbildung wurde dieses Phänomen folgendermaßen benutzt: Dem Säugling werden nacheinander Bilder von Mitgliedern einer Kategorie gezeigt, z. B. vier verschiedene Katzen. Dann wird ein weiteres Mitglied dieser Kategorie zusammen mit einem Mitglied einer neuen Kategorie (z. B. Hund) gezeigt. Betrachtet der Säugling nun das Exemplar der neuen Kategorie (den Hund) länger als das der vertrauten (die Katze), schließt man daraus, dass der Säugling eine Kategorie vom Typ »Katze« gebildet hat, die Hunde ausschließt.

Objektuntersuchung (ab ca. 6 Monaten). Hier wird der Grundgedanke der ersten Methode aufgegriffen. Den Kindern werden jedoch Objekte einer Kategorie für eine bestimmte Zeit in die Hand gegeben (meist 20 bis 30 Sekunden), anschließend dann ein Objekt einer neuen Kategorie. Gemessen wird die Erkundungsaktivität des Kindes – d. h. wie ausführlich es das Objekt manipuliert und betrachtet. Für eine Kategorienbildung spricht, wenn bei einem Objekt einer neuen Kategorie die Erkundungsaktivität höher liegt als bei den vorherigen Objekten einer anderen Kategorie.

Sequentielles Berühren (ab ca. 14 Monaten). Das Kind wird mit einer Reihe von Objekten konfrontiert, die zwei verschiedenen Kategorien angehören und zufällig verteilt auf einer Fläche stehen. Aufgezeichnet wird die Reihenfolge, in der Kinder die Objekte berühren. Auf die Bildung von Kategorien wird geschlossen, wenn das Kind unmittelbar nacheinander eine größere Zahl von Objekten einer Kategorie berührt, bevor es zu solchen der anderen Kategorie übergeht.

6.3.5 Welche Merkmale Kinder für die Kategorisierung nutzen

Exemplare spezifischer Kategorien, wie der Kategorien Hunde und Katzen, sehen sehr ähnlich aus und es stellt sich die Frage, welche Merkmale sehr junge Kinder nutzen, um unterschiedliche Kategorien zu bilden. In Experimenten, in denen systematisch die An- und Abwesenheit bestimmter Merkmale variiert wurde, ergaben sich Hinweise, dass Katzen und Hunde vor allem auf der Basis von *spezifischen Hinweisreizen* im Kopfbereich, nicht aber im Körperbereich unterschieden werden, Spielzeugtiere und Spielzeugfahrzeuge hingegen auf der Basis von Beinen und Rädern (Quinn & Oates, 2004).

Auch *Bewegungsinformationen* scheinen von Kindern genutzt zu werden, wie eine Studie von Arterberry und Bornstein (2002) zeigte. Drei bis neun Monate alten Kindern wurden sich bewegende Lichtpunktkonturen (mit Lichtern an wichtigen Gelenken und Kopf) von Tieren und Fahrzeugen gezeigt, die im Dunkeln aufgenommen worden waren. Die Kinder konnten diese Informationen zur Kategorisierung nutzen und die neun Monate alten Kinder konnten sie sogar auf die unbewegten Darstellungen im Hellen übertragen. Pauen (2000) geht davon aus, dass neben den Dimensionen der *Bewegung* und deren *Vorhersagbarkeit*, welche wesentlich für die Unterscheidung von »lebendig« und »nicht lebendig« sind, die Dimension der *Funktionalität für Menschen* zur Unterscheidung von natürlichen und künstlichen Objekten genutzt wird.

6.4 Praxisthema: Spiel

Mehr als jede andere Handlungsform scheint das Spiel charakteristisch für junge Lebewesen zu sein. Auch wenn uns intuitiv klar ist, was Spiel ist, stellt sich doch die Frage, wie man Spiel definieren kann.

Als ein Hauptmerkmal des Spiels wird erstens meist *Zweckfreiheit* genannt (vgl. Oerter, 2008a). Spielhandlungen erfolgen um ihrer selbst willen; mit ihnen sollen keine außerhalb der Spielhandlung liegenden Ziele erreicht werden. Solche Handlungen sind mit einem bestimmten Erleben verbunden, bei dem man vollständig in der Tätigkeit aufgeht und das Zeitempfinden ausgeschaltet ist (*Flow*; Csikszentmihalyi, 2010). Dies unterscheidet das Spiel von modernen Formen der Freizeittätigkeit, die deutlich zeitlimitiert sind und bei denen (zumindest aus der Sicht der Eltern) der Aspekt der sinnvollen Zeitnutzung im Hinblick auf bestimmte Sozialisationsziele im Vordergrund steht (vgl. Retter, 2005). Zweitens konstruiert das Kind im Spiel eine *andere Realität*, in der Gegenstände,

Handlungen und Personen etwas anderes bedeuten können als normalerweise. Deshalb wird auch oft von einem »Als-Ob-Spiel« gesprochen, auf
das sich die Mitglieder einer Spielgruppe einigen müssen. Drittens kommt
es im Spiel oft zur *Wiederholung von Handlungen* nach relativ festen Ab-
läufen (*Rituale*, vgl. Oerter, 2008a).

Es werden verschiedene Spielformen angenommen, welche sich in
konkreten Spielsituationen aber auch mischen können (vgl. Oerter,
2008a). Beim *Funktions- oder sensomotorischen Spiel* erproben Kinder vor
allem in den ersten Lebensjahren die Verwendungsmöglichkeiten von
(eigenen und fremden) Körperteilen und Gegenständen. Sie lernen etwas
über physikalische Eigenschaften, die kulturell angemessene Nutzung und
über Zusammenhänge zwischen ihrem Tun und den Effekten, die sie
damit bewirken (▶ Kap. 6.1.2, Piaget: Sensomotorische Stufe). Beim
Symbolspiel (Illusionsspiel), welches im zweiten Lebensjahr einsetzt, werden
Gegenstände in der Umwelt umgewidmet und in einer ungewöhnlichen,
nicht ihrem realen Alltagsgebrauch entsprechenden Weise verwendet.
Fiktion herrscht auch in den in der Regel kooperativen *Rollenspielen* vor,
die Kinder ca. ab dem vierten Lebensjahr spielen, denn hier verkörpern die
Mitspielenden Rollen, die aus der kindlichen Erfahrung stammen. Das
ganze komplexe Szenario ist aufeinander abgestimmt. Manchmal über-
nimmt ein Kind aber auch mehrere Rollen, z. T. unterstützt durch Spiel-
figuren. Einige Kinder erfinden sogar fiktive Gefährten, die sie über Wochen und Monate begleiten können. Die Sorgen mancher Eltern über die
geistige Gesundheit ihrer Kinder sind dabei in aller Regel unbegründet
(vgl. Klausen & Passman, 2006; Seiffge-Krenke, 2009). Bci *Regelspielen*, die
oft erst am Übergang in die Grundschule auftreten, müssen alle Spiel-
partner feste Regeln einhalten. Solche Spiele stammen aus vielen Bereichen
– Straßenspiele wie »Himmel und Hölle«, »Gummitwist«, Sportspiele,
oder Gesellschaftsspiele mit Karten oder Spielbrettern usw.

Kindliche *Explorations- und Konstruktionsaktivitäten* (z. B. etwas bauen)
werden dann zum Spiel gezählt, wenn die beiden ersten zentralen Charakteristika des Spiels (s. o.) erfüllt sind (Oerter, 2008a).

Aber warum spielen Kinder eigentlich? Klassische Psychologen wie
Freud (1908, 1920), Wygotski (1980, Original 1934) oder Piaget (1969; alle
zit. nach Oerter, 2008a) nahmen an, dass das Spiel es dem Kind erlaubt, den
Zwängen der Wirklichkeit und damit realen Problemen und dem Sozia-

lisationsdruck der Umwelt zu entfliehen. Im Spiel kann sich das Kind zum *Herrscher von Situationen* aufschwingen – es kann Probleme nachspielen und dabei bewältigen oder sich unrealisierbare Wünsche, z. B. nach Stärke oder Geborgenheit oder einer bestimmten Beschaffenheit der Welt erfüllen. Nicht umsonst wird das Spiel z. B. in Form von Rollenspielen auch in der Psychotherapie mit Kindern und Erwachsenen eingesetzt (Russ, 2004). Ist es nun für die normale Entwicklung wichtig, dass Kinder spielen? Die meisten Fachleute sowie Eltern würden diese Frage bejahen (vgl. Hirsh-Pasek et al., 2009). Man kann zwischen eher kurzfristigen und langfristigen positiven Effekten des Spiels unterscheiden. Kurzfristig können beim Kind *Gefühle von Können, Meisterschaft und Selbstwirksamkeit* durch das Spiel entstehen und das Kind darin bestärken, neue Aktivitäten auszuprobieren, die dann beibehalten werden. Auch kann durch Spiel die *Selbstregulation*, also die Fähigkeit die eigenen Emotionen und das Verhalten zu kontrollieren, gesteigert werden (Berk et al., 2006). Zudem kann das Spiel neue *Lerngelegenheiten* für das Kind bieten (▶ Kap. 6.1). Weiterhin ermöglicht Spiel die *Exploration physikalischer und sozialer Umwelten* und unterstützt damit den Wissenserwerb. Andere unmittelbare Funktionen betreffen den *Aufbau sozialer Beziehungen*, das *Einüben körperlicher Fähigkeiten* oder die *Thermoregulation*. Langfristige Wirkungen des Spiels lassen sich schlechter experimentell nachweisen (Pellegrini & Smith, 2003), sie könnten aber z. B. in der *Erprobung von (erwachsenen) Rollenmodellen* in einer sicheren Umgebung liegen und der damit verbundenen Möglichkeit, sich in andere Personen hineinzuversetzen, was wiederum längerfristig der Entwicklung von *Perspektivenübernahme, Empathie und Moral* dient. Aus evolutionärer Sicht scheint dem Spiel eine besondere Rolle zuzukommen (vgl. Bjorklund & Pellegrini, 2000), die mit dem Preis einer – im Vergleich zu vielen Säugetieren – relativ langen, riskanten Kindheitsphase bezahlt wird, welche nicht unmittelbar auf Fortpflanzung ausgerichtet ist. Unter anderem im Spiel lernen Kinder sehr viel und brauchen dafür Zeit und sichere Umwelten.

Der Druck moderner Gesellschaften wirkt paradoxerweise dahingehend, die Rolle des klassischen Kinderspiels zurückzudrängen zugunsten von expliziten schulischen Lernzeiten bzw. durch die Zunahme der Zeit, die Kinder vor Computern oder Smartphones verbringen (Kleine, 2003; Pellegrini & Smith, 2003). Allerdings sollte man nicht vernachlässigen, dass auch mit digitalen Medien »gespielt« werden kann. Im Durchschnitt spielen 6- bis 13-Jährige in Deutschland ca. eine Stunde pro Tag digitale Spiele, ca. 60 % von ihnen spielen diese einmal oder mehrmals pro Woche. Jeden Tag draußen spielt nur knapp die Hälfte der Kinder in diesem Altersbereich (Medienpädagogischer Forschungsverbund Südwest, 2021). Die Forschung zur Wirkung von elektronischen Spielen steckt noch in den Kinderschuhen. Während man zunächst nur negative Effekte beispielsweise auf soziale Fähigkeiten und gesundheitsrelevante Variablen vermutet hat (z. B. Anderson et al., 2010), deuten sich auch positive Effekte an, beispielsweise auf kognitive Fähigkeiten, wie räumliche Vorstellung (z. B. Ferguson, 2007). Klar ist, dass Computerspiele Risiken bergen, aber auch Chancen, wenn sich ihre Gestaltung an pädagogisch-psychologischen Befunden orientiert und sie in angemessenem zeitlichem Umfang gespielt werden.

Zusammenfassung

Unter dem Begriff Kognition fasst man erkenntnisbezogene Prozesse und Strukturen, wie Wahrnehmung, Gedächtnis, Denken, Problemlösen sowie die Handlungsplanung und -steuerung, zusammen. Eine klassische Entwicklungstheorie dazu stammt von Jean Piaget. Durch Beobachtung und spezielle Formen der Befragung von Kindern, die er mit bestimmten Aufgaben konfrontierte, versuchte er herauszufinden, wie sich grundlegende Erkenntniskategorien (z. B. Verständnis von Zeit, Raum, Kausalität und Quantität) entwickeln. Nach Piaget konstruiert das Kind in einem aktiven Prozess der Auseinandersetzung mit seiner Umwelt geistige Schemata, die der Problemlösung dienen und sich je nach Entwicklungsstufe unterscheiden. Kommt es zu einem Ungleichgewicht zwischen der Umwelt und den Schemata des Kindes, werden Entwicklungsprozesse angestoßen. Entweder werden neue Umweltgegebenheiten in die Schemata integriert (Assimilation) oder die Schemata werden weiterentwickelt, um neuen Umweltgegebenheiten zu genügen (Akkomodation).

Piagets Theorie der kognitiven Entwicklung umfasst vier aufeinander aufbauende Stufen (sensomotorische, prä-operationale, konkret-operationale und formal-operationale Stufe); die höchste Stufe wird im Jugendalter erreicht. Trotz einiger Kritikpunkte an seinem methodischen Vorgehen und seinen theoretischen Annahmen hat Piaget die weitere Forschung und Theoriebildung nachhaltig beeinflusst und Impulse für die Pädagogik gegeben.

Die neuere Kognitionsforschung betrachtet stärker einzelne Entwicklungsbereiche. Wir haben uns besonders mit der Speicherung von Informationen im Gedächtnis als Grundlage des Lernens beschäftigt. Es werden verschiedene Arten der Speicherung unterschieden, je nach der Dauer, mit der die Inhalte abgelegt werden (z. B. Langzeitgedächtnis), aber auch je nach sensorischen Modalitäten des gespeicherten Materials (z. B. phonologische Schleife des Arbeitsgedächtnisses) und nach bestimmten inhaltlichen Aspekten (z. B. episodisches Gedächtnis, semantisches Gedächtnis). Der neurowissenschaftlichen Forschung gelingt es teilweise, Gedächtnisleistungen spezialisierten Hirnstrukturen zuzuordnen, die allerdings vernetzt arbeiten (▶ Kap. 2 und Schandry, 2016). Neben der Veränderung von Gedächtnissystemen, z. B. der zunehmenden Kapazität des Kurzzeitgedächtnisses, und der Zunahme des Vorwissens, sind entwicklungspsychologisch vor allem auch Gedächtnisstrategien und das Wissen von Kindern über Gedächtnisprozesse (Metagedächtnis) relevant, die Kinder beim Lernen unterstützen.

Im menschlichen Gedächtnis sind einzelne Ereignisse oder Gegenstände nur selten detailgenau gespeichert. Vielmehr kategorisieren wir die Flut von Informationen nach perzeptuellen oder konzeptuellen Ähnlichkeiten (▶ Kategorisierung und Konzeptentwicklung). Hinsichtlich der perzeptuellen Kategorisierung ist es ökonomischer, einen Prototypen zu speichern als alle bekannten Exemplare einer Kategorie. Während perzeptuelle Kategorien die Objektidentifizierung unterstützen, dienen konzeptuelle Kategorien dem Denken über Dinge und der Generalisierung.

Für eine normale kindliche Entwicklung scheint die Aktivität des Spiels unabdingbar. Das Spiel wird insbesondere über das Merkmal der Zweckfreiheit, aber auch durch die Schaffung neuer Realitäten und durch feste Abläufe charakterisiert.

Empfohlene Literatur

Ahnert, L. (2014). *Theorien der Entwicklungspsychologie*. Berlin: Springer.
Myers, D. G. (Ed.) (2014). *Psychologie* (3. Aufl.). Berlin: Springer.

Lernfragen

1. Welche zwei zentralen Mechanismen tragen laut Piaget zur kognitiven Entwicklung bei? Überlegen Sie sich jeweils ein Beispiel, in dem der Mechanismus deutlich wird!
2. Über welche geistige Fähigkeit verfügen Grundschulkinder im Vergleich zu Sekundarschülerinnen und -schülern laut Piaget noch nicht? An welchen Beobachtungen könnte man dies festmachen?
3. Inwiefern unterscheiden sich die Annahmen und Forschungsbefunde bezüglich der Informationsintegrationstheorie von denen von Piaget?
4. Was versteht man unter dem impliziten Gedächtnis? Nennen Sie ein Beispiel!
5. Was bedeutet die Begrenzung des Arbeitsgedächtnisses für das schulische Lernen?
6. Welche Rolle spielt die Metakognition für das Lernen?
7. In welchen Bereichen verfügen Babys über angeborenes Kernwissen?
8. Auf Basis welcher Merkmale bilden Babys und Kleinkinder Kategorien?

7   Soziale Kognition

Für ein gelingendes menschliches Zusammenleben ist die Frage des Wissens über und des Verständnisses von Wahrnehmungen, Gedanken, Gefühlen und Handlungen Anderer zentral. Wenn z. B. in uneindeutigen Situationen das Verhalten Anderer als feindselig interpretiert wird, obwohl keine klaren Informationen zur Absicht des Interaktionspartners vorliegen, kann dadurch die Schwelle für aggressives Verhalten gesenkt werden (»feindseliger Attributionsstil«, Crick & Dodge, 1994). Im ersten Abschnitt dieses Kapitels geht es um die Frage, wie und wann Kinder ein Verständnis für eigene und fremde Denkprozesse, die sog. »Theory of Mind«, entwickeln. Im zweiten Abschnitt beschäftigen wir uns mit der Entwicklung eines speziellen Inhaltsbereichs, der unser soziales Zusammenleben bedeutsam prägt: die Moral.

7.1   Theory of Mind

Als Erwachsene haben wir ein komplexes Verständnis unserer inneren geistigen Welt. Wir benutzen dies, um Verhalten, Gedanken (z. B. Wahrnehmungen, Wünsche, Absichten, Überzeugungen) und Gefühle von uns und anderen zu verstehen und zu interpretieren. Diese Fähigkeiten werden unter dem Begriff der »Theory of Mind« – also einer Theorie des Geistes – zusammengefasst. Ab wann verstehen Kinder, dass die erlebte Wirklichkeit das Ergebnis eines mentalen Vorgangs ist, dass die Welt so, wie sie ihnen erscheint, nicht auch gleichermaßen allen anderen erscheint?

Mit diesen Fragen hat sich die entwicklungspsychologische Forschung in den letzten Jahrzehnten intensiv beschäftigt. Ausgangspunkt sind auch hier die Arbeiten von Jean Piaget (▶ Kap. 6.1), der Kinder auf der prä-operationalen Stufe ihres Denkens als *egozentrisch* beschrieb. Da sie nach Piagets Auffassung nicht annehmen, dass es verschiedene Perspektiven oder Standpunkte gibt, können sie auch kein Bewusstsein darüber haben, dass sie selber eine ganz bestimmte Perspektive einnehmen, die sich von der anderer Personen möglicherweise unterscheidet. Neuere Forschung konnte aber zeigen, dass Kinder bei Weitem nicht so egozentrisch sind, wie Piaget es vermutet hat, dass sich die Fähigkeit zur Perspektivenübernahme und verwandte Fähigkeiten aber tatsächlich mit zunehmendem Alter deutlich verbessern (Flavell, 2000).

7.1.1 Untersuchungsmöglichkeiten und Befunde zur Entwicklung der Theory of Mind

Der Großteil der ersten empirischen Arbeiten zur »Theory of Mind« hat sich der Frage gewidmet, ob Kinder die *falsche Überzeugung* (false belief) anderer Personen verstehen. In einem klassischen Versuchsparadigma, »Maxi und die Schokolade« (Wimmer & Perner, 1983), wurde Kindern folgende Situation mit Puppen vorgespielt: Ein Protagonist namens Maxi legt Schokolade in eine Schublade (▶ Abb. 7.1, a) und verlässt danach den Raum (▶ Abb. 7.1, b). Während er weg ist, wird die Schokolade in eine andere Schublade gelegt (▶ Abb. 7.1, c). Das Kind, das die Situation beobachtet hat, wird gefragt, wo Maxi nach der Schokolade suchen wird, wenn er zurückkommt (▶ Abb. 7.1, d). Ein Großteil der dreijährigen Kinder antwortete, dass Maxi in der Schublade nachschauen wird, in der die Schokolade jetzt tatsächlich liegt – sie verstehen noch nicht, dass er nicht über das gleiche Wissen verfügt wie sie, dass er also von einer falschen Überzeugung (»false belief«) ausgeht.

Kinder im Alter von drei Jahren sind in dieser Aufgabe noch nicht in der Lage, zu erkennen, dass Andere falsche Annahmen haben können, die von dem abweichen, was sie selbst wissen. Im Alter von dreieinhalb bis vier, spätestens ab fünf Jahren können nahezu alle Kinder diese Aufgabe problemlos bewältigen. Zwischen drei und fünf Jahren entwickeln sie also einen bewussten, expliziten Zugang zum Denken und Fühlen anderer Personen und erkennen, dass Inhalte des Bewusstseins subjektiv sind.

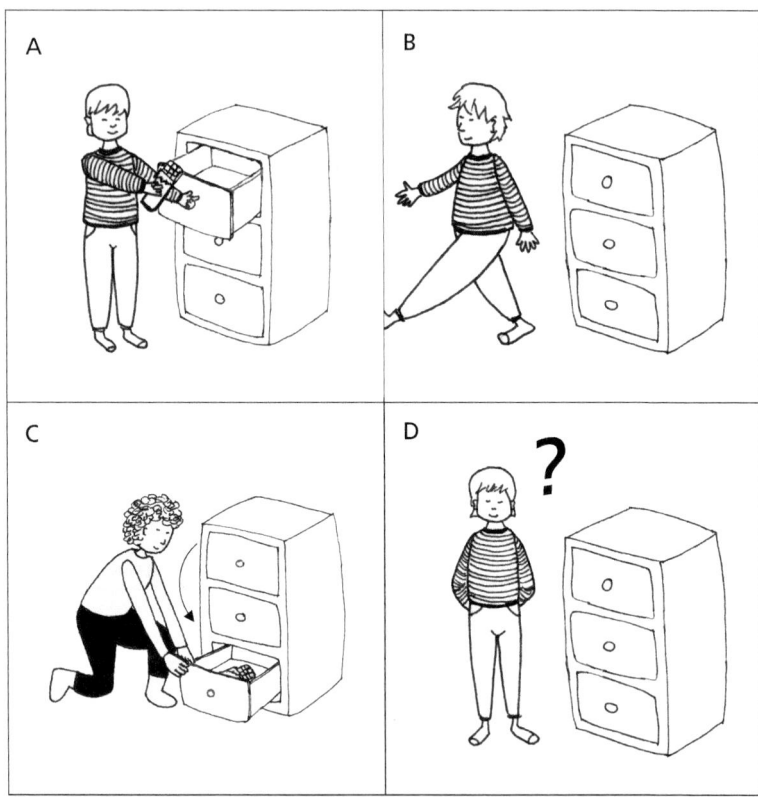

Abb. 7.1: False-Belief-Aufgabe

Clements und Perner (1994) untersuchten, ob Kinder bereits früher zumindest ein *implizites Verständnis* der falschen Überzeugung haben. Sie verwendeten eine analoge Versuchsanordnung wie bei »Maxi und die Schokolade«, nur dass sie zusätzlich auch die *Blickrichtungen* der Kinder analysierten. Es zeigte sich, dass bereits Dreijährige auf den richtigen Ort schauten (wo Maxi die Schokolade vermuten würde), aber verbal die falsche Antwort gaben (wo die Schokolade tatsächlich war). Mithilfe der

Methode der verletzten Erwartungen wurde sogar nahegelegt, dass schon Kinder ab dem Alter von 13 Monaten ein implizites Verständnis der falschen Überzeugung besitzen (Onishi & Baillargeon, 2005). Auch wenn es zahlreiche Folgestudien gab, ist der Befund wissenschaftlich jedoch nicht eindeutig gesichert (vgl. Poulin-Dubois et al., 2018). Weitere Aspekte der Theory of Mind – neben dem Verständnis falscher Überzeugungen – beziehen sich beispielsweise auf das *Verständnis der Absichten und Wünsche anderer Personen* oder die Einsicht in deren *Hilfsbedürftigkeit*. Hinweise darauf gibt es bereits im ersten Lebensjahr. So bilden 9 Monate alte Säuglinge eine Erwartung darüber aus, dass eine menschliche Hand nach einem bestimmten Objekt greift und nicht nur nach irgendeinem Objekt, das sich an einem bestimmten Platz befindet – sie erkennen also eine feste Absicht des Greifens (Woodward, 1998). Im gleichen Alter reagieren Säuglinge mit mehr Ungeduld und negativem Affekt, wenn eine Person ihnen ein interessantes Objekt nicht geben *will*, im Vergleich zu einer Situation, in der die Person ihnen das Objekt nicht geben *kann*, weil eine Barriere zwischen ihr und dem Kind ist. Auch hier unterscheiden sie also zwischen verschiedenen Absichten (Behne et al., 2005). Bereits zu Beginn des zweiten Lebensjahres helfen Kleinkinder zudem einer Person, z. B. ihren Stift wiederzufinden (Liszkowski et al., 2006; ▶ Kap. 8).

Man kann zusammenfassen, dass sich Anzeichen für eine implizite Theory of Mind bereits im ersten Lebensjahr zeigen, Kinder diese Fähigkeit explizit (d. h. verbal) jedoch im Durchschnitt erst mit vier Jahren zum Ausdruck bringen können.

Exkurs: Theory of Mind bei autistischen Kindern

Eine Ausnahme bilden autistische Kinder. Während ältere Schätzungen davon ausgingen, dass ungefähr vier von 10 000 Kindern von Autismus betroffen sind (vgl. Baron-Cohen, 2005), geht man heutzutage in Abhängigkeit vom Diagnosekriterium von wesentlich höheren Auftretensraten aus – bis hin zu der Schätzung, dass 224 von 10 000 Kindern einmal in ihrem Leben eine Autismusdiagnose bekommen (Zablotsky et al., 2015). Jungen sind mit einem Verhältnis von etwa 4:1 deutlich häufiger betroffen als Mädchen. Autistische Kinder zeichnen sich dadurch aus, dass sie Blick- und Körperkontakt vermeiden, keine engen Beziehungen zu anderen Menschen eingehen können und sich mehr für Gegenstände als für Menschen interessieren. Während eine Unterform des Autismus – das Asperger-Syndrom – ohne wesentliche Beeinträchtigungen der kognitiven und sprachlichen Entwicklung einhergeht, haben viele Kinder mit anderen Formen des Autismus Defizite in der Sprachentwicklung. Selbst unter denjenigen, die die Sprache beherrschen, benutzen nur sehr wenige Verben wie »denken« oder »wissen«, die normalerweise zum Sprachschatz von Kindern gehören. Ferner spielen autistische Kinder kaum Als-ob-Spiele. Alles in allem scheinen ihre Fähigkeiten, die mentalen Zustände von anderen zu verstehen, stark beeinträchtigt zu sein, was offenbar aber über ihre eingeschränkte Sprachfähigkeit erklärt werden kann (Peterson et al., 2016). Die Unfähigkeit, Überzeugungen und Absichten anderer Menschen zu erkennen, macht in der Folge eine normale Kommunikation unmöglich. Daher ist es nicht verwunderlich, dass Personen mit Autismus zu anderen Menschen häufig eine Beziehung wie zu Gegenständen haben und somit sozial isoliert sind (Astington, 2000).

7.1.2 Erklärungen für die Entwicklung der Theory of Mind

Die Beschreibung autistischer Kinder zeigt, wie schwierig ein Leben ohne Mechanismen zum Erkennen der mentalen Zustände anderer ist bzw. wäre. Doch woher kommen diese Defizite bzw. was bewirkt die Weiterentwicklung der expliziten Theory of Mind von Kindern im Alter zwischen drei und fünf Jahren?

Ein Erklärungsansatz postuliert die Existenz eines »*Theory of Mind*-Moduls* (ToMM). Darunter versteht man einen evolutionär ausgebildeten, spezifisch menschlichen, angeborenen Mechanismus im Gehirn, der reift und damit zu Fortschritten im Verständnis der mentalen Zustände anderer Menschen führt. Bei autistischen Kindern sei dieses Modul beeinträchtigt (Leslie, 1991, zit. nach Astington, 2000, S.169).

Im Rahmen der *Simulationstheorie* nimmt man an, dass das Verständnis für andere Personen sich dadurch verbessert, dass Kinder mehr und mehr die Perspektive anderer einnehmen und intern simulieren, was sie an deren Stelle selbst empfinden oder denken würden (Goldman, 2006). Die Einsicht in ihre eigenen mentalen Zustände geht also der Einsicht in die mentalen Zustände anderer Personen voraus. Auf die sogenannte *Theorie-Theorie* sei hier nur verwiesen (vgl. Bischof-Köhler, 2000a).

Andere Autorinnen und Autoren gehen davon aus, dass vor allem die Interaktion mit dem *sozialen Umfeld* die Entwicklung des Verstehens Anderer beeinflusst. Die Möglichkeit, an Gesprächen teilzuhaben, scheint hier eine entscheidende Rolle zu spielen. So fanden Ruffman et al. (2002) in einer Längsschnittstudie, dass die Häufigkeit von mütterlichen Äußerungen, die Bezug auf Gefühle, Wünsche, Möglichkeiten usw. nahmen, das später erfasste Verständnis der Theory of Mind ihrer Kinder voraussagte (vgl. für einen Überblick Astington & Baird, 2005).

Nachfolgend wollen wir uns nun einem ganz bestimmten Inhaltsbereich der sozialen Kognition zuwenden. Wir werden der Frage nachgehen, wie sich in der Kindheit das Denken über moralische Probleme entwickelt.

7.2 Moralisches Urteil

In diesem Abschnitt beschäftigen wir uns mit der Entwicklung des moralischen Urteils, also der *kognitiven* Perspektive der Moral – im Gegensatz zur *affektiven* Perspektive, bei der moralbezogene Gefühle wie Empörung, Mitgefühl oder Scham im Vordergrund stehen (▶ Kap. 8). Ausgangspunkt bilden wiederum Arbeiten von Jean Piaget, die in dem Buch »Das moralische Urteil beim Kinde« im Jahre 1932 veröffentlicht wurden (dt. 1983).

7.2.1 Moralische Entwicklung nach Jean Piaget (1896–1980)

Piagets Arbeiten zur Moral sind durch zwei Untersuchungsansätze gekennzeichnet: Zum einen beobachtete er Jungen beim *Murmelspiel* und stellte ihnen Fragen nach den Regeln; zum anderen präsentierten er und seine Mitarbeiterinnen Kindern zwischen fünf und 13 Jahren moralbezogene Geschichten und führten *Interviews* mit ihnen durch. In diesen Geschichten wird von einem Kind Gehorsam gegenüber einer Autorität verlangt oder es wird erzählt, dass es etwas beschädigt, gestohlen, gelogen oder ein Verbot übertreten habe. Die Geschichten waren so aufgebaut, dass sie einen kognitiven Konflikt erzeugen sollten. Ein Beispiel ist eine Geschichte, in der ein Kind aus Versehen zwölf Tassen zerbricht, die auf einem Tablett stehen; ein anderes Kind will Marmelade naschen und zerbricht dabei eine Tasse.

Zu jeder Geschichte wurde gefragt, ob diese Kinder »gleich schlimm« seien oder ob eines schlimmer sei als das andere und wenn ja, warum. Aus den Antworten leitete Piaget zwei Phasen der moralischen Entwicklung ab. Bis zu einem Alter von ca. acht Jahren herrscht demnach die *heteronome Moral* vor. Kinder nehmen an, dass Autoritäten als äußere Instanzen (Eltern, Gott, Staat) moralische Normen und Regeln festlegen und Abweichungen davon bestraft werden. In der Phase der *autonomen Moral* (Beginn ab ca. 8 Jahren; Entwicklung abgeschlossen mit etwa 11–12 Jahren) orientieren sich Personen hinsichtlich ihres Urteils über Gut und Böse an eigenen Wertmaßstäben und wissen, dass Regeln verhandelbar sind.

Die heteronome Moral beruht nach Piaget auf dem ungleichen Verhältnis zwischen Erwachsenen und Kindern. Er ist der Auffassung, dass Kinder Regeln und Werte der Erwachsenen übernehmen, ohne sie zu hinterfragen. Dies entspricht einem von ihm sogenannten »moralischen Realismus«, womit gemeint ist, dass Kinder die Pflichten und Werte als absolut verpflichtend ansehen, unabhängig von den Umständen, in denen sich eine handelnde Person befindet.

Deshalb ist die heteronome Moral laut Piaget u. a. dadurch gekennzeichnet, dass bei der Bewertung einer Handlung lediglich nach dem objektiven Handlungsausgang geurteilt wird – in dem Beispiel die Menge der zerbrochenen Tassen. Im Stadium der autonomen Moral hingegen wird berücksichtigt, wie es zu dem Schaden gekommen ist, es geht also um die »subjektive Verantwortlichkeit« (Piaget, 1983, S. 152).

Als Beispiel für heteronome Moral sollen die Antworten des sechsjährigen Geo (▶ Kasten) auf die oben beschriebene Geschichte mit den zerbrochenen Tassen dienen.

»Wenn Du der Papa wärst, wen würdest Du mehr bestrafen?« – »Den, der 12 Tassen zerbrochen hat.« – »Warum hat er sie zerbrochen?« – »Die Tür ist zu stark zugeschlagen, er hat es nicht absichtlich gemacht.« – »Und der zweite, warum hat er eine Tasse zerbrochen?« – »Er wollte Marmelade nehmen. Er hat eine zu heftige Bewegung gemacht. Die Tasse ist zerbrochen.« – »Warum wollte er Marmelade nehmen?« – »Weil er ganz allein war, er hat ausgenutzt, dass seine Mama nicht da war.« – »Hast Du einen Bruder?« – »Nein, eine kleine Schwester.« – »Na, wenn Du die 12 Tassen zerbrochen hättest, als Du in das Zimmer kamst und Deine kleine Schwester eine Tasse, als sie Marmelade sucht, wer würde mehr bestraft werden?« – »Ich, weil ich mehr als eine Tasse zerbrochen habe« (Piaget, 1983, S.153).

Der Schritt von der heteronomen zur autonomen Moral vollzieht sich nach Piaget im Wesentlichen durch kognitive Reifung und die *Interaktion mit Gleichaltrigen.* Diese sei im Gegensatz zur Eltern-Kind-Beziehung wechselseitig und gleichwertig. Die autonome Moral entwickelt sich somit parallel zu Fortschritten in der sozialen Kooperation zwischen Kindern. Die gegenseitige Achtung lässt eine Autonomie in Erscheinung treten, bei der das Kind andere so behandelt, wie es selbst behandelt werden möchte.

Wenn diese Annahme stimmt, dann müssten ältere Kinder weniger der Beeinflussung von Erwachsenen unterliegen als jüngere, weil die älteren Kinder mehr mit Peers, also Gleichaltrigen, interagieren. Außerdem müsste sich in Interventionsstudien herausstellen, dass Peers bessere Modelle sind als Erwachsene, wenn experimentell trainiert wird, Handlungsintentionen zu berücksichtigen. Stattdessen hat sich gezeigt, dass Erwachsene generell effektivere Modelle darstellen als Peers (Schmidt-Denter, 2005, S. 239). Zudem scheint eher die *Qualität* einer Interaktion zu einem fortgeschrittenen moralischen Urteil zu führen, weniger eine ge-

nerelle Autoritätsabhängigkeit oder -unabhängigkeit (Trautner, 1997).
Weiterhin konnte gezeigt werden, dass bereits Kleinkinder nicht nur auf
das Handlungsergebnis, sondern auch auf die Intention eines Handelnden
achten und damit internale Faktoren einbeziehen (Hamlin, 2013).

Trotz dieser und weiterer Kritik, die sich – wie bei seinem Modell der
kognitiven Entwicklung – auf die Annahme einer universellen, altersge-
bundenen Stufenabfolge richtete, ist Piagets Beitrag für diesen For-
schungsbereich bedeutsam, da er auch hier den Anstoß zur Untersuchung
vieler wichtiger Fragen geliefert hat. Er selbst hat sich nach der Publikation
der Untersuchungen im Jahr 1932 kaum noch mit der sozial-kognitiven
Entwicklung beschäftigt.

7.2.2 Moralische Entwicklung nach Lawrence Kohlberg (1927–1987)

Der Amerikaner Lawrence Kohlberg griff Piagets Arbeiten zum moralischen Urteil wieder auf. Er verwendete als Methode ebenfalls einen flexi-
blen Interviewansatz und präsentierte Jungen im Alter ab zehn Jahren
Geschichten, die ein moralisches Dilemma enthielten, d. h. eine Situation
beschrieben, in der sich mindestens zwei miteinander unvereinbare moralische Werte gegenüberstehen. Ein Beispiel ist das nachfolgende Heinz-
Dilemma (aus Kohlberg, 1995, S.147).

Das Heinz-Dilemma

»Eine Frau in Europa war dem Tode nahe, da sie an einer seltenen Form
von Krebs litt. Es gab ein Medikament, von dem die Ärzte annahmen,
dass es die Rettung bringen könnte. Es handelte sich um eine Art Ra-
dium, das ein Apotheker aus derselben Stadt jüngst entdeckt hatte. Der
Apotheker verlangte 2000 Dollar, das Zehnfache dessen, was die Her-
stellung kostete. Der Ehemann der kranken Frau, Heinz, suchte alle, die
er kannte, auf, um sich das Geld zu leihen. Aber er konnte nur etwa die
Hälfte des Kaufpreises zusammenbringen. Er sagte dem Apotheker, dass
seine Frau im Sterben lag, und bat ihn, das Mittel billiger abzugeben
oder ihn später bezahlen zu lassen. Aber der Apotheker lehnte ab. Heinz
geriet in Verzweiflung und brach in die Apotheke ein, um das Medi-

---

kament für seine Frau zu stehlen. Hätte der Ehemann das tun sollen? Warum?«

Kohlberg interessierte sich weniger für die Urteile als solche als für die *Begründung* der Urteile. Von den Argumentationen der Probanden ausgehend konstruierte er *drei Niveaus* des moralischen Urteils (▶ Tab. 7.1). Der Unterschied zwischen ihnen besteht in der *sozialen Perspektive*, aus der heraus ein Mensch andere Menschen wahrnimmt, ihre Gedanken und Gefühle interpretiert und ihre Rolle oder Stellung in der Gesellschaft beurteilt.

Tab. 7.1: Niveaus des moralischen Urteils (aus Kohlberg, 1995, S. 133)

Niveau des moralischen Urteils	soziale Perspektive
I. Präkonventionell	konkret-individuelle Perspektive
II. Konventionell	Perspektive eines Mitglieds der Gesellschaft
III. Postkonventionell	der Gesellschaft übergeordnete, universelle Perspektive

Jedes Niveau untergliedert sich in zwei Stufen, die andernorts ausführlich beschrieben sind (z. B. Lohaus & Vierhaus, 2019). Die Niveaus verändern sich mit zunehmender Fähigkeit zur Perspektivenübernahme und zunehmendem Wissen über ethische Prinzipien hin zu im moralischen Sinn immer besseren Urteilen: Auf dem präkonventionellen Niveau dominiert die eigene Perspektive (richtig ist, was die eigenen Bedürfnisse befriedigt), während sich auf dem konventionellen Niveau die Perspektive zunächst auf die engere Bezugsgruppe (z. B. Familie) und dann auf die Gesellschaft als Ganzes erweitert. Dieses Niveau ist typisch für Erwachsene. Auf der nur selten erreichten postkonventionellen Ebene wird die Perspektive von universellen Moralprinzipien (Gleichheit aller Menschen, Achtung vor der Würde der Person) eingenommen.

Das präkonventionelle Niveau soll die moralischen Vorstellungen von Kindern abbilden (wobei zu berücksichtigen ist, dass die jüngsten Teilnehmer aus Kohlbergs Studie zehn Jahre alt waren; s. o.). Sie sind jedoch noch nicht im eigentlichen Sinne als moralisch zu bezeichnen, da sich Kinder laut Piaget und Kohlberg bei ihrem Urteil an äußeren Gegebenheiten orientieren und das egoistische Motiv, die eigenen Interessen zu maximieren, dominiert.

7.2.3 Neuere Forschung zur moralischen Entwicklung

Aber sind Kinder wirklich so »unmoralisch«? In Kapitel 8.1.3 wird zur Entwicklung von Mitgefühl beschrieben, dass bereits Kinder im zweiten Lebensjahr spontan versuchen, einen traurigen Menschen zu trösten. Auch helfen Kinder in diesem Alter bereits anderen Personen, ohne dass sie dafür belohnt werden (vgl. Dahl, 2019; Warnecken & Tomasello, 2009). Zudem beurteilen Kinder Handlungen als moralisch richtig oder falsch, unabhängig davon, ob diese von Autoritäten belohnt oder bestraft werden. So gaben neunjährige Kinder in der Untersuchung von Keller (1996, zit. nach Keller, 2001) an, dass sie sich schlecht fühlen würden, wenn sie einem Freund gegenüber ein Versprechen nicht halten würden. Bei der Begründung spielten nicht etwaige Sanktionen, sondern die empathische Antizipation der Folgen für den Freund (Enttäuschung) eine Rolle. Noch jüngeren Kindern (vier, sechs und acht Jahre) wurden in der Studie von Nunner-Winkler (2005) verschiedene Geschichten vorgelegt, in denen sich ein Kind in einem moralischen Konflikt befindet. Es überlegt z. B., einem Kindergartenkameraden heimlich Süßigkeiten wegzunehmen, die es selbst furchtbar gerne isst. U. a. wurden die Kinder gefragt, ob man die Süßigkeiten nehmen darf oder nicht und warum. Fast alle Kinder gaben an, dass Stehlen falsch sei; nur ein kleiner Teil der beiden jüngeren Altersgruppen bezog sich dabei auf Sanktionen, die dem Kind drohen würden. Weit über die Hälfte der Vierjährigen nannte zur Begründung die Regel, dass man nicht stehlen darf, und mit zunehmendem Alter nahm die Zahl der Kinder zu, die die Tat mit Äußerungen wie »stehlen ist gemein« kommentierten (ein Überblick über Forschungsergebnisse zu noch jüngeren Kindern findet sich bei Thompson, 2009).

Turiel (1983, 2008) unterschied zwischen sozialen Konventionen und Moral: Im Bereich sozialer Konventionen (z. B. Tischmanieren, Art der

Begrüßung, Kleidung) orientieren sich Kinder an Regeln und Autoritäten, wohingegen moralisches Handeln durch Argumente wie Gerechtigkeit, das Wohl des Anderen, das Vermeiden von Schaden usw. begründet wird. In einer Studie mit Schulkindern im Alter zwischen sechs und zwölf Jahren stellte Turiel (2008) Fragen sowohl zu tatsächlichen als auch hypothetischen Vorkommnissen im moralischen (z. B. ein anderes Kind schubsen, ihm etwas wegnehmen, ein Geheimnis verraten) wie konventionellen Bereich (sich nicht in der Reihe anstellen, sich im Klassenzimmer an einen anderen Platz als den eigenen setzen). Es zeigte sich, dass mehr Kinder die moralischen Verfehlungen als schlecht beurteilten, auch wenn sie gebeten wurden, sich vorzustellen, dass es keine Regeln dazu gebe oder sie für den Lehrer akzeptabel seien. Argumente des Wohlergehens des Anderen oder der Gerechtigkeit wurden in Bezug auf moralische Probleme signifikant häufiger geäußert als im Hinblick auf die sozialen Konventionen.

Diese Studien zeigen, dass auch junge Kinder im Gegensatz zu den Annahmen von Piaget und Kohlberg keineswegs nur autoritätsorientiert urteilen, sondern ihr moralisches Denken am Wohlergehen der betroffenen Person orientieren. Weitere Studien (u. a. Hamlin et al., 2007) gingen der Frage nach, ob sich auch bei Säuglingen bereits Moralvorstellungen zeigen. Hierbei sahen die Kinder eine gute (hilfreiche) und eine böse Figur agieren und konnten sich hinterher eine von ihnen aussuchen. Die Autoren berichten, dass überzufällig häufig die gute Figur gewählt wurde. Allerdings gibt es Zweifel an der Replizierbarkeit der Befunde (Schlinghoff, Csibra & Tatone, 2020). Auch wenn es zum jetzigen Zeitpunkt keinen eindeutigen Beleg für eine »angeborene Moral« gibt, kann man dennoch davon ausgehen, dass frühe biologische Tendenzen existieren (▶ Kap. 7.2.4 und 8.1), die mit Umweltfaktoren (z. B. Erziehung, Modelllernen) bezüglich der moralischen Entwicklung interagieren (vgl. Lapsley & Carlo, 2014).

Wie aus den bisherigen Darstellungen deutlich geworden sein dürfte, ist die klassische Forschung zur sozialen Kognition überwiegend durch ein Interesse an *allgemeinen* Entwicklungsprozessen gekennzeichnet. Die Frage nach der Bereichsspezifität oder interindividuell unterschiedlichen Entwicklungsverläufen wird erst in den letzten Jahren häufiger gestellt (vgl.

Thompson, 2009). Dies soll abschließend am Beispiel des Denkens über Gerechtigkeit veranschaulicht werden.

7.2.4 Entwicklung der Aufteilungsgerechtigkeit

Mit Fragen der gerechten Aufteilung werden schon Kinder im Alltag konfrontiert. Seien es Spielsachen, ein leckerer Kuchen oder eine ofenfrische Pizza, stets muss im Falle der Gegenwart mehrerer Personen – z. B. im Kindergarten, bei einem Geburtstagsfest oder unter Geschwistern – entschieden werden, wie diese begehrten Güter gerecht verteilt werden. Drei Hauptprinzipien stehen hierbei zur Verfügung (Damon, 1977/ 1990): Man kann gleich aufteilen, die Person bevorzugen, die im Vergleich zu den anderen mehr geleistet hat (z. B. besser aufgeräumt, mehr geholfen ...), oder die, die bedürftiger ist. Findet bezüglich der Anwendung dieser Prinzipien eine Entwicklung mit zunehmendem Alter statt?

Klassische Arbeiten, wie die von Piaget (1932/1983) oder Damon (1977/ 1990), beschreiben Entwicklungssequenzen derart, dass Kinder je nach Alter unterschiedliche Gerechtigkeitsprinzipien bevorzugen: Zunächst das Gleichaufteilungs-, später das Leistungs- und schließlich das Bedürftigkeitsprinzip. Begründet wird diese Abfolge mit den unterschiedlichen kognitiven Anforderungen, die mit dem jeweiligen Prinzip verbunden sind: Während eine Gleichaufteilung die geringsten kognitiven Anstrengungen erfordert, ist für die Berücksichtigung unterschiedlich großer Leistung oder Bedürftigkeit die Anwendung des Proportionalitätsprinzips vonnöten. Bedürftigkeit wird laut Piaget und Damon später als die anderen Kriterien berücksichtigt, da auf sie geschlossen werden muss. Beide Autoren gehen also davon aus, dass Kinder bei Aufteilungsentscheidungen auf eine einzige Dimension *zentrieren*, die sich mit dem Alter ändert. Aufgrund des Alters kann man demnach voraussagen, wie ein Kind eine gegebene Aufteilung vornehmen wird. In der frühen Kindheit verfügen Kinder dabei noch über keinen eigenen Gerechtigkeitsbegriff, da sie laut Piaget (1932/1983) immer das gerecht finden, was Autoritäten sagen, bzw. laut Damon (1977/1990) egoistisch sind.

Dass dieser Standpunkt nicht mehr haltbar ist, zeigt eine Vielzahl von Arbeiten jüngeren Datums. Bereits Kinder unter zwei Jahren bevorzugen eine Person, die gleich aufteilt (Burns & Sommerville, 2014; Geraci & Surian, 2011) und erwarten eine Gleichaufteilung, wenn zwei Personen gleich viel gearbeitet haben (Wang & Henderson, 2018, Exp. 1; Ziv & Sommerville, 2017). Zwischen 3 und 8 Jahren nimmt die Präferenz für Gleichaufteilungen ab (Huppert et al., 2019; Schmidt et al., 2016).

Bezüglich des Beitragsprinzips wurde nachgewiesen, dass 17–21 Monate alte Kinder eine Verteilung erwarten, die sich an der geleisteten Arbeit orientiert (Sloane et al., 2012; Wang & Henderson, 2018, Exp. 2). Im Alter von 3 Jahren belohnen sie dann selbst auf der Basis des Beitrags und geben z. B. dem Kind mehr, das mehr geleistet hat (Baumard et al., 2012).

Die Orientierung am Bedürftigkeitsprinzip wurde erst bei etwas älteren Kindern nachgewiesen. So geben 4- und 5-, aber nicht 3-jährige Kinder armen Empfängern mehr als reichen (Paulus, 2014). Die Tendenz, Empfänger zu bevorzugen, die mehr beigetragen haben oder bedürftiger sind, steigt zwischen 4 und 11 Jahren (Cowell, 2019; Huppert et al., 2019; Rizzo & Killen, 2016; Schmidt et al., 2016).

Bis hierher lässt sich festhalten, dass Kinder schon früh die drei Verteilungsprinzipien Gleichaufteilung, Beitrag und Bedürftigkeit erkennen und sich an ihnen orientieren. Gleichaufteilungen werden ab einem Alter von 3 Jahren seltener; Beitrag und Bedürftigkeit demgegenüber häufiger als Aufteilungskriterium verwendet.

In den bisher geschilderten Studien wurde allerdings immer nur *ein* Kriterium vorgegeben. Im Alltag geht es jedoch häufig um Verteilungen zwischen Menschen, die sich sowohl im Hinblick auf ihre Bedürftigkeit als auch ihren Beitrag unterscheiden. Welche Leistungen soll z. B. der Staat Menschen zuteilen, die nicht arbeiten, aber dennoch bedürftig sind?

Um zu wissen, wie sich Menschen in solchen Situationen entscheiden, brauchen wir Studien, die Beitrag und Bedürftigkeit systematisch variieren und die Möglichkeit eröffnen, beide Kriterien *gleichzeitig* als Basis für Aufteilungsentscheidungen zu verwenden. Dies ist im Rahmen der Informationsintegrationstheorie möglich (▶ Kap. 6.1.3). Mehrere im deutschsprachigen Raum durchgeführte Studien (Kienbaum & Wilkening, 2009; Kienbaum, 2013; Kienbaum & Mairhofer, 2022) kamen dabei zu dem Schluss, dass Kinder ihre gerechten Verteilungen überwiegend entweder nur aufgrund der Bedürftigkeitsinformation treffen oder aber Bedürftigkeit und Beitrag gleichzeitig berücksichtigen, also integrieren. Im

Jugendalter dominiert die Integration der beiden Kriterien, wohingegen Erwachsene sich entweder nur am Beitragskriterium orientieren oder integrieren.

Die Entwicklungsabfolge, die sich aus dieser Studie ableiten lässt, ist eine ganz andere als die von Piaget oder Damon ermittelte: Das Bedürftigkeitskriterium scheint vor allem in der Kindheit die Grundlage für gerechte Verteilungsentscheidungen zu sein, wohingegen die Bedeutung des Beitrags, also der Leistung oder der Anstrengung, mit steigendem Alter zunimmt. Erklären ließe sich diese Entwicklungssequenz mit dem Hineinwachsen in die gesellschaftlichen Anforderungen der westlichen Industriestaaten, die der Leistung eine besonders große Bedeutung beimessen. Einschränkend ist jedoch anzumerken, dass die Bedürftigkeit in den geschilderten Studien über Dinge wie Bonbons oder Spielzeug – also nicht zwingend notwendige Ressourcen – operationalisiert wurde. Ob die Verteilungen anders aussehen würden, wenn es um existentielle Bedürfnisse wie z. B. Nahrung oder Wasser oder auch Zugang zu medizinischen Ressourcen gehen würde, steht noch einer empirischen Prüfung aus – genauso wie der Vergleich mit Kulturen jenseits der sog. WEIRD Staaten (Western, Educated, Industrialized, Rich, Democratic; Henrich et al., 2010).

7.3 Praxisthema: Förderung der moralischen Entwicklung

Lawrence Kohlberg hat sich auch mit der Frage der *Förderung* des moralischen Urteils beschäftigt. Aus seinen theoretischen Annahmen lassen sich verschiedene Fördermöglichkeiten ableiten (vgl. Schmidt-Denter, 2005, S. 242):

1. *Kognitive Stimulierungen.* Bedingungen, die die allgemeine intellektuelle Entwicklung fördern, schaffen Voraussetzungen für eine den höheren Stufen entsprechende moralische Argumentation.

2. *Möglichkeiten zur Rollenübernahme.* Soziale Erfahrungen, die Gelegenheit zur Perspektivenübernahme bieten, sind ebenfalls förderlich.

3. *Moralische Atmosphäre.* Die moralische Entwicklung eines Menschen kann ferner durch ein Milieu gefördert werden, das einen höheren moralischen Entwicklungsstand präsentiert als der, auf dem der Mensch sich aktuell befindet. So wurde z. B. ein Frauengefängnis zu einer »just community« gemacht. D. h., es wurde eine demokratische Selbstverwaltung durch Gemeinschaftsentscheidungen eingeführt, kombiniert mit Diskussionen über moralische Probleme (Kohlberg, Scharf & Hickey, 1972). Das Programm führte zu einer Förderung des moralischen Urteils und später auch zu Verhaltensänderungen (s. u., Gerechte Schulgemeinschaft).

4. *Kognitiv-moralische Konflikte.* Wenn die eigenen Urteile in Inhalt und Form vom Denken bedeutsamer Bezugspersonen abweichen, kann ein kognitiv-moralischer Konflikt entstehen, der zur Weiterentwicklung führt. Kohlbergs sogenannte »+1«-Konvention besagt, dass Heranwachsende dann am meisten profitieren, wenn sie mit einem Argument konfrontiert werden, das eine Stufe über derjenigen liegt, auf der sie sich gerade befinden (s. auch die »Zone der nächsten Entwicklung« von Wygotski, Kap. 1.3.3). Da in Gruppen wie z. B. Schulklassen natürlicherweise eine Mischung von Argumenten verschiedener Stufen auftritt, ist diese Bedingung in der Regel gegeben. Auf dieser Basis empfiehlt Kohlberg die Durchführung sogenannter *Dilemmadiskussionen.* Gemeint ist hiermit, dass in den Schulunterricht die Diskussion realer oder hypothetischer Dilemmata integriert wird, die in den Schülerinnen und Schülern einen Wertekonflikt auslösen. Als Beispiel soll das nachfolgende Dilemma dienen (▶ Kasten; aus Schuster, 2001, S. 207).

»Diese Geschichte erzählt von Paula. Paula ist acht Jahre alt und klettert sehr gerne auf Bäume. Sie ist sogar die beste Kletterin in der Nachbarschaft. Eines Tages fällt sie von einem Baum, verletzt sich aber nicht. Ihr Vater sieht den Sturz. Er ist besorgt und sagt ihr, sie solle ihm versprechen, nicht mehr auf Bäume zu klettern. Paula verspricht es und beide geben sich die Hand. Am gleichen Tag trifft Paula ihre Freundin Anna und andere Freunde. Annas süßes Kätzchen sitzt auf einem Baum und kommt nicht mehr alleine herunter. Es muss sofort etwas getan werden, denn sonst könnte das Kätzchen vom Baum fallen. Da Paula die beste Kletterin ist, fragen die Kinder sie, ob sie auf den Baum klettern könnte, um das Kätzchen zu retten. Doch Paula erinnert sich an das Versprechen, das sie ihrem Vater gegeben hat.«

Zentral ist das Konflikterleben; das unterrichtspraktische Ziel besteht in der intensiven Auseinandersetzung mit den Wertfragen und der argumentativen Verteidigung der Standpunkte. Wichtig ist dabei, dass der im Dilemma geschilderte Konflikt in der Gruppe emotionale Betroffenheit auslöst und die Schüler sich in eine Diskussion begeben, deren Ausgang offen ist. Die Lehrkraft soll sich dabei mit ihrer Meinung zurückhalten; sie ist nur eine unter vielen (Schuster, 2001). Genauere Schilderungen der Anwendung der Dilemmamethode in der Schule finden sich bei Lind (2003), Schuster (2001), Zierer (2006) sowie dem vom Landesinstitut für Schule und Weiterbildung (1995) herausgegebenen Sammelband.

5. *Gerechte Schulgemeinschaft.* Das umfassendste Konzept zur Förderung der moralischen Entwicklung stellt die Gerechte Schulgemeinschaft (engl.»just community«) dar, die im Folgenden in Anlehnung an die Darstellung von Oser und Althof (2001) beschrieben werden soll. Ziel dieser Schulgemeinschaft ist es, durch Beteiligung, Mitbestimmung und Verantwortungsübernahme die Schule zu einem»… Kernbereich demokratischen Verhaltens, prosozialen Handelns [und] moralischen Urteilens …« zu machen (Oser & Althof, 2001, S.237). Wie ist diese Schule aufgebaut?

Kernstück ist die *Gemeinschaftsversammlung*, an der alle in der Schule tätigen Personen, also Lehrkräfte, Schülerinnen und Schüler, Hausmeister und Sekretärinnen, teilnehmen. Dort werden aktuelle Themen (z. B. Diebstahl in der Schule, Beschädigung von Mobiliar, Zuspätkommen von Lehrkräften, Rauchen in den Toiletten, aber auch Verschönerung des Schulhofes, Planung eines Schulfestes u. Ä.) diskutiert und Beschlüsse gefasst. Sie findet in regelmäßigen Abständen während der Schulzeit statt. Die Leitung übernehmen Mitglieder der *Vorbereitungsgruppe*, die aus Lehrkräften und Schülern aller Klassen besteht. Die Vorbereitungsgruppe sammelt in den Klassen die Themen für die nächste Gemeinschaftsversammlung, bereitet die Tagesordnung vor und gestaltet den Ablauf. Ein drittes Organ ist der sog. *Vermittlungsausschuss*, in den amerikanischen Just Community-Schulen *Fairness Committee* genannt. Dieser Ausschuss achtet darauf, dass die Beschlüsse der Gemeinschaftsversammlung ausgeführt werden, und vermittelt im Streit zwischen Einzelnen oder Gruppen. Er berät aber auch, so dass die Schülerinnen und Schüler sich mit ihren Sorgen an ihn wenden können. Ziel ist, gemeinsam eine Lösung zu finden.

Eine weitere wichtige Komponente der Gerechten Schulgemeinschaft sind *fächerspezifische Dilemmadiskussionen* (s. o.). Sie sollten pro Klasse möglichst wöchentlich durchgeführt werden und können Themen aus den unterschiedlichsten Fächern (Deutsch, Religion, Sozialkunde, Geschichte, Biologie, Sport usw.) umfassen. Wichtig ist, dass ein Entscheidungskonflikt vorgegeben wird, in dem sich zwei Werte gegenüberstehen, die man beide nicht preisgeben möchte, von denen aber einer unweigerlich verletzt wird, wenn man sich für den anderen entscheidet. Ziel der Erziehung ist dabei die moralische *Entwicklung* der Schüler und nicht etwa die normalerweise in der Schule übliche Wissensvermittlung.

Für das Gelingen das Projekts »Gerechte Schulgemeinschaft« ist zentral, dass das Lehrerkollegium *begleitet* wird. Die Lehrkräfte müssen sowohl mit den theoretischen Grundlagen vertraut gemacht als auch bei den unvermeidlich auftretenden praktischen Schwierigkeiten beraten und unterstützt werden. Schulinterne Fortbildung und Beratung ist insofern ein Muss.

Die Prinzipien, durch die sich die Gerechte Schulgemeinschaft auszeichnet, sind zusammenfassend:

Diskussion realer Probleme. Die moralischen Probleme, die diskutiert werden, entstammen der Lebenswelt der Kinder und machen somit einen unmittelbaren Bezug sowie eine hohe Involviertheit wahrscheinlich.

Verbesserung des Verhältnisses von Urteil und Handeln. Das Verhältnis zwischen moralischem Urteil und Handeln ist weitgehend noch ungeklärt (Garz et al., 1999); häufig klaffen beide auseinander. In der Gerechten Schulgemeinschaft jedoch wird das zuvor intensiv diskutierte Urteil institutionell in Handeln umgesetzt, das Handeln wird also geübt und von anderen überprüft: Man muss zu seinem Wort stehen.

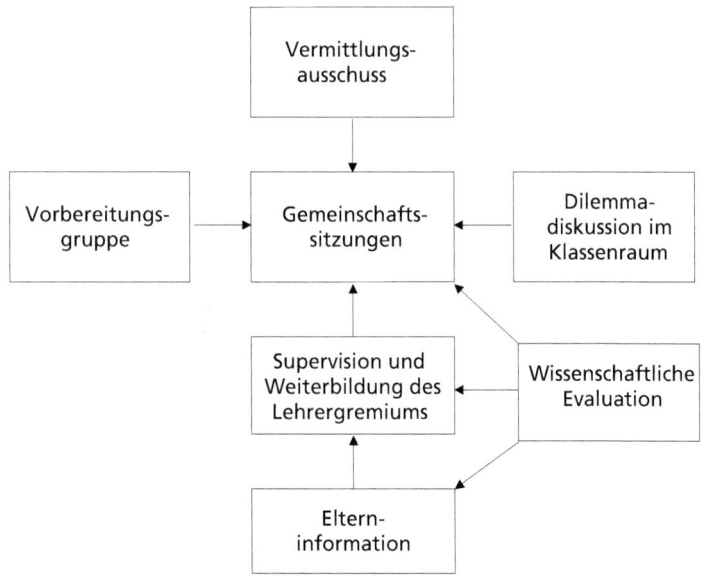

Abb. 7.2: Elemente der Struktur einer Gerechten Gemeinschaft (aus: Oser & Althof, 1992, S. 365; mit freundlicher Genehmigung der Autoren)

Entwicklung geteilter Normen. In Schulklassen werden häufig Regeln formuliert und anschließend über ein Plakat o. ä. visualisiert. Die Verhaltenswirksamkeit ist jedoch oft gering. In der Gerechten Schulgemeinschaft erhöht sich die Identifikation mit den Regeln dadurch beträchtlich, dass sie anhand konkreter Probleme *gemeinsam* diskutiert und für alle als verbindlich beschlossen werden.

»Abfälle des Lebens« als Eigenerfahrungen. Hierunter verstehen Oser und Althof den Prozess, Probleme, die normalerweise von Lehrkräften geregelt – also »aufgeräumt und weggekehrt« werden – zum Gegenstand gemeinsamer Lösungsprozesse zu machen. Als Beispiel führen die Autoren das Beschädigen von Mobiliar im Klassenzimmer an, auf das Lehrkräfte normalerweise mit Strafe reagieren. Aus Strafe jedoch »… erwächst selten Einsicht – es sei denn die Einsicht, sich beim nächsten Mal besser nicht erwischen zu lassen« (Oser & Althof, 2001, S. 242). Das gemeinsame Diskutieren des Problems eröffnet die Chance zu einer Lösungsfindung, die von allen Beteiligten akzeptiert wird.

Demokratisierung als soziales Prinzip und als Lernangebot. Im Kern wird hierunter eine »… wohldurchdachte Übergabe von Entscheidungsmacht an die Schüler« (Oser & Althof, 2001, S.242) verstanden. Nicht mehr die Schulleitung oder die Lehrkräfte allein, sondern die Gemeinschaft entscheidet, was wie diskutiert und umgesetzt wird.

Rollenübernahme praktizieren. Auf die Bedeutung der Rollenübernahme in Kohlbergs Modell der Entwicklung des moralischen Urteils wurde bereits hingewiesen. Im Rahmen der Gerechten Schulgemeinschaft ergeben sich vielfältige Möglichkeiten, die Motive, Intentionen, Gefühle und Handlungen anderer in Beziehung zu sich selber zu setzen und sie zu verstehen, nachzuvollziehen oder letztlich sogar zu akzeptieren.

Eine Welt möglicher sozialer Selbstwirksamkeit schaffen. In der Regel erfahren Schüler die Schule als einen Ort, den sie besuchen müssen und an dem sie nicht viel ändern können. Durch die Gerechte Schulgemeinschaft wird die Schule als beeinfluss- und veränderbar erlebt. Hieraus kann sich die Überzeugung entwickeln, dass nicht »alles egal« ist, sondern die Möglichkeit existiert, Ungerechtigkeiten zu beseitigen und Probleme zu lösen.

Zu-Mutung praktizieren. In der Gerechten Schulgemeinschaft trauen die Lehrkräfte es ihren Kindern zu, all die bereits genannten Fähigkeiten (Rollenübernahme, Diskussion, Entscheidung, Umsetzung von Gemeinschaftsentscheidungen in Handlungen) zu entwickeln. Oser und Althof vergleichen diesen Prozess mit dem einer sich selbst erfüllenden Prophezeiung, bei der solche Kinder höhere Leistungen entwickeln, von denen die Lehrer dies erwarten. Analog bekommen die Kinder die Chance zur moralischen Entwicklung, wenn der Erwartung Ausdruck verliehen wird, dass sie dazu in der Lage sind.

Diese Idee der Gerechten Schulgemeinschaft wurde im deutschsprachigen Raum v. a. in Deutschland und der Schweiz aufgegriffen (vgl. Dobbelstein-Osthoff et al., 1991; Oser & Althof, 2001). Die Ergebnisse der wissenschaftlichen Evaluationen zeigen, dass sich die moralische Atmosphäre an den Schulen positiv entwickelt hat und die moralische Urteilsfähigkeit merklich angestiegen ist. Die Lehrkräfte berichteten einen intensiveren Zusammenhalt untereinander sowie eine gestiegene Identifikation der Schüler mit der Schule.

Als interessantes »Nebenprodukt« sollte erwähnt werden, dass sich auch die Haltung der Schülerinnen und Schüler zum Lernen verbessert hat. Oser und Althof (2001) erklären dies damit, dass vermutlich »die zwischenmenschlichen Reibungsverluste im Klassenzimmer geringer geworden sind« (S. 257).

Zusammenfassung

Die Forschung zum Thema »Theory of Mind« befasst sich mit der Frage, ab wann Kinder verstehen, dass erlebte Wirklichkeit das Ergebnis eines mentalen Vorgangs ist, dass also die Welt so, wie sie ihnen erscheint, nicht auch allen anderen erscheint. Zwischen einem Alter von dreieinhalb bis spätestens fünf Jahren entwickeln Kinder üblicherweise einen bewussten Zugang zum subjektiven Denken und Fühlen Anderer. Auf impliziter Ebene gibt es sogar schon früher Hinweise auf diese Fähigkeit. Eine Ausnahme bilden autistische Kinder. Verschiedene Theorien erklären diese Entwicklung. Die Modularitätstheorie z. B. postuliert einen Mechanismus des Gehirns, dessen Reifung Fortschritte im Verständnis des subjektiven Erlebens Anderer bewirkt. Andere Autorinnen und Autoren betonen die Bedeutung des sozialen Umfeldes für diesen Prozess.

Die Entwicklung des moralischen Urteils vollzieht sich laut Piaget von der heteronomen zur autonomen Moral. Erstere ist dadurch gekennzeichnet, dass Kinder glauben, Autoritäten wie Gott oder die Eltern würden Normen festlegen und Abweichungen davon bestrafen. Kinder in diesem Stadium beurteilen ein Fehlverhalten nach den Konsequenzen – je gravierender diese ausfallen, desto »schlimmer« wird der Täter eingestuft. Die zugrundeliegenden Absichten oder Motive werden erst in der Phase der autonomen Moral berücksichtigt; hier orientiert die Person sich bei ihrem Urteil über Gut und Böse an den eigenen Wertmaßstäben.

Die Frage, wie man sich in moralischen Konfliktsituationen verhalten sollte und wie dies begründet wird, wurde von Kohlberg untersucht. Er entwarf auf der Grundlage von Dilemmadiskussionen ein Modell der moralischen Entwicklung, das aus drei Niveaus mit jeweils zwei Stufen besteht. Je nach Niveau wird eine unterschiedliche *soziale Perspektive* eingenommen. Während sowohl die Theorie von Piaget als auch die von Kohlberg Kinder eher als autoritätsgläubig und wenig moralisch darstellt, belegen neuere Forschungsarbeiten, dass schon Kinder im 1. Lebensjahr über moralisches Wissen verfügen und sich ihr moralisches Denken durchaus am Wohlergehen anderer orientiert. Am Beispiel der Entwicklung von Aufteilungsgerechtigkeit wird gezeigt, dass Kinder sich beim Treffen einer gerechten Aufteilung vor allem am Bedürftigkeitskriterium orientieren oder aber Bedürftigkeit und Leistung gleichzeitig berücksichtigen, also integrieren.

Die Förderung der moralischen Entwicklung kann über kognitive Stimulierungen, Möglichkeiten zur Rollenübernahme, die Schaffung einer moralischen Atmosphäre sowie die Konfrontation mit kognitiv-moralischen Konflikten geschehen. Dies wird umfassend in der »Gerechten Schulgemeinschaft« umgesetzt. Evaluationen belegen, dass ihre Durchführung sowohl die moralische Atmosphäre an den Schulen als auch die moralische Urteilsfähigkeit verbessert und zu einer Intensivierung des Zusammenhalts sowie einer höheren Identifikation der Schülerinnen und Schüler mit der Schule führt.

Empfohlene Literatur

Astington, J. W. (2000). *Wie Kinder das Denken entdecken.* München: Reinhardt.
Edelstein, W., Oser, F. & Schuster, P. (Hrsg.) (2001). *Moralische Erziehung in der Schule.* Weinheim: Beltz.

Lernfragen

1. Was versteht man unter der Theory of Mind und wie drückt sie sich im Säuglingsalter aus?
2. Warum ist die Theory of Mind auch im Erwachsenenalter noch wichtig? Überlegen Sie sich ein Beispiel!
3. Worin besteht nach Piaget der Unterschied zwischen heteronomer und autonomer Moral?
4. Worin unterscheiden sich die von Kohlberg postulierten drei Niveaus der moralischen Entwicklung?
5. Beschreiben Sie Studien, die die Behauptung Piagets und Kohlbergs, Kinder würden sich bei ihren moralischen Urteilen v. a. den Autoritäten Erwachsener unterordnen, widerlegen!
6. Ab wann verfügen Kinder über moralisches Wissen?
7. Findet bezüglich der Anwendung von Aufteilungskriterien eine Entwicklung statt? Unterscheiden Sie dabei zwischen den Ergebnissen klassischer und aktuellerer Studien.
8. Erläutern Sie die Grundprinzipien der Gerechten Schulgemeinschaft!

8 Emotion und Motivation

Neben allgemeinen Erläuterungen zu den psychologischen Konzepten Emotion und Motivation werden wir uns in diesem Kapitel mit der Entwicklung ausgewählter Emotionen (Scham, Mitgefühl) und Motivsysteme (Prosozialität, Leistungsmotiv) beschäftigen.

8.1 Emotion

Die Frage, was eine Emotion ausmacht, ist Gegenstand kontroverser Diskussionen, deren Darstellung den Rahmen dieses Kapitels sprengen würde (vgl. Ulich & Mayring, 2003). Wir konzentrieren uns daher auf Theorieansätze, die menschliche Emotionen als ein System verstehen, das sich im Laufe der Evolution zwischen die Wahrnehmung von Reizen aus der Umwelt und daraus folgendem Verhalten geschoben hat. Gegenüber fest ›verdrahteten‹ Reaktionen auf der Basis von Reflexen und Instinkten erhöht sich durch das Emotionssystem die Verhaltensflexibilität. Im Vergleich mit noch flexiblerem Verhalten auf der Basis von rein rationalen Erwägungen kann Verhalten jedoch noch immer sehr schnell erfolgen. Dies ist möglich, weil das emotionale System funktional darauf abgestimmt ist, was für den Organismus zu einem bestimmten Zeitpunkt im Hinblick auf seine Ziele und Bedürfnisse am wichtigsten ist und weil bestimmte Verhaltensweisen vorgebahnt sind (Brosch & Scherer, 2008). Damit besteht ein starker Zusammenhang zur Motivation, denn das Emotionssystem bewertet stetig, inwieweit eine aktuelle Situation der

Realisierung unserer Interessen dienlich ist (vgl. auch Holodynski & Oerter, 2012).

8.1.1 Das Komponenten-Prozess-Modell der Emotion und die Entwicklung der Scham

Während alltagspsychologisch Emotionen meist mit dem Erleben von Gefühlen gleichgesetzt werden, stellt dieses Erleben im Modell von Scherer (Brosch & Scherer, 2008; Scherer, 1990) nur eine von *fünf Komponenten* dar. Am Anfang einer Emotion stehen »*Appraisal-Prozesse*«, die sich über den gesamten zeitlichen Verlauf der Emotion fortsetzen. Aus der Innen- und Außenwelt eingehende Reize werden dabei im Hinblick auf vier zentrale Aspekte bewertet (Brosch & Scherer, 2008, S. 197): »(1) Relevanz: Wie relevant ist dieses Ereignis für mich? Betrifft es mich/ meine soziale Referenzgruppe? (2) Implikationen: Was sind die Implikationen oder Konsequenzen dieses Ereignisses, wie beeinflussen sie mein Wohlbefinden und meine unmittelbaren oder langfristigen Ziele? (3) Bewältigungspotential: Wie gut kann ich diese Konsequenzen bewältigen oder mich ihnen anpassen? (4) Normative Signifikanz: Wie wichtig ist dieses Ereignis in Bezug auf mein Selbstkonzept und soziale Normen und Werte?«

Eine zweite Komponente stellt die »*autonome Physiologie*« dar, die für die Regulation des organismischen Gleichgewichts (z. B. Atmung, Blutdruck, Stoffwechsel) und für die Bereitstellung der Energie für Handlungen zuständig ist. Die Komponente »*Handlungstendenzen*« steht für die Planung von Handlungen (z. B. Entscheidung über Ziele, Vermittlung bei konfligierenden Motiven), der »*motorische Ausdruck*« für die Kommunikation von Reaktionen und Intentionen und die Ausführung von Handlungen. Das »*subjektive Gefühl*« schließlich ergibt sich aus der Kontrolle/Reflexion des Zustandes der Subsysteme und der Aufmerksamkeit auf die für den Organismus bedeutsamen Bedingungen.

Die meisten Untersuchungen zu Emotionskomponenten liegen für einen sehr begrenzten Satz von bis zu zehn Emotionen vor, die alle oder teilweise als Basisemotionen bezeichnet werden. Die Bezeichnung entstammt der Annahme einiger Forscher, dass sich für diese Emotionen im

Laufe der Evolution distinkte organismische Verarbeitungsmuster herausgebildet haben, z. B. eine von Anfang an bestehende Konkordanz zwischen verschiedenen Komponenten – d. h. eine bestimmte Situationseinschätzung geht unmittelbar mit einem bestimmten Ausdruck und Gefühl einher (vgl. Ekman, 1992; zur Kritik vgl. Bischof, 1989). Für Magai (2008) zählen zu den Basisemotionen Interesse, Freude, Überraschung, Ekel, Verachtung, Ärger, Trauer, Furcht/Angst, Scham und Schuld. Im Folgenden wollen wir die Bedeutung der einzelnen Komponenten im Prozess anhand einer Emotion – der Scham – genauer untersuchen. Scham gilt als eine negative selbstbewertende Emotion, die in verschiedenen Formen auftritt, die eine »Emotionsfamilie« bilden (Barrett, 1995). Mitglieder einer Emotionsfamilie (z. B. Scham, Verlegenheit, Peinlichkeit) teilen bestimmte Ausprägungen in den Emotionskomponenten, wobei es nicht ein Merkmal gibt, das für alle Mitglieder gilt (vgl. Mascolo et al., 2003). Versuche, Emotionsfamilien auf der Basis von Begriffen einzuteilen, ergeben Übereinstimmungen, aber auch Unterschiede zwischen verschiedenen Sprachen bzw. Kulturen (Mascolo et al., 2003). Lewis unterscheidet in seiner entwicklungsorientierten Betrachtung Scham (»shame«) und zwei Arten von »embarrassment«, die man im Deutschen mit verschiedenen Begriffen wiedergeben könnte – »evaluative embarrassment« als Peinlichkeit und »exposure embarrassment« als Verlegenheit (vgl. Lewis, 2016).

Im Rahmen der *Appraisal-Prozesse* einer Person werden Situationen als beschämend oder peinlich bewertet, wenn diese zum Ergebnis kommen, dass die Person Werte einer Bezugsgruppe verletzt hat und dass dies von mindestens einem Mitglied dieser Bezugsgruppe wahrgenommen werden kann (Borg et al., 1988). Aus Berichten von Betroffenen wird deutlich, dass es, anders als bei der Emotion Schuld, um das Öffentlichwerden von Fehlverhalten oder Schwächen geht. Der Zusammenhang der Scham mit den Werten und der Wahrnehmung durch andere verweist sofort auf Ansatzpunkte für kulturelle Unterschiede, auf die wir hier nicht weiter eingehen können (vgl. Mascolo et al., 2003). Anders als Peinlichkeit kann Scham auch in Situationen auftreten, in denen die Person allein ist (Lewis, 2016). Man sollte aber davon ausgehen, dass Personen dann Bewertungen anderer bereits internalisiert haben.

In kognitiven Emotionstheorien (vgl. Barrett, 1995), auf die sich die Schamforschung bei Kindern hauptsächlich stützt, werden bestimmte

Entwicklungsvoraussetzungen für das Auftreten echter Scham oder Peinlichkeit genannt. Es geht dabei um (1) die Fähigkeit, sich als eigenständige Person zu erleben (Selbstobjektivierung), (2) das Verständnis von Regeln oder Gütestandards und (3) sich selbst als ein Objekt der Bewertungen anderer zu erleben. Lewis (2016) setzt an die Stelle von (3) die Verantwortungsübernahme für ein Verhalten, das gegen Standards verstößt.

Ab ca. eineinhalb Jahren können Kinder sich als eigenständige Person wahrnehmen (▶ Kap. 8.1.3). Lewis et al. (1989) finden bei solchen Kindern bereits Verlegenheit angesichts der bloßen Aufmerksamkeit anderer Personen. Eine Verletzung von Standards ist damit bei »exposure embarrassment« nicht notwendig (Lewis, 2016). In der Forschung zu frühen Schamreaktionen werden experimentell häufig leistungsthematische Situationen untersucht; entsprechende Ergebnisse werden deshalb später im Zusammenhang mit der Leistungsmotivation erläutert (▶ Kap. 8.2.1).

Schuhrke (1999) hat in 41 Familien eine der wenigen Untersuchungen zur Körperscham von Vier- bis Neunjährigen durchgeführt. In Interviews berichten Eltern von ersten Episoden ab drei Jahren, den meisten Eltern fallen körperbezogene Schamgefühle jedoch erstmals mit vier bis fünf Jahren auf, und bis zum Alter von sieben Jahren sind sie bei fast allen Kindern vorhanden. Das etwas spätere Einsetzen der Körperscham im Vergleich zur Leistungsscham oder auch moralischen Scham könnte damit zusammenhängen, dass manche der hier geltenden Regeln oder Standards vergleichsweise komplex sind. So ist z. B. Nacktheit oder die Anwesenheit anderer Personen beim Toilettengang unter Familienmitgliedern vielfach akzeptiert, seltener jedoch unter Fremden. Anders als in experimentellen Studien muss man auch Erinnerungsmängel der Eltern als mögliche Erklärung berücksichtigen. Das große Spektrum der Altersangaben lässt sich wahrscheinlich auch dadurch erklären, dass es sich vielfach nicht wirklich um Scham oder Peinlichkeit handelt, sondern um Verlegenheit.

In einem Puppenspiel wurden mit denselben Kindern für Körperscham relevante Szenen aus dem kindlichen Alltag gespielt (z. B. Toilettengang mit Freundin, Baden im Garten vor Fremden) und der verbale und nonverbale Ausdruck ausgewertet. Hier konnten auch Dimensionen von Schamregeln aufgezeigt werden. Kinder differenzieren nach dem Vertrautheitsgrad, vor allem zwischen Kernfamilie und anderen Personen und nach der Stärke des Eingriffs in ihre körperliche Sphäre, ob es nur um Gesehenwerden oder auch um Berührungen geht (Schuhrke, 2005). Während die meisten Studien mit Kindern sich auf den nonverbalen Ausdruck stützen und davon auf deren emotionales Erleben schließen, werden in manchen Fällen auch verbale Reaktionen auf bildlich oder sprachlich vermittelte Geschichten genutzt. Ein volles Verständnis und evtl. ein volles Erleben selbstbewertender Emotionen in einem erwachsenen Sinn tritt danach erst mit ca. sieben bis acht Jahren auf. Dann haben Kinder einen neuen Schritt in ihrer kognitiven Entwicklung gemacht. Sie können zwei Aspekte sozialer Realität einbeziehen, wenn in einem Versuch ein Szenario zur Peinlichkeit vorgestellt wird, bei dem ein Kind bei einer Theateraufführung seinen Text vergessen hat. Ältere Kinder machen eine Aussage zum Verstoß gegen einen Standard (z. B. Das Kind hat etwas Dummes gemacht, es hat seinen Text vergessen) und eine weitere zu einer sozialen Bewertung (z. B. Die Zuschauer würden denken, ich bin dumm). Jüngere Kinder nennen in der Regel nur den Aspekt des Verstoßes gegen einen Standard (Griffin, 1995).

Seit Langem wird versucht, einzelnen Basisemotionen *neurophysiologische* Muster zuzuordnen. Gesucht wurde bei Maßen, die für die Aktivität des autonomen Nervensystems stehen (z. B. Pulsrate, Hautwiderstand), bei den muskulären Grundlagen der Mimik und bei der zentralnervösen Aktivität. Neurobiologisch sind selbstbewertende Emotionen bei Erwachsenen besonders mit einer Aktivierung im Bereich der Frontal- und Temporallappen verbunden (Michl et al., 2014; ▶ Kap. 2.2, 2.3.4). Lewis und Ramsay (2002) fanden bei Vierjährigen einen starken Anstieg des Stresshormons Cortisol bei Scham und Peinlichkeit, der auch mit der Stärke des individuellen Ausdrucks dieser Emotionen zusammenhing.

Nahezu alle Emotionszustände haben deutliche *motivationale Auswirkungen*. Für Frijda (1986) ist es geradezu ein Definitionsmerkmal von Emotionen, dass sie mit Aktionsbereitschaften (action readiness) in Bezug auf bestimmte Person-Umwelt-Konstellationen verbunden sind. Für Scham gilt:»Shame implies, that one is to blame, and mostly in relation to moral standards; action readiness can be one that corresponds to mere suffering, or to trying to escape from suffering, or to submission to those who blame« (Frijda 1986, S. 73). Inwieweit Scham eine eigene Aktionsbereitschaft zukommt, ist umstritten. Bei der Aktionsbereitschaft liegen

Überschneidungen zur Angst nahe; Scham wird oft auch als soziale Angst betrachtet (vgl. Leary & Kowalski, 1995). Es kommt jedoch weniger zur Flucht als zu dem im Tierreich häufiger beobachteten Erstarren. Scham drückt sich vor allem im Nichthandeln aus und das Entkommen erfolgt unmittelbar durch den für Scham typischen Abbruch des Blickkontaktes. Manche Forscher sehen eine für Scham typische Handlungsbereitschaft im Verbergen. Bei der Körperscham zieht dies schon präventiv weite Kreise, die kulturell und individuell unterschiedlich ausfallen. So variieren z. b. weibliche Bekleidungsvorschriften zwischen der Genitalschnur brasilianischer Ureinwohnerinnen und dem Ganzkörperschleier muslimischer Frauen. Auch die Eltern in der Studie von Schuhrke (1999) erkennen eine Schamhaftigkeit ihrer Kinder häufig an schampräventivem Verhalten und nicht an der eigentlichen Emotion (s. nachfolgendes Beispiel). Wurmser (2001) meint, dass eine Schamangst bereits im Vorfeld signalisiert, dass wirkliche Beschämung drohen könnte.

Eine Mutter berichtet im Interview über das Einsetzen der Scham bei ihrer ältesten Tochter (Schuhrke, 1999, S. 69):

M: Na ja, das war schlichtweg immer, wenn sie sich vor Leuten ausziehen sollte, also angefangen von der Kinderärztin, wo sie sich dann etwas geziert hat, dann im Schwimmbad ganz extrem. Sie ist dann, wenn ich mich recht erinnere, damals nicht einmal ohne Bikinioberteil herumgelaufen …

M: Also das war damals extrem. Da musste man ihr immer ein Handtuch halten, wenn sie ihren Bikini gewechselt hat, oder sie ging hinter die Liege oder irgend so etwas und wollte sich nicht einmal vor ihren Kindergartenfreunden ausziehen oder – genau, jetzt weiß ich es wieder – dann sind sie irgendwann einmal mit dem Kindergarten ins Schwimmbad gegangen und da wollte sie partout nicht mitgehen – bis ich dann darauf gekommen bin, dass sie nicht mitwollte, weil sie ihren Bikini hätte anziehen müssen, im Schwimmbad im Freien.

M: Ja, ja. Da haben wir den Bikini zu Hause angezogen, dann war die Sache erledigt.

M: Also ich kann das – ich denke so ab Fünfeinhalb.

Die Ausdrucks- und die motivationale Komponente hängen eng zusammen, wenn man unter Ausdruck auch instrumentelle Handlungen einschließt. Deshalb werden die beiden Komponenten in anderen Ansätzen auch oft zusammengefasst (vgl. Mascolo et al., 2003). Obwohl meist das Erröten als besonders typisches *Ausdrucksmerkmal* von Scham gilt, ist es doch vor allem die Blickvermeidung bei gleichzeitig gesenktem Kopf, die auch der Handlungstendenz und dem Erleben bei der Scham entspricht. Andere bei Kindern gefundene Ausdrucksmerkmale, die z. T. auch eher mit Verlegenheit, Peinlichkeit oder Unterordnung assoziiert werden, sind das mit einem gesenkten Blick kombinierte Lächeln, Lippenbeißen, Körperberührungen oder eine zusammengesunkene Haltung (vgl. Geppert, 1997; Lewis, 2016).

Holodynski (2005) unterscheidet eine direkte und eine semiotische oder Zeichenfunktion des Ausdrucks in der kindlichen Handlungsregulation. Durch Blickabwendung kann eine Abkoppelung von Umweltinformationen stattfinden, wodurch anspruchsvollere kognitive Tätigkeiten und Erinnerungsprozesse erleichtert werden (Glenberg et al., 1998). Bei der Scham könnte die Blickabwendung helfen, das beurteilende Publikum auszublenden und Auswege aus der Situation zu finden. Die semiotische Funktion zeigt sich in der kommunikativen Wirkung des Schamausdrucks. Er signalisiert den Interaktionspartnern, dass die sich schämende Person ihr Fehlverhalten erkannt hat. Mütter reagieren weniger strafend auf eine Missetat, wenn ihre Kinder peinlich berührt wirken (Semin & Papadopoulou, n. Miller, 1995). Damit erfüllt sich die evolutionäre Funktion der Scham: Das Individuum wird trotz seines Fehlverhaltens nicht aus der sozialen Bezugsgruppe ausgeschlossen und kann weiter mit ihrer überlebenswichtigen Unterstützung rechnen (vgl. Schuhrke, 2020).

Etwa ab dem sechsten Lebensjahr kommt es zu einer Verlagerung des emotionalen Ausdrucks auf eine mentale Ebene. Dies ermöglicht das Entstehen einer privaten Welt, wenn im Ausdruck nicht wie in einem offenen Buch gelesen werden kann. Für eine Internalisierung und gegen eine reine Kontrolle vor anderen Personen spricht, dass die »Ausdrucksminiaturisierung« vor allem in Alleinsituationen einsetzt (Holodynski, 2005).

Für das individuelle Erleben der Emotion – die *Gefühlskomponente* – werden in klassischen Theorien der Emotionspsychologie zwei Aspekte als

bedeutsam angesehen – einerseits die Bewertung, die das emotionsauslö-
sende Ereignis erfahren hat (s. o., appraisal), andererseits die Wahrnehmung der eigenen peripheren körperlichen Veränderungen, die unter der
Ausdruckskomponente beschrieben wurden (vgl. Zimbardo & Gerrig,
2004). Im Zusammenhang mit Scham werden bei Erwachsenen Hitzege-
fühl, Beschleunigung oder Senkung der Herzschlagfrequenz, Anspannung
und Erregung genannt (vgl. Wallbott & Scherer, 1989; Barrett & Campos,
1987; Wicker et al., 1983). Zu den Erlebensmerkmalen bei Scham gehört
auch eine vorübergehende Einschränkung der kognitiven und sprachlichen Funktion (Schuhrke, 2003).

Die Komponentensysteme der Emotion haben einerseits eine gewisse
Unabhängigkeit, andererseits regulieren sie sich wechselseitig im Verlauf
einer Emotion. So beeinflusst das wahrgenommene Gefühl der Scham
wiederum den Bewertungsprozess der Situation, und der Verlauf kann sich
in verschiedene Richtungen wenden: Die wahrgenommene Abwertung
durch andere Menschen und die für Scham typische unerträgliche Selbst-
abwertung können mit der Hilfe anderer und ihrem reintegrierenden,
unterstützenden Verhalten bewältigt werden. Bekannt ist jedoch, dass
Scham oftmals in Wut und Aggression gegen die demütigenden Anderen
umschlägt (Scham-Wut-Spirale). Auch auf diese Weise kann die Person
wieder Kontrolle über die Situation erlangen (vgl. Tangney et al., 1992).

Im folgenden Abschnitt werden wir uns nun mit einer weiteren Emotion, dem Mitgefühl, beschäftigen. Das Mitgefühl eignet sich besonders
gut, um den motivationalen Aspekt einer Emotion zu veranschaulichen, da
aus Mitgefühl im Allgemeinen der Wunsch zu trösten entsteht. Von der
Frage, wie sich diese Fähigkeit in der Kindheit entwickelt, handeln die
folgenden Teile des Kapitels.

8.1.2   Mitgefühl und Tröstbereitschaft

Wie reagiert ein Kind, wenn es Zeuge von Kummer wird? Die beobachtbaren interindividuellen Unterschiede sind groß: Während das eine Kind
sich spontan anrühren lässt und tröstet, empfindet ein anderes vor allem
Anspannung und Unwohlsein, wohingegen sich ein drittes schlicht ab-
wendet und anderen Tätigkeiten nachgeht oder sogar Schadenfreude zeigt.

Empirische Belege für diese interindividuellen Unterschiede stammen aus verschiedenen Quellen: So berichtet bereits Murphy (1937), dass von den 70 zwei- bis vierjährigen Kindern ihrer Beobachtungsstudie 18 niemals Mitgefühl zeigten. Sawin (1980, zit. nach Radke-Yarrow et al., 1983, S. 483) kam aufgrund seiner Beobachtungen an Drei- bis Siebenjährigen in Kindertagesstätten zu folgenden Zahlen bezüglich der Reaktionen von Kindern, die sich in der Nähe eines weinenden Kindes befanden: 7 % zeigten keine Reaktion, 17 % versuchten zu trösten, beinahe 50 % zeigten einen betroffenen Gesichtsausdruck, 10 % holten einen Erwachsenen, 5 % bedrohten den Verursacher des Kummers, aber 12 % zogen sich zurück und 2 % waren explizit »unsympathetic«, zeigten also keinerlei Mitgefühl.

Mitgefühl (im Englischen »sympathy«) wird definiert als affektive Reaktion, die von der Wahrnehmung des emotionalen Zustandes eines anderen stammt und durch auf den anderen orientierte Gefühle von Betroffenheit und Bedauern charakterisiert ist (Eisenberg et al., 1989, S. 42). Es ist damit zu unterscheiden von Empathie, dem allgemeinen *Einfühlungsvermögen*, das offen lässt, ob ein Zustand des Bedauerns, des Unwohlseins (»distress«) oder gar der Schadenfreude aus dieser Einfühlung resultiert (Kienbaum, 2014b; Kienbaum, 2023a). Mitgefühl gilt allgemein als motivationale Basis für prosoziale Verhaltensweisen im Sinne von Trösten (Eisenberg et al., 2015; Kienbaum, 2003).

8.1.3 Allgemeine Entwicklung von Mitgefühl und Tröstbereitschaft

Als Vorläufer für Empathie und Mitgefühl gilt die sogenannte »Gefühlsansteckung« (Bischof-Köhler, 2000b). Darunter fallen Reaktionen wie z. B. der reaktive Neugeborenenschrei; Säuglinge reagieren auf das Schreien eines anderen Babys ebenfalls mit Weinen, wohingegen ihre Reaktion bei andersartigen Lauten gleicher Phonstärke deutlich schwächer ausfällt. Dies konnte in verschiedenen Studien nachgewiesen werden (Sagi & Hoffman, 1976; Simmer, 1971). Der Prozess des »Sich-anstecken-Lassens« vom Gefühl eines anderen, bei dem der emotionale Zustand eines anderen vom Kind Besitz ergreift, ohne dass es sich der Herkunft dieses Gefühls bewusst wird, kennzeichnet das ganze erste Lebensjahr. Erst danach entwickelt sich ein Bewusstsein dafür, dass »Selbst« und »Anderer« im psychischen Sinne zu unterscheiden sind, dass also die fraglichen Gefühle in der anderen Person und nicht im Kind selber entstanden sind. Diesen Prozess der Ausbildung einer psychischen Grenze, die es erlaubt, eigenes Erleben von dem eines anderen abzugrenzen, bezeichnet Bischof-Köhler (2000b, S. 143) als »Selbstobjektivierung«. Der Nachweis für diese Fähigkeit wird üblicherweise erbracht, indem überprüft wird, ob Kinder sich im Spiegel erkennen (Rouge-Test, Amsterdam, 1972). Im Alter von etwa 1,5 Jahren ist diese Fähigkeit in der Regel vorhanden.

Bischof-Köhler (2012) untersuchte den Zusammenhang zwischen Selbsterkennen und Mitgefühl bei mehr als 120 16 bis 24 Monate alten Kindern. Sie fand heraus, dass nur diejenigen, die sich im Spiegel erkannten, einer traurigen Spielpartnerin gegenüber Mitgefühl und Hilfsbereitschaft zeigten. Damit hat sie einen eindrucksvollen Nachweis für die Ich-Andere-Unterscheidung als kognitiver Voraussetzung von Empathie und Mitgefühl geliefert. In jüngster Zeit wird diskutiert, ob diese Unterscheidung schon früher auftritt als bisher angenommen und der Rouge-Test evtl. eine zu anspruchsvolle Prüfung darstellt (Davidov et al., 2013; Eisenberg et al., 2015; Jensen et al., 2014; Kienbaum, 2014a; Roth-Hanania et al., 2011). Neueste längsschnittliche Forschungsergebnisse sprechen jedoch für die Modelle, die von einer Entstehung des Mitgefühls im zweiten Lebensjahr ausgehen (Paulus, 2023).

Ein Modell, das die Entwicklung empathischer Betroffenheit über die ersten beiden Lebensjahre hinaus beschreibt, stammt von Martin Hoffman (2000). Auf den reaktiven Neugeborenenschrei (s. o.) folgt in Hoffmans Theorie das »egozentrische empathische Unbehagen« (»egocentric empathic distress«). Bei diesem Reaktionstyp, der typischerweise gegen Ende des ersten Lebensjahres auftritt, fangen die beobachtenden Kinder immer noch selber an zu weinen, versuchen aber den Kummer zu bewältigen, indem sie z. B. eine Bezugsperson aufsuchen, um sich trösten zu lassen. Sie sind noch nicht in der Lage, eine Unterscheidung zu treffen zwischen dem, was jemand anderem, und dem, was ihnen selbst zustößt.

Auch das »quasi-egozentrische empathische Unbehagen«, das ein bis zwei Monate später auftritt, ist noch durch eine Instabilität der Ich-Andere-Unterscheidung gekennzeichnet. Kinder am Anfang des zweiten Lebensjahres verstehen noch nicht, dass ihre eigenen inneren Zustände sich von denen anderer unterscheiden (▶ auch Kap. 7.1, »Theory of Mind«). In der Folge kommt es häufiger zum Versuch, als Hilfeleistung das zu tun, was ihnen selber Trost spenden würde (z. B. den eigenen Teddy anbieten).

Ungefähr in der zweiten Hälfte des zweiten Lebensjahres erreichen die Kinder dann das nächste Niveau, von Hoffman *»echtes empathisches Unbehagen«* (»veridical empathic distress«) genannt. Die Kinder sind jetzt zu der oben beschriebenen Selbstobjektivierung fähig und verstehen, dass das Gefühl des Kummers in dem anderen entstanden ist und nicht in ihnen selber. Hier ist das Bewusstsein, dass sich die Gefühle anderer von den eigenen unterscheiden, voll entwickelt. Mit der sprachlichen Entwicklung sind die Kinder nicht mehr nur auf Hinweisreize des Ausdrucks angewiesen – d. h. sie müssen nicht mehr unmittelbar Zeuge des Kummers werden –, sondern können die Emotionen anderer ebenfalls aufgrund symbolischer Hinweisreize ableiten. Dies ermöglicht eine empathische Betroffenheitsreaktion auch auf komplexere Emotionen wie Enttäuschung und Gefühle des Vertrauensbruchs.

In der späteren Kindheit, ab ca. acht bis zehn Jahren, sind Kinder dann auch zum *»empathischen Unbehagen über die Situation hinaus«* (»empathic distress beyond the situation«) fähig. Ihnen wird bewusst, dass die Gefühle des anderen evtl. auch über die aktuelle Situation hinausgehen. Empathische Betroffenheit kann nun auch ohne konkrete Hinweisreize entstehen; evtl. sogar für ganze Personengruppen. Nach Hoffmans Modell sollte also die empathische Reaktionsbereitschaft mit dem Alter zunehmen, da das Individuum zunehmend in der Lage ist, mehr und abstraktere Lebenssituationen zu verstehen und mit den davon betroffenen Menschen mitzufühlen.

Über den Zeitraum zwischen drei und acht Jahren macht Hoffman keine Angaben. Aus Studien zur Entwicklung des Emotionswissens ist jedoch bekannt, dass verschiedene Komponenten, wie beispielsweise das Erkennen von Emotionen in der Mimik, das Verstehen der Emotionsperspektive eines anderen (▶ Kap. 7.1, Theory of Mind) oder das Verständnis dafür, dass sich Emotionen verändern können, in dieser Altersspanne zunehmen (Janke, 2008).

Hoffman selbst hat sein Modell nicht empirisch geprüft. Die Annahme eines graduellen Übergangs von starker Selbstbezogenheit zu einer empathischen Betroffenheit für andere in der frühen Kindheit wird z. B. bestätigt durch die Studie von Zahn-Waxler et al. (2001), in der längsschnittlich eine Zunahme von empathischer Betroffenheit und prosozialem Verhalten von 14 Monaten bis zu einem Alter von drei Jahren gezeigt werden konnte. Empirische Belege für eine weitere Zunahme von Mitgefühl und prosozialem Verhalten im Verlauf der Kindheit liefern Eisenberg et al. (2015, S. 614), Kienbaum (2014a; 2023b; Kienbaum, Zorzi & Kunina-Habenicht, 2019) sowie Malti et al. (2013). Alle Autorinnen weisen aber auch darauf hin, dass stabile interindividuelle Unterschiede zwischen den Kindern zu bestehen scheinen (s. u.).

Einen anderen Standpunkt vertritt Hay (1994). Sie postuliert, dass sich prosoziale Aktivitäten ab einem Alter von ungefähr zwei Jahren *verringern*; hilfreiches Verhalten wird ihrer Ansicht nach von da an zu manchen, aber nicht allen Gelegenheiten, und einigen, aber nicht allen potentiellen Empfängern gegenüber gezeigt. Es verliert den Charakter eines sozialen Impulses und erhält den einer überlegten Entscheidung. Denn obwohl sich die kognitiven Voraussetzungen für effektive Hilfeleistungen mit dem Alter des Kindes verbessern, entwickeln sich gleichzeitig Tendenzen, die das Auftreten von mitfühlenden und hilfreichen Verhaltensweisen hemmen. So geraten die vormals spontanen Impulse z. B. unter die Kontrolle von Regeln, die bestimmen, wer wann wofür Mitgefühl verdient und somit den Kreis der »Hilfeberechtigten« einschränken (vgl. Caplan, 1993; Hay, 1994). So konnten Volland et al. (2004) nachweisen, dass Kinder im Alter von vier bis acht Jahren eher einem Rezipienten Hilfe anbieten, der über folgende Merkmale verfügt: sein erlittener Schaden ist groß, es liegt kein Eigenverschulden vor, das Kind ist jünger und vertraut. Auch Reziprozität wirkte sich positiv aus: Einem Kind, das auch schon einmal geholfen hatte, wurde eher Hilfe angeboten. Mit steigendem Alter der Kinder nahm der Einfluss der Rezipientenmerkmale zu.

Insgesamt scheint das Lebensalter also bestenfalls ein schwacher Prädiktor für die Entwicklung mitfühlend-tröstenden Verhaltens zu sein. Neben dem oben beschriebenen allgemein-entwicklungspsychologischen Verlauf findet nämlich auch eine *differenzielle* Entwicklung statt, die dadurch gekennzeichnet ist, dass manche Kinder deutlich mehr mitfühlend-tröstende Reaktionstendenzen zeigen als andere. Kienbaum (2014a; 2023b; Kienbaum et al., 2019) fand heraus, dass das Niveau des Mitgefühls von Kindern zum Zeitpunkt des letzten Kindergartenjahres bis zum Ende des zweiten Schuljahres stabil blieb. Weniger mitfühlende Kinder blieben also weniger mitfühlend und umgekehrt. Damit scheinen sich schon vor dem Schuleintritt interindividuelle Unterschiede zwischen den Kindern auszubilden, die in der Folge eher stabil bleiben. Wie lässt sich die Entstehung dieser Unterschiede erklären?

8.1.4 Differentielle Entwicklung von Mitgefühl und Tröstbereitschaft

In der Literatur werden verschiedene Faktoren zur Erklärung interindividueller Unterschiede angeführt. Ein erster Schwerpunkt gilt dabei der Frage nach der Bedeutung biologischer Faktoren. Die klassische Methode, um das Verhältnis von »Anlage« und »Umwelt« (▶ Kap. 1) bezüglich eines Persönlichkeitsmerkmals zu bestimmen, sind Vergleichsstudien zwischen ein- und zweieiigen Zwillingen. Der zugrundeliegende Gedanke ist dabei, dass eine höhere Übereinstimmung zwischen eineiigen im Vergleich zu zweieiigen Zwillingen für einen genetischen Einfluss auf das interessierende Merkmal spricht.

Knafo und Uzefovsky (2013) kommen aufgrund einer Meta-Analyse von Zwillingsstudien zu dem Schluss, dass genetische Faktoren von mäßiger Bedeutung für die Ausprägung des Mitgefühls sind. Pragmatisch scheint es aufgrund dieser Daten das Naheliegendste zu sein, von einer biologischen Prädisposition zu Mitgefühl und prosozialem Verhalten auszugehen, die aber breiten Raum für Einflüsse vonseiten der Umwelt lässt. Von diesen soll im Folgenden die Rede sein.

Umweltfaktoren können auf sehr verschiedenen Ebenen analysiert werden; eine davon ist die kulturelle. Reaktionen fünfjähriger Kinder auf den Kummer einer nicht zur engeren Bezugsgruppe gehörenden Person untersuchten Kienbaum (1993, 1995) im deutsch-sowjetischen Kulturvergleich sowie Trommsdorff et al. (2007) bei Kindern aus Deutschland, Israel, Indonesien und Malaysia. Die Kinder wurden im Hinblick darauf beobachtet, wie sie auf die simulierte Traurigkeit einer studentischen Spielpartnerin reagierten. In beiden Studien erwiesen sich die Kinder aus den westlichen im Vergleich zu den nicht-westlichen Kulturen als hilfsbereiter, und in beiden Studien wurde dem Statusunterschied zwischen

Kind und studentischer Spielpartnerin eine zentrale Rolle bei der Erklärung dieses Ergebnisses eingeräumt. Der Unterschied zwischen den deutschen und den sowjetischen Kindern ging vor allem auf die Mädchen in beiden Gruppen zurück. Hier zeigte sich bei einer Analyse der mütterlichen Erziehungstheorien, dass die sowjetischen Mütter großen Wert auf Anpassung und Gehorsam legten und vor allem ihre Töchter als »brav« und wenig verantwortlich für ihre Handlungen ansahen. Diese Sichtweise könnte der Grund dafür sein, dass die sowjetischen Mädchen nicht in der Lage waren, in einer eher ungewohnten Situation – eine junge Erwachsene, die normalerweise zur Gruppe der Autoritätspersonen gehört, zeigt offen ihren Kummer – aktiv zu werden, da sie nie die notwendigen Handlungskompetenzen einüben konnten (Kienbaum & Trommsdorff, 1999; Ulich et al., 1999). Diese Wahrnehmung einer erwachsenen Bezugsperson als Autorität bestätigte sich auch in einer Analyse des Verhaltens der Kinder gegenüber der Studentin in einer freien Spielsituation: Hier erwiesen sich die sowjetischen im Vergleich zu den deutschen Mädchen als deutlich gehemmter. Weitere Analysen zeigten einen signifikanten Zusammenhang zwischen Verhaltenshemmung und Mitgefühl: Je gehemmter ein Mädchen sich verhalten hatte, desto weniger Mitgefühl zeigte es anschließend in der Kummersimulation (Kienbaum, 1993).

Trommsdorff et al. (2007) weisen im Hinblick auf die von ihnen untersuchten Kulturen darauf hin, dass es den Kindern möglicherweise darum ging, der Spielpartnerin einen Gesichtsverlust zu ersparen, indem sie so taten, als sei nichts geschehen. Beide Studien weisen auf die Bedeutung von Kind-Kontext-Interaktionen im Rahmen unterschiedlicher kultureller Umwelten hin.

Die am häufigsten gewählte Strategie zur Analyse von Umweltfaktoren stellen Studien dar, die Sozialisationseinflüsse innerhalb einer Kultur, und hier fast ausschließlich im Rahmen der Mutter-Kind-Interaktion, untersuchen (Eisenberg et al., 2015, S. 626–632). Diese Ergebnisse zusammenfassend lässt sich festhalten, dass ein familiäres Klima, das durch Wärme, Unterstützung und sichere Bindungsmuster (▶ Kap. 5) gekennzeichnet ist, in dem die Eltern prosoziale Modelle darstellen und ihrem Kind vermitteln, dass es ohne Scham traurig oder ängstlich sein darf, gleichzeitig aber andere Menschen nicht verletzen soll, die Wahrscheinlichkeit der Entwicklung einer mitfühlend-tröstenden Disposition bei Kindern erhöht.

Eher selten sind Studien, die neben der Bedeutung der Mutter auch Sozialisationseinflüsse im Rahmen der Beziehungen zwischen Kindern und außerfamiliären Bezugspersonen untersuchen. Auch wurde die Rolle von kindlichen Persönlichkeitseigenschaften für die Entwicklung prosozialer Responsivität kaum erforscht.

In einer Längsschnittstudie, die Kinder über einen Zeitraum von 3 Jahren – im Alter von 5, 6 und 7 Jahren – untersuchte (Kienbaum, 2014; 2023b; Kienbaum et al., 2019), wurde u. a. gefragt, welche Rolle die Beziehung zu Müttern, Vätern und Erzieherinnen bzw. Lehrerinnen sowie die kindlichen Temperamentseigenschaften Schüchternheit und Aggressivität für Unterschiede im kindlichen Mitgefühl spielen.

Größere Schüchternheit mit 5 Jahren sagte weniger Mitgefühl mit 6 Jahren vorher; zudem waren die Kinder mit 6 Jahren umso weniger mitfühlend, je höher ihre Schüchternheitswerte ausfielen. Höhere Schüchternheit geht also mit niedrigerem Mitgefühl einher. Die Gründe liegen vermutlich in der erhöhten Erregbarkeit schüchterner Kinder, die dazu führt, dass sie in Anbetracht des Kummers oder Schmerzes einer anderen Person eher mit der Regulation ihrer eigenen Gefühle beschäftigt sind. Das bedeutet jedoch nicht, dass sie dem Geschehen gleichgültig gegenüberständen: Schüchterne Kinder lassen sich vom Kummer oder Schmerz der leidenden Person anrühren, sie sind also empathisch. Aufgrund der vergleichsweise hohen resultierenden Erregung dürfte jedoch eher Unbehagen (distress) als Mitgefühl entstehen (Eisenberg et al., 2017). In eine ähnliche Richtung zeigen die Ergebnisse einer Querschnittsstudie mit 5-jährigen Kindern (Kienbaum, 2003, 2015): Schüchterne Mädchen mit warmen und unterstützenden Müttern zeigten mehr, schüchterne Mädchen mit wenig warmen und unterstützenden Müttern weniger Mitgefühl und Tröstbereitschaft. Aufgrund ihrer erhöhten Erregbarkeit reagieren schüchterne Kinder vermutlich sehr sensibel auf Sozialisationsbedingungen und zeigen in Abhängigkeit von ihnen mehr oder weniger mitfühlendtröstende Reaktionsbereitschaft.

Auch die Aggression spielt eine Rolle: Je aggressiver die Kinder in der ersten Klasse eingeschätzt wurden, umso weniger mitfühlend waren sie ein Jahr später. Dies bestätigt die weitverbreitete Annahme, dass Aggression und Mitgefühl unvereinbar sind. Interessanterweise war jedoch im Zeitraum zwischen dem letzten Jahr im Kindergarten und der ersten Klasse ein tendenziell signifikanter Zusammenhang in der umgekehrten Richtung aufgetreten: Je aggressiver die Kinder im Alter von 5 Jahren eingeschätzt wurden, desto mitfühlender waren sie mit 6 Jahren (r=.19, p=.08). Ähnlich hatte sich bereits in der Querschnittsstudie bei 5-jährigen Mädchen ein positiver Zusammenhang zwischen Mitgefühl und Aggression ergeben (Kienbaum, 2003, 2015).

Dieses Ergebnismuster ist entwicklungspsychologisch sehr interessant, scheint die Aggression je nach Alter des Kindes doch eine unterschiedliche Funktion zu haben: Aktivere, durchsetzungsfähigere oder kontaktfreudigere Kinder können in jüngeren Jahren aufgrund ihrer sich noch entwickelnden Impulskontrolle und Emotionsregulation sowohl mitfühlend-prosozial als auch aggressiv sein, da ihrem Verhalten nicht unbedingt eine Schädigungsabsicht zugrunde liegt. In der zweiten Klasse, in der sich die Fähigkeit zur Emotionsregulation in der Regel verbessert hat, sind aggressive Verhaltensweisen demgegenüber meistens durch das Ziel der Schädigung des anderen motiviert und somit unvereinbar mit Mitgefühl. Der negative Zusammenhang zwischen Aggression und Mitgefühl scheint sich also erst mit zunehmendem Alter auszubilden (Eisenberg et al., 2015).

Die Beziehung zu Müttern, Vätern und Erzieherinnen bzw. Lehrerinnen wurde erfasst, indem die Kinder gefragt wurden, wie die jeweilige Bezugsperson sich verhält, wenn das Kind Kummer, Angst oder Scham empfindet. Zunächst einmal stellte sich heraus, dass die Eltern im Vergleich zu den Erzieherinnen bzw. Lehrerinnen im Mittel als wärmer und unterstützender wahrgenommen wurden. Dennoch bestand ein deutlich positiver Zusammenhang zwischen den kindlichen Einschätzungen des Verhaltens der verschiedenen Bezugspersonen: Je wärmer und unterstützender die einen, desto wärmer und unterstützender auch die anderen. Daher wurde ein einziger Wert für wahrgenommene Responsivität gebildet. Dieser erwies sich ebenfalls als bedeutsam für die Entwicklung des kindlichen Mitgefühls: Zum einen zeigte sich, dass das Mitgefühl im Alter von 5 Jahren umso höher ausfiel, je wärmer und unterstützender die Bezugspersonen von den Kindern wahrgenommen wurden. Dieses Ergebnis bestätigt Resultate aus der bereits erwähnten Querschnittsstudie mit 5-jährigen Kindern (Kienbaum, 2003, 2015) bezüglich des beobachteten

Verhaltens von Erzieherinnen und des ebenfalls per Interview mit den Kindern erhobenen Verhaltens der Mütter. Zum anderen trat der interessante Effekt auf, dass höheres kindliches Mitgefühl mit 5 Jahren höhere Responsivität der Bezugspersonen mit 6 Jahren vorhersagte. Offenbar erhalten mitfühlendere Kinder mehr Wärme und Unterstützung von Eltern und Erzieherinnen bzw. Lehrerinnen. Dieses Ergebnis unterstützt die Ansicht, dass Kinder die Art und Weise, wie sich Erwachsene ihnen gegenüber verhalten, beeinflussen (Barnett Gustafson, Deng, Mills-Koonce & Cox, 2012; Pastorelli et al., 2016).

Zusammenfassend zeigen diese Ausführungen, dass es Faktoren innerhalb wie außerhalb des Kindes sind, die zur Entwicklung seiner Bereitschaft beitragen, mit Mitgefühl und Trösten auf den Kummer eines anderen zu reagieren. Erst die gleichzeitige Berücksichtigung von Persönlichkeits- und Sozialisationsvariablen ermöglicht ein tieferes Verständnis dieser Entwicklungsprozesse.

8.2 Motivation

Die Motivationspsychologie befasst sich damit, »Richtung, Ausdauer und Intensität von Verhalten zu erklären« (Rheinberg & Vollmeyer, 2012, S. 13). Sie sucht also eine Antwort auf die Frage nach dem »Warum« des Verhaltens. Warum lesen Sie jetzt gerade in diesem Buch, statt einer anderen Tätigkeit nachzugehen? Warum lesen viele Mädchen gerne, wohingegen viele Jungen sich am liebsten mit einer Spielkonsole oder dem Computer beschäftigen? Fragen nach der Motivation beschäftigen uns also auch im Alltag ständig. Die klassische Motivationspsychologie unterscheidet dabei zwischen dem *Motiv* als konstantem Persönlichkeitsmerkmal und der in einer aktuellen Situation entstehenden *Motivation*, die aus der Wechselbeziehung zwischen Motiv und Situation resultiert. Mit dem Begriff »Motivation« wird also das Zusammentreffen von einem Motiv und solchen situativen Anregungsbedingungen bezeichnet, die eine Zielerreichung erfolgreich erscheinen lassen (Thomas, 1991, S. 107).

8.2.1 Leistungsmotivation

In der Psychologie bezeichnen wir ein Verhalten dann als leistungsmotiviert, wenn es in *Auseinandersetzung mit einem Gütemaßstab* auf die *Selbstbewertung eigener Tüchtigkeit* abzielt (Rheinberg & Vollmeyer, 2012, S. 60). Nicht jede Anstrengung ist daher mit Leistungsmotivation zu erklären – es kommt ganz auf das angestrebte Ziel an. Wenn z. B. jemand eine beruflich höhere Position anstrebt, um mehr Geld zu verdienen, würden wir die damit verbundenen Anstrengungen nicht als leistungsmotiviert bezeichnen. Auch müssen die Ziele, auf die leistungsmotivierte Anstrengungen ausgerichtet sind, nicht unbedingt von jedermann rational nachvollziehbar sein. Rheinberg und Vollmeyer (2012) bringen als Beispiel den hochbezahlten Manager, der trotz chronischen Zeitdrucks verbissen versucht, mit Schere und Taschenmesser das defekte Armband seiner Uhr zu reparieren. Im Hinblick auf sein Gehalt könnte er sich für die zur Reparatur verbrauchte Zeit viele neue Armbänder kaufen – würde sich jedoch um die Zufriedenheit und Freude in Anbetracht der eigenen Tüchtigkeit bringen.

Man kann davon ausgehen, dass Menschen sich umso eher zur Ausführung einer Handlung entscheiden, je mehr sie von deren Erfolg überzeugt sind und für je wertvoller sie das erwartete Ergebnis halten (Schnotz, 2006, S. 92). Diese Annahme charakterisiert die sogenannten Erwartungs-mal-Wert-Modelle der Motivationspsychologie. »Klassische Motivationstheorien gehen davon aus, dass die Motivation für solche Ziele am höchsten ist, für die das Produkt aus Erwartung und Wert maximal ist. Dies stellt gewissermaßen einen Kompromiss zwischen Erreichenswahrscheinlichkeit und Attraktivität dar. So werden wir z. B. hoch attraktive Ziele dann meistens nicht anstreben, wenn die Zielerreichung äußerst unwahrscheinlich ist. Eine Ausnahme stellt hier offenbar das Lottospielen dar« (Müsseler & Prinz, 2002, S. 233).

Atkinson (1957) formulierte das bekannteste zu dieser Gruppe gehörende Modell der Leistungsmotivation, das sogenannte *Risiko-Wahl-Modell*. Stellen Sie sich vor, eine Person befindet sich in einer Situation, in der sie zwischen Aufgaben mit verschiedenen Schwierigkeitsgraden wählen kann – ein Referat zu einem einfachen oder anspruchsvolleren Thema schreiben, beim Sport vom Ein- oder Drei-Meter-Brett springen. Das, was die Person sich zu schaffen vornimmt, nennt man *Anspruchsniveau*. Wie hoch oder niedrig jemand sein Anspruchsniveau setzt, hängt laut Atkinson sowohl von der Erfolgswahrscheinlichkeit (*Erwartung*) als auch dem Erfolgsanreiz (*Wert*) ab. Die Erwartung basiert auf der Einschätzung der eigenen Tüchtigkeit und der Aufgabenschwierigkeit. Der Anreiz zum Handeln besteht in der Vorwegnahme einer affektiven Selbstbewertung nach Erfolg (z. B. Stolz) bzw. Misserfolg (z. B. Scham). Der Stolz wächst natürlich mit steigender Aufgabenschwierigkeit, so dass der Anreizwert umso höher ausfällt, je niedriger die Erfolgswahrscheinlichkeit ist bzw. je schwieriger die Aufgaben sind. Trotz dieses hohen Anreizwertes lösen sehr schwierige Aufgaben keine Leistungsmotivation aus, da sie mit einer sehr geringen Erfolgswahrscheinlichkeit einhergehen. Leichte Aufgaben sind zwar mit Sicherheit zu bewältigen, beinhalten aber genau deshalb keinen Anreizwert. Mittelschwere Aufgaben demgegenüber lösen Leistungsmotivation aus. Sie sind zwar anspruchsvoll, gleichzeitig aber auch zu bewältigen und entsprechen von daher am ehesten einer »realistischen Zielsetzung«.

Dennoch wird nicht immer die mittelschwere Aufgabe gewählt. Dies kann zum einen mit situativen Faktoren zusammenhängen. Hat man in einer Situation viel zu verlieren, wird man eher vorsichtig agieren. Kann man nur gewinnen, ist es ein Leichtes, ein größeres Risiko einzugehen. Zum anderen gibt es aber auch stabile Unterschiede zwischen Personen bezüglich ihrer Tendenz, in Anforderungssituationen eher Hoffnung auf Erfolg oder eher Furcht vor Misserfolg zu empfinden. Das Leistungsmotiv wird daher in zwei Komponenten zerlegt: das *Erfolgsmotiv* und das *Misserfolgsmotiv* (Atkinson, 1957; Heckhausen, 1963). Misserfolgsängstliche Personen zeichnen sich im Risikowahlmodell dadurch aus, dass sie mittelschwere Aufgaben meiden und stattdessen eher leichte oder schwere wählen. Leichte deshalb, da sie mit Sicherheit zum Erfolg führen. Die schweren Aufgaben sind zwar nicht zu bewältigen, lassen jedoch die selbstwertschonende Aussage »das hätte ja keiner geschafft« zu. Erfolgszuversichtliche Menschen wählen demgegenüber eher die mittelschweren Aufgaben. Zwei weitere grundlegende Unterschiede zwischen erfolgs- und misserfolgsmotivierten Personen werden im Selbstbewertungsmodell von

Heckhausen beschrieben (▶ Tab. 8.1). Menschen mit Hoffnung auf Erfolg führen einen Erfolg auf Anstrengung oder eigene Fähigkeit zurück, Misserfolg auf mangelnde Anstrengung oder Pech. Menschen mit Furcht vor Misserfolg demgegenüber erklären Erfolg mit Glück oder einer leichten Aufgabe, wohingegen Misserfolge auf mangelnde eigene Fähigkeit zurückgeführt werden. Diese Art der subjektiven Ursachenzuschreibung nennt man in der Fachsprache »Kausalattribuierung«. Sie kann innerhalb der Dimensionen internal (d. h. auf eigene Anstrengung oder Fähigkeit) oder external (Glück, Zufall oder Aufgabenschwierigkeit) sowie stabil oder variabel (immer oder nur momentan) variieren (Weiner et. al., 1971, zit. nach Rheinberg & Vollmeyer, 2012, S. 82).

Tab. 8.1: Das Selbstbewertungsmodell der Leistungsmotivation (Heckhausen, 1972; Quelle: Rheinberg & Vollmeyer, 2019, S. 96)

3 Komponenten	Motivausprägung	
	erfolgszuversichtlich	misserfolgsmeidend
1. Zielsetzung/Anspruchsniveau	realistisch, mittelschwere Aufgaben	unrealistisch, Aufgaben zu schwer oder zu leicht
2. Ursachenzuschreibung		
Erfolg	Anstrengung, gute eigene Tüchtigkeit	Glück, leichte Aufgabe
Misserfolg	mangelnde Anstrengung, Pech	mangelnde eigene Fähigkeit/»Begabung«
3. Selbstbewertung	Erfolgs-/Misserfolgsbilanz positiv	Erfolgs-/Misserfolgsbilanz negativ

Ein dritter Unterschied besteht in der Selbstbewertung. Bei Erfolgszuversichtlichen fallen die positiven Affekte nach einem Erfolg gleichstark oder stärker aus als die negativen nach einem Misserfolg, dies macht Leistungssituationen insgesamt eher anziehend. Bei den Misserfolgsmeidenden verhält es sich genau umgekehrt: Die negativen Affekte nach dem Misserfolg sind deutlich stärker als die positiven nach dem Erfolg. Leistungssituationen erhalten dadurch einen bedrohlichen Charakter (Rheinberg & Vollmeyer, 2012).

Wie sich diese interindividuellen Unterschiede zwischen Menschen entwickeln, ist eine Frage der differentiellen Entwicklung, auf die wir im übernächsten Abschnitt eingehen werden. Zunächst betrachten wir jedoch den allgemeinen Entwicklungsverlauf der Leistungsmotivation.

8.2.2 Allgemeine Entwicklung der Leistungsmotivation nach Heinz Heckhausen (1926–1988)

Die allgemeine Entwicklung der Leitungsmotivation beschreibt Heckhausen (1980) als eine Abfolge verschiedener Entwicklungsmerkmale. Um sich mit einem Tüchtigkeitsmaßstab auseinandersetzen zu können, muss ein Kind in der Lage sein, einen Effekt erzielen zu wollen, den es als durch sein eigenes Handeln verursacht wahrnimmt (erstes Entwicklungsmerkmal). Dies ist laut Heckhausen ab einem Alter von eineinhalb Jahren der Fall.

Ab ungefähr zweieinhalb Jahren kann der Effekt auf die eigene Tüchtigkeit zurückgeführt werden (zweites Entwicklungsmerkmal). Das Kind ist also in der Lage eine Kausalattribution in dem Sinne vorzunehmen, dass es die Ursache für den erzeugten Effekt in seiner eigenen Tüchtigkeit sieht. Damit einher geht eine Selbstbewertung, die sich an affektiven Selbstbewertungsfolgen (Stolz, Scham) erkennen lässt. Reagiert ein Kind mit diesen Gefühlen, wird also davon ausgegangen, dass es sich anhand eines Tüchtigkeitsmaßstabes bewertet hat; im Gegensatz zur Reaktion mit Freude oder Ärger, die nicht eindeutig auf das Vorhandensein leistungsmotivierten Handelns schließen lassen (Holodynski, 2006). Stolz und Scham»… gelten als die wichtigsten positiven und negativen Anreize im Leistungshandeln« (Heckhausen & Heckhausen, 2006, S. 398). Diese affektgeladenen Erfolgs- oder Misserfolgsreaktionen waren in den Experimenten von Heinz Heckhausen bis spätestens einem Alter von dreieinhalb Jahren bei allen untersuchten Kindern zu beobachten. Mit dem Auftauchen dieser selbstbewertenden Reaktionen unter den Dreijährigen liegen also bereits rudimentäre Tüchtigkeitskonzepte vor, die jedoch noch nicht in Fähigkeit oder Anstrengung als Ursachen unterschieden werden können. Zu diesem Zeitpunkt spricht man von den ersten Anfängen eines leistungsmotivierten Handelns. Holodynski (2006) hat ergänzend in Beobachtungsstudien festgestellt, dass Kinder im Vorschulalter Scham und Stolz zunächst nur im Beisein Erwachsener zeigten, erst im Grundschulalter auch in Alleinsituationen. Er schlussfolgert, dass »im Vorschulalter leistungsmotiviertes Handeln noch an die Anwesenheit einer anderen (erwachsenen) Person gebunden ist, die aus der Perspektive des Kindes den Tüchtigkeitsmaßstab verkörpert« (S. 3).

Eine Weiterentwicklung (drittes Merkmal nach Heckhausen) findet statt, wenn das Kind in der Lage ist, zwischen *verschiedenen Graden* der Aufgabenschwierigkeit oder der persönlichen Tüchtigkeit zu unterscheiden, denn dies ist die kognitive Voraussetzung für die Bildung von *Maßstäben* für die eigene Tüchtigkeit. Eine Differenzierung des globalen Tüchtigkeitserlebens wird dann möglich, wenn Unterschiede in der (objektiven) Aufgabenschwierigkeit erkannt werden (ab ungefähr fünf Jahren).

Ein *viertes Entwicklungsmerkmal* besteht darin, dass das globale Tüchtigkeitskonzept in die Ursachenkonzepte von Fähigkeit und Anstrengung aufgegliedert wird. Dabei scheint sich die Anstrengungs- im Vergleich zur Fähigkeitsattribution früher zu entwickeln, was insofern nachvollziehbar ist, als sich Anstrengung im Gegensatz zur Fähigkeit unmittelbar beobachten lässt. Nach den Befunden Heckhausens sind die meisten fünf- bis sechsjährigen Kinder in der Lage, eine Kovariation zwischen abgestuften Handlungsergebnissen und anschaulichen Tüchtigkeitsmerkmalen – seien diese mehr fähigkeits- oder mehr anstrengungsbezogen – herzustellen. Sie verstehen z. B., dass sie sich mehr anstrengen müssen, wenn die Aufgabe schwieriger ist, oder dass die Anstrengung geringer gewesen sein muss, wenn das Ergebnis schlechter war.

Beim *fünften Entwicklungsmerkmal* geht es um das Konzept der subjektiven Erfolgswahrscheinlichkeit (s. o., Risikowahlmodell). Um sie einschätzen zu können, müssen Kinder die eigene Tüchtigkeit (sowohl Anstrengung als auch Fähigkeit) in Beziehung zur objektiven Aufgabenschwierigkeit setzen können. Kinder im Alter bis zu viereinhalb Jahren erwiesen sich in Heckhausens Wetteiferstudie trotz einer objektiven Erfolgsrate von 50 % in aller Regel noch völlig erfolgszuversichtlich

(Heckhausen, 1980). Hier zeigt sich eine wunschgeleitete Erhöhung der eigenen Fähigkeitseinschätzung, die somit noch nicht »anstrengungsbereinigt« ist. Ein stabiler Fähigkeitsbegriff, in dem Anstrengung und Fähigkeit nicht mehr miteinander vermischt werden, ist erst ab ca. zehn Jahren vorhanden. Folglich kann die volle Entwicklung des Konzeptes der Erfolgswahrscheinlichkeit erst nach diesem Alter erreicht werden. Interessant ist in diesem Zusammenhang, dass eine gewisse Überschätzung der eigenen Möglichkeiten motivational eher positive Folgen zu haben scheint. So fanden Lopez et al. (1998) in einer zweijährigen Längsschnittstudie mit 381 deutschen Kindern im Alter von acht bis elf Jahren heraus, dass eine Überschätzung der eigenen Kapazitäten (im Vergleich zur aktuellen Schulleistung) mit nachfolgenden besseren Schulleistungen zusammenhing.

Das sechste Entwicklungsmerkmal nennt Heckhausen »*Beziehung zwischen Erwartung und Anreiz*«. Die Beziehung zwischen Erfolgswahrscheinlichkeit (Erwartung) und Anreiz (Wertigkeit der Handlung) hatten wir bereits weiter oben bei der Beschreibung des Risikowahlmodells dargestellt. Laut Heckhausens Befunden sind Stolzreaktionen über einen Erfolg (als Anreiz-Indikatoren) ungefähr ab einem Alter von vier bis fünf Jahren bei höheren Schwierigkeitsgraden (den Erwartungs-Indikatoren) ausgeprägter. Wird die Information über die Schwierigkeit allerdings nicht über anschauliche Schwierigkeitsgrade, sondern verbal über soziale Vergleichsinformation vermittelt, aus der erst auf die Schwierigkeit der Aufgabe geschlossen werden muss (»fast alle« oder »nur wenige« können dies), findet sich das erste Auftreten einer schwierigkeitsabhängigen Anreizvariation in der Regel erst ab einem Alter von acht Jahren.

Beim *siebten Entwicklungsmerkmal* geht es um die im Risikowahl-Modell postulierte bevorzugte Wahl solcher Aufgaben und Ziele, bei denen das Produkt von Erwartung und Anreiz maximal ist. Diese multiplikative Verknüpfung dürfte erst nach dem zehnten Lebensjahr auftreten, da erst dann, wie bereits beschrieben, das Konzept der Erfolgswahrscheinlichkeit voll entwickelt ist. Bei jüngeren Kindern lassen sich Vorformen finden, bei denen auf einen Faktor von den zweien zentriert wird. D.h. die Kinder wählen zwar schon leistungsorientiert, zentrieren aber entweder mehr auf die Erfolgserwartung (was die Bevorzugung leichterer Aufgaben zur Folge hat) oder auf den Anreiz (was die Bevorzugung von Aufgaben zur Folge hat, die schwieriger und damit reizvoller scheinen).

Mit der Frage, wann sich die kausalen Schemata für Fähigkeit und Anstrengung entwickeln, befasst sich *Entwicklungsmerkmal Nummer acht*. Zunächst sind Fähigkeit und Anstrengung fest aneinander *gekoppelt* – hat der eine Faktor eine bestimmte Ausprägung, so verfügt der andere über die gleiche Ausprägung. Achtjährige Kinder überwinden dieses starre Schema zugunsten eines Kompensationsschemas, wenn ihnen Information zur Fähigkeit vorgegeben wird und sie daraus auf die Anstrengung schließen müssen. Zu der umgekehrten Schlussfolgerung – Anstrengung ist gegeben und Fähigkeit zu erschließen – waren erst neun- bis zehnjährige Kinder in der Lage. Der Anstrengungsbegriff löst sich also früher aus dem globalen Tüchtigkeitskonzept als der Fähigkeitsbegriff. Zu einer vollen Fähigkeitskompensation (wenn z. B. zwei Kinder das gleiche Ergebnis erzielen, wird nur dem Kind eine höhere Fähigkeit zugeschrieben, das sich weniger angestrengt hat) sind die Kinder erst später in der Lage. In der Studie von Nicholls (1978) gaben mehrheitlich erst Zwölfjährige an, dass geringe Anstrengung durch hohe Fähigkeit ausgeglichen werden kann, und zeigten somit ein Verständnis dafür, dass Anstrengung und Fähigkeit als kompensatorische Ursachen auftreten können.

Beim *neunten Entwicklungsmerkmal* steht die Frage nach der Gewichtung in der Bewertung eigener und fremder Leistungsergebnisse im Zentrum. Bei Erwachsenen und Jugendlichen ist für die Fremdbewertung *Anstrengung* und für die Selbstbewertung *Fähigkeit* der wichtigere ursächliche Faktor. Die Frage lautet, ab wann Anstrengung und Fähigkeit unterschiedlich bewertet werden und sich in ihrer affektiven Wirksamkeit für die Fremd- und Selbstbewertung auseinanderentwickeln. Dies ist der Fall, wenn das Kind sowohl über Anstrengungs- als auch Fähigkeitskompensation verfügt, d. h. ab ungefähr zehn Jahren. Von diesem Alter an ist Anstrengung der ausschlaggebende Faktor für die Fremdbewertung und Fähigkeit für die Selbstbewertung. Dies gilt zunächst nur nach Erfolg; ab ca. zwölf Jahren sind die Kinder jedoch in der Lage, sowohl nach Erfolg als auch nach Misserfolg aus anstrengungsorientierten Fremdbewertungen die impliziten (auf dem Kompensationsschema beruhenden) Fähigkeitseinschätzungen zu erschließen.

8.2.3 Differentielle Entwicklung der Leistungsmotivation

Während sich diese neun Entwicklungsmerkmale auf die allgemeine Entwicklung der Leistungsmotivation bezogen, wollen wir im Folgenden betrachten, wie interindividuelle Unterschiede in der Leitungsmotivation entstehen können. Beginnen wir mit der Rolle *familiärer Faktoren.* So wurde z. B. vermutet, dass frühe Selbstständigkeitserziehung mit einer hohen Leistungsmotivation zusammenhängt (Winterbottom, 1958). Wie sich jedoch in mehreren Studien herausstellte, ist nicht die Frühzeitigkeit, sondern die *Entwicklungsangemessenheit* der Selbstständigkeitserziehung der entscheidende Faktor. Nur wenn das Kind mit Aufgaben konfrontiert wird, die es aus eigenem Bemühen bewältigen kann, erlebt es den Zusammenhang zwischen Anstrengung und Erfolg, was sich wiederum förderlich auf die Entwicklung eines erfolgszuversichtlichen Leistungsmotivs auswirkt (zusammenfassend siehe Heckhausen & Heckhausen, 2006).

Ein weiteres sehr interessantes Beispiel für die Bedeutung familiärer Faktoren entstammt einer Längsschnittstudie von Trudewind und Husarek (1979). Aus dem Einschulungsjahrgang einer deutschen Großstadt wurden 40 Jungen ausgewählt, die bei der Einschulung weder besonders erfolgs- noch besonders misserfolgsorientiert waren und sich auch nicht bezüglich demographischer Variablen oder hinsichtlich des intellektuellen Entwicklungsstandes unterschieden. Am Ende des ersten Schuljahres ließen sie sich jedoch in zwei Gruppen unterteilen: Die eine war ausgesprochen erfolgs-, die andere misserfolgsmotiviert. Eine Erklärung für diese unterschiedliche Entwicklung lieferte eine Analyse der Mutter-Kind-Interaktion bei den Hausaufgaben, bei der sich klare Unterschiede zwischen den Müttern beider Motivgruppen ergaben. Mütter, deren Söhne misserfolgsorientiert geworden waren, zeichneten sich durch folgendes Verhalten aus:

1. Stärkere Orientierung an der sozialen Bezugsnorm (d. h. Vergleich mit anderen Kindern) und größere Unzufriedenheit mit den Hausaufgaben, obwohl in den Zeugnisnoten kein Unterschied zwischen den beiden Gruppen bestand.

2. Mehr Strukturierung und Kontrolle in der Hausaufgabensituation, weniger Respekt gegenüber kindlichen Wünschen und seltenere Ermunterung des Kindes zu selbstständigem Arbeiten und zum Fassen eigener Entschlüsse. Hilfe wurde meist in Form direkter Eingriffe in die Aufgabenbearbeitung gegeben.

3. Erfolg bei den Hausaufgaben wurde eher der Leichtigkeit der Aufgabe, Misserfolg mangelnder Begabung zugeschrieben.

4. Nach einem Erfolg äußerten die Mütter mehr neutrale und weniger lobende Reaktionen, nach einem Misserfolg tadelten sie eher.

Diese Studie zeigt, wie innerhalb des ersten Schuljahres eine Entwicklung Richtung Erfolgs- bzw. Misserfolgsmotivation stattfinden kann. Heckhausen (1980) vermutet, dass solche Unterschiede sich bereits zwischen dem vierten und fünften Lebensjahr ausbilden können.

Neben dem Elternhaus ist natürlich auch der Umgang mit Leistung in der Schule ein wichtiger Faktor. Die Forschung aus der Arbeitsgruppe um Rheinberg (Rheinberg & Vollmeyer, 2012; Rheinberg & Krug, 2005) hat ergeben, dass die sogenannte *Bezugsnormorientierung* im Unterricht eine entscheidende Rolle spielt. So kann sich eine Lehrkraft bei der Leistungsbeurteilung am Klassendurchschnitt orientieren, also einen sozialen Leistungsvergleich vornehmen. Gut ist eine Leistung, die über dem Durchschnitt liegt, und schlecht entsprechend diejenige, die unterdurchschnittlich ausfällt. Dies bezeichnet man als *soziale* Bezugsnorm. Bei der *individuellen* Bezugsnorm demgegenüber werden Schüler an ihren vorausgegangenen Leistungen gemessen. Gut ist eine Leistung, die eine Verbesserung gegenüber der vorangegangenen Leistung anzeigt, und schlecht eine solche, die im intraindividuellen Leistungsvergleich einen Rückschritt erkennen lässt. Die Orientierung erfolgt also an der individuellen Leistungsentwicklung. Eine Reihe von Studien belegt, dass Unterricht, der sich an der individuellen Bezugsnorm orientiert, die Schüler mittelfristig erfolgszuversichtlicher machen kann. Besonders günstig sind die Auswirkungen für leistungsschwächere Schülerinnen und Schüler (Rheinberg & Vollmeyer, 2012; Rheinberg & Krug, 2005), da diese feststellen können, dass sie bei vermehrter Anstrengung und Übung in der Regel ihre Leistungen verbessern werden.

Wie wichtig diese Attribution auf Anstrengung ist, zeigen auch die Studien der US-amerikanischen Psychologin Carol Dweck (Dweck & Molden, 2005). Sie geht davon aus, dass Menschen unterschiedliche Theorien über Intelligenz und Erfolg haben. In einer Vielzahl von Studien fand sie heraus, dass es von entscheidender Bedeutung ist, ob Menschen eher geneigt sind zu glauben, dass ihre Intelligenz eine unveränderliche Eigenschaft ist, die man eben hat oder nicht (»entity« theory), oder ob sie eher der Ansicht sind, dass man Intelligenz durch Lernen und Anstrengung verändern kann (»incremental« theory).

Park et al. (2016) konnten in einer Studie mit Erst- und Zweitklässlern nachweisen, dass Kinder, die zu Schuljahresbeginn über eine »incremental theory« verfügten, gegen Ende des Schuljahres bessere Leistungen in Mathematik erbrachten. Des Weiteren zeigten sie, dass die Instruktionspraxis der Lehrkräfte in diesem Prozess eine Rolle spielte: Je stärker Lehrkräfte nach eigener Auskunft das Erreichen von guten Noten und die Kompetenzdemonstration (im Gegensatz zum Kompetenzerwerb) betonten, desto mehr äußerten die Kinder am Ende des Schuljahrs ihre Zustimmung zur »entity« Theorie.

Das Elternhaus ist in diesem Prozess ebenfalls von Bedeutung: Laut den Ergebnissen von Gunderson et al. (2013) überwog bei Kindern, die im Alter von einem bis drei Jahren von ihren Eltern vor allem für den Prozess einer Tätigkeit gelobt wurden (»Du hast Dich wirklich angestrengt«, im Gegensatz zu »Du bist ein kluges Kind«) im Alter von 7 bis 8 Jahren eine »incremental« theory.

Aber auch kulturelle Faktoren scheinen eine Rolle zu spielen. Laut Bee und Boyd (2004) dominiert in Asien im Vergleich zu Nordamerika die Ansicht, dass vermehrte Anstrengung zu erhöter Fähigkeit führt (»that people become more capable by working harder«, S. 200). Hierauf baut die Annahme auf, dass asiatische Eltern und Lehrkräfte ihre Kinder eher zu besserer Leistung motivieren können als nordamerikanische. Die Änderung der Fokussierung von Fähigkeit zu Anstrengung scheint also ein Weg zu sein, Kindern zu besserer Leistung und mehr Erfolgszuversicht zu verhelfen.

Folgen individueller und sozialer Bezugsnormorientierung
Trudewind (1982) prüfte in einer Längsschnittstudie, ob die Bezugsnormorientierung der Klassenlehrkraft in der Grundschule zu interindividuellen Unterschieden in der Ausprägung der Leistungsmotive führt. Die Erhebungen fanden zu Beginn und am Ende des 1. Schuljahres sowie in der Mitte des 4. Schuljahres statt. Es zeigte sich, dass unter individueller Bezugsnorm die Hoffnung auf Erfolg im Verlauf des 1. Schuljahres zunahm und bis zum 4. Schuljahr auf konstant hohem Niveau blieb. Demgegenüber sank die Erfolgshoffnung bei denjenigen Kindern, die von Lehrkräften mit sozialer Bezugsnorm unterrichtet worden waren, und blieb auf konstant niedrigem Niveau erhalten (▶ Abb. 8.1).

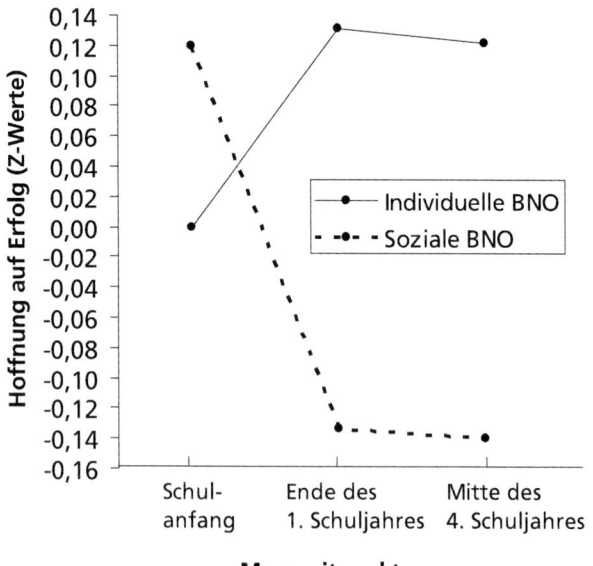

Abb. 8.1: Mittelwerte in Hoffnung aus Erfolg (z-Werte) zu den verschiedenen Messzeitpunkten in Abhängigkeit von der Bezugsnormen-Orientierung der Lehrer (N=302 Grundschüler) (Trudewind & Kohne, 1982)

8.3 Praxisthema: Förderung von Mitgefühl

Es wurden bereits einige Aspekte aufgezeigt (▶ Kap. 8.1.4), mit deren Hilfe Erwachsene das Mitgefühl von Kindern fördern können. Dazu gehört in erster Linie warmes und unterstützendes Verhalten in Situationen, in denen ein Kind Kummer, Angst, Scham oder ähnliche Gefühle erlebt. Durch die Erfahrung, auch mit diesen »negativen« Emotionen akzeptiert zu werden, wird Vertrauen in die Umwelt gefördert, woraus wiederum die Fähigkeit entstehen kann, aus dem Gefühl emotionaler Sicherheit heraus, offen auf die Bedürfnisse anderer einzugehen.

Zudem bieten warme und unterstützende Erwachsene natürlich pro-soziale Verhaltensmodelle. In diesem Zusammenhang ist es wichtig, Kinder – immer vorausgesetzt, dass die Situation es zulässt – in die Akte des Mitfühlens und Tröstens miteinzubeziehen. D. h. also, dass z. B. eine Erzieherin in einer Kindertagesstätte oder eine Lehrkraft in der Schule gemeinsam mit den anderen Kindern überlegen kann, wie dem traurigen Kind am besten zu helfen wäre. Erfolgt für das Zeigen von Mitgefühl dann noch eine positive Verstärkung in Form von Lob, ist ein wichtiger Schritt in der Förderung von Mitgefühl getan.

Im Folgenden soll es nun um eine spezielle Situation gehen, nämlich um Disziplinierungsmaßnahmen in dem Fall, dass ein Kind einem anderen gegenüber unempathisch reagiert. Stellen Sie sich vor, Sie beobachten während des Freispiels oder auf dem Pausenhof, wie ein Kind ein anderes schubst. Die häufigste Reaktion wird sicherlich sein, das »Täter«-Kind zu bestrafen. Doch ist dies die optimale Reaktion in Hinblick auf eine langfristige Entwicklung sozialen Verhaltens?

Um diese Frage zu beantworten, ist es hilfreich, sich zu vergegenwärtigen, wozu Strafe führt: Zum einen löst sie eine hohe Erregung im bestraften Kind aus, dessen Aufmerksamkeit daraufhin auf die strafende Person und die negativen Folgen für es selbst gelenkt wird – und nicht auf das Geschehen, das zur Strafe geführt hat. Zum anderen entstehen negative Gefühle gegenüber der strafenden Person, die die Beziehung in Zukunft belasten können. Schließlich wird das Kind einem strafenden statt einem hilfreichen Modell ausgesetzt. Strafen tragen also weder zum Verständnis des Leids des »Opfers« bei, noch versorgen sie ein Kind mit der Erfahrung, selbst geholfen zu haben. In der Regel führen sie nur dazu, dass negatives Verhalten in solchen Situationen unterlassen wird, in denen Entdeckung droht. Hoffman (2000) hat eine Alternative erforscht, die er Induktion oder induktive Erziehung nennt.

Induktionen sind nach Hoffman Disziplinierungsmaßnahmen, in denen »...parents highlight the other's perspective, point up to the other's distress, and make it clear that the child's action caused it« (2000, S. 143).

Es geht also darum, dem »Täter« die Gefühle und Gedanken des »Opfers« bewusst zu machen, wodurch die *negativen Konsequenzen der Handlung für das Opfer* in den Mittelpunkt der Aufmerksamkeit gerückt werden. Die dadurch entstandene empathische Betroffenheit sollte dazu führen, die zukünftigen Handlungen des Kindes in eine altruistische Richtung zu lenken; ferner vermitteln Induktionen den Kindern ein Gefühl der Verantwortlichkeit. Besonders wirksam sollten laut Hoffman Induktionen sein, die konkrete Wiedergutmachungsakte vorschlagen. Deren Ausführung, gekoppelt mit Lob und der Reduzierung von Schuldgefühlen, müssten seiner Ansicht nach die besten Auswirkungen bezüglich Mitgefühl und Hilfsbereitschaft haben.

Die theoretischen Gründe für die Wirksamkeit von Induktionen sieht Hoffman (1975, S. 234) darin, dass sie ein optimales Erregungsniveau für den Lernprozess induzieren, da sie einerseits die Aufmerksamkeit des Kindes erregen, andererseits aber den Lernvorgang nicht unterbrechen. Die Aufmerksamkeit wird dabei auf die Konsequenzen seines Handelns für den anderen gelenkt, statt auf die negativen Konsequenzen für es selbst im Falle von Strafe durch die Eltern. Deren Rolle tritt in den Hintergrund, da die Kinder im Laufe der Zeit den Wunsch verinnerlichen anderen nicht schaden zu wollen. Während diese Überlegungen für die Eltern-Kind-Interaktion in verschiedenen Altersgruppen belegt sind (Carlo et al., 2011; Krevans & Gibbs, 1996; Zahn-Waxler et al., 1979), fehlt es an empirischer Evidenz in Hinblick auf pädagogische Kontexte außerhalb der Familie (Kindertagesstätten, Heime, Schulen).

Die bisher beschriebenen Möglichkeiten setzen bei den erwachsenen Bezugspersonen der Kinder an und zeigen auf, wie in der *alltäglichen Interaktion* das Mitgefühl von Kindern gefördert werden kann. Daneben gibt es natürlich auch Programme, die es sich zum Ziel gesetzt haben, sozioemotionale Kompetenzen von Kindern im Rahmen spezieller Trainings zu fördern. Als Beispiele aus dem deutschsprachigen Bereich sollen hier »Papilio« und »Faustlos« genannt werden.

Papilio ist ein primärpräventives Programm, das im Kindergarten implementiert wird (Scheithauer et al., 2015); Faustlos existiert mittlerweile in Versionen für Kindergarten, Grund- und Sekundarschule (Schick, 2015). Beide Programme legen einen Schwerpunkt auf den Umgang mit Gefühlen, beide sind evaluiert und können zumindest teilweise eine Verbesserung der angestrebten Kompetenzen bei den Kindern nachweisen. So erreichten die mit Papilio trainierten Kinder im Gegensatz zu einer Kontrollgruppe höhere Werte im durch die Erzieherinnen eingeschätzten prosozialen Verhalten; aus Sicht der Eltern bestand dieser Unterschied allerdings nicht. Die Grundschulversion von Faustlos wurde von Schick und Cierpka (2003) evaluiert. Es zeigten sich verschiedene wünschenswerte Effekte – so konnten z. B. die mit Faustlos trainierten Kinder im Vergleich zur Kontrollgruppe ihre Gefühle in Situationen, die Angst und Kontrollverlust beinhalten (Besuch bei Arzt, Gewitter) besser verbalisieren; ein Anstieg in empathischer Reaktionsbereitschaft war jedoch nicht nachzuweisen (zur Kritik des verwendeten Messinstrumentes vgl. Kienbaum, 2008).

Zusammenfassend lässt sich feststellen, dass eine Förderung des kindlichen Mitgefühls am ehesten dann erreicht werden kann, wenn Maßnahmen sowohl auf der Ebene des Kindes als auch auf der Ebene der erwachsenen Bezugspersonen (Eltern, Erzieherinnen, Lehrkräfte etc.) ansetzen.

Zusammenfassung

Der in der Psychologie vorherrschende Emotionsbegriff ist komplex und umfasst verschiedene Komponenten wie die kognitive Bewertung des Geschehens, die damit einhergehende physiologische Erregung, den mimischen Ausdruck, das subjektiv empfundene Gefühl und die Handlungstendenzen, die sich anschließen können. Diese Komponenten werden anhand der Entwicklung von Scham, insbesondere von Körperscham, erläutert.

Das zweite Gefühl, dessen Entwicklung dargestellt wird, ist das Mitgefühl. Mitfühlen bedeutet, den emotionalen Zustand eines anderen wahrzunehmen und Betroffenheit und Bedauern in Anbetracht seiner Lage zu empfinden. Hier wird die motivationale Komponente der Emotion besonders deutlich, da aus Mitgefühl im Allgemeinen der Wunsch zu trösten entsteht. Voraussetzung für die Entstehung von Mitgefühl und Trösten ist die Unterscheidung zwischen »Selbst« und »Anderem«, die etwa ab einem Alter von 18 Monaten auftritt. Bereits vor Schuleintritt bilden sich interindividuelle Unterschiede zwischen Kindern aus, die in der Folge eher stabil bleiben. Zu den Faktoren, die dazu beitragen, dass die einen Kinder mehr, die anderen weniger Mitgefühls- und Tröstbereitschaft zeigen, wurden neben genetischen und kulturellen Einflüssen folgende Sozialisationsbedingungen identifiziert: Förderlich für die Entwicklung von Mitfühlen und Trösten ist eine Erwachsenen-Kind-Beziehung, in der die erwachsenen Bezugspersonen prosoziale Modelle darstellen, sich warm und unterstützend dem Kind gegenüber verhalten und ihm vermitteln, dass es ohne Scham traurig und ängstlich sein darf, andere Menschen aber nicht verletzen soll. Die Persönlichkeitseigenschaften eines Kindes – wie z. B. Aggressivität oder Schüchternheit – sind ebenfalls von Bedeutung.

Des Weiteren förderlich für die Entwicklung von Mitgefühl bei Kindern ist der Einsatz von Induktionen anstelle von Strafen in Situationen, in denen ein Kind einem anderen Kummer oder Schmerz zugefügt hat. Trainingsprogramme wie Papilio oder Faustlos tragen ebenfalls zur Förderung des kindlichen Mitgefühls bei.

Die Motivationspsychologie sucht eine Antwort auf die Frage nach dem »Warum« des Verhaltens. Leistungsmotiviertes Verhalten stellt das am besten erforschte Motivsystem dar; es zielt auf die Selbstbewertung der eigenen Tüchtigkeit in Auseinandersetzung mit einem Gütemaßstab ab. Die allgemeine Entwicklung der Leistungsmotivation wird von Heckhausen (1980) als eine Abfolge von neun Entwicklungsschritten beschrieben. Im Hinblick auf die Entstehung interindividueller Unterschiede in der Leistungsmotivation ist die Orientierung an der sozialen oder individuellen Bezugsnorm sowohl in der Familie als auch in der Schule ein wichtiger Faktor. Erfolgsorientierte Kinder führen eigene Erfolge auf internale Faktoren wie Anstrengung oder Fähigkeit zurück, Misserfolge dagegen auf externale Faktoren, wie z. B. Pech. Misserfolgsorientierte Kinder attribuieren genau andersherum; eigene Misserfolge führen sie auf ihre mangelnde Fähigkeit zurück und Erfolge auf den Zufall.

Empfohlene Literatur

Kienbaum, J. (2023). *Die Entwicklung von Mitgefühl. Von der frühen Kindheit bis in das hohe Alter.* Stuttgart: Kohlhammer.
Rheinberg, F. & Vollmeyer, R. (2019). *Motivation* (9. Aufl.). Stuttgart: Kohlhammer.
Petermann, F. & Wiedebusch, S. (2016). *Emotionale Kompetenz bei Kindern (3., überarb. Auflage). Göttingen: Hogrefe.*

Lernfragen

1. Welche Komponenten der Emotion umfasst das Modell von Scherer?
2. Zeichnen Sie den Weg der Schamentwicklung in der Kindheit nach!
3. Wie unterscheiden sich die Begriffe Empathie und Mitgefühl?
4. Was gilt als Vorläufer von Empathie bzw. Mitgefühl?
5. Erläutern Sie die Positionen, die Hoffman bzw. Hay zur Entwicklung von Mitgefühl vertreten!
6. Wie entstehen interindividuelle Unterschiede im Mitgefühl?
7. Wie ist Leistungsmotivation definiert?
8. Erläutern Sie das Selbstbewertungsmodell der Leistungsmotivation nach Heckhausen (1972)!

9. Ein Kind hat in einer Mathearbeit eine schlechte Note bekommen und sagt zu Ihnen »Ich kann nun mal kein Mathe«! Wie attribuiert dieses Kind? Welche Attribution wäre für es günstig?

10. Inwiefern nehmen das Elternhaus auf der einen und die Schule auf der anderen Seite Einfluss darauf, ob bei einem Kind Hoffnung auf Erfolg oder Angst vor Misserfolg überwiegt?

11. Inwiefern kann mithilfe von induktivem Erziehungsverhalten Mitgefühl gefördert werden? Wieso wirken sich Strafen ungünstig aus?

Bildteil – Auf zu großen Taten!

Klara, 5 Jahre

Tobias, 6 Jahre, 7 Monate
Klara, 2 Jahre, 6 Monate

9   Identität und Persönlichkeit

Obwohl mit Begriffen wie *Persönlichkeit, Temperament, Identität und Selbst* unterschiedliche Forschungstraditionen verbunden sind, ist ihnen doch gemeinsam, dass sie auf Kontinuitäten im Verhalten und Erleben von Menschen verweisen, auf einen stabilen Kern, der bei all dem Wandel bleibt, dem Menschen angesichts von Entwicklungs- und Lernprozessen unterworfen sind.

9.1   Persönlichkeit und Temperament

Während die Persönlichkeitsforschung ihren Ausgangspunkt im Erwachsenenalter nahm und erst später die Frage nach möglichen Wurzeln in der Kindheit stellte, setzte die Temperamentsforschung historisch in der frühen Kindheit an und entwickelte sich in Richtung höherer Lebensalter.

Persönlichkeitseigenschaften (personality traits) verweisen nach Caspi (1998, S. 312) auf individuelle Unterschiede in der Neigung von Personen, sich auf eine bestimmte gleichbleibende Art und Weise zu verhalten, zu denken und zu fühlen. Für das Erwachsenenalter wurden zahlreiche empirische Versuche unternommen, übergeordnete Dimensionen bzw. Faktoren zu finden, mit deren Hilfe sich die Struktur der Persönlichkeit beschreiben ließe. Das bekannteste Ergebnis sind *The Big Five* als fünf übergeordnete Persönlichkeitsfaktoren (higher-order traits):

1. extraversion/Extraversion,
2. neurotizism/Neurotizismus,
3. conscientiousness/Gewissenhaftigkeit,
4. agreeableness/Verträglichkeit und
5. openness to experience/Offenheit gegenüber Erfahrungen (Caspi & Shiner, 2007, S. 310, Tab. 6.2).

Diese übergeordneten Persönlichkeitsfaktoren sind sehr breit und fassen jeweils eine größere Zahl stärker spezifischer Merkmale (lower-order traits) zusammen. Der Extraversion untergeordnet sind die Merkmale Soziabilität und Energie/Aktivitätsniveau. Kinder mit hoher Ausprägung auf diesem Faktor werden als »[...] sociable, expressive, high-spirited, lively, socially potent, physically active, and energetic« beschrieben (Caspi & Shiner, 2007, S. 311). Zum Neurotizimus gehören die Merkmale Furcht, Angst und Trauer. Hohe Werte beim Neurotizismus erreichen Kinder, die als »[...] anxious, vulnerable, tense, easily frightened, ›falling apart‹ under stress, guilt-prone, moody, low in frustration tolerance, and insecure in relationships with others« gelten (Caspi & Shiner 2007, S. 313). Gewissenhaftigkeit umfasst Aufmerksamkeit, Selbstkontrolle, Leistungsmotivation (auch im Sinne von Ausdauer) und Ordentlichkeit. Der Verträglichkeit/dem angenehmen Wesen untergeordnet sind prosoziale Tendenzen und Eigensinn/Widerstand. Hohe Werte von Verträglichkeit sind assoziiert mit »[...] warm, considerate, empathic, generous, protective of others, and kind« (Caspi & Shiner, 2007, S. 320). Die umstrittenste und am wenigsten verstandene Dimension ist Offenheit gegenüber Erfahrungen mit den Merkmalen Intellekt, Kreativität und Neugier.

Die am häufigsten verwendeten Methoden zur Erforschung der Persönlichkeit sind Q-Sorts und Fragebogen, die von der Person selbst oder – im Fall von Kindern – auch von relevanten Bezugspersonen (z. B. ein klinisch tätiger Psychologe, ein Elternteil, eine Lehrerin) bearbeitet werden. Beim Q-Sort wird eine Person mit Hilfe eines Kartensatzes beschrieben. Auf jeder Karte ist ein Persönlichkeitsmerkmal vermerkt. Die Karten werden auf verschiedene Stapel sortiert, die von »am wenigsten charakteristisch« für das beurteilte Individuum bis zu »am meisten charakteristisch« reichen. Der Grad der Ähnlichkeit zwischen zwei Personen ergibt sich aus der Korrelation zwischen ihren Q-Sorts. Persönlichkeitstypen werden mittels statistischer Verfahren aus den Beschreibungen größerer Stichproben ermittelt.

Zwischen der erwachsenen und der kindlichen Persönlichkeitsstruktur gibt es Zusammenhänge, aber auch wesentliche Unterschiede. Die Struktur der kindlichen Persönlichkeit wird besser durch ein Modell repräsentiert, das Soto und Tackett (2015, S. 359) als »The Little Six« bezeichnen. Einige Dimensionen der Persönlichkeits- und Temperamentsforschung gehen ineinander auf; hinzugefügt werden muss das Merkmal Aktivität (▶ Tab. 9.1). In der Kindheit wird dieses durch physische Energie und motorische Aktivität charakterisiert. Diese Aspekte spielen aber ab dem späten Jugendalter nur noch eine untergeordnete Rolle zur Charakterisierung der Gesamtpersönlichkeit.

Schon seit längerem sind Forscher der Meinung, dass frühzeitig im Leben auftretende *Temperamente Vorläufer späterer Persönlichkeitstypen* sind. Der Nachweis ist jedoch schwer zu führen, denn es bedarf dazu aufwendiger Längsschnittstudien. Schon den ersten Forschern, die in den 1920er und 1930er Jahren nach Normdaten zur kindlichen Entwicklung suchten, fiel die Unterschiedlichkeit bei Säuglingen auf, so als existiere von Geburt an bereits ein Persönlichkeitskern (vgl. Rothbart & Bates, 1998). Die einflussreichste Linie zur heutigen Temperamentsforschung geht von den Kinderpsychiatern Alexander Thomas und Stella Chess aus, die in den 1950er Jahren die New York Longitudinal Study (NYLS) bei drei bis sechs Monate alten Säuglingen begannen. Shiner et al. definieren Temperament als »early emerging dispositions in the domains of activity, affectivity, attention, and self-regulation, and these dispositions are the product of complex interactions among genetic, biological, and environmental factors across time« (2012, S. 437).

Wie kann Temperament bei Kindern gemessen werden? Zum Einsatz kommen Befragungen der Eltern, die Selbstbeurteilung älterer Kinder, Beobachtungen in der natürlichen Umgebung und strukturierte Beobachtungen im Labor. Teilweise versucht man auch eine Beziehung zu psychobiologischen Maßen (Studien der Hirnfunktion, elektrodermale Aktivität usw.) herzustellen. Die meisten Daten stammen aus *Elternbefragungen mittels standardisierter Fragebogen.* Eine Übersicht über englischsprachige Verfahren für das Alter von 0 bis 12 Jahren, die in viele Sprachen übersetzt wurden, findet sich bei Zentner und Bates (2008, S. 27). Eine deutschsprachige Version ist u.a. verfügbar vom Emotionality-Activity-Sociability Temperament Survey (EAS, ▶ Kasten) von Buss und Plomin (Spinath, 2000). Mit dem Inventar zur integrativen Erfassung des Kind-Temperaments von 2 bis 8 Jahren (IKT, Zentner, 2011) wurde ein deutschsprachiges Verfahren entwickelt, das fünf der zentralen Temperamentsdimensionen aus Tabelle 9.1 erfasst und Eltern, aber auch Mitgliedern verschiedener psychosozialer Berufsgruppen vorgelegt werden kann.

Der Emotionality-Activity-Sociability Temperament Survey (EAS)

1. Das Kind neigt zu Schüchternheit (Sch)
2. Das Kind fängt leicht an zu weinen (Emo)
3. Das Kind ist gerne unter Menschen (Soz)
4. Das Kind ist immer in Bewegung (Akt)
5. Das Kind spielt lieber mit anderen als alleine (Soz)
6. Das Kind neigt dazu, emotional zu sein (Emo)
7. Wenn sich das Kind umherbewegt, tut es dies gewöhnlich langsam (Akt)
8. Das Kind findet leicht Freunde (Sch)
9. Das Kind springt auf und läuft herum, sobald es morgens aufwacht (Akt)
10. Das Kind findet Menschen anregender als alles andere (Soz)
11. Das Kind quengelt und weint oft (Emo)
12. Das Kind ist sehr kontaktfreudig (Sch)
13. Das Kind steckt voller Tatendrang (Akt)
14. Das Kind braucht lange, um mit Fremden warm zu werden (Sch)
15. Das Kind regt sich leicht auf (Emo)
16. Das Kind ist eher ein Einzelgänger (Soz)
17. Das Kind bevorzugt ruhige, weniger aktive Spiele gegenüber aktiveren Spielen (Akt)
18. Wenn das Kind allein ist, fühlt es sich ausgeschlossen (Soz)
19. Das Kind reagiert intensiv, wenn es sich aufregt (Emo)
20. Das Kind ist Fremden gegenüber sehr freundlich (Sch)

In der vorliegenden Version des EAS schätzen Eltern das Verhalten ihrer Kinder für jedes Item auf einer Skala von 1 (nicht charakteristisch) bis 5 (sehr charakteristisch) ein. Die mit dem EAS gemessenen Dimensionen werden als Emotionalität (Emo), Aktivität (Akt), Schüchternheit (Sch) und Soziabilität (Soz) angegeben, wobei unter Emotionalität vor allem eine negativ gefärbte Erregung im Sinne von Ängstlichkeit oder Ärger gemeint ist. Das EAS kann vom Kleinkind- bis zum Jugendalter verwendet werden (Spinath, 2000).

In einer neueren integrativen Gesamtschau für die Kindheit kommen Zentner und Shiner (2012) auf sechs grundlegende Temperamentsdimensionen (▶ Tab. 9.1). Verschiedene theoretische Ansätze und die zugehörige Forschung konvergieren im Hinblick auf diese Dimensionen. Sensorische Sensitivität und Empathie sind noch weniger gut durch Forschung belegt. Letztere wird erst seit kurzer Zeit als mögliche Temperamentsdimension behandelt. In einem gewissen Maß stimmen die kindlichen Dimensionen mit denen für Erwachsene gefundenen überein. Sie zeigen auch starke konzeptuelle und statistische Zusammenhänge mit einigen Eigenschaften der »Big Five«.

Zum Verständnis von Temperament als einem Vorläufer von Persönlichkeitsmerkmalen gehört per definitionem, dass es eine gewisse Stabilität über die Lebenszeit aufweist. Rothbart und Bates (1998) geben einen Überblick über die Stabilitäten in verschiedenen Temperamentsdimensionen. Es lassen sich teilweise Vorhersagen von der frühen Kindheit bis ins Grundschulalter oder sogar bis ins Jugendalter und später machen. Die gefundenen Korrelationen liegen jedoch nur im niedrigen bis mittleren Bereich. Wie lässt sich dies erklären? Zum einen wurde immer klarer, dass Temperament sich auch entwickelt. So verändern sich z.B. die Äußerungsformen von Temperament: Ein eher negativ gestimmtes Kind wird mit sechs Jahren z.B. weniger weinen als im ersten Lebensjahr. Frühe Temperamentsunterschiede in der emotionalen und motorischen Reaktivität werden später durch die Entwicklung regulativer Systeme beeinflusst – das eine mehr reaktiv und emotionsbasiert (Furcht und Verhaltenshemmung), das andere mehr selbst-regulativ (Aufmerksamkeitskontrolle). Dies alles bedeutet, dass die Konstrukte und Messmethoden sich verändern müssen, um Zusammenhänge zu finden.

Tab. 9.1: Integrative Systematik von Temperamentseigenschaften (in Anlehnung an Zentner & Shiner, 2012, S. 677, Zentner & Bates, 2008, S. 22; Übersetzung der Verf.)

Temperamentsdimensionen/-eigenschaften	Kerndefinitionen
Gehemmtes Verhalten, Ängstlichkeit	Hemmung des Verhaltens in Reaktion auf neue unvertraute Personen und Situationen; Verbindung mit Vermeidungsverhalten
Ärger, Irritierbarkeit	Agressives oder irritiertes Verhalten in Reaktion auf schmerzhafte und/oder frustrierende Reize
Hoch-intensive Freude/Vergnügen	Tendenz zu positiven Emotionen, einschließlich Freude, positive Erwartung und Aufregung in sozialen Interaktionen; Verbindung mit Annäherungsverhalten
Niedrig-intensive Freude/Vergnügen	Fähigkeit, Vergnügen zu empfinden in Reaktion auf sinnliche Belohnung und Annehmlichkeit
Aktivitätsniveau	Häufigkeit, Lebhaftigkeit und Kraft von Bewegungen; Intoleranz gegenüber erzwungener Untätigkeit
Aufmerksamkeit/Ausdauer	Kapazität für Aufmerksamkeitsfokussierung und –kontrolle als Basis für Ausdauer
Hemmende Kontrolle (willentlich, bewusst)	Fähigkeit eine dominante Reaktion zu hemmen und/oder eine subdominante Reaktion zu aktivieren, zu planen und Fehler zu entdecken
Sensorische Empfindsamkeit	Menge an Stimulation, die nötig ist eine sensorische Reaktion auszulösen (z.B. taktil, olfaktorisch, gustatorisch)
Empathie/Neigung zu sozialem Anschluss (affiliativeness)	Disposition, auffällige soziale Hinweisreize zu erkennen und als Basis für soziale positive Verstärkung/Belohnung zu erleben

Verhaltensgenetische Studien verweisen auf eine *beträchtliche Erblichkeit der Temperamentsmerkmale* (Rothbart & Bates, 1998, S. 128). Dies zeigt sich an den beträchtlich höheren Korrelationen für einige Merkmale bei eineiigen als bei zweieiigen Zwillingen. Studien, bei denen zusätzlich verglichen wird, ob die Zwillinge getrennt oder gemeinsam aufgewachsen sind, finden aber auch einen Einfluss der gemeinsamen Umwelt (shared environment), denn die Merkmale Annäherung, positiver Affekt und Selbstkontrolle fallen bei gemeinsam aufgewachsenen Zwillingen ähnlicher aus. Offensichtlich werden eben nicht die gesamten Merkmale vererbt, sondern bestimmte Grundlagen (chemical templates) für die Entwicklung der Struktur des Nervensystems. Diese interagieren mit Umweltfaktoren auf verschiedene Weise (▶ Kap. 1.1 und ▶ Kap. 1.2.1, interaktionistisches Modell). So lassen sich auch langfristige Wirkmechanismen frühkindlicher Temperamente aufzeigen (vgl. Zentner & Shiner, 2012, S. 688 f.).

Temperamente lösen bestimmte Reaktionen bei anderen Personen aus, die dann wiederum auf ein Kind zurückwirken (»environmental elicitation«). So zeigen schüchterne Kinder ein für Gleichaltrige wenig attraktives Sozialverhalten (z. B. wenig und verzögerte verbale Kontaktaufnahme), was wiederum eher zu sozialer Zurückweisung führt und zu einer Verstärkung ihrer typischen Interaktionsmuster (Coplan & Bullock, 2012). Außerdem wählen sich Kinder Umwelten, die zu ihrem Temperament passen und werden dadurch in diesem weiter bestärkt (»environmental selection«). So lesen und lernen aufmerksame und selbstregulierte Kinder eher viel und steigern dadurch wiederum diese Eigenschaften. Temperamente spielen auch eine Rolle bei der Interpretation von Ereignissen; so nehmen sehr irritierbare Kinder besonders bedrohliche Aspekte der Umwelt wahr (»environmental construal«). Bestimmte Temperamentsdispositionen machen auch besonders empfänglich für Umwelteinflüsse (»differential susceptability«). Solche Kinder sind besonders empfindlich bei schlechten Umweltbedingungen, profitieren aber auch besonders von günstigen. So entwickeln Kinder mit sehr negativer Emotionalität die niedrigste Selbstregulationsfähigkeit, wenn ihre Mütter nicht responsiv sind, aber die höchste, wenn sie responsiv sind (Kim & Kochanska, 2012, zit. nach Stifter & Dollar, 2016). Auch kulturelle Wertesysteme spielen eine Rolle. Studien zeigen bereits in der frühen Kindheit kulturell unterschiedliche Verteilungen von Temperamentsmerkmalen, kulturell unterschiedliche Bewertungen von Merkmalen und Einflüsse von Sozialisationspraktiken. So werden US-amerikanische Kinder von ihren Müttern als extravertierter eingeschätzt als japanische Kinder. Bei Letzteren bemerken Mütter eine ausgeprägtere negative Affektivität (Senzaki et al., 2021). Kanadische Mütter nehmen gehemmte Kinder eher negativ wahr und reagieren mit Bestrafung und Zurückweisung, während chinesische Mütter ihren gehemmten Kindern eher mit Wärme und Akzeptanz begegnen (Zentner & Shiner, 2012).

Die Beschäftigung mit kindlichen Persönlichkeitsmerkmalen und Temperamenten ist nicht zuletzt unter entwicklungspsychopathologischen Fragestellungen von Interesse (vgl. dazu Rothbart & Bates, 1998; Caspi & Shiner, 2007; ▶ Kap. 12). Einige Längsschnittstudien weisen darauf hin, dass zwei Dimensionen, die im Kleinkindalter auftreten, mit einer erhöhten Wahrscheinlichkeit ungünstigere Entwicklungsverläufe in Jugend und Erwachsenenalter vorhersagen: Es handelt sich um die Merkmale Impulsivität/Unaufmerksamkeit und gehemmtes Verhalten/Ängstlichkeit (Zentner & Shiner, 2012). Zentner (2000) diskutiert verschiedene Studien, die zeigen, dass eine Beratung zum Temperament des Kindes schon in den ersten Lebensjahren die Eltern entlasten und eine bessere Abstimmung der Erziehung ermöglichen kann.

9.2 Identität und Selbst

Die Begriffe Identität und Selbst sind eng miteinander verwandt und werden häufig fast deckungsgleich verwendet. Der *Identitätsbegriff* geht in der Psychologie auf E.H. Erikson zurück. Das Wort Identität verweist von seiner Herkunft darauf, dass wir uns als identisch mit uns selbst oder gleichbleibend erleben (lat. idem derselbe, Logik: völlige Gleichheit), trotz aller Veränderungen aufgrund von Erfahrungen und sogar angesichts rasanter körperlicher Veränderungen, die auch das Aussehen betreffen (z. B. in der Pubertät oder im Alter).

Für Straub (2000) bezeichnet der Identitätsbegriff die Selbstbeziehung von Personen und die psychische Konstitution personaler Einheit. Für Nunner-Winkler (2000) bildet Individualität eine zusätzliche Bedeutungsfacette von Identität. Bei Erikson beginnt die Identitätsentwicklung als Teil der Persönlichkeitsentwicklung mit dem Säuglingsalter und setzt sich bis ins Erwachsenenalter fort. Jede der Persönlichkeitskomponenten (Vertrauen, Autonomie, Initiative, Werksinn, Identität, Intimität, Generativität, Integrität) dominiert die Entwicklung in einem der acht von Erikson unterschiedenen Lebensalter. Da alle Komponenten miteinander verbunden sind, färbt die dominierende Komponente auch die Entwicklung in den anderen Persönlichkeitsbereichen. Für jedes Lebensalter wird eine psychosoziale Krise angenommen und eine mehr oder weniger dauerhafte, mehr oder weniger gelungene Lösung. Erikson gibt immer ein Begriffspaar an, das das Ergebnis einer gelingenden bzw. misslingenden Lösung der Krise anzeigt. Bei der Identitätsentwicklung ist die wesentlichste Phase die Adoleszenz und die Lösung bewegt sich zwischen Identität und Identitätsdiffusion. Gelingt die Lösung, so mündet die Identitätsentwicklung in das Gefühl der Ich-Identität»[...] also das gesammelte Vertrauen darauf, dass der Einheitlichkeit und Kontinuität, die man in den Augen anderer hat, eine Fähigkeit entspricht, eine innere Einheitlichkeit und Kontinuität [...] aufrechtzuerhalten« (Erikson, 1971, S. 107). Die Identitätsdiffusion hingegen meint, dass der Jugendliche keine stabile und kohärente Ich-Identität entwickelt hat.

Eriksons Ansatz basiert vor allem auf klinischen Erfahrungen. Er zeichnet ein idealtypisches Modell der Entwicklung – im konkreten Fall wird das Entwicklungstempo von individuellen und gesellschaftlichen Faktoren bedingt. Im Prozess der Identitätsbildung werden Kindheitsidentifikationen teilweise aufgegeben, teilweise in einer neuen Struktur absorbiert. Dies hängt auch vom Prozess ab, »[...] durch den eine Gesellschaft (oft mittels Untergesellschaften) den jungen Menschen identifiziert, indem sie ihn als jemanden annimmt und anerkennt, der so werden musste, wie er ist« (Erikson, 1971, S. 140).

Der *Begriff des Selbst* wurde von William James bereits gegen Ende des 19. Jh. verwendet. Er unterscheidet zwischen einem »I« (einem Erkennenden, das Selbst als Subjekt) und einem »Me« (einem Erkannten, das Selbst als Objekt). Das »Me« ist eine auf Erfahrung basierende Sammlung von Informationen über das Individuum und wurde später als Selbstkonzept bezeichnet. Im »I« wurden von James verschiedene Arten von Bewusstsein verankert, die wir bereits bei der Identität erwähnt haben – das Bewusstsein der persönlichen Kontinuität über die Zeit und der Andersartigkeit bzw. Getrenntheit als Person (Harter, 1998, S. 554).

Das »Selbst« ist keine Person in der Person, obwohl in der Literatur vor allem aus sprachökonomischen Gründen eine verdinglichende Begrifflichkeit vorherrscht (vgl. Mummendey, 2006). Man sollte »Selbst« als einen zusammenfassenden Begriff für Inhalte und Prozesse verstehen, bei denen es darum geht, wie wir uns als Person wahrnehmen und wie wir diese Wahrnehmungen aufrechterhalten bzw. verändern (Greve, 2000). Die *inhaltliche (objektive) Seite* lässt sich nach drei Dimensionen strukturieren: (1) eine zeitliche Dimension mit den Ausprägungen retrospektiv, aktuell, prospektiv, (2) eine Wirklichkeitsdimension mit den Ausprägungen realistisches Selbst und mögliches Selbst und (3) eine Bewertungsdimension mit den Ausprägungen beschreibend/nicht bewertend und bewertend.

Klassische Konzepte der Selbstpsychologie lassen sich in dieses Rahmenmodell einordnen. So würde beispielsweise das *Selbstkonzept* auf eine beschreibende Art und Weise realistische Inhalte aus der Vergangenheit oder Gegenwart umfassen, die man durch die folgenden Selbstkommunikationen beschreiben könnte: »So war ich!« oder »So bin ich geworden!« (subjektive Biographie) und »So bin ich!« (reales Selbst) (Greve, 2000). Das Selbstkonzept kann als eine Theorie der Person über sich selbst verstanden werden. Die Aussagen in einer Theorie sind aufeinander bezogen und manche gehören zum wichtigen Kern, während andere peripherer sind. Außerdem ist eine solche Theorie hierarchisch gegliedert: sie enthält peripher eher konkrete erfahrungsnahe Aussagen über sich selbst und zentral eher übergeordnete, abstraktere (vgl. Wentura, 2000). Zum Beispiel können verschiedene Informationen über Hilfeleistungen, die man anderen erwiesen hat (ich halte die Tür auf, wenn jemand keine Hand frei hat; ich leihe meinem Freund Geld, wenn er knapp bei Kasse ist) in dem zentralen Satz gipfeln: »Ich bin hilfsbereit«.

Dem Selbstkonzept wird meist als bewertender Teil das *Selbstwertgefühl* (auch: Selbstwertschätzung, -achtung) gegenübergestellt (vgl. Schütz, 2000). Coppersmith (nach Schütz, 2000, S. 4) definiert Selbstwertgefühl als »the evaluation which the individual makes and customarily maintains with regard to himself; it expresses an attitude of approval or disapproval, and indicates the extent to which the individual believes himself to be capable, significant, successful, and worthy. In short, self-esteem is a personal judgement of worthiness that is expressed in attitudes the individual holds toward himself«.

Wird das Selbst nicht mehr nur als Inhalt, sondern als *Prozess* gesehen (das »I«, *die subjektive Seite*), geht es darum, wie persönliche Kontinuität gewährleistet werden kann angesichts lebenslanger Veränderung. Selbstrelevante Informationen werden nicht einfach aufgenommen, sondern aktiv verarbeitet und in die Inhaltsstrukturen eingebaut. Das Selbst muss dabei einerseits gegen die vom bestehenden Konzept abweichenden Informationen verteidigt werden, die seine Integrität verletzen könnten. Die Forschung zeigt darüber hinaus, dass mit solchen Prozessen die Positivität des Selbstwertgefühls gewährleistet wird. Andererseits müssen abweichende Informationen bis zu einem gewissen Grad aufgenommen werden, damit das Selbst noch der Realität der persönlichen Existenz angepasst ist. Nur dann kann das Individuum handlungsfähig bleiben (vgl. Greve, 2000).

9.3 Identität und Selbst in der Entwicklung

Die von James angestoßene Trennung in ein »I« und ein »Me« hat in der neueren entwicklungspsychologischen Forschung, insbesondere der zur frühen Kindheit viele Nachfolgekonzepte gefunden (vgl. Harter, 1998). Dabei ist das »I« wahrscheinlich schon viel früher aktiv als das »Me«, das erst im zweiten Lebensjahr (ca. 15 bis 18 Monate) zu existieren beginnt (Selbstobjektivierung, ▶ Kap. 7 und ▶ Kap. 8).

Von gleicher Aktualität sind die Positionen von Theoretikern wie Cooley, Baldwin und Mead, die bereits im frühen 20. Jh. herausgearbeitet haben, dass das Selbst eine soziale Konstruktion ist, deren Basis die Erfahrungen in den Interaktionen mit anderen darstellen. Dabei ist die Interaktion mit den frühen Bezugspersonen nicht nur für die Art des Selbst wichtig, das sich herausbildet (z. B. hohes oder niedriges Selbstwertgefühl).

Inhalte des Selbstkonzepts), sondern generell für das Voranschreiten der Selbst-Entwicklung (Harter, 1998). Harter (2012) gilt das Selbst in erster Linie als eine kognitive Konstruktion des Individuums. Insofern setzt die allgemeine kognitive Entwicklung auch die Rahmenbedingungen für die Veränderungen des Selbst. Seine Struktur entwickelt sich in einer Geschichte von *Differenzierung und Integration*. So bilden sich unterschiedliche Anteile des Selbst für verschiedene kindliche Erfahrungsbereiche heraus (»domains of experience«, Harter, 2012, S. 10), ebenso werden ideale und reale Selbstkonzepte differenziert. Andererseits werden vielfältige Informationen und Bewertungen wiederum durch Generalisierungen höherer Ordnung integriert, z. B. in einer generellen Einschätzung des eigenen Selbstwertes. Eine deutsche Version des Self Description-Questionaire I (SDQ I) fragt z. B. die folgenden Selbstkonzepte für verschiedene Erfahrungsbereiche ab: Aussehen, Sport, Peerbeziehung, Elternbeziehung, Lesen, Mathematik, verschiedene Schulfächer. Die ersten vier Erfahrungsbereiche werden als nicht-akademisches Selbstkonzept zusammengefasst, die weiteren als akademisches Selbstkonzept. Insgesamt ergeben sie ein globales Selbstkonzept. Desweiteren wird auch noch das globale Selbstwertgefühl erfasst (Arens et al., 2011). Das akademische Selbstkonzept steht im Fokus vieler Studien. Baudson et al. (2016) finden jedoch, dass das eher vernachlässigte physische, auf das Aussehen bezogene Selbstkonzept für deutsche Kinder und Jugendliche in der Sekundarstufe I in verschiedenen Schultypen einen viel stärkeren Zusammenhang mit dem globalen Selbstwertgefühl zeigt als alle anderen Bereiche. Ein wichtiger Bereich des Selbstkonzeptes, der im SDQ I nicht eingeschlossen ist, umfasst kindliches Wissen und Wahrnehmen rund um sein Geschlecht. Hier hat sich der Oberbegriff einer *Geschlechtsidentität* gehalten, womit »[…] die *überdauernde* (Hervorhebung der Verf.) Selbstwahrnehmung, das innere Gefühl oder die Überzeugung, (biologisch und sozial) eindeutig männlich oder weiblich zu sein«, gemeint ist (Trautner, 2008, S. 631). Dieser globalen Geschlechtsidentität wird eine spezifische gegenübergestellt, die ihre inhaltliche Ausfüllung durch verschiedene Selbstkonzeptaspekte erhält – das Selbsterleben als männlich oder weiblich, das Selbstkonzept eigener maskuliner oder femininer Aktivitäten und Interessen, die Selbstwahrnehmung der eigenen Muster von

Freundschaftsbeziehung oder der sexuellen Orientierung usw. (vgl. Trautner, 2002, S. 653).

9.3.1 Selbstentwicklung in Säuglingszeit und früher Kindheit

Harter (2012) unterscheidet in der Kindheit drei Stadien der Selbstentwicklung, zwischen denen es zu ausgeprägten Veränderungen kommt. Die Selbstentwicklung beginnt bei Harter im Kleinkindalter, während sie bei anderen Autoren, z. B. dem Psychoanalytiker Daniel Stern (1993), schon im Säuglingsalter einsetzt. Wir integrieren daher sein Modell für die Säuglingszeit und stützen uns in starkem Maße auf Harters Überlegungen bei den höheren Altersgruppen.

Das Modell der Selbstempfindungen nach Stern

Stern hat in den 1980er Jahren zentrale Positionen klinisch denkender Fachkollegen revidiert und auf der Basis entwicklungspsychologischer Forschungsergebnisse eine Theorie des schrittweise auftauchenden Selbst formuliert, die die beiden ersten Lebensjahre umfasst (1993). Nacheinander tauchen vier Modalitäten des Selbstempfindens auf, die mit vier Arten des Bezogenseins auf die Außenwelt einhergehen. Frühere Arten des Selbsterlebens und der Bezogenheit werden jeweils in die darauf folgenden Arten aufgenommen. Sie behalten so viel von ihrer ursprünglichen Qualität, dass sie unter bestimmten Bedingungen (Stress, Träume, psychopathologische Zustände usw.) das Erleben älterer Individuen wieder dominieren können.

Die Entwicklungsphase für die »*Empfindung des auftauchenden Selbst*« setzt Stern bis zum Alter von zwei bis drei Monaten an, die »*des Kern-Selbst*« zwischen dem dritten und dem siebten Monat, die »*des subjektiven Selbst*« zwischen dem achten und dem sechzehnten Monat und im Anschluss daran die »*des verbalen Selbst*«. Die drei ersten Arten der Empfindung betrachtet er als unmittelbares, nicht selbstreflexives, nicht bewusstes Gewahrsein seiner selbst und als Vorläufer des objektivierbaren, selbst-reflexiven, verbalisierbaren Selbst (Stern, 1993, S. 25).

Das auftauchende Selbstempfinden: Das Selbstempfinden in den ersten beiden Monaten ist das Empfinden einer im Entstehen begriffenen Organisation. Das Neugeborene kann dabei auf funktionierende physiologische Körpersysteme und frühe sensorische und motorische Kompetenzen aufbauen, die sich z. T. bereits pränatal gebildet haben (▶ Kap. 3). Die ersten Erfahrungen bestehen in relativ unverbundenen Ereignissen, die erst in eine zusammenfassende Perspektive integriert werden müssen. Stern geht davon aus, dass der Säugling nicht nur das Resultat, also die fertige Organisation erlebt, sondern bereits den Prozess des Entstehens. Säuglinge scheinen intrinsisch motiviert zu sein zum Aufsuchen von Lerngelegenheiten, und neuartige Erfahrungen wirken belohnend. Sie erleben keinen (Mangel-)Zustand der Undifferenziertheit, sondern machen viele lebhafte Einzelerfahrungen, und wenn diese Erlebnisse verbunden werden, z. B. als sensomotorisches Schema, so erleben sie das Auftauchen von Organisation. Experimente mit Säuglingen in den ersten Lebenswochen, die die Mimik (z. B. Herausstrecken der Zunge) und Gestik eines erwachsenen Modells imitieren, legen nahe, dass die sensorischen Erfahrungen von Anfang an stärker integriert sind, als von Piaget erwartet (vgl. Butterworth, 1990; Meltzoff, 1990) und verweisen darauf, dass andere Personen wenigstens rudimentär als ein Gegenüber wahrgenommen werden. Zudem gibt es bereits bei Neugeborenen Anzeichen für eine frühe Unterscheidung zwischen sich selbst und anderen Personen, indem sie einen geringeren Suchreflex zeigen, wenn sie mit ihrem eigenen Finger an der Wange berührt werden im Vergleich zu dem Finger einer anderen Person (Rochat & Hespos, 1997).

Das Empfinden eines Kern – Selbst: Der Säugling scheint die interpersonale Bezogenheit nun aus einem integrierten Empfinden seiner selbst als körperlichem Wesen heraus zu gestalten. Aus den ersten vier der auf den nächsten Seiten genannten Invarianzerfahrungen bildet sich ein Kern-Selbst mit deutlicher Abgegrenztheit heraus. Parallel dazu entwickelt sich das Erleben eines Kern-Anderen.

Das Empfinden des subjektiven Selbst: Hier könnte man die Anfänge einer »Theorie« des Innenlebens ansetzen, bei der der Säugling davon ausgeht, dass es eine Ähnlichkeit gibt zwischen dem, was in ihm und in anderen vorgeht, und dass man sich dies auch gegenseitig mitteilen kann. Es kommt zu einem Erleben von Intersubjektivität, das auf einem gemeinsamen Rahmen von Bedeutung und einfachen nonverbalen Kommunikationsformen aufbaut. Der Säugling beginnt zusammen mit Bezugspersonen die Aufmerksamkeit auf Dinge zu richten und auf Gegenstände in seiner Umwelt durch Zeigen zu verweisen. Er kommuniziert mit der Absicht, andere zu beeinflussen, z. B. ihnen etwas zu geben, und sucht in ambivalenten Situationen nach emotionaler Rückmeldung im Gesicht der Bezugsperson, um daraus zu schließen, wie er sich verhalten soll (social referencing, Klinnert et al., 1983).

Das Empfinden des verbalen Selbst: Kinder beginnen mit Hilfe von Zeichen und Symbolen ihr Weltwissen psychisch zu repräsentieren. Daraus ergibt sich die Möglichkeit, das Selbst zum Objekt der Reflexion zu machen, symbolisch zu handeln (z. B. im Spiel) und der Spracherwerb. Die Kinder können über das unmittelbare Erleben hinausgehen, ihr eigenes Leben auch narrativ konstruieren und ihre Weltsicht mit anderen teilen. Nur ein Teil des unmittelbaren Erlebens, das weiterhin zu einem guten Teil auf den ersten drei Arten des Empfindens basiert, kann auch sprachlich dargestellt werden. So besteht mit dem Spracherwerb auch die Gefahr einer Entfremdung von basalen Formen des Selbstempfindens, wenn nur noch das Verbalisierbare als wirklich betrachtet wird.

Die Empfindungen des Selbst bauen auf elementareren Erlebnissen auf, die dem Säugling Erfahrungen von Ordnung und Invarianz, d. h. Stabilität, sowohl in inneren als auch äußeren Prozessen vermitteln. Die Motivation, die eigene Welt zu ordnen, bezeichnet Stern als einen »Imperativ des Seelenlebens« (S. 114). *Invarianzerfahrungen* entstehen aus dem Erleben

1. der *Urheberschaft von Handlungen:* Hier geht es darum, dass Säuglinge sich selbst als Urheber von Handlungen und deren Konsequenzen erfahren bzw. als Nicht-Urheber. Dazu tragen die schon frühzeitig auftretende Willensempfindung, das propriozeptive Feedback während der Handlung (▶ Kasten) und die Regelmäßigkeit bei, mit der bestimmte Handlungskonsequenzen auftreten. Soweit Handlungen das Kind selbst betreffen, sind die Konsequenzen meist regelmäßig und damit vorhersehbar; dies gilt jedoch weniger, wenn die Handlungen andere

Personen betreffen. Wenn das Kind z. B. vokalisiert, spürt es sicher eine Brustresonanz des Lautes; ob die Mutter antwortet, ist jedoch ungewiss.

2. des eigenen *körperlichen Zusammenhalts (Kohärenz):* Hier geht es darum, sich gegenüber dem Anderen als einzigartige, zusammenhängende und abgrenzbare Ganzheit zu erfahren. Dazu trägt z. b. bei, dass eine Einheit sich immer zu einem Zeitpunkt nur an einem Ort befinden kann.

3. der eigenen *Affektivität:* Mit bestimmten Erfahrungen treten charakteristische Kombinationen von Emotionskomponenten auf, z. B. ein bestimmter Ausdruck, mit einer bestimmten Gefühlskomponente (▶ Kap. 8).

4. der eigenen *Kontinuität (Selbst-Geschichtlichkeit):* Durch die Speicherung von Erfahrungen in frühen Formen des Gedächtnisses kann eine Dauerhaftigkeit des Erlebens entstehen. Erfahrungen von Urheberschaft, Kohärenz, Affektivität und Kontinuität können in kleinen Blöcken gelebter Erfahrung als Episoden abgespeichert werden (▶ Kap. 6, episodisches Gedächtnis).

5. der Fähigkeit zur *Intersubjektivität* mit anderen Menschen: s. Empfinden des subjektiven Selbst.

6. dem Erleben eigener innerer *Organisiertheit:* s. Empfinden des subjektiven Selbst.

7. der Fähigkeit zur *Bedeutungsübermittlung:* s. Empfinden des verbalen Selbst.

»Betrachten wir zwei Invarianten, den Willen und die propriozeptive Wahrnehmung, so wird deutlich, dass der Säugling drei verschiedene Kombinationen dieser beiden Invarianten empfinden könnte: eigengewolltes Handeln des Selbst (den Daumen zum eigenen Mund führen), das mit Willensempfindung sowie propriozeptiver Wahrnehmung einhergeht; fremdgewolltes Handeln des Anderen (die Mutter steckt dem Baby den Schnuller in den Mund), ohne Willensempfindung und propriozeptive Wahrnehmung; und drittens fremdgewolltes, auf das Selbst einwirkendes Handeln (die Mutter faßt das Baby an den Handgelenken und spielt mit ihm Händeklatschen oder ›Backe, Backe Kuchen‹, und zwar zu einem Zeitpunkt, zu dem das Kind dieses Spiel noch nicht kennt); in diesem Fall gibt es ein propriozeptives Feedback, aber keine Willensempfindung. In solchen Situationen kann der Säugling diejenigen Invarianten, die ein Kern-Selbst, einen Kern-Anderen und jene verschiedenartigen Amalgame dieser Invarianten, die Selbst-mit-dem-Anderen charakterisieren, identifizieren« (Stern, 1993, S. 119).

Die Entwicklung des Selbstempfindens vollzieht sich wesentlich durch die Interaktion mit Bezugspersonen. Anfänglich unterstützen sie die kindliche Erfahrung von Regelmäßigkeit und Organisation durch geordnete Pflegestrukturen, die zunächst zur Regelmäßigkeit bei den physiologischen Bedürfnissen und Prozessen (Schlafen, Nahrungsaufnahme, Ausscheidung, Erregung und Beruhigung) beitragen (vgl. Sroufe, 1990). Die Eltern behandeln den Säugling in der Interaktion so, als habe er bereits ein entwickeltes Selbstempfinden, wenngleich sie sich dabei auch am aktuellen Entwicklungsstand orientieren und diesem nur etwas vorauseilen (▶ Kap. 1, Zone nächster Entwicklung).

Die spielerischen Interaktionen mit dem Säugling sind charakterisiert durch übertriebenes Verhalten, durch Wiederholungen mit geringen Variationen, die es ihm erlauben Invarianzen wahrzunehmen und gleichzeitig nicht sein Interesse zu verlieren, was bei völliger Gleichartigkeit geschehen würde. Gleichzeitig werden die Interaktionen so gestaltet, dass der Säugling sich selbst im optimalen Erregungsbereich halten kann, z. B. durch Blickabwendung bei Stimulation an der oberen Grenze der erträglichen Erregung. Aus wiederholten Interaktionen bilden sich psychische Repräsentanzen generalisierter Interaktionen, z. B. aus Wiederholungen des Guck-Guck-da-Spiels, aus denen sich auch Repräsentanzen für Personen ableiten lassen (vgl. als ähnliches Konzept die inneren Arbeitsmodelle der Bindungstheorie, ▶ Kap. 5).

Die Interaktion mit Bezugspersonen spielt auch eine wichtige Rolle beim Aufbau der Intersubjektivität. Für Stern (1993) ist das gemeinsame Erleben von Affekten das auffälligste Merkmal, und Bezugspersonen tragen zur Entwicklung der Affektabstimmung bei. Affekte sind sowohl Medium als auch vorrangiges Thema der Kommunikation in der frühen Kindheit. Beobachtungen zeigen, dass Mütter bei neun Monate alten Säuglingen von der reinen Imitation auf eine mit transmodaler Qualität übergehen. So schwenkt z. B. ein neun Monate alter Junge unter dem

Ausdruck von Belustigung eine Rassel. Die Mutter beginnt im Takt der kindlichen Armbewegungen mit dem Kopf zu nicken. Dies lenkt die Aufmerksamkeit auf das dahinter liegende gemeinsame Gefühl, weg von einer reinen Nachahmung des äußerlichen Verhaltens. Es entsteht ein Sprungbrett für Sprache, denn es gibt nun so etwas wie ein gemeinsames Signifikat (das Gefühl) und verschiedene Signifikanten (Verhalten von Kind und Mutter), die darauf verweisen.

Kognitive und sozial-kognitive Ansätze – Harter und andere

Sterns viertes Selbstempfinden zeigt viele Anknüpfungspunkte zum James'schen »Me« bzw. mit den Anfängen der Selbstkonzeptbildung. Die neue kindliche Fähigkeit, sich selbst zum Gegenstand seines Denkens zu machen (Selbstobjektivierung), lässt sich an verschiedenen Indikatoren aufzeigen. Besonders gut untersucht ist das visuelle Erkennen in verschiedenen Medien – im Spiegel, auf Video oder Photo (Lewis & Brooks-Gunn, 1979; Bischof-Köhler, 1988). Die Zahl der Kinder, die sich selbst erkennen, nimmt zwischen 18 und 21 Monaten deutlich zu und danach ist die Fähigkeit bei den meisten vorhanden. Zwischen zwei und drei Jahren taucht auch die Fähigkeit zur Selbstkategorisierung als Mädchen oder Junge auf (vgl. Trautner, 2008).

Junge Kinder konstruieren nur konkrete *kognitive Repräsentationen beobachtbarer Merkmale*. Damon und Hart (1988) nennen sie »kategoriale Identifikationen« und unterscheiden physische (Körper – Ich habe blaue Augen; Besitztümer – Ich habe eine Katze), aktivitätsbezogene (Ich kann ganz schnell rennen), soziale (Ich habe einen Bruder) und psychische Merkmale (Gefühle – Ich bin glücklich; Präferenzen – Ich mag Pizza). Im Laufe der Kindheit werden zunehmend Aspekte der kindlichen Umwelt wie Gegenstände und Personen in das Selbstkonzept aufgenommen und in den Dienst einer Selbst-Umwelt-Differenzierung gestellt. Mummendey (2006) verweist in diesem Zusammenhang auf Thomaes Konzept der »Selbst-Extension«. Solche kategorialen Selbstbeschreibungen stehen unverbunden nebeneinander; sie werden nicht Kategorien höherer Ordnung untergeordnet, da das Kind nach Piaget in diesem Alter noch nicht zu einer Bildung von echten Begriffen und begrifflichen Hierarchien in der Lage ist

259

(▶ Kap. 6). So verfügen sie noch über kein globales Selbstwertgefühl, das die Integration bereichsspezifischer Selbstbewertungen (s. u.) darstellen würde (Harter, 2012).

Dass die bereichsspezifischen *Selbstbewertungen von Vorschulkindern übermäßig positiv ausfallen*, führt Harter (2012) auf zwei Gründe zurück: Zum einen unterscheiden Kinder noch nicht zwischen wirklichen Fähigkeiten und denen, die sie sich wünschen würden; zum anderen können sie wegen ihrer begrenzten Verarbeitungskapazität in die Selbsteinschätzung noch keine Informationen aus sozialen Vergleichen einbeziehen (vgl. Frey & Ruble, 1990).

Nach der Auffassung erfahrener Kindergärtnerinnen kann man Kinder sehr wohl nach ihrem Selbstwertgefühl unterscheiden, auch wenn sie dieses nicht verbalisieren können und es lediglich in ihrem Verhalten zutage tritt. In einer Studie von Harter (2012) sortierten Erzieherinnen aus Krippe und Kindergarten 84 Beschreibungsmerkmale als typisch für niedriges oder hohes Selbstwertgefühl bzw. als irrelevant für die Selbstwertbeschreibung. Diese Merkmale hatte eine Gruppe von Peers vorher zusammengestellt. Hohes Selbstwertgefühl wurde durch zwei Aspekte charakterisiert (Harter 2012, S. 35 f, Übersetzung der Verf.):

1. Aktive Demonstrationen von Vertrauen, Neugier, Initiative und Unabhängigkeit, die folgende Merkmale umfassen: vertraut auf eigene Ideen, stellt sich Herausforderungen, initiiert mit Selbstvertrauen Aktivitäten, ergreift die Initiative, setzt selbst unabhängig Ziele, ist neugierig, erforscht und stellt infrage, ist begierig, neue Dinge auszuprobieren, beschreibt sich selbst positiv, zeigt Stolz auf sein Werk.
2. Adaptive Reaktion auf Veränderung oder Stress, die Folgendes umfasst: fähig, sich Veränderungen anzupassen, zufrieden mit Übergängen, toleriert Frustration und hält durch, ist fähig, mit Kritik und Hänselei umzugehen.

Das Kind mit niedrigem Selbstwertgefühl wurde mit gegensätzlichen Merkmalen charakterisiert. Interessanterweise hing nach Ansicht der Kindergärtnerinnen ein hohes oder niedriges Selbstwertgefühl des Kindes nicht systematisch mit dessen tatsächlichem Fertigkeits- oder Kompetenzniveau zusammen. Solche Zusammenhänge werden erst in späteren Phasen stärker.

Harter (2012) nimmt an, dass kognitive Begrenzungen im Hinblick auf das kindliche Selbstkonzept und dessen Selbstbewertung eine schützende Wirkung für die kindliche Psyche haben könnten. Die positive Selbstsicht, der fehlende soziale Vergleich usw. tragen dazu bei, dass das Kind unbeeinträchtigt durch Selbstzweifel weiter daran arbeitet, seine Umwelt zu meistern und sich die Kompetenzen anzueignen, auf die es später ein positives Selbstwertgefühl gründen kann.

Eine Reihe von Studien an *Kindern mit Misshandlungserfahrungen* unterstreicht die kritische Rolle der sozialisierenden Umwelt sowohl für die Me- als auch für die I-Seite des Selbst. Eltern spielen z. B. eine wichtige Rolle bei der Konstruktion einer autobiographischen Selbsterzählung, die Informationen über die Wahrnehmung des Selbst und signifikanter Anderer enthält. Sie unterstützen Kleinkinder dabei, indem sie für diese Erfahrungsaspekte versprachlichen bzw. später mit ihnen Erinnerungen kokonstruieren und dabei Aspekte betonen, die sie als Eltern für erinnerungswürdig halten (vgl. Nelson, 1993; Nelson & Fivush, 2004). Die Erzählungen misshandelter Kinder, die aus der Vervollständigung vorgegebener Geschichtenanfänge gewonnen werden, enthalten mehr negative Selbst-Repräsentationen und Repräsentationen der Mutter und sind weniger kohärent als die nicht misshandelter Kinder (Toth et al., 1997; Macfie et al., 2001). Misshandelte Kinder können auch weniger gut über ihre inneren Zustände Auskunft geben (Beeghly & Cicchetti, 1994). Briere (1992) geht davon aus, dass die mangelhafte Selbstaufmerksamkeit dadurch bedingt ist, dass misshandelte Kinder ständig auf ihre potentiell bedrohliche Außenwelt aufmerksam sein müssen.

9.3.2 Selbstentwicklung in der mittleren Kindheit

Kinder von fünf bis sieben Jahren zeigen eine beginnende Fähigkeit Konzepte miteinander zu koordinieren. Sie können z. B. ein soziales Vermögen in verschiedenen Kontexten herausstellen: »Ich habe viele Freunde, in der Nachbarschaft, in der Schule und im Sportverein« (Case, 1985; Harter, 2012). Doch noch immer herrscht ein *Schwarz-Weiß-Denken* vor –

261

jemand kann nur gut oder böse sein. Doch werden nun typischerweise Repräsentationen als Gegensatzpaare aufeinander bezogen: »Ich bin gut und deshalb kann ich nicht schlecht sein. Aber ich kenne andere Leute, die schlecht sind«. Diese Art des Denkens führt zur Überbetonung von Unterschieden. Bei misshandelten Kindern kann es dazu führen, dass sie glauben, sie hätten die Misshandlungen verdient, denn die Eltern als Autoritätspersonen können nicht schlecht sein (Briere, 1992). Die eigenen Leistungen *vergleichen Kinder in der mittleren Kindheit vor allem mit ihren früheren Leistungen.* Zwar sind sie auch daran interessiert, wie andere Aufgaben bewältigen, doch nutzen sie diese Information noch nicht zur Selbstbewertung (Frey & Ruble, 1990; Ruble & Frey, 1991). Das Kind bemerkt auch, dass andere es in bestimmter Weise bewerten und beginnt sich an diesen Bewertungen zu orientieren ohne sie auf sich selbst anzuwenden (Higgins, 1991).

9.3.3 Selbstentwicklung in der späten Kindheit

In der letzten Phase der Kindheit (ca. acht bis elf Jahre) findet sich eine *Beschreibung in Eigenschaftsbegriffen* (z. B. beliebt, hilfsbereit), die bereits Generalisierungen höherer Ordnung darstellen, in die Verhaltensweisen integriert werden. Die Eigenschaft »klug« fasst dann z. B. die Erfolge in verschiedenen Schulfächern zusammen (Harter, 2012).

Die selbst zugewiesenen Eigenschaften werden *zusehends sozial geprägt,* da die Beziehungen, vor allem zu Gleichaltrigen, einen immer wichtigeren Bestandteil des Selbstkonzepts ausmachen (Damon & Hart, 1988). Kinder nutzen nun häufig soziale Vergleichsmaßstäbe, insbesondere um ihre persönlichen Kompetenzen einzuschätzen. Dies wird dadurch unterstützt, dass Lehrer und Eltern zunehmend soziale Vergleichsmaßstäbe einsetzen (Harter, 2012; ▶ Kap. 8 soziale Bezugsnormorientierung).

Ausgehend von den theoretischen Überlegungen Meads (1934) konnten Fuhrer und Kollegen (vgl. Fuhrer et al., 2000) zeigen, dass nicht nur Personen, sondern auch Dinge, die über Handlungserfahrungen eine symbolische Bedeutung gewinnen, für die Selbstbildung wichtig sind. So schätzen Zehnjährige bestimmte Dinge aus ihrer Umwelt, wie z. B. Kleidungsstücke, Bilder aus ihrem Zimmer, als sehr bedeutsam z. B. für die soziale Integration ein. Fuhrer et al. deuten dies im Sinne der Winni-cott'schen »Übergangsobjekte«: Dinge vermitteln den Zugang zu er-wünschten Sozialpartnern.

Die *Selbstwahrnehmungen werden auf dieser Altersstufe negativer*, da die Kinder drei neue kognitive Fähigkeiten hinzugewinnen: Sie können so-ziale Vergleiche zur Selbstevaluation vornehmen, die eben nicht immer zu ihren Gunsten ausfallen; sie differenzieren zwischen einem idealen Selbst und einem realen, und sie verstehen besser, was andere über sie denken – und dies wird außerdem immer wichtiger für sie (Harter, 2012). Die Meinungen bedeutsamer Anderer können nun internalisiert und zur Selbstbewertung genutzt werden (Selman, 1984).

Eine realistischere, weniger einseitig positive Einschätzung der eigenen Fähigkeiten wird auf dieser Altersstufe von vielen Forschern als adaptiv angesehen, da sich die Kinder zunehmend dem Jugendalter mit seinen Forderungen nach einer selbstständigen Lebensgestaltung annähern, die sich an den wirklichen Fähigkeiten orientieren sollte (Harter, 2012).

9.4 Praxisthema: Bedeutung und Förderung des Selbstwertgefühls

Bei psychologischen Arbeiten zum Selbstwertgefühl von Personen aller Altersstufen ist bis Ende der 1990er Jahre zumindest in westlichen Kultu-ren »[…] ein deutlicher Tenor erkennbar, wonach hohe Selbstwertschät-zung als wünschenswert, niedrige als problematisch erachtet wird« (Schütz, 2000, S. 37). Verfolgt man Ratgeber, so ist diese Auffassung bis tief in die Alltagspsychologie vorgedrungen – vor allem in die nordamerika-nische – und Eltern, Lehrer wie auch Therapeuten sind gleichermaßen bestrebt, das kindliche Selbstwertgefühl zu erhöhen, weil man sich davon viele positive Effekte für das weitere Leben erhofft. Auch nach annähernd drei Jahrzehnten ist die Debatte noch nicht beendet. Baumeister et al. (2003) kommen in einer kritischen Literaturübersicht zu der Auffassung, dass hohes Selbstwertgefühl als Prädiktor oder Ursache von persönlichem Lebenserfolg und Wohlbefinden vielfach nicht abgesichert ist. Orth und Robins (2014) halten dagegen, dass neuere Längsschnittstudien ab dem Jugendalter mittlerweile wiederum zu einer anderen Auffassung berechtigen.

Sehr viel Forschung wurde dem Zusammenhang zwischen Selbstwert und schulischen Leistungen gewidmet. Dieser fällt jedoch – gleichgültig, ob man Selbstwertgefühl als Ursache oder als Folge betrachtet – nur sehr schwach aus und verschwindet, sobald andere Variablen statistisch kontrolliert werden, die mit dem Selbstwertgefühl korreliert sind. Offensichtlich gibt es keine direkte Verbindung zwischen Leistung und Selbstwertgefühl; beide zeigen jedoch Zusammenhänge zu dem Aspekt des Selbstkonzepts, der Aussagen über akademische Fähigkeiten beinhaltet (Pekrun, 1987; Marsh & O'Mara, 2008).

Wie bereits angemerkt, ist das Selbstkonzept von Kindern vor dem Schuleintritt von positiven Informationen dominiert; ein stabiles, umfassendes Selbstwertgefühl bildet sich erst gegen Ende der Kindheit (vgl. auch Trzesniewski et al., 2003). In einer deutschen Längsschnittstudie liegen die Durchschnittswerte des Selbstwertes bei Neunjährigen relativ hoch, sinken bis zum Alter von 12 Jahren merklich ab, um bereits mit 13 bis 14 Jahren wieder anzusteigen. In anderen Studien erfolgt der Anstieg später. Im Altersverlauf sind es mit 10 bis 12 Jahren die meisten Kinder, bei denen sich ein Anstieg oder Abfall des Selbstwertgefühls feststellen lässt (Chung et al., 2017). Studien zu Geschlechterunterschieden zeigen in der Regel eine vorteilhaftere Selbstsicht der Jungen sogar schon ab dem Vorschulalter auf, die sich im Übergang zum Jugendalter noch verstärkt (vgl. Schütz, 2000).

Eine der wichtigsten Quellen des Selbstwertgefühls scheint in den sozialen Beziehungen zu liegen. Bezugspersonen, denen es an Responsivität, Fürsorge, Ermutigung und Bestätigung mangelt oder die sogar zurückweisend, strafend oder vernachlässigend sind, üben bei ihren Kindern einen negativen Einfluss auf das Selbstbild aus (Harter, 2012, S. 12). Bindungstheoretiker betonen, dass sich auf der Basis einfühlsamer und unterstützender Interaktionserfahrungen ab der frühen Kindheit Arbeitsmodelle von Beziehungen herausbilden, die ein kindliches Grundgefühl des Angenommenseins und Geliebtwerdens beinhalten (B-Muster der sicheren Bindung, Bretherton, 1993; ▶ Kap. 5). Auch wenn später andere

Beziehungen an Bedeutung gewinnen (Geschwister, Freunde, Mitschüler), verliert die zu den Eltern ihre bis ins Jugendalter hinein nicht. Besonders wichtig für das globale Selbstwertgefühl sind neben den Eltern die Mitschüler (Harter, 2012; van Aken et al. 1996). Harter erklärt die Rolle der Mitschüler damit, dass sie ein objektiveres Feedback über die eigenen Kompetenzen und den Wert einer Person zu geben scheinen, während Freunde per definitionem empathisch, fürsorglich, sensitiv und hilfreich bei Problemlösungen sein müssen.

Der einfachste und direkteste Weg zur Förderung des Selbstwertgefühls scheint über das Lob und die Anerkennung der kindlichen Eigenschaften bzw. seiner selbst als Person zu gehen. Aktuell haben aber Studien Aufsehen erregt, die gewisse Gefahren aufzeigen (Dweck, 2007; vgl. auch 8.2.3). Lob, das schon bei niedrigen Leistungen gegeben wird, führt beim Gelobten leicht zur Einschätzung, der Lobende halte ihn für wenig fähig (Meyer, 1992, nach Reisenzein et al., 1992). Als besonders abträglich für das akademische Selbstwertgefühl und die intrinsische Lern- und Leistungsmotivation von Kindern wird Lob eingeschätzt, das die Person an sich oder eine unveränderliche Fähigkeit des Kindes, häufig Intelligenz, in den Vordergrund stellt (»You are so smart!«; Dweck, 2007; Karmins & Dweck, 1999, ► Kap. 8.2.3). Dweck und Kollegen konnten zeigen, dass dadurch eine Einstellung zum Lernen entsteht, bei der im Vordergrund steht, immer klug zu wirken. Die Folgen: Herausforderungen werden gemieden und Fehler eher vertuscht als korrigiert; Anstrengung wird vermieden (Wenn man klug ist, muss man sich nicht anstrengen!) und Ausdauer und Bewältigungsversuche werden herabgesetzt (Wenn man sich anstrengen muss, ist man wohl doch nicht so klug! Wenn man nicht klug genug ist, gibt es keine Möglichkeit, eine Leistung doch noch zu erreichen!). Eine erstrebenswerte Form des Lobes ist die, die sich am Prozess des Erreichens einer Leistung orientiert und Aspekte hervorhebt, die durch die Person kontrollierbar sind, z. B. Anstrengung (vgl. Dweck, 2007; Henderlong & Lepper, 2002; Karmins & Dweck, 1999). Auch die Verletzungen des Selbstwertgefühls durch Leistungsversagen und die Wiederherstellung des angeschlagenen Selbstwertgefühls hängen davon ab, ob das Versagen auf unveränderliche oder kontrollierbare Ursachen zurückgeführt wird (Niija et al., 2004; Nussbaum & Dweck, 2008). Die hier vorgestellten Befunde gelten für individualistische westliche Kulturen und können nicht ohne

Weiteres auf eher kollektivistische Kulturen, z. B. China oder Japan, übertragen werden, bei denen Anstrengung und Fähigkeit weniger als sich gegenseitig kompensierend, sondern immer als positiv zusammenhängend gesehen werden: »[…] for Chinese students, people working hard have higher ability and those who have high ability must have worked hard« (Salili & Hau, 1994, zit. nach Henderlong & Lepper, 2002, S. 788).

Zusammenfassung

Die Begriffe Persönlichkeit, Temperament, Identität und Selbst verweisen in etwas unterschiedlicher Weise auf Kontinuitäten im Erleben und Verhalten von Menschen. Die Existenz solcher Anteile entspricht sowohl der Fremd- als auch der Selbstwahrnehmung von Menschen. Früh im Leben auftretende, stark anlagebestimmte Temperamentsmerkmale sind teilweise Vorläufer späterer Persönlichkeitstypen. Die Messung der Temperamente von Kindern erfolgt meist per Elternfragebogen. Die Beschäftigung mit Temperamenten und Persönlichkeitsmerkmalen erfolgt auch unter der Fragestellung, wie erfolgreich Kinder mit bestimmten Temperamenten unter bestimmten gesellschaftlichen Bedingungen bestehen.

Die Begriffe Identität und Selbst werden für ähnliche Sachverhalte verwendet. Immer geht es um die Beziehung zur eigenen Person. Letztere wird als unveränderlich, einzigartig, als mit bestimmten Eigenschaften ausgestattet und als Zentrum des Erkennens und Handelns wahrgenommen. Häufig wird eine inhaltliche Seite des Selbst, die die Person in selbstobjektivierender Weise erkennen kann, von einer prozesshaften Seite des Selbst unterschieden, bei der es um Denk- und Verhaltensweisen geht, mit denen die Person ihr Selbst stabilisieren kann. Das Selbstkonzept ist ein Ausschnitt dieser inhaltlichen Seite, der das »So bin ich« und »So bin ich geworden« beschreibt. Dem wird häufig das Selbstwertgefühl als zusammenfassende Bewertung von Aspekten des eigenen Selbst gegenübergestellt.

Im Hinblick auf die Entwicklung des Selbst wurden besonders Überlegungen von Daniel Stern und Susan Harter vorgestellt. Stern deckt mit seiner Theorie der vier sich entwickelnden Selbstempfinden besonders die ersten beiden Lebensjahre ab, auch wenn diese Selbstempfinden lebenslang als Möglichkeit erhalten bleiben. Harter setzt mit der Entwicklung der objektiven Selbsterkenntnis im zweiten Lebensjahr ein und beschreibt drei Stadien der Selbstentwicklung bis zum Beginn des Jugendalters. Für sie ist das Selbst in erster Linie eine kognitive Konstruktion des Individuums, und Selbstkonzept und Selbstwertgefühl werden wesentlich durch die allgemeine Fähigkeit der kindlichen Informationsverarbeitung bestimmt.

Ausgehend von psychologischen Studien sind Eltern und Pädagoginnen und Pädagogen seit Langem bestrebt, das kindliche Selbstwertgefühl zu erhöhen, weil man sich davon vielfältige positive Effekte u. a. auf die schulische Leistungsfähigkeit erhofft. Der scheinbar direkteste Weg zu einem hohen Selbstwertgefühl über direktes Lob und bedingungslose Anerkennung wird mittlerweile kritisch gesehen. Günstiger für das Leistungsverhalten von Kindern erweist sich Lob, das sich am Prozess des Erreichens einer Leistung orientiert und Aspekte hervorhebt, die durch die Person beeinflusst werden können, z. B. den persönlichen Einsatz.

Empfohlene Literatur

Greve, W. (Hrsg.) (2000). *Psychologie des Selbst*. Weinheim: PVU.
Harter, S. (2012). The construction of the self. Developmental and sociocultural foundations (2nd ed.). New York, NY: The Guilford Press.
Stern, D. (2007). *Die Lebenserfahrung des Säuglings* (9., erw. Aufl.). Stuttgart: Klett-Cotta.

Lernfragen

1. Was versteht man unter den Persönlichkeitsdimensionen »The Big Five« und wie werden sie für Kinder ergänzt?
2. Wie wird Temperament definiert?
3. Mit welchen Methoden wird Temperament meist gemessen?
4. Welches sind die zentralen Temperamentsdimensionen in der frühen Kindheit und wie können sie langfristig die kindliche Entwicklung beeinflussen?
5. Welche Rolle spielen Anlage und Umwelt in Bezug auf die Entwicklung des Temperaments?
6. Welche Aspekte sind zentrale Bestimmungsstücke des Begriffs der Identität?
7. Beschreiben Sie das Modell des Selbst als Inhalt und Prozess nach Greve!
8. Welche Phasen der Selbstentwicklung durchläuft ein Kind nach Stern?
9. Welche Rolle spielen Bewertungen durch andere und der Vergleich mit anderen für die Entwicklung des kindlichen Selbstkonzepts und Selbstwertgefühls?

Bildteil – Das Ende der Kindheit

Klara, 10 Jahre, 2 Monate

Tobias, 10 Jahre, 11 Monate

10 Entwicklungspsychopathologie

Die entwicklungspsychopathologische Perspektive entstand in den 1970er Jahren aus einer Vereinigung zweier Denk- und Forschungstraditionen, die sich mit Verhaltensanpassung beschäftigten – der psychopathologischen und der entwicklungspsychologischen Tradition (Masten, 2006). Seit der Veröffentlichung von Achenbachs Buch »Developmental Psychopathology« (1974) hat sich eine neue Wissenschaft herausgebildet. Sie bietet einen *integrativen Rahmen*, der über eine bloße entwicklungsorientierte Erweiterung verschiedener Disziplinen hinausgeht. Mittlerweile beteiligt sind z. B. die Entwicklungspsychologie, Klinische Psychologie, Psychiatrie, Epidemiologie, Soziologie und die Neurowissenschaften (vgl. Niebank & Petermann, 2002; Masten, 2006).

Die Beiträge verschiedener Wissenschaftler zusammenfassend kann man sagen, dass sich die Entwicklungspsychopathologie mit dem *Ursprung und Verlauf individueller Muster fehlangepassten Verhaltens über die gesamte Lebensspanne* befasst (Cicchetti, 1999). Anpassung und Fehlanpassung sind immer im Hinblick auf bestimmte *Lebensräume oder ökologische Systeme* zu sehen, in denen Menschen bestehen müssen (▶ die Theorie von Bronfenbrenner, Kap. 1.3.2). Diese Systeme sind nicht nur durch die biologischen Lebensbedingungen geprägt, sondern auch durch die in einer Kultur bzw. Gesellschaft erzeugten Gegenstände, etablierten Bildungseinrichtungen, Regeln für das soziale Zusammenleben u. a. mehr (vgl. Oerter, 2008b). Entwicklungspsychopathologen und -pathologinnen untersuchen somit auch den psychischen Funktionsstatus von Kindern und Jugendlichen. Dazu bewerten sie sehr viele verschiedene Informationen über die Person im Hinblick darauf, was über die allgemeine menschliche Entwicklung und ihre Varianten im Kindes- und Jugendalter und dann weiterhin über die Lebensspanne bekannt ist. Sie bewerten Aspekte des Verhaltens und

Erlebens, wie wir sie in diesem Buch beschrieben haben (Kognition, soziale Kognition, Emotion usw.), aber auch darunter liegende Ebenen (genetische, physiologische, neuronale usw.) und berücksichtigen dabei die Einflüsse von materieller und sozialer Umgebung und Gesellschaft auf das Erleben und Verhalten (Cicchetti, 1999).

10.1 Abweichende Entwicklungspfade und psychische Störungen

Die Entwicklungspsychopathologie fragt nach Fehlanpassungen, die im Entwicklungsverlauf zu Abweichungen von normalen Entwicklungspfaden führen können. Sind solche abweichenden Entwicklungspfade mit deutlichen und dauerhaften Beeinträchtigungen (beim Kind oder bei Personen seiner Umgebung) verbunden, so erfüllen sie die Kriterien, die in gängigen psychiatrischen Klassifikationssystemen für die Feststellung einer psychischen Störung oder Krankheit gelten. Beide Begriffe werden oft synonym verwendet, meist gilt jedoch der *Störungsbegriff* als der modernere, theoretisch weniger vorbelastete, während der Begriff der Krankheit sehr schnell mit einem engen medizinischen Modell in Verbindung gebracht wird, das zwar in weiten Bereichen der Medizin selbst ausgedient hat, aber doch oft noch implizit die Konzeptualisierung von Störungen, Forschungsdesigns und die Interpretation von Forschungsergebnissen leitet (Sroufe, 1997). Bei diesem engen medizinischen Modell werden bevorzugt körperliche/endogene Faktoren als Ursachen für pathologische Entwicklungen geltend gemacht, von denen man erwartet, dass sie durch einen objektiven Befund sichtbar gemacht werden können. Im Bereich der psychischen Abweichung sind Ursachen jedoch nur selten geklärt und sie bestehen oft, ohne dass – zumindest mit den bisherigen diagnostischen Mitteln – auch auf der körperlichen Ebene ein abweichender Befund sichtbar zu machen wäre bzw. ohne dass bei einem entsprechenden Befund klar unterschieden werden könnte, ob es sich um die Ursache oder Folge einer Störung handelt (vgl. Petermann et al., 2002).

Nicht jede Fehlanpassung stellt bereits eine Störung dar, sondern eine Störung tritt erst als Folge einer Reihe von Fehlanpassungen auf (Sroufe, 1997). Resch (1999) spricht von Anpassungsspannungen und -überforderungen in den Anfangsstadien risikoreicher Entwicklungen, wenn z.B. Eltern an ein kognitiv beeinträchtigtes Kind ständig zu hohe Leistungsanforderungen stellen, die schließlich in eine ängstlich-depressive Symptomatik münden, bis hin zur Suizidalität. Gestört sind auch nicht die Menschen an sich, sondern Verhaltensweisen bzw. mehr oder weniger umfassende psychische Funktionen. Die Menschen können zwischen pathologischem und nicht-pathologischem Funktionsstatus hin und her wechseln. Und selbst während einer Episode, in der sich gestörtes Verhalten deutlich manifestiert, bleiben auch adaptive Formen des Verhaltens erhalten. Darüber hinaus kann ein Verhalten in verschiedenen Kontexten unterschiedlich angepasst sein (Cicchetti, 1999). So kann aggressives Verhalten in einer Familie adaptiv sein, in der dies der normale Weg der Auseinandersetzung ist und man sich nur so behaupten kann, und in einem anderen Kontext nicht adaptiv, wenn das Kind z.B. in der Kindergartengruppe ein Spielzeug haben will.

Nicht nur für die Erklärung von Entwicklung allgemein, sondern auch für die Entstehung von Störungen gelten momentan (transaktionale, ▶ Kap. 1) biopsychosoziale Modelle als am angemessensten. Gerade in jungen Jahren zeigen Kinder oft ein auffälliges Verhalten, das wesentlich durch die Umwelt gesteuert wird und sich oft sehr schnell zum Besseren wendet, wenn sich das Verhalten der Bezugspersonen ändert. So sind z.B. bei Schlafstörungen in der frühen Kindheit Erfolge durch Veränderungen der Eltern-Kind-Interaktion, Einführung eines angemessenen Tagesrhythmus und eines Schlafrituals zu erwarten (Dunitz-Scheer et al., 1998).

Je weiter die Entwicklung fortschreitet, desto mehr tritt die *Selbstregulation* des heranwachsenden Kindes an die Stelle von *Fremdregulation* (vor allem die elterliche) und desto eher scheint es gerechtfertigt, einer Person eine Störungskategorie als individuelle Diagnose zuzuordnen, wie dies in den Klassifikationssystemen psychischer Störungen geschieht. Insbesondere für die ersten drei bis fünf Lebensjahre bestehen erhebliche Zweifel, dass es schon eine stabil in der kindlichen Selbstregulation verankerte

Störung unabhängig von der Eltern-Kind-Beziehung geben kann (vgl. Wiefel et al., 2007). Aus einem systemischen Denken heraus müsste über die kindliche Interaktion im Familiensystem hinaus auch die familiale Interaktion mit übergeordneten Systemen betrachtet werden, die für die Familienentwicklung mehr oder weniger günstige Bedingungen bereitstellen können.

Steinhausen (2006, S. 20) definiert eine psychische Störung im Kindes- und Jugendalter folgendermaßen:»Eine psychische Störung bei Kindern und Jugendlichen liegt vor, wenn das Verhalten und/oder Erleben bei Berücksichtigung des Entwicklungsalters abnorm ist und/oder zu einer Beeinträchtigung führt.« Steinhausen diskutiert neun Kriterien für Abnormität, von denen mehrere erfüllt sein müssen, um von einer Störung zu sprechen. Berücksichtigt werden die mangelnde Angemessenheit von Verhalten im Hinblick auf Entwicklungsstand, Alter, Geschlecht oder kulturelle Werte, die Dauerhaftigkeit, der Schweregrad und die Häufigkeit der Symptomatik, die Durchgängigkeit des Problems über Situationen bzw. soziale Kontexte (z. B. Elternhaus und Schule), ein fehlender Zusammenhang mit aktuellen Belastungen in einer Lebensphase, sowie ob ein Symptom in Zusammenhang mit anderen Symptomen auftritt (z. B. motorische Unruhe mit Aufmerksamkeitsproblematik) oder evtl. Teil einer allgemeineren Fehlfunktion (z. B. schlechte Leseleistung bei gleichzeitiger Schwäche des Arbeitsgedächtnisses u. a.) ist. Zusätzlich sollte immer berücksichtigt werden, inwieweit das Kind bzw. andere Personen durch die Symptomatik beeinträchtigt werden. So muss man sich fragen, ob ein Leiden(sdruck) des Kindes oder anderer Personen gegeben ist, ob die Sozialkontakte eingeschränkt werden oder die Entwicklung insgesamt behindert wird. Bei aggressivem Verhalten eines Kindes leiden möglicherweise vor allem Eltern und Peers. Gerade das Fehlen von Freundschaftsbeziehungen bewirkt bei Kindern einen besonderen Leidensdruck und wirkt sich auf viele Entwicklungsbereiche aus (z. B. prosoziales Verhalten, Identitätsfindung, Ablösung von den Eltern).

Die Klassifikation psychischer Störungen ist einem steten Wandel unterworfen, der sich sowohl aus einem besseren Verständnis von Ursachen und Verläufen psychischer Störungen als auch aus dem Wandel kultureller Normen ergibt. Eine Klassifikation kann als Systematik von Störungsgruppen (z. B. Kommunikationsstörungen) verstanden werden, denen jeweils einzelne Störungsbilder (z. B. Artikulationsstörung) – bestehend aus Symptomgruppen (Syndromen) – zugeordnet sind (vgl. Petermann et al., 2002). Die Systematik des DSM-5 (s. u.) basiert auf phänomenologischer Ähnlichkeit und dem Einsetzen bestimmter Störungen im Laufe der Individualentwicklung (Falkai & Wittchen, 2018).

Im Wesentlichen kann man zwischen *kategorialen und dimensionalen Klassifikationssystemen* psychischer Störungen unterscheiden. Bei der kategorialen Klassifikation werden psychische Störungen als voneinander abgrenzbare Einheiten behandelt. Diesem Ansatz folgen augenblicklich die wichtigsten diagnostischen Systeme, die von der Weltgesundheitsorganisation (WHO) herausgegebene ICD-11 (International Classification of Diseases and Related Health Problems, 11. Version) und das von der American Psychiatric Association (APA) herausgegebene DSM-5 (Diagnostic and Statistical Manual of Mental Disorders, 5. Version). Durch die Festschreibung der ICD als offizielle Klassifikation im Gesundheitssystem in Deutschland seit 1998 hat die kategoriale Klassifikation eine intensive Verbreitung gefunden (Rosner, 1999).

In Deutschland veröffentlichen Remschmidt et al. ein multiaxiales Klassifikationssystem speziell für das Kindes- und Jugendalter (kurz: MAS), das der ICD folgt. Dieses wurde in einer aktualisierten Version 2017 ohne große Veränderungen wieder aufgelegt. Die neueste Fassung der ICD, die ICD-11, ist am 01.01.2022 in Kraft getreten und grundsätzlich einsetzbar. Es liegt aber bisher nur eine vorläufige deutsche Fassung auf der Website des Bundesinstituts für Arzneimittel und Medizinprodukte vor (BfArM, b.farm.de), so dass die ICD-10 voraussichtlich noch auf Jahre relevant bleibt. Nach bereits zugänglichen Vorversionen der ICD-11 gehen Remschmidt et al. (2017) davon aus, dass die Altersspezifität psychischer Störungen weiterhin zu wenig berücksichtigt wird. Nach dem MAS muss ein Kind auf allen Achsen beurteilt werden, wobei auf den meisten Achsen auch lediglich vermerkt werden kann, dass keine entsprechenden Störungen, Symptome oder besonderen psychosozialen Umstände vorliegen oder dass entsprechende Informationen fehlen (▶ Kasten). Die Verschlüsselung der Diagnosen erfolgt über einen Code, bestehend aus einem Buchstaben und einer Zahlenfolge, und einer sprachlichen Kategorie, wobei die psychischen Störungen immer mit dem Buchstaben F beginnen (z. B. F84.0 Frühkindlicher Autismus). Für jede Gruppe von Störungen bzw. für jede einzelne dazu gehörende Störung findet sich eine ausführliche Charakterisierung nach verschiedenen Aspekten – eine allgemeine Beschreibung des Erscheinungsbildes, diagnostische Leitlinien, bei denen die zentralen Symptome benannt werden, eine Anleitung zur Differentialdiagnose, mit der die oft schwierige Abgrenzung von anderen, ähnlich erscheinenden Störungen erleichtert werden soll, diagnostische Kriterien, die erfüllt sein müssen, und weitere Kommentare. Insgesamt folgen die genannten Klassifikationssysteme in ihren neuesten Versionen der Philosophie, Störungen nach ihrem Erscheinungsbild zu beschreiben und danach zu einer Einordnung zu kommen, die sich im Wesentlichen nicht mehr auf andere Informationen, z. B. Annahmen über die Ätiologie (d. h. Entstehungsursachen) stützt. Auch das gleichzeitige Auftreten psychischer Störungen ist möglich, sofern dies nicht in bestimmten Fällen ausdrücklich ausgeschlossen wird. Man spricht dann von Komorbidität.

Das Multiaxiale Klassifikationsschema für psychische Störungen des Kindes- und Jugendalters (kurz: MAS; Remschmidt et al., 2017)

Erste Achse: Klinisch-psychiatrisches Syndrom

Diese Achse enthält alle psychiatrischen Störungsbilder aus der Sektion V der ICD-10. Es fehlen die Klassen F7 und F8 (Ausnahme: Tiefgreifende Entwicklungsstörungen), die im MAS auf anderen Achsen beurteilt werden. Enthalten sind auch die Störungen des Erwachsenenalters, die nur selten für Kinder und Jugendliche herangezogen werden.

Beispiel: F5 Verhaltensauffälligkeiten mit körperlichen Störungen und Faktoren; F50 Essstörungen (F50.0 Anorexia nervosa, F50.00 ohne aktive Maßnahmen zur Gewichtsabnahme, F50.01 mit aktiven Maßnahmen zur Gewichtsabnahme) (S. 280 ff)

Zweite Achse: Umschriebene Entwicklungsstörungen

Es handelt sich um aktuelle Störungen umgrenzter Funktionen, die aus dem übrigen Entwicklungsniveau des Kindes herausfallen. Liegt z. B. eine allgemeine Entwicklungsverzögerung aufgrund einer geisti-

gen Behinderung vor, wird eine bestehende Lese- und Rechtschreib-
störung nicht mehr vermerkt. *Beispiel:* F81 Umschriebene Entwicklungsstörungen schulischer
Fertigkeiten, F81.0 Lese- und Rechtschreibstörung (S. 51 ff).

Dritte Achse: Intelligenzniveau

Das aktuelle Intelligenzniveau wird entweder in Form einer klinischen Einschätzung oder psychometrisch mittels Intelligenztest ermittelt. Die Klassifikation erfolgt auf 8 Stufen. Anders als in der ICD-10
werden nicht nur die Einschränkungen der Intelligenz vermerkt. Begrifflichkeiten wie Idiotie (s. u.) wirken diskriminierend und entsprechen eigentlich nicht dem aktuellen Gebrauch in Wissenschaften wie
Psychologie oder Heilpädagogik. Die IQ-Angaben beziehen sich auf
Skalen mit einem Mittelwert von 100 und einer Standardabweichung
von 15. *Beispiele:* 1. Sehr hohe Intelligenz, weit überdurchschnittliche Intelligenz, IQ über 129; 8. Schwerste Intelligenzminderung, Idiotie, IQ
unter 20, schwerste intellektuelle Behinderung (S. 365)

Vierte Achse: Körperliche Symptomatik

Diese Achse ist vorgesehen für die Kodierung von aktuellen nicht-
psychiatrischen Krankheitssymptomen bzw. -syndromen, unabhängig
davon, ob sie mit einer diagnostizierten psychischen Störung in Zusammenhang stehen.

Fünfte Achse: Assoziierte aktuelle abnorme psychosoziale Um-
stände

Hier werden abnorme psychosoziale Situationen kodiert, die für die
Verursachung der psychischen Störung und Therapieplanung von Be-
deutung sein können, aber nicht sein müssen. Es wird kein klarer
Zeitrahmen angegeben, der bei der Beurteilung berücksichtigt werden
soll. *Beispiel:* 1 Abnorme intrafamiliale Beziehungen, 1.0 Mangel an
Wärme in der Eltern-Kind-Beziehung (S. 404 f)

Sechste Achse: Globale Beurteilung des psychosozialen Funktionsniveaus (Adaption/Beeinträchtigung)
Diese Achse orientiert sich an einer vergleichbaren im DSM-IV. Da die Beschreibungen der Kodierungen (0–9) sehr defizitbezogen ausfallen, fügt das MAS beispielhaft kompetenzbezogene Definitionen hinzu. Dies entspricht aktuellen Forderungen aus dem human- und sozialwissenschaftlichen Bereich. Die Beurteilung sollte sich in der Regel auf die letzten drei Monate beziehen.
Beispiel defizitorientierte Operationalisierung: 4 Ernsthafte soziale Beeinträchtigung: [...] in mindestens ein oder zwei Bereichen (wie z. B. erheblicher Mangel an Freunden [...] (S. 466). Vorschlag für kompetenzorientierte zusätzliche Definition: 4. Kann alterstypische Entwicklungsaufgaben in zwei oder drei Bereichen befriedigend oder besser erfüllen, sonst nur teilfunktionsfähig (S. 33).

Wegen der besonderen Herausforderungen einer Psychopathologie des Kleinkind- und Vorschulalters wurde in den USA 1994 erstmals eine »Diagnostic Classification 0–3 (DC: 0–3R)« veröffentlicht. Bereits vor dem Schuleintritt weisen 10 bis 15 % der Kinder behandlungsbedürftige Störungen oder Beeinträchtigungen auf, die im Rahmen des DSM- oder ICD-Systems nicht differenziert klassifiziert werden können (Gontard, 2019). Zu der stärkeren Beziehungsabhängigkeit des gestörten Verhaltens kommt ein hohes Entwicklungstempo und diagnostische Erhebungen sind schwierig, etwa weil Kinder kaum selbst Auskünfte geben können (Wiefel et al., 2007). Mittlerweile wurde der Anwendungsbereich auf die ersten fünf Lebensjahre erweitert. Die aktuelle Fassung liegt in einer deutschen Übersetzung vor (Zero to Three, 2019).

Vorteile einer kategorialen Klassifikation liegen u. a. in der Reduktion einer Fülle störungsbezogener Information nach nachvollziehbaren Regeln in einer Kategorie, in der Verbesserung der Kommunikation in Forschung und Praxis durch eine solche vereinheitlichte Begrifflichkeit, und darin, dass solche Kategorien einen Ankerpunkt für Forschungsdesigns und sich daraus ergebendes störungsbezogenes Wissen darstellen (vgl. Rosner, 1999). Doch ergeben sich auch zahlreiche Ansätze für Kritik, u. a. die fehlenden Konsequenzen der Zuordnung zu einer Störungskategorie im Bereich der Intervention. So haben sich viele psychotherapeutische Vorgehensweisen bereits vor bzw. unabhängig von der Einführung von Störungskategorien entwickelt und ihre Indikation im Zusammenhang mit bestimmten Kategorien ist noch ungeklärt. Andererseits gilt, dass zusätzlich zur Kenntnis einer Störungskategorie für eine angemessene Interventionsplanung eine Fülle zusätzlicher diagnostischer Information erhoben werden muss (vgl. Rosner, 1999), so dass im Urteil vieler Therapeuten den genannten Klassifikationssystemen nur wenig Nutzen für die Praxis zukommt.

Die Vergabe von Störungsdiagnosen sollte zuverlässig erfolgen, d. h. verschiedene Beurteiler sollten zur selben Einschätzung kommen (Interrater-Reliabilität (► Kap. 1), was leider in vielen Fällen nicht gewährleistet ist. Gründe sind darin zu sehen, dass manche Störungen in der Praxis schwer voneinander abgrenzbar sind, dass nicht immer alle diagnostischen Kriterien erfüllt sind und dass mitunter unklar ist, wo Grenzwerte zu ziehen sind, ob es sich bei einem Phänomen also noch um eine Variation des Normalen oder schon um eine (behandlungsbedürftige) Störung handelt (vgl. Petermann et al., 2002). So ist es für Kinder normal, bei der Trennung von ihren Eltern Angst zu erleben, und es ist schwer zu fassen, bei welcher Ausprägung man von einer Abweichung im Sinne einer Angststörung sprechen sollte. Der ursprünglich angenommene qualitative Unterschied zwischen verschiedenen Störungen basiert häufig auch deshalb auf quantitativen Aussagen im Sinne eines Mehr-oder-Weniger, weil viele diagnostische Instrumente, z. B. auch die im nächsten Kapitel erläuterten Entwicklungstests, dimensionale Informationen liefern. Ein empirisch festgelegter Grenzwert gibt dann an, ab wann man von einer klinisch relevanten Ausprägung des Erlebens oder Verhaltens spricht, die als Symptom einer Störung gelten kann (vgl. Rosner, 1999). Grenzwert könnte z. B. der Angstwert sein, über dem in einem Angstfragebogen bei einer Normstichprobe entsprechenden Alters nurmehr ca. 2,5 % der Kinder liegen.

Bei Phänomenen, die eher kontinuierlich verteilt sind und bei denen keine eindeutig bestimmbaren qualitativen Abgrenzungsmöglichkeiten vorliegen, scheint dann auch ein *dimensionaler Ansatz der Klassifikation* besser geeignet als ein kategorialer (vgl. Petermann et al., 2002). Die dimensionale Klassifikation geht generell davon aus, dass sich psychische

Störungen als (zumeist extreme) Ausprägungen von kontinuierlichen Merkmalen beschreiben lassen. Das bekannteste System ist das von Achenbach. Per Fragebogen werden Urteile von Eltern und Lehrern über die Verhaltensmerkmale der Probanden erhoben – bei Jugendlichen auch Selbsturteile.

Aus den Daten wurden mittels statistischer Verfahren acht Dimensionen extrahiert, die eine Zusammenfassung der vielen beurteilten Merkmale darstellen und wiederum in drei Gruppen eingeteilt werden können: in internalisierende, externalisierende und gemischte Auffälligkeiten (▶ Kasten).

Zur amerikanischen Originalausgabe des DSM-5 von 2014 gibt es eine deutsche Übersetzung (Falkai & Wittchen, 2018). *Das DSM-5 enthält eine Reihe von Veränderungen zur Vorgängerversion die sich auch in der nächsten ICD-11 zeigen könnten,* da die beiden für die Überarbeitung verantwortlichen Arbeitsgruppen sich um eine Harmonisierung der Klassifikationssysteme bemüht haben. Beim DSM-5 wurde die multiaxiale Klassifikation wieder aufgegeben, u. a. deshalb, weil einige Achsen wenig verwendet wurden oder nicht ausreichend operationalisiert waren. Alle Störungsbilder (frühere Achsen I bis III) sind nun in einem Beurteilungssystem eingeordnet und Kodierungsmöglichkeiten von wichtigen Kontextfaktoren (frühere Achse IV) wurden integriert. Einschränkungen und Behinderungen (frühere Achse V) sollen nun nach dem WHO Disability Schedule (WHODAS) beurteilt werden, der auf der International Classification of Functioning and Health (ICF) basiert und im DSM-5 im Kapitel Erhebungsinstrumente zu finden ist. Die kategoriale Klassifikation wird an verschiedenen Stellen durch dimensionale Aspekte ergänzt: Bei vielen Störungen wird eine Einstufung des Schweregrades vorgenommen. Dafür stehen einige syndromübergreifende Erhebungsinstrumente zur Verfügung. Insgesamt scheint sich für alle Störungen eine grobe Gliederung in zwei Gruppen zu bewähren – die der internalisierenden und die der externalisierenden Störungen. Um dem Entwicklungsaspekt stärker Rechnung zu tragen, sind die Diagnosen nach Angaben der Herausgeber nach ihrem typischen Erscheinen über die Lebensspanne angeordnet. Der DSM-5 beginnt mit den Störungen der neuronalen und mentalen Entwicklung, denen Intellektuelle Beeinträchtigungen, Kommunikationsstörungen, Autismus-Spektrum-Störung, Aufmerksamkeitsdefizit-/Hyperaktivitätsstörung, Spezifische Lernstörung, Motorische Störungen und Andere Störungen der neuronalen und mentalen Entwicklung untergeordnet sind. Viele weitere Kapitel beinhalten jedoch ebenfalls Störungen, die in der Kindheit einsetzen. Auch dort wurde dann möglichst nach dem Altersaspekt geordnet. Kulturelle Besonderheiten und Geschlechtsunterschiede werden im DSM-5 nun ebenfalls stärker berücksichtigt.

Die Achenbach'schen Dimensionen psychischer Störungen (n. Petermann et al., 2002, S. 42)

Internalisierende Auffälligkeiten

Sozialer Rückzug: Bei hoher Ausprägung möchten Kinder lieber alleine sein, sind verschlossen, weigern sich zu sprechen, sind eher schüchtern, wenig aktiv und öfter traurig verstimmt.

Körperliche Beschwerden: Die Skala umfasst somatische Symptome wie Schwindel, Müdigkeit, Schmerzen und Erbrechen.

Ängstlich/Depressiv: Neben allgemeiner Ängstlichkeit und Nervosität werden Einsamkeits-, Ablehnungs-, Minderwertigkeits- und Schuldgefühle und traurige Verstimmtheit erfasst.

Externalisierende Auffälligkeiten

Dissoziales Verhalten: Erfasst werden dissoziale Verhaltensweisen wie Lügen, Stehlen, Schulschwänzen und häufig damit assoziiertes Verhalten (z. B. »ist lieber mit Älteren zusammen«).

Aggressives Verhalten: Erfasst wird verbal- und körperlich-aggressives Verhalten und solches, das häufig damit in Verbindung steht (z. B. »spielt den Clown«).

Gemischte Auffälligkeiten

Soziale Probleme: Umfasst vor allem Ablehnung durch Gleichaltrige sowie unreifes und erwachsenenabhängiges Verhalten.

Schizoid/Zwanghaft: Erfasst werden Tendenzen zu zwanghaftem Denken und Handeln und psychotisch und bizarr anmutendes Denken und Verhalten.

Aufmerksamkeitsprobleme: Beinhaltet motorische Unruhe, Impulsivität, Konzentrationsstörungen und Verhaltensweisen, die häufig mit hyperkinetischem Verhalten assoziiert sind (z. B. »verhält sich zu jung«).

10.2 Zur Epidemiologie und Ätiologie psychischer Störungen

Die Epidemiologie als wissenschaftliche Disziplin beschäftigt sich mit Verbreitung von Krankheiten in der Allgemeinbevölkerung. Seit den 1950er Jahren versucht man durch groß angelegte Studien das Ausmaß psychischer Störungen bei Kindern und Jugendlichen zu ermitteln. Untersucht wurden auch mögliche, das Entstehen und den Verlauf einer Störung bestimmende Faktoren, Störungsmechanismen sowie der Bedarf an psychosozialen Hilfseinrichtungen und die damit verbundenen Kosten (Petermann et al., 2002). Internationale Daten zur Prävalenz und Inzidenz psychischer Störungen bei Kindern und Jugendlichen finden sich bei Ihle und Esser (2002) und Döpfner (2013). Die *Prävalenzrate* gibt alle ermittelten Fälle psychischer Störungen zu einem Stichtag oder innerhalb eines bestimmten Zeitraumes (z. B. ein Jahr) bezogen auf eine bestimmte Population an, die *Inzidenzrate* dagegen nur die neu aufgetretenen Fälle. Man kann davon ausgehen, dass fast 18 % aller Kinder- und Jugendlichen in Deutschland an einer behandlungsbedürftigen Störung leiden (vgl. Ihle & Esser, 2002; Döpfner, 2013). In besonderen Populationen, z. B. bei Kindern und Jugendlichen, die im Rahmen der Kinder- und Jugendhilfe in Heimen oder heilpädagogischen Tagesgruppen betreut werden, wurde bei bis zu 60 % eine Störung diagnostiziert (vgl. Schuhrke & Arnold, 2009).

Die Ätiologie ist die Lehre von den Ursachen von Krankheiten. Ätiologische Modelle sollten spezifisch für einzelne Störungen aufgestellt werden. Die Forschung konnte jedoch eine Reihe von Faktoren und Bedingungen herausarbeiten, die in vielen Zusammenhängen das Risiko einer abweichenden Entwicklung erhöhen oder mildern (vgl. Petermann,

2002; Steinhausen, 2006; ▶ Abb. 10.1). Die *risikomildernden Faktoren* fassen Petermann und Resch (2008) unter dem Begriff Schutzfaktoren zusammen. Auf der Seite des Kindes (kindbezogen) werden eher ursprüngliche, evtl. angeborene Faktoren (z. B. günstige Temperamentseigenschaften) von solchen unterschieden, die das Kind im Laufe der Entwicklung erwirbt. Fröhlich-Gildhoff und Rönnau-Böse (2014, S. 40) bezeichnen diese als *Resilienzfaktoren* und definieren sie mit Wustmann als »Eigenschaften, die das Kind in der Interaktion mit der Umwelt sowie durch die erfolgreiche Bewältigung von altersspezifischen Entwicklungsaufgaben im Verlauf erwirbt; diese Faktoren haben bei der Bewältigung von schwierigen Lebensumständen eine besondere Rolle.« Aus der Literatur wurden sechs übergeordnete Faktoren identifiziert (S. 42 f), die sich mit den »key adaptive systems« von Masten und Cicchetti (2016, S. 290 f, s. u.) überschneiden:

1. *Selbststeuerung* (»self-regulation«) – innere Prozesse (Aufmerksamkeit, Emotionen, Kognitionen, Aktionsbereitschaften) so steuern zu können, dass es zu einem an Umweltanforderungen angepassten Verhalten kommt;
2. *Selbstwirksamkeit* (»mastery motivation and self-efficacy«) – Überzeugung, mittels des eigenen Handelns gewünschte Ergebnisse erreichen zu können und auftretende Hindernisse überwinden zu können;
3. *Problemlösen* (»intelligence and problem-solving capabilities«) – Fähigkeit komplexe Sachverhalte zu durchdringen und auf der Basis dieses Verständnisses zu handeln. Oft wird dies mit Intelligenz und akademischer Leistungsfähigkeit in Verbindung gebracht;
4. *Adaptive Bewältigungskompetenzen* – angesichts von Stress flexibel auf unterschiedliche Strategien zurückgreifen zu können, dies kann eher ein aktives Herangehen an das Problem sein oder auch auf die eigenen psychischen Vorgänge gerichtet sein, z. B. sich ablenken;
5. *Selbstwahrnehmung* – ein angemessenes Konzept von sich selbst zu haben, auch im Vergleich zu anderen und auch über sich und seine inneren Prozesse reflektieren zu können;
6. *Soziale Kompetenz* – auf andere zugehen können, sich in andere hineinversetzen können, soziale Situationen angemessen einschätzen und entsprechend handeln können.

Masten und Cichetti nennen im Weiteren noch »love and emotional security«, was sich auf das Bindungssystem bezieht, »meaning making«, dem Leben einen Sinn abgewinnen und »positive perspective on self and future«, im Sinne von Ziele haben, die man auch verfolgt. Wie bereits aus den kurzen Beschreibungen hervorgeht, sind Resilienzfaktoren nicht unabhängig voneinander.

Masten (2006; Masten & Cicchetti, 2016) spricht von basalen, z. T. evolutionär angelegten Systemen, die eine angepasste Entwicklung fördern bzw. schützen. Diese umfassen Prozesse auf verschiedenen Ebenen, von der genetischen bis zur sozialökologischen, werden aber meist auf der Ebene des beobachtbaren Verhaltens einer Person beschrieben. Entfalten sie eine Schutzwirkung im Angesicht von Risiken und kritischen Lebensereignissen, so nennen wir Kinder resilient; muss nur die Bewältigung von wenig kritischen Alltagssituationen und normalen Entwicklungsaufgaben gelingen, würden wir Kindern Kompetenz zusprechen. Eines der bekanntesten Systeme ist das Bindungssystem. Bindungen an Elternteile und andere Personen existieren in verschiedenen Typen (▶ Kap. 5) und sind relativ überdauernde, aber nicht gänzlich stabile Eigenschaften des Kindes, die sich aber nur in der Interaktion mit der Umwelt, also z. B. einem feinfühligen Elternteil herausbilden können. Insbesondere ein sicheres Bindungsmodell gilt als Resilienzfaktor. Zimmer-Gembeck et al. (2015) finden in einer Zusammenschau von Studien an Kindern und Jugendlichen Zusammenhänge zwischen Bindungstypen, der Fähigkeit zur Emotionsregulation, einem aktuell vielbeachteten Aspekt von Selbststeuerung, und dem Coping, d. h. welche Bewältigungsformen bei Stress gewählt werden. Zumeist zeichnen sich gewisse Vorteile der sicher Gebundenen bei Emotionsregulation und Coping ab. Kleinkinder mit unsicher-vermeidender Bindung nutzen eher Formen nicht-sozialer Emotionsregulation und Bewältigung. Ob diese langfristig weniger günstig für die Entwicklung sind, konnte aus den Studien aber noch nicht mit Sicherheit geschlossen werden.

Während Masten und Cicchetti (2016) betonen, dass Resilienz kein einheitliches Persönlichkeitsmerkmal ist, sondern sich aus dem Zusammenspiel verschiedenster Systeme ergibt, sprechen Hohm et al. (2017, S. 230, 237) in einem Bericht zur Mannheimer Risikokinderstudie davon, dass Resilienz ein Persönlichkeitsmerkmal ist, das auf einer Vielzahl von

Faktoren der bisherigen Entwicklung basiert und ab dem frühen Erwachsenenalter eine hohe Stabilität besitzt. Angesichts dieser widersprüchlichen Auffassungen scheint das Verständnis von Resilienz hilfreich, das Oerter et al. (1999) vertreten: Sie verstehen darunter eine Form der Selbstorganisation eines personalen Systems, die es erlaubt, ungünstigen Umwelteinflüssen standzuhalten und in relativ stabile, adaptive Zustände zurückzukehren.

Schutzfaktoren aus der kindlichen Umgebung, wobei vor allem, aber nicht ausschließlich an die familiale Umgebung zu denken ist (z. B. anregendes Erziehungsklima, Vorhandensein einer stabilen Bezugsperson, anerkannte Wertorientierung der Familie, stabile Freundschaften), interagieren mit den kindbezogenen Faktoren und leisten einen Beitrag zu den Ressourcen für eine günstige Entwicklung. Sie sind damit eigentlich Teil der protektiven Systeme, die im Zusammenhang mit Resilienz beschrieben wurden. Schutzfaktoren wirken nicht generell, sondern immer im Hinblick auf bestimmte Abweichungen; so schützt ein hohes Bildungsniveau der Eltern nicht vor einer Depression (Rutter, 1987, nach Petermann & Resch, 2008), unterstützt aber wahrscheinlich die kindlichen Problemlösefähigkeiten.

Faktoren aus der kindlichen Umgebung können auch *risikoerhöhend* wirken (z. B. schlechte sozioökonomische Bedingungen, Konflikte der Eltern, Gewalt und Misshandlung in der Familie, psychische Störung der Eltern, jugendliche Eltern). Die *Vulnerabilität* (Verletzlichkeit) sollte ebenso wie die Resilienz unter Entwicklungsgesichtspunkten gesehen werden (vgl. auch Resch, 1999). Hier wird in der Literatur bereits von einer primären Vulnerabilität gesprochen, zu der nach Ansicht der Verfasser jedoch nicht nur genetische Dispositionen, sondern auch bei der Geburt oder früh im Lebenslauf auftretende Faktoren (z. B. Erkrankungen des Säuglings, Beeinträchtigungen durch Frühgeburtlichkeit, schwieriges Temperament) gehören. Ebenso sollten Interaktionen zwischen Stressoren der Umwelt und der primären und sekundären Vulnerabilität untersucht werden (▶ Abb. 10.1). Wirkungen der Umgebung auf das Kind sind gut belegt. Dabei spielen weniger einzelne spezifische Faktoren eine Rolle, sondern vor allem deren Häufung, denn das Risiko für abweichende Entwicklungspfade steigt mit der Zahl der Risikofaktoren (vgl. Meyer-Probst & Reiss, 1999; Petermann & Resch, 2008). Seltener wird an potentielle Rückwirkungen des Kindes auf seine Umgebung gedacht, wie sie z. B. im Zusammenhang mit Kindeswohlgefährdungen in der Sozialen Arbeit bekannt sind. So tragen besonders behinderte Kinder und solche mit Entwicklungsverzögerungen und Regulations- und Verhaltensstörungen ein hohes Risiko für Misshandlung, weil diese Faktoren des Kindes die Eltern nicht selten in ihrer Erziehungskompetenz überfordern (vgl. Reinhold & Kindler, 2006). Marquis et al. (2017) finden in einer Längsschnittstudie, dass nur bei Familien mit Kindern, bei denen im Alter von drei bis fünf Jahren sowohl eine Entwicklungsverzögerung als auch eine emotionale Dysregulation vorlag, im Alter von fünf bis sieben Jahren die Eltern-Kind-Konflikte zunehmen. Im Lebenslauf ergeben sich Phasen erhöhter Verletzlichkeit häufig dann, wenn von Kindern Transitionen in neue soziale Umwelten verlangt werden, z. B. der Übergang von Elternhaus oder Kindergarten zur Schule.

Als Bilanz einer Betrachtung gemäß Abbildung 10.1 ergibt sich eine Einschätzung der Anstrengungen, die ein Kind bzw. seine Familie zur Bewältigung von Belastungen unternehmen kann und eine Entwicklungsprognose für das Kind (▶ Fallbeispiel Kasten).

Können Sie Risiko- und Schutzfaktoren identifizieren?

Der neunjährige Christian wird zum ersten Termin in der Erziehungsberatungsstelle von seiner Mutter begleitet, zum zweiten kommt auch der Vater mit, denn die Eltern sehen Kindererziehung als ihre gemeinsame Aufgabe. Christian ist der älteste Sohn einer 42-jährigen Hausfrau und eines 49-jährigen Bankmanagers. Die Mutter hat selbst einen Hochschulabschluss, arbeitet aber nicht mehr, da die Berufstätigkeit des Mannes immer wieder längere Abwesenheiten mit sich bringt. Die Familie hat in einem größeren zeitlichen Abstand zu Christian noch eine Tochter und einen Sohn bekommen.

Im Gespräch zeigt sich die Mutter völlig überfordert und ratlos. Christian hat in der Schule sehr schlechte Leistungen vor allem im Lesen und Rechtschreiben und stört den Unterricht. Er steht häufig auf, kramt in seiner Tasche und lässt sich von jeder Kleinigkeit ablenken. Wenn er aufgerufen wird, weiß er oft nicht, was gerade im Unterricht passiert ist. Zu Hause braucht er Stunden, um seine Hausaufgaben zu erledigen, was häufig zu Konflikten mit seiner Mutter führt. Oft kommt es auch vor, dass Christian seine Geschwister ärgert und beim Spielen stört. Bei häufigen Gesprächen mit der Lehrerin wird der Mutter seit Langem nahegelegt, endlich etwas zu unternehmen. Die Diagnose *ADHS* (*Aufmerksamkeitsdefizit-Hyperaktivitäts-Syndrom*) liegt in der Luft und wird im diagnostischen Prozess zusammen mit einer begleitenden *Lese-Rechtschreibstörung* bestätigt. Ansonsten verfügt Christian aber über eine gute Intelligenz und zeigt Ausdauer bei handwerklichen Tätigkeiten, an denen ihn immer wieder ein befreundeter Nachbar beteiligt.

Im Laufe des Gesprächs erhält die Beraterin noch weitere bedeutsame Informationen. So scheint die Beziehung der Eltern gut zu sein. Die Mutter fragt sich, ob sie schuld ist an den Problemen ihres Sohnes, da sie in der Schwangerschaft trotz schlechten Gewissens das Rauchen nicht aufgegeben hat. Bei einem Gespräch mit ihren Eltern hat die Mutter erfahren, dass ein Bruder ihres Vaters ähnliche Probleme hatte wie Christian.

Christian ist schon immer ein schwieriges Kind gewesen, er weinte im ersten Jahr viel, schlief schlecht und war schwer zu beruhigen. Im Kindergarten wurde er von anderen oft abgelehnt, weil er so wild war und Spielregeln missachtete. Solange er das einzige Kind war, ging alles noch recht gut. Richtig schlimm wurde es erst mit Beginn der Schule. Wenn Christian mit schlechten Noten kommt oder einen Hefteintrag der Lehrerin mitbringt und die Mutter ihn darauf anspricht, sagt er nur noch »Ich bin halt ein Arschloch«. Manchmal verschwindet er dann einfach stundenlang. Die Mutter kann sich gut in das Leid ihres Sohnes hineinversetzen.

In einem mehrjährigen Prozess, in dem die Beratungsstelle die Familie unterstützt, diese aber auch selbst sehr aktiv Informationen einholt, wendet sich die Situation zum Besseren. Einerseits lernen Mutter und Sohn über ein verhaltensmodifikatorisches Training, besser mit Christians Problematik zu Hause umzugehen. Den größten Durchbruch bringt aber sein Wechsel auf eine Montessori-Schule, die mit seinen Defiziten und Stärken besser umgehen kann und viele Erfahrungen in Form von Praktika bietet. Sein Selbstwertgefühl steigert sich;

er ist in seiner Klasse akzeptiert und strebt einen Realschulabschluss an. Eine medikamentöse Behandlung haben die Eltern immer abgelehnt.

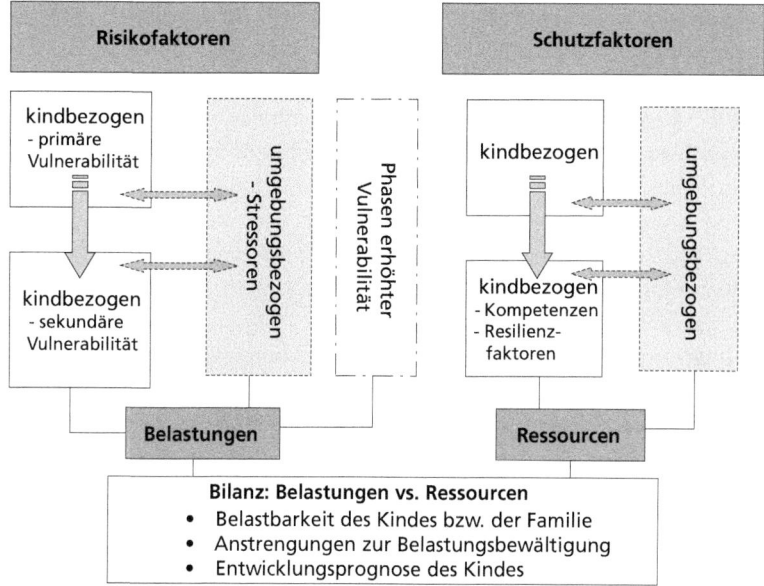

Abb. 10.1: Risikoerhöhende und risikoverringernde Faktoren und Bedingungen in der kindlichen Entwicklung (mod. n. Petermann, 2002, S. 12; Petermann & Resch, 2008)

10.3 Veränderung im Rahmen der Entwicklungspsychopathologie

Die gegenwärtige Entwicklungspsychopathologie betont die Erforschung von Veränderung, sei es natürlicherweise auftretende, sei es durch professionelle Intervention hervorgerufene. Bei den Interventionsmethoden bestand lange Zeit ein Defizit, das aber mittlerweile aus dem klinisch-psychologischen Bereich aufgefüllt wurde.

Lange Zeit wurden Veränderungen im Lebenslauf vor allem über Veränderungen in gruppenbezogenen statistischen Werten analysiert (z. B. im arithmetischen Mittel einer untersuchten Stichprobe). Mittlerweile werden Veränderungen aber zunehmend personenzentriert betrachtet. Dies hat die Augen geöffnet für die beträchtliche intraindividuelle Variabilität, z. B. Schwankungen in Ausprägung und Form von Symptomen im individuellen Lebenslauf, aber auch für den interindividuell übereinstimmenden Wandel (Masten, 2006). So zeigt etwa Cole (2006), dass trotz einer langfristig hohen Stabilität bei depressiven Symptomen, Kinder zunächst einen deutlichen Rückgang dieser Symptome nach dem Übergang zur Sekundarschule erleben.

Interventionen, die auf der Basis entwicklungspsychopathologischen Wissens entwickelt werden, sprechen strategisch verschiedene Systeme (Familie, Gleichaltrige, Nachbarschaft) an, sie berücksichtigen Überlegungen zu günstigen Interventionszeitpunkten im Entwicklungsverlauf und beziehen Modelle ein, die Risikofaktoren für die Entwicklung von Problemverhalten und Interventionsmöglichkeiten identifizieren (Lochman, 2006).

Zusammenfassung

Die Entwicklungspsychopathologie vereinigt entwicklungspsychologische und psychopathologische Theoriebildung und Forschung. Sie untersucht Ursprünge und Verlauf fehlangepassten Verhaltens über die gesamte Lebensspanne im Hinblick auf die biologisch und kulturell geprägten Lebensräume, in denen Menschen bestehen müssen.

Sind die Abweichungen von normalen Entwicklungspfaden mit deutlichen und dauerhaften Beeinträchtigungen beim Kind oder Personen seiner Umgebung verbunden, so erfüllen sie die Kriterien für eine psychische Störung. Solche Störungen werden mit psychiatrischen Klassifikationssystemen erfasst. Im Wesentlichen unterscheidet man kategoriale und dimensionale Klassifikationssysteme. Bei Ersteren werden Störungen als klar abgrenzbare Einheiten betrachtet (z. B. Artikulationsstörung), bei Letzteren werden sie als (zumeist extreme) Ausprägungen kontinuierlicher Merkmale beschrieben (z. B. aggressives Verhalten). Epidemiologische Studien haben ermittelt, dass ca. 18 % der Kinder und Jugendlichen in Deutschland an einer Störung leiden. Aktuelle ätiologische Modelle beschreiben Ursachen und Entstehung von Störungen bei Kindern oder Jugendlichen als Zusammenspiel verschiedener Faktoren, die man zunächst einmal in risikoerhöhende und risikomildernde einteilen kann. Je jünger ein Kind ist, desto mehr muss die Störung als Merkmal des Beziehungssystems gesehen werden, in dem das Kind lebt. Mit fortschreitender Entwicklung kann sich das fehlangepasste Verhalten verfestigen und zu einem relativ stabilen Merkmal der Person werden, wenn es nicht angemessen behandelt wird. Entsprechend verschieben sich auch die Ansatzpunkte für Interventionen.

Empfohlene Literatur

Heinrichs, N. & Lohaus, A. (2020). *Klinische Entwicklungspsychologie kompakt. Psychische Störungen im Kindes- und Jugendalter* (2., überarb. Aufl.). Weinheim & Basel: BeltzPVU.

Petermann, F. (Hrsg.) (2013). *Lehrbuch der Klinischen Kinderpsychologie* (7., überarb. und erw. Aufl.). Göttingen u. a.: Hogrefe.

Lernfragen

1. Womit befasst sich die Entwicklungspsychopathologie?
2. Welche Merkmale unterscheiden Fehlanpassungen von psychischen Störungen bzw. Krankheiten?
3. Welche Arten von Klassifikationssystemen für psychische Störungen gibt es und was sind aktuell genutzte Versionen?
4. Womit befasst sich die Epidemiologie?
5. Was versteht man unter der Prävalenz- und Inzidenzrate bei psychischen Störungen und wie hoch ist die ungefähre Prävalenzrate bei Kindern und Jugendlichen in der Allgemeinbevölkerung?
6. Welche Faktoren mildern das Risiko für Fehlanpassungen bzw. psychische Störungen bei Kindern und Jugendlichen und welche erhöhen es?

11 Entwicklungsdiagnostik

Beurteilungen im Zusammenhang mit der Entwicklung von Kindern werden auch im Alltag häufig vorgenommen. Eltern vergleichen ihre Sprösslinge auf dem Spielplatz, Erzieherinnen und Lehrkräfte schätzen den Entwicklungsstand der ihnen anvertrauten Kinder ein. Ziel wissenschaftlicher Diagnostik ist es, diese Einschätzungen so objektiv, reliabel und valide wie möglich vorzunehmen (▶ Kap. 1).

Entwicklungsdiagnostik als Bereich der Angewandten Entwicklungspsychologie beschäftigt sich dabei mit »… der quantitativen und qualitativen Erfassung entwicklungsbedingter Kompetenzen in Hinblick auf die Beschreibung und Erklärung des aktuellen Kompetenzniveaus, die Prognose der zukünftigen Entwicklung sowie die Planung und Evaluation von Entwicklungsinterventionen« (Deimann & Kastner-Koller, 2007, S. 558).

Die Ziele der Entwicklungsdiagnostik formuliert Ettrich (2000, S. 16) folgendermaßen:

1. *Feststellung des Entwicklungsstatus* bzw. Entwicklungsniveaus eines Merkmals oder einer Konfiguration von Merkmalen.
2. Ermittlung von *Veränderungen im Entwicklungsstatus*, bezogen auf unterschiedliche Beobachtungszeitpunkte. Hierfür ist es also nötig, sich nicht auf einen Messzeitpunkt zu beschränken, sondern ein Kind mehrmals zu untersuchen.
3. Ermittlung der *Veränderungsgeschwindigkeit*. Ist die Veränderung von Zeitpunkt 1 zu Zeitpunkt 2 vergleichbar mit der von Zeitpunkt 2 zu Zeitpunkt 3?

4. Ermittlung der *Veränderungsrichtung*. Ist die Richtung der Veränderung zwischen den verschiedenen Messzeitpunkten gleich oder unterschiedlich? Gibt es Fort- oder Rückschritte?

5. Beschreibung von *Veränderungsmustern*. Entwickeln sich beispielsweise kognitive und soziale Fähigkeiten synchron oder diachron? Gibt es qualitative Unterschiede zwischen verschiedenen Niveaustufen eines Merkmals, wie sie z. B. Stufenmodelle der Entwicklung annehmen?

Von dem festgestellten Entwicklungsstatus aus werden sodann Rückschlüsse über die bisherige Entwicklung gezogen, die zukünftige Entwicklung prognostiziert, evtl. Entwicklungsauffälligkeiten diagnostiziert und Maßnahmen zur Entwicklungsförderung formuliert sowie gegebenenfalls evaluiert.

Historisch gesehen bestand Ende des 19./Anfang des 20. Jahrhunderts das zentrale Ziel der Entwicklungsdiagnostik in der Identifikation von Risikokindern vor deren Einschulung. Als Beispiel kann einer der ersten Intelligenztests, die Stufenleiter der Intelligenz von Binet und Simon (1905), genannt werden. Das Verfahren sollte sonderschulbedürftige Kinder identifizieren. Auch die Entwicklungsskalen von Gesell (▶ Kap. 1) stellen frühe Beispiele der Entwicklungsdiagnostik dar. In den letzten Jahrzehnten verlagerte sich der Fokus zunehmend auf das Säuglings- und Kleinkindalter, um abweichenden Entwicklungen möglichst frühzeitig entgegenwirken zu können (Macha & Petermann, 2006).

Die Notwendigkeit einer Entwicklungsdiagnostik ergibt sich z. B. bei der Frage nach einem bestimmten Entwicklungsdefizit (dem Fehlen gewisser Kompetenzen) oder einem Entwicklungsrückstand (Kompetenzen treten erst mit deutlicher Verzögerung auf), manchmal auch bei der Frage nach einer beschleunigten Entwicklung (z. B. Hochbegabung). Bei bestimmten entwicklungsgefährdeten Gruppen, wie z. B. Frühgeborenen, sollte eine regelmäßige Diagnostik obligatorisch sein, damit evtl. Störungen frühzeitig erkannt und behandelt werden können (Kubinger, 2006). Im Kindesalter wird häufig ein normativer Vergleich mit der Gruppe der Gleichaltrigen vorgenommen, ausgehend von der Annahme, dass entwicklungsbedingte Veränderungen meist in einem engen Zusammenhang zum Lebensalter stehen. Es wird also gefragt, ob die aktuelle Entwicklung des Kindes mit dem durchschnittlichen Entwicklungsstand von Kindern seiner Altersgruppe übereinstimmt. Dabei ist jedoch zu berücksichtigen, dass die Bandbreite »normaler« Entwicklung sehr groß ist. So können beispielsweise 50 % der Kinder einer Normstichprobe mit 13 Monaten frei Laufen; die Spannbreite der unauffälligen Entwicklung erstreckt sich jedoch über einen Altersbereich von ca. neun bis 17 Monate. Erst Kinder, die mit 18 Monaten noch nicht frei gehen, zeigen ein hohes Risiko für eine abweichende motorische Entwicklung. Dieser Zeitpunkt wurde aus der längsschnittlichen Verfolgung kindlicher Entwicklungsverläufe abgeleitet (Petermann & Macha, 2005a). »Ein Kind, das im Alter von 15 Monaten noch nicht frei geht und somit das Beurteilungskriterium für ein motorisches Entwicklungsalter von ›13 Monaten‹ verpasst hat, sollte also nicht vorschnell als retardiert beurteilt werden« (Petermann & Macha, 2005b, S. 135). Man spricht hier von einem »falsch positiven« Befund.

Die bereits in Kapitel 1 angesprochene Grundfrage nach Kontinuität oder Diskontinuität in der Entwicklung spielt auch für die Diagnostik eine wichtige Rolle, denn Abweichungen können sowohl in qualitativer als auch in quantitativer Hinsicht bestehen. Laut Rosner (1999) wird für die meisten Störungen (▶ Kap. 10) heute ein quantitatives Modell angenommen, bei dem empirisch gewonnene Leistungsgrenzwerte (Cut-Off-Werte) angegeben werden, deren Unterschreitung als auffällig eingestuft wird; das Konzept eines qualitativen Sprungs bleibt bei nur wenigen Störungen erhalten.

Die *Methoden* der Entwicklungsdiagnostik umfassen dabei Verhaltensbeobachtungen und -einschätzungen (z. B. beim Spiel), Befragungen (z. B. Interviews mit bzw. Fragebögen für die Eltern) und Entwicklungstests. Im Folgenden werden wir uns zunächst genauer mit den Entwicklungstests beschäftigen, da sie ein gängiges Instrument in der Entwicklungsdiagnostik darstellen und der Begriff Entwicklungsdiagnostik z. T. mit dem Durchführen von Entwicklungstests gleichgesetzt wird (Macha & Petermann 2006; Quaiser-Pohl & Rindermann, 2010).

»Entwicklungstests sind grundsätzlich Leistungstests« (Macha & Petermann, 2017, S. 134). Eine Entwicklungsdiagnostik, die sich nur auf Ergebnisse von Entwicklungstests stützt, ist jedoch nicht unumstritten (vgl. Meisels & Atkins-Burnett, 2006). Da zudem bestimmte, für eine gesunde psychische Entwicklung extrem wichtige Bereiche wie die sozioemotionale Entwicklung des Kindes bislang von Entwicklungstests kaum bzw. unzureichend erfasst werden, wird abschließend ein Verfahren vorgestellt (PE-RIK, Mayr & Ulich, 2006a,b), das die Erfassung sozioemotionaler Basis-kompetenzen von Kindergartenkindern per Beobachtung ermöglicht.

11.1 Entwicklungstests

11.1.1 Screening-Verfahren

Im Vorfeld der eigentlichen Diagnostik findet häufig ein sogenanntes *Screening* statt. Hierunter versteht man ein Kurztestverfahren, das in der Regel zehn bis 20 Minuten dauert und die grobe Einteilung des Ent-wicklungsstandes in auffällig oder unauffällig ermöglicht (Petermann & Macha, 2005a). Dadurch soll die Identifikation von Risikokindern ge-währleistet werden; Entwicklungsscreenings kommt somit eine »Filter-funktion im Vorfeld der eigentlichen Entwicklungsdiagnostik« zu (Dei-mann & Kastner-Koller, 2007, S. 564). Das Screening-Verfahren soll also klären, ob die Durchführung eingehenderer diagnostischer Untersuchun-gen nötig ist oder nicht (Mayr, 2003, S. 33). Screening-Verfahren sollten u. a. zwei Qualitätskriterien erfüllen: Sensitivität und Spezifität. Mit der Sensitivität wird die Häufigkeit eines positiven Testergebnisses bei den tatsächlich gefährdeten Kindern beschrieben. Eine Sensitivität von 1 sagt aus, dass alle Kinder, die in ihrer Entwicklung gefährdet sind, durch das Screening auch erfasst werden. Wird hingegen kein Kind erfasst, ist die Sensitivität gleich null. Spezifität ist demgegenüber das Maß für die Qua-lität der richtigen Identifikation der nicht gefährdeten Kinder. Eine Spe-zifität von 1 bedeutet, dass bei allen nicht gefährdeten Kindern der Screeningtest negativ ausfällt. Da eine falsche Zuordnung für ein Kind gravierende Konsequenzen haben kann, sollten sowohl Sensitivität als auch Spezifität einen Wert von .8 nicht unterschreiten (Petermann & Macha, 2005b). Wichtig ist, dass ein Screening keine endgültige Aussage über den Entwicklungsstatus eines Kindes erlaubt, sondern nur die Basis für weitergehende Untersuchungen bildet – im Sinne einer Hypothese, die bestätigt werden kann oder auch nicht (Meisels & Atkins-Burnett, 2006). Beispiele für Screening-Verfahren sind die Erweiterte Vorsorgeuntersuchung (EVU) von Melchers et al. (2003) und das Neuropsychologische Entwicklungsscreening (NES) von Petermann und Renziehausen (2005). Screening-Verfahren können im Rahmen der kinderärztlichen Routineuntersuchungen zum Einsatz kommen (Petermann & Winkel, 2005).

Sollte das Screening einen auffälligen Wert ergeben, müssen weitere Informationen eingeholt werden. Hier ist zum einen natürlich eine Befragung der Bezugspersonen des Kindes vonnöten. Zum anderen kommen *allgemeine* oder *spezielle* Entwicklungstests infrage.

11.1.2 Allgemeine Entwicklungstests

Allgemeine Entwicklungstests sind sogenannte Breitbandverfahren, d. h., sie wollen alle wesentlichen Bereiche der kindlichen Entwicklung abbilden. Hier geht es also nicht nur um die Abgrenzung eines Risikobereichs, sondern um eine gute Differenzierung über das gesamte Leistungsspektrum, also z. B. auch um die Unterscheidung zwischen knapp durchschnittlichen versus gut durchschnittlichen Kindern im sogenannten Normalbereich (Macha et al., 2005). Folgende Bereiche werden im Allgemeinen geprüft: Motorik, Wahrnehmung, kognitive Entwicklung, Sprache, sozial-emotionale Entwicklung und lebenspraktische Fertigkeiten (vgl. Petermann & Macha, 2008, S. 42). Die Durchführungsdauer liegt je nach Alter zwischen 30 und 90 Minuten. Beispiele sind der Wiener Entwicklungstest von Kastner-Koller und Deimann (2012) oder der Entwicklungstest 6 Monate – 6 Jahre – Revision (ET 6–6-R) von Petermann und Macha (2013).

11.1.3 Spezielle Entwicklungstests

Das Ziel *spezieller Entwicklungstests* ist die differenzierte Erfassung der Leistung in einem bestimmten Merkmalsbereich (z. B. Entwicklung der Sprache oder der visuellen Wahrnehmung) oder von Entwicklungsstörungen schulischer Fertigkeiten (Lese-, Rechtschreib-, Rechenleistungen) und deren Vorläuferstörungen. In der Frühförderung kommen sie zum Einsatz, wenn eine umschriebene Entwicklungsabweichung wie z. B. eine Verzögerung der Sprachentwicklung bereits identifiziert wurde. Eine Untersuchung mit spezifischen Verfahren ermöglicht dann spezifische Förderempfehlungen (Petermann & Winkel, 2005). Beispiele für spezielle Entwicklungstests sind der Sprachentwicklungstest für drei- bis fünfjährige Kinder (SETK 3–5, Grimm, 2001) oder das Testverfahren zur Dyskalkulie (ZAREKI, von Aster, 2001).

Verfahren zur Intelligenzmessung im Kindesalter wie die Kaufman-Assessment Battery for Children (K-ABC, deutsche Fassung von Melchers & Preuß, 2009) werden von manchen Autoren (Petermann & Macha, 2008, S. 40) bei den speziellen, von anderen Autoren (Quaiser-Pohl & Rindermann, 2010) bei den allgemeinen Entwicklungstests eingeordnet – je nachdem, wie eng oder breit der Bereich der kognitiven Entwicklung aufgefasst wird.

11.1.4 Aussagemöglichkeiten von Entwicklungstests

Entwicklungstests können zum einen Entwicklungs*zustände* und zum anderen Entwicklungs*verläufe* erfassen. Aussagen zu Entwicklungsverläufen sind erst möglich, wenn Entwicklungszustände zu mehreren Zeitpunkten erfasst werden. Daher empfiehlt sich beispielsweise zur Therapieverlaufskontrolle die wiederholte Anwendung der jeweiligen Verfahren.

Welche Aussagemöglichkeiten ein Entwicklungstest hat, hängt u. a. von der Art seiner Ergebniswerte und deren Darstellungsweise ab. Moderne Entwicklungstests ermöglichen die Erstellung eines *Entwicklungsprofils*. Damit können Defizite und Ressourcen in verschiedenen Bereichen (z. B. Motorik, Sprache, kognitive Entwicklung, emotionale Entwicklung) differenziert gegenübergestellt werden (Macha & Petermann, 2006). Dies ist wichtig, da die Entwicklung eines Kindes selten über alle Bereiche homogen verläuft und z. B. eine Förderung nur in bestimmten Bereichen vonnöten ist. Ein *Gesamtentwicklungsquotient*, der aus der Mittelung der Ergebnisse eines Kindes in unterschiedlichen Bereichen (s. o.) zustande gekommen ist, wird vor diesem Hintergrund als unangemessen, da zu undifferenziert, angesehen.

Entwicklungstests beziehen sich meistens auf Normwerte, die es möglich machen, die individuellen Ergebniswerte eines Kindes im Vergleich zu einer Bezugsgruppe zu beurteilen. Sie beruhen auf der Werteverteilung einer Normstichprobe und ermöglichen die objektive Interpretation eines Testergebnisses, da sie eindeutigen Beurteilungskategorien wie z. b. überdurchschnittlich, durchschnittlich oder weit unterdurchschnittlich zugeordnet werden können (Macha & Petermann, 2006).

Besonders wichtig ist die *Aktualität* der Normen. Petermann und Macha (2005a) illustrieren dies am Beispiel von Intelligenztestleistungen, für die beim Vergleich von Personen desselben chronologischen Alters zu verschiedenen historischen Zeitpunkten (Kohorteneffekte) eine mittlere Leistungszunahme von ungefähr fünf IQ-Punkten über eine Dekade festgestellt werden konnte (nach Flynn, 1987). Durch veraltete Normen der IQ-Tests wird das kognitive Entwicklungsniveau überschätzt, was zur Folge hat, dass viele eigentlich auffällige Kinder als unauffällig eingestuft werden. Für andere Entwicklungsbereiche, wie zum Beispiel die Motorik oder die Sprache, vermuten die Autoren gegenläufige Kohorteneffekte, was zu einer Steigerung falsch positiver Diagnosen aufgrund von veralteten Normen führen sollte.

Beachtet werden sollte des Weiteren, dass viele Testergebnisse stark vom Sprachverständnis (d. h. dem Verständnis der Instruktion) und der Sprachproduktion (dem Antworten auf Fragen) abhängen. Dies macht das Ausarbeiten eines fairen Befundes für z. B. junge Kinder oder Migrantenkinder nicht möglich. Speziell im Hinblick auf Kinder aus zugewanderten Familien machen Schölmerich und Leyendecker (2009) darauf aufmerksam, dass sie je nach der Erziehung in ihrer Herkunftskultur im Beisein von Erwachsenen kaum reden, auf Fragen nur knappe Antworten geben oder Gegenstände nur dann in die Hand nehmen, wenn sie explizit dazu aufgefordert werden. Einen möglichen Weg zur Verringerung des Sprachproblems stellen im Bereich der Intelligenz sprachfreie Tests dar, wie der Snijders-Oomen Non-verbale Intelligenztest (Tellegen et al., 2007) oder die Coloured Progressive Matrices (Raven, 2002).

Grundsätzlich sind bei Testleistungen von Kindern immer auch kontext- und personenbezogene Störeinflüsse zu beachten. Sowohl Umgebungsbedingungen (Gestaltung des Raumes, der Möblierung, mögliche akustische Störungen) als auch Variablen auf der Seite des Kindes (Motivation, Konzentrationsfähigkeit, Angst) können die Testleistungen herabsetzen. Margraf-Stiksrud (2003, S. 1118) weist darauf hin, dass die »besondere Schutzlosigkeit junger Kinder (...) den Untersucher zu einer überaus aufmerksamen Beachtung der diagnostischen Standards (Sorgfaltspflicht bei der Durchführung, Transparenz im Vorgehen, Dokumentation des eigenen Handelns)« veranlassen sollte. Da der »Diagnostiker fast ebenso sehr Instrument ist wie das eingesetzte diagnostische Verfahren« (ebd., S. 1117), sind für die Aus- und Weiterbildung hohe Standards zu fordern, und eine diagnostische Tätigkeit ohne spezielle Vorbereitung ist auszuschließen.

Schließlich ist bei der Interpretation eines Testergebnisses zu berücksichtigen, dass die aktuellen Kompetenzen eines Kindes immer das Ergebnis der wechselseitigen Beeinflussung seiner genetischen Disposition, der Erfahrungen, die es mit seiner Umwelt gemacht hat, sowie der bisher realisierten Entwicklung sind (Deimann & Kastner-Koller, 2007). Wie schon im Zusammenhang mit der Entwicklung der Leistungsmotivation beschrieben (▶ Kap. 8, individuelle vs. soziale Bezugsnorm), gilt auch hier, dass sich die Bewertung eines Kindes im Vergleich zu seiner eigenen, bisherigen Leistung positiver auswirkt als die Bewertung anhand der Vergleichsgruppe der Gleichaltrigen (Meisels & Atkins-Burnett, 2006, S. 538).

11.2 Entwicklungsprognose

Eine entwicklungsbezogene Aussage kann nach Kenntnis des Leistungsstandes eines Kindes nur getroffen werden, wenn gleichzeitig seine *Entwicklungsbedingungen* berücksichtigt werden. Das heißt, dass sich die Entwicklungsvorhersage nicht nur auf den (u. U. einmaligen) Testbefund stützen darf, sondern der komplette biopsychosoziale Entwicklungskontext eines Kindes mit einbezogen werden muss (Ettrich, 2000). Zu diesen Entwicklungsbedingungen zählen einerseits Eigenschaften des Kindes selbst, die sowohl Risiken wie z. B. ein schwieriges Temperament als auch Ressourcen wie eine hohe Intelligenz oder Anstrengungsbereitschaft umfassen können (Macha & Petermann, 2017, ▶ Kap. 10.2). Andererseits gehört natürlich auch die Umwelt des Kindes dazu. Letztere beinhaltet den familiären, sozialen und medizinischen Bereich sowie das Ausmaß und die Qualität der durchgeführten Fördermaßnahmen. Eine Entwicklungsprognose sollte also nur unter Berücksichtigung *aller* Aspekte getroffen werden (Petermann & Macha, 2005a) und darüber hinaus gleichzeitig *mehrere* Zeitpunkte berücksichtigen (Mehrfachmessung). Auch die für den Prognosezeitraum zu erwartenden Entwicklungsbedingungen, nicht nur der aktuelle Entwicklungsstatus, sollten in die Vorhersage mit einbezogen werden (Ettrich, 2000). Mit anderen Worten gilt es, den *Entwicklungsgedanken* ernst zu nehmen und der Dynamik des Geschehens Rechnung zu tragen. Vermieden werden soll, dass Kinder »nur erfasst, registriert und kategorisiert werden« (Ettrich, 2000, S. 176).

11.3 Fördermaßnahmen

In der Regel schließen sich an eine Diagnose von Entwicklungsauffälligkeiten Interventionsmaßnahmen an. Hinweise darauf, wo die Fördermaßnahmen anzusetzen haben, können dabei den Ergebnissen der Entwicklungsdiagnostik entnommen werden. Auch eine Evaluation des Behandlungserfolgs kann mit Hilfe der verwendeten Verfahren durchgeführt werden. Entwicklungsdiagnostische Verfahren, die Diagnose und Behandlung in einem Gesamtkonzept verbinden und einer empirischen Prüfung unterziehen, sind jedoch selten (Deimann & Kastner-Koller, 2007).

Bei den Fördermaßnahmen sei noch einmal an die in Kapitel 1 beschriebene »Zone nächster Entwicklung« erinnert: Sie muss beachtet werden, damit das Kind nicht überfordert wird und es nicht zu motivationalen Einbrüchen kommt. Frühförderung sollte spielerisch erfolgen und vom Kind als lustvoll erlebt werden (Rollett, 2002).

11.4 Empfehlungen zum Einsatz von Entwicklungstests

Welcher Entwicklungstest wann zum Einsatz kommen sollte, hängt von einer Reihe von Fragestellungen ab. Eine davon betrifft das *Ziel* und den *Kontext* der Messung. Nach Macha und Petermann (2006, S. 601) gilt es ferner zu berücksichtigen,

- wie viel Zeit zur Verfügung steht (Screening oder differenzierte Diagnostik),
- welche Entwicklungsbereiche von Interesse sind,
- ob vorrangig Defizite oder auch Ressourcen identifiziert werden sollen,
- ob durch ein Verfahren Benachteiligungen für ein Kind oder eine Gruppe von Kindern zu erwarten sind (z. B. motorische Gebundenheit, Sprachgebundenheit),
- ob aktuelle Normen vorliegen,
- ob eine kindgerechte Durchführung des Tests erfolgen kann.

Einheitliche Qualitätsstandards für die Entwicklungsdiagnostik liegen derzeit nicht vor und sind aufgrund der Vielzahl der unterschiedlichen Fragestellungen auch nicht einfach herzustellen. Als unbestrittene Eckpunkte für die Einschätzung der Güte von Entwicklungstests nennen Petermann und Macha (2005a, S. 137/138):

- Aktualität der Normen (maximal zehn Jahre alt)
- Angemessene Repräsentativität der demographischen Merkmale der Normierungsstichprobe
- Standardisierung der Durchführung (Materialien, Instruktionen)
- Differenzierungsfähigkeit bei umschriebenen klinischen Stichproben (z. B. autistische Kinder, Kinder mit Down-Syndrom usw.)
- Zufriedenstellende Kriteriumsvalidität (▶ Kap. 1.4)
- Quantifizierung des differenziellen Einflusses für den Fall der Sprachgebundenheit einzelner Aufgaben oder Skalen

Um die Testgüte einschätzen zu können, wird der Rückgriff auf Kompendien (z. B. Esser & Petermann, 2010; Petermann und Macha, 2005b; Quaiser-Pohl & Rindermann, 2010) oder Testbesprechungen in der Zeitschrift Diagnostica empfohlen.

Die Durchführung, Auswertung und Interpretation eines Entwicklungstests sollte nach Möglichkeit immer in den Händen von ausgebildeten Psychologinnen und Psychologen liegen und in einer kinderärztlichen, -psychologischen oder -therapeutischen Einrichtung durchgeführt werden (Macha & Petermann, 2017).

11.5 Entwicklungsdiagnostik in der pädagogischen Praxis am Beispiel des PERIK

Nachdem bislang vor allem psychologische Tests und deren Einsatz durch psychologisches Fachpersonal im Zentrum der Darstellung standen, soll im Folgenden noch auf standardisierte Beobachtungsverfahren zur Einschätzung der kindlichen Entwicklung in der pädagogischen Praxis eingegangen werden. Ihre Vor- und Nachteile hatten wir bereits im ersten Kapitel besprochen (▶ Kap. 1.4.2). Im Bereich der Entwicklungsdiagnostik bieten Beobachtungen von Kindern im natürlichen Setting wie beispielsweise der Kindertagesstätte den unschätzbaren Vorteil der ökologischen Validität – die Kinder befinden sich in ihrem gewohnten Lebensumfeld und verhalten sich unabhängig vom Verständnis der Instruktionen eines Tests, dem Verhalten von fremden Testleitern und den durch fremde Räume evtl. hervorgerufenen Befindlichkeiten (vgl. Meisels & Atkins-Burnett, 2006).

Der Beobachtungsbogen PERIK (Positive Entwicklung und Resilienz im Kindergartenalltag, Mayr & Ulich, 2006a, b) ermöglicht eine standardisierte Einschätzung sozioemotionaler Basiskompetenzen von Kindern durch Erzieherinnen im Kindergarten. Er basiert auf der Forschung zu drei

Themenbereichen: Wohlbefinden/Gesundheit, Resilienz und schulischer Erfolg. Bei der Auswahl und Formulierung der Items wurde berücksichtigt, welche Entwicklungsanforderungen bei Kindern dieses Alters typischerweise auftreten und wie solche Kompetenzen im Setting Kindertagesstätte beobachtbar sind (Mayr & Ulich, 2006a).

Skalenentwicklung

Die Entwicklung des Instruments fand in mehreren Schritten statt (Mayr & Ulich, 1999, 2003, 2006a). Es resultierten sechs Entwicklungsbereiche mit jeweils sechs Beobachtungsfragen, die im Folgenden dargestellt werden.

Beobachtungsbereiche und -fragen

a) Kontaktfähigkeit: Hier geht es um die Frage, wie sich der Kontakt zu anderen Kindern gestaltet, ob das Kind von sich aus aktiv wird, ob es Freunde hat usw. Beispielitems:»Kind findet leicht/schnell (positiven) Kontakt zu anderen Kindern«;»seine/ihre Meinung zählt bei den Kindern«.

b) Selbststeuerung/Rücksichtnahme: Hier wird danach gefragt, ob das Kind eigene Wünsche zurückstellen sowie Rücksicht und Anteilnahme zeigen kann. Beispielitems:»Kind wartet, bis es an der Reihe ist, z. B. bei Gruppengesprächen, beim Austeilen von Material oder von Essen«;»ist betroffen, wenn es einem Kind wehgetan hat/etwas kaputt gemacht hat, entschuldigt sich, versucht es wieder gut zu machen«.

c) Selbstbehauptung: Die Fragen in diesem Bereich zielen darauf ab herauszufinden, wie das Kind eigene Interessen und Bedürfnisse vertritt (▶ Tab. 11.1).

d) Stressregulierung: Hier geht es um den Umgang mit Belastungssituationen. Beispielitems:»Kind bleibt in schwierigen Situationen ansprechbar, zugänglich, z. B. wenn es traurig, wütend oder enttäuscht ist«;»nimmt es nicht so schwer, wenn es bei einem Spiel verliert«.

e) Aufgabenorientierung: In diesem Bereich wird danach gefragt, ob das Kind Aufgaben selbstständig und zielstrebig bearbeiten kann. Beispielitems: »Kind beginnt schnell mit einem Angebot/einer Aufgabe«; »bearbeitet Aufgaben selbstständig«.

f) Explorationsfreude: Diese Fragen betreffen die Motivation, sich Neuem zuzuwenden, die Freude am Entdecken, das aktive Erkunden und Wissenwollen. Beispielitems: »Kind hat Spaß, Neues kennenzulernen«; »Kind ist wissbegierig«.

Zielgruppe und Durchführung

Der PERIK ist geeignet für Kinder ab einem Alter von 3,5 Jahren bis zum Schuleintritt. Das Material besteht aus dem Beobachtungsbogen und dem Begleitheft. Die Erzieherin beantwortet allein oder im Team die verschiedenen Items auf einer fünfstufigen Skala (durchgängig, überwiegend, teilweise, kaum, gar nicht).

Zusätzlich gibt es Platz für freie Notizen, in denen z. B. die Situations- oder Personenspezifität eines Verhaltens festgehalten werden kann. Auf den letzten beiden Seiten hat die Erzieherin die Möglichkeit, in einer Übersicht ihre Beobachtungen zusammenzufassen. Auch Überlegungen zur Förderung können hier notiert werden.

Die Dauer der Beobachtung steht im Ermessen der Erzieherinnen. Empfohlen wird eine Einübungsphase, in der z. B. zwei Fachkräfte unabhängig voneinander mit dem Bogen dieselben Kinder beobachten und ihre Ergebnisse anschließend miteinander vergleichen.

Auswertung und Interpretation

Für die quantitative Auswertung sind den einzelnen Abstufungen im Antwortraster numerische Werte von 5 (durchgängig) bis 1 (gar nicht) zugeordnet. Diese werden für jeden Bereich auf einem eigens dafür vorgesehenen Bogen zu einem Summenwert addiert. Abgesehen von längsschnittlichen Vergleichsmöglichkeiten (wo stand das Kind vor einem halben Jahr, wo steht es jetzt) besteht über Tabellen mit Normwerten ferner die Möglichkeit des Vergleichs mit anderen Kindern. Diese Normen sind für jede Basiskompetenz für Jungen und Mädchen und verschiedene Altersgruppen (bis 4 Jahre, 5 Jahre, 6 Jahre) getrennt aufgeführt. Die Sum-

Tab. 11.1: Items der Skala »Selbstbehauptung«

C Selbstbehauptung *eigene Interessen und Standpunkte selbstbewusst vertreten*	durchgängig	überwiegend	teilweise	kaum	gar nicht
1 Kind erzählt von sich aus der päd. Bezugsperson, z. B. vom Wochenende	5	4	3	2	1
2 wenn es von Erwachsenen ungerecht behandelt wird, traut sich das Kind das zu sagen	5	4	3	2	1
3 traut sich Erwachsenen gegenüber berechtigte Forderungen zu stellen, z. B. eine Absprache/ein Versprechen einfordern	5	4	3	2	1
4 wenn unter Kindern etwas Schlimmes passiert, kann er/sie das sagen, z. B. »das mag ich nicht«, »lass das«, »hör auf«, ...	5	4	3	2	1
5 kann sich verteidigen (körperlich oder verbal), wenn es von anderen Kindern bedrängt/angegriffen wird	5	4	3	2	1
6 bleibt standhaft, lässt sich von anderen Kindern nicht unter Druck setzen, z. B. vertritt eine Meinung, die Andere nicht teilen	5	4	3	2	1

menwerte werden dabei in drei Gruppen aufgeteilt: die oberen 25 % in Gruppe 1, die mittleren 50 % in Gruppe 2 und die unteren 25 % in Gruppe 3 (Perzentilnormen). Auch für diese Zuordnung ist eine eigene Vorlage vorhanden.

Im Hinblick auf die Interpretation verweisen die Autoren darauf, dass die Grenzen dieser Normtabellen nicht absolut verstanden werden dürfen und bei Werten im Grenzbereich zu bedenken ist, dass die Platzierung des Kindes eher in einen Zwischenbereich gehört.

Normierung und Gütekriterien

Wie bereits erwähnt, wurde die Normierung des PERIK getrennt nach Geschlecht und Alter vorgenommen. Die Gesamtstichprobe bestand aus N = 320 Kindern; die Stichprobengröße für die einzelnen Vergleichsgruppen schwankt von 28 (6-jährige Mädchen für die Bereiche Stressregulierung sowie Aufgabenorientierung) bis 139 (5-jährige Mädchen für den Bereich Aufgabenorientierung).

Reliabilität: Die interne Konsistenz (▶ Kap. 1.4) der Skalen variiert von .81 (Skala Stressregulation/Ausgeglichenheit) bis .88 (Kontaktfähigkeit/ Initiative) und ist in Anbetracht von nur sechs Items pro Skala als gut zu bezeichnen. Die Skalen sind näherungsweise normalverteilt, differenzieren also sowohl im unteren wie im oberen Bereich (Mayr & Ulich, 2009).

Validität: Zur Bestimmung der Konstruktvalidität (▶ Kap. 1.4) wurden Alters- und Geschlechtseffekte untersucht. Eine 2 (Geschlecht) x 3 (Altersgruppen: 4-, 5- und 6-jährige Kinder) Varianzanalyse (Verfahren zur zufallskritischen Überprüfung von Mittelwertsunterschieden zwischen Gruppen) wurde für jede einzelne Skala berechnet. Wie erwartet, wurden ältere Kinder im Vergleich zu jüngeren auf allen Skalen als kompetenter eingeschätzt. Der gleiche Effekt ergab sich für Mädchen im Vergleich zu Jungen, mit einer Ausnahme: Im Bereich »Selbstbehauptung« wurden keine Geschlechterunterschiede gefunden (Mayr & Ulich, 2009). Diese Ergebnisse bestätigen jene aus anderen Studien (z. B. Janus & Offord, 2007; Kochanska et al., 1997; Mayr, 2000).

Hinweise für Übereinstimmungsvalidität fanden sich in einer Untersuchung zum Zusammenhang zwischen kindlichen Kompetenzen (PE-

RIK) und der Qualität der Erzieherin-Kind-Beziehung, erfasst über die STRS-Skala von Pianta (2001). Auch hier bestanden Zusammenhänge durchgängig in der erwarteten Richtung (Mayr & Ulich, 2009): So gab es eine hohe negative Korrelation zwischen den selbstregulativen Kompetenzen der Kinder (PERIK:»Selbststeuerung/Rücksichtnahme« und »Stressregulierung«) und der Konflikthaltigkeit von Erzieherinnen-Kind-Beziehungen (STRS:»conflict«). Wie aus der Bindungstheorie vorhersagbar, bestand auch ein enger positiver Zusammenhang zwischen emotionaler »Nähe« (STRS) und »Explorationsfreude« (PERIK). Wenngleich auch diese Ergebnisse auf die gleiche Varianzquelle zurückgehen (alle Einschätzungen wurden von den Erzieherinnen vorgenommen), so deuten sie doch in Richtung einer befriedigenden Übereinstimmungsvalidität.

Förderung der sozioemotionalen Basiskompetenzen

Im Begleitheft werden auf den Seiten 11 bis 16 Möglichkeiten zur Förderung der sozioemotionalen Basiskompetenzen beschrieben. Dies geschieht anhand von Fallbeispielen zu den Themen »Explorationsfreude fördern« und »Stress- und Impulsregulierung fördern«. Anschließend wird dargelegt, wie über die Gestaltung der Lernumwelt und die Unterstützung von Lernprozessen der Bereich »Aufgabenorientierung« gefördert werden kann. Den Schluss bilden Literaturhinweise zu Übungen und Spielen, die sozial-emotionale Kompetenzen fördern.

Ergebnisse mit dem PERIK

Sturmhöfel et al. (2015) untersuchten den Zusammenhang zwischen den mit dem PERIK gemessenen Basiskompetenzen am Ende der Kindergartenzeit und der subjektiv wahrgenommenen sozialen Integration der Schülerinnen und Schüler sowie deren Leistungen in Lesen und Rechnen in den ersten beiden Schuljahren. Es zeigte sich, dass die Skalen Selbststeuerung und Aufgabenorientierung sowohl die Integration in der ersten Klasse als auch die Leistungen in der ersten und zweiten Klasse vorhersagten.

Zusammenfassung

In der Entwicklungsdiagnostik werden entwicklungsbezogene Kompetenzen eines Menschen erfasst. Dabei werden sowohl das aktuelle Kompetenzniveau als auch Veränderungen im Entwicklungsstatus beschrieben und erklärt, Entwicklungsprognosen formuliert und gegebenenfalls Interventionen geplant und evaluiert.

Entwicklungstests stellen eine Möglichkeit zur Durchführung von Entwicklungsdiagnostik dar. *Screenings* sind Kurztestverfahren, die im Vorfeld der eigentlichen Diagnostik stattfinden und Risikokinder identifizieren sollen. Ergibt das Screening einen auffälligen Wert, können neben der Befragung der Bezugspersonen des Kindes weitere Informationen über zusätzliche Entwicklungstests eingeholt werden. *Allgemeine Entwicklungstests* geben einen Überblick über ein breites Spektrum entwicklungsbezogener Leistungen, wie z. B. die motorische, kognitive, sprachliche und sozioemotionale Entwicklung. *Spezielle Entwicklungstests* demgegenüber ermöglichen differenziertere Aussagen in einem ausgewählten Entwicklungsbereich, wie z. B. der Sprache, Motorik oder der kognitiven Entwicklung.

Bezüglich ihrer Aussagemöglichkeiten ist zu beachten, dass die Testleistungen von Kindern immer von einer Vielzahl kontext- und personenbezogener Faktoren abhängen. Wichtig ist vor allem ihre Fähigkeit zu Sprachverständnis und -produktion sowie die Wahrnehmung der Testsituation, die mit Angst und Unsicherheit darüber, was von ihnen erwartet wird, mit Konzentrationsstörungen und anderen, die Testleistung mindernden Verhaltensweisen, einhergehen kann. Die Entwicklungsprognose sollte stets unter Einbezug des gesamten Entwicklungskontextes eines Kindes getroffen werden und sich nicht nur auf einen einmaligen Testbefund stützen.

Der zweite Schwerpunkt des Kapitels ist der Entwicklungsdiagnostik in der pädagogischen Praxis am Beispiel des Beobachtungsbogens PERIK (Positive Entwicklung und Resilienz im Kindergartenalltag, Mayr & Ulich, 2006a, b) gewidmet. Mit Hilfe des PERIK schätzen Erzieherinnen in Kindertagesstätten die sozioemotionale Kompetenz von Kindern im Alter von 3,5 Jahren bis zum Schuleintritt auf den Skalen Kontaktfähigkeit, Selbststeuerung/Rücksichtnahme, Selbstbehauptung, Stressregulierung, Aufgabenorientierung und Explorationsfreude ein. Das Verfahren verfügt neben Reliabilität, Konstrukt- und Übereinstimmungsvalidität zusätzlich über ökologische Validität, da die Kinder in ihrem gewohnten Lebensumfeld beobachtet werden.

Empfohlene Literatur

Quaiser-Pohl, C. & Rindermann, H. (2010). *Entwicklungsdiagnostik*. München: Reinhardt.

Lernfragen

1. Welchen Arten von Entwicklungstests werden unterschieden?
2. Was versteht man unter einem »falsch positiven Befund«?
3. Was ist beim Einsatz, der Durchführung und der Interpretation von Entwicklungstests mit Kindern zu beachten?
4. Auf welche Informationen sollte sich eine Entwicklungsprognose stützen?
5. Beschreiben Sie die Zielsetzung des PERIK sowie die Entwicklungsbereiche, um die es in diesem Verfahren geht!

12 Entwicklungsorientierte präventive Intervention

Für die Förderung der gesunden Entwicklung eines Kindes sind in erster Linie die Eltern zuständig. Eine moderne Gesellschaft wie die der Bundesrepublik Deutschland stellt Eltern ein umfassendes Angebot an Hilfen zur Verfügung, das sie bei der Fürsorge und Erziehung unterstützen soll, setzt aber auch Normen und kontrolliert deren Einhaltung (vgl. Schone, 2000; Textor, 2000). Ein gutes Beispiel ist die Schulpflicht. Verschiedene institutionalisierte Unterstützungssysteme (Leistungssysteme zur Existenzsicherung, z. B. Sozialhilfe, Gesundheitswesen, Bildungswesen, Jugendhilfe, Justiz) und verschiedene Berufsgruppen haben unterschiedliche Blickwinkel auf das Kindeswohl. Daher sind die die von ihnen ausgehenden Maßnahmen unterschiedlich stark von Gedanken der Sicherung der Grundlagen des Aufwachsens (z. B. funktionsfähige Familie), der individuellen Förderung des Kindes (z. B. Bildung) oder der Vermeidung von kindlichen Abweichungen (z. B. körperliche oder psychische Krankheiten, delinquentes Verhalten) geprägt. Im Folgenden geht es um wissenschaftlich begleitete oder auf wissenschaftlicher Basis initiierte Programme bzw. Modellprojekte an der Schnittstelle von Psychologie, Medizin und (Sozial-) Pädagogik. Sie können Grundlage für die Einführung neuer Formen der gesellschaftlichen Unterstützung für Eltern und Kinder sein.

12.1   Formen der Intervention

Abweichenden Entwicklungsverläufen in der Kindheit sollte aus der Sicht des Gesundheitswesens möglichst vorgebeugt werden. Zeichnen sich erste Probleme bereits ab, hofft man durch eine Rückführung in günstige Bahnen eine Verschärfung zu vermeiden, die in diagnostizierbare psychische Störungen einmünden könnte. Caplan hat bereits 1964 eine Dreiteilung von präventiven Strategien (*primäre, sekundäre und tertiäre Prävention*) formuliert. Diese orientiert sich am Zeitpunkt des Eingreifens in den Verlauf eines komplexen Prozesses der Entstehung körperlicher und psychischer Krankheiten bzw. Störungen und ihrer Folgen. Caplan (1964) verstand unter Primärprävention Strategien, die das Auftreten von Störungen verringern, unter Sekundärprävention Strategien, die die Dauer und Intensität reduzieren, und unter Tertiärprävention Strategien, um die Behinderung, die durch die Störungen hervorgerufen wird, zu verringern.

Das Caplan'sche Konzept wurde von vielen Autoren weiterentwickelt. So nehmen Hurrelmann und Settertobulte (2000, S. 135) den in den letzten Jahren vermehrt verwendeten Leitbegriff der Intervention und ein Modell, das eine differenziertere Einteilung von Maßnahmen zur Gesunderhaltung und Wiederherstellung von Gesundheit bei Kindern und Jugendlichen möglich macht (▶ Tab. 12.1). Es erlaubt auch, den Vorschlag des amerikanischen Institute of Medicine von 1994 zu integrieren – eine Einteilung in universelle, selektive und indizierte Prävention, und damit eine neuerliche Schärfung des Präventionsbegriffes (vgl. Durlak & Wells, 1998; Heinrichs et al., 2006a). *Universelle Prävention* zielt auf die Allgemeinbevölkerung ab und schließt Personen unabhängig von ihren individuellen Risiken und der Anzahl und Stärke möglicher Symptome ein. *Selektive Prävention* beschränkt sich auf Personen mit einem erhöhten Risiko für eine psychische Störung wegen des Vorliegens biologischer oder sozialer Risikofaktoren, erfolgt aber unabhängig von der Anzahl und Stärke möglicher Symptome. *Indizierte Prävention* konzentriert sich auf Personen mit ersten Störungsanzeichen, die die Kriterien einer Störung noch nicht vollständig erfüllen (subklinisches Niveau). Sie erfolgt unabhängig von biologischen und sozialen Risikofaktoren, ist aber meist mit solchen korreliert und ist abhängig von der Anzahl und Stärke individueller Symptome. Im Folgenden wird der Begriff der präventiven Intervention für Maßnahmen verwendet, die den ersten drei Phasen in Tabelle 12.1 (▶ Tab. 12.1) zuzuordnen sind.

Viele Maßnahmen der allgemeinen Gesundheitsversorgung, die die Gesundheit von Müttern während der Schwangerschaft unterstützen, gehören zur Phase 1 (z. B. Aufklärungskampagnen über gesunde Ernährung und den Gebrauch legaler und illegaler Drogen), ebenso regelmäßige kinderärztliche Vorsorgeuntersuchungen (U1 bis U9 und J1, vgl. auch Scheithauer & Petermann, 2000). Andere universell präventive Programme, wie z. B. Triple P (s. u.) versuchen Eltern ganz allgemeine Erziehungskompetenzen zu vermitteln.

Als Frühinterventionsprogramme gelten solche, die in den ersten drei Lebensjahren einsetzen; manchmal wird noch der Bereich bis ca. sechs Jahre eingeschlossen. Sie werden häufig dahingehend eingeteilt, ob sie ausschließlich *kindzentriert* oder auch *familienzentriert* an einer günstigen Entwicklung des Kindes arbeiten, oder ob es sich um Zwei-Generationen-Programme handelt, die Maßnahmen zum Wohl von Eltern und Kindern verbinden (Gomby et al., 1995, n. Scheithauer & Petermann, 2000). Sie können der Phase 1 angehören, setzen aber häufig bei Familien in Phase 2 an.

Auch in Deutschland werden seit dem Inkrafttreten des Bundeskinderschutzgesetzes am 1.1.2012 Frühinterventionsprogramme massiv gefördert. Eine Bundesinitiative »Frühe Hilfen für Eltern und Kinder und soziale Frühwarnsysteme« wurde vom BMFSFJ ins Leben gerufen mit dem Ziel »(...) präventive Versorgungsstrukturen für (werdende) Familien auf- und auszubauen, um insbesondere Eltern in belasteten Lebenslagen spezifische Hilfen anzubieten« [https://www.fruehehilfen.de/bundesstiftung-fruehe-hilfen/bundesinitiative-fruehe-hilfen/]. Es geht vor allem darum der Vernachlässigung und Misshandlung von Kindern vorzubeugen.

Präventionsprogramme können neben den Eltern auch *andere Erziehungspersonen oder -institutionen* einbeziehen, beispielsweise Kindergärten und Schulen. So beinhaltet das Programm ProAct zur Prävention von »bullying« an Schulen neben einem Schüler- und einem Elterntraining auch eine Lehrerberatung (Spröber et al., 2006). Heinrichs et al. (2008) sprechen bei mehreren Ansatzpunkten von multizentrischen Programmen.

Tab. 12.1: Übersicht über Phasen und Schritte möglicher Interventionsansätze im Hinblick auf die Gesundheit von Kindern und Jugendlichen (aus: Hurrelmann & Settertobulte, 2000, S. 135; mit freundlicher Genehmigung des Hogrefe Verlags).

Phase	1	2	3	4	5
Interventionszeitpunkt	Gesundheit	erkennbare Risikofaktoren	erste/frühe Störungs-/Krankheitsanzeichen	manifeste Störungen/Krankheiten	langfristige Störungs-/Krankheitsfolgen
Zielgruppe	Gesamtpopulation	potentielle Risikogruppen	(akut) erkrankte, subklinisch gestörte Personen	(chronisch) fortgeschritten Erkrankte	genesende Beeinträchtigte/Behinderte
Zielsetzung	Verhütung der Entstehung von Störungen/Krankheiten, Stärkung der Schutz- und Abwehrkräfte	gezielte Vorbeugung durch Beeinflussung von früh identifizierten Risikofaktoren	frühzeitiges Zurückdrängen der Störungs- und Krankheitsauslöser	Behandlung und Heilung der fortgeschrittenen Störungen und Krankheiten	Verhinderung von Rückfällen, Vermeidung von Folgeerkrankungen, Sicherung verbleibender Lebensqualität
Interventionsart	primordial	primär	sekundär	tertiär	quartär
Begriffe aus anderen Konzepten	primäre Prävention	primäre Prävention universelle Prävention, selektive Prävention	sekundäre Prävention indizierte Prävention	tertiäre Prävention	tertiäre Prävention

Tab. 12.1: Übersicht über Phasen und Schritte möglicher Interventionsansätze im Hinblick auf die Gesundheit von Kindern und Jugendlichen (aus: Hurrelmann & Settertobulte, 2000, S. 135; mit freundlicher Genehmigung des Hogrefe Verlags). – Fortsetzung

Phase	1	2	3	4	5
Bezeichnung der Maßnahme	generelle (unspezifische) Prävention, Gesundheitsförderung	spezifische Prävention	Kuration, Therapie	Kuration, Therapie	Rehabilitation, Kompensation
Beispiele für Maßnahmen	Schutzimpfungen, Gesundheitserziehung, Ernährungsberatung, soziales Kompetenztraining, Umweltschutz	Früherkennungstests (Screening), Selbstuntersuchungen, gezielte Kompetenz- und Leistungsförderung bei sozial Benachteiligten	medizinische Behandlung, Psychotherapie, Verhaltenstraining		Dauermedikation, Kompensation verlorener Funktionen, Verhaltenstraining, soziale Wiedereingliederung

Die meisten Programme betreiben keine universelle, sondern eine zielgerichtete, d. h. selektive oder indizierte Prävention. Frühinterventionsprogramme zielen auf die Bewältigung verschiedener Risikofaktoren für die kindliche Entwicklung (▶ Kap. 10) auf Seiten des Kindes (z. B. Geburtsrisiken, Entwicklungsrückstände, Behinderungen, Regulations- und Verhaltensstörungen), der Eltern (z. B. psychische Störungen, ungünstige Lebensgeschichte und Persönlichkeit, mangelnde Erziehungsfertigkeiten, ungünstige Erziehungseinstellungen, mangelnde Beziehungsfähigkeit zum Kind), des Familiensystems (z. B. Stressbelastung, mangelnde soziale Unterstützung, Partnerschaftskonflikte, Arbeitslosigkeit), der gesellschaftlichen Situation (z. B. Armut und soziale Benachteiligung, besondere religiös geprägte Sozialisationsbedingungen) u. a. mehr (vgl. Scheithauer & Petermann, 2000; Lengning & Zimmermann, 2009). In der Übersichtsarbeit von Beelmann (2006) zur Wirksamkeit von Präventionsmaßnahmen bei Kindern und Jugendlichen, auf die im Weiteren immer wieder Bezug genommen wird, sind Maßnahmen zu folgenden Aspekten einbezogen: die allgemeine Entwicklungsförderung, dissoziale Verhaltensprobleme, Scheidungsfolgen und Misshandlung/sexueller Missbrauch; eher auf Jugendliche ausgerichtet ist die Prävention von Substanzmissbrauch und frühen Schwangerschaften.

In den letzten zwei Jahrzehnten wurde in Deutschland das Thema Resilienzförderung (▶ Kap. 10, ▶ Abb. 10.1) intensiv aufgegriffen. Sehr viele in der Praxis bereits existierende Hilfeangebote, z. B. Erziehungs- und Familienberatung, Förderschularbeit, Arbeit mit Straßenkindern, werden nun daraufhin überprüft, ob und wie sie ggf. Resilienz fördern könnten. Für viele Konzepte und Umsetzungsversuche liegen noch keine hochwertigen Wirksamkeitsüberprüfungen vor, so dass wir hier nicht darauf eingehen werden (vgl. Zander, 2011).

12.2 Die Wirksamkeit präventiver Interventionen

Präventive Interventionsprogramme zeigen überwiegend positive und zum Teil beträchtliche Wirkungen, die durchschnittlich im Bereich von einem Drittel bis zu einer halben Standardabweichung liegen. Dies entspricht einer um 15 bis 25 % stärkeren Verbesserung in einer Interventionsgruppe im Vergleich mit einer Kontrollgruppe (Beelmann, 2006). Dabei gibt es jedoch sehr große *Unterschiede zwischen den Programmen*, und teilweise werden auch beträchtlich höhere Effekte erzielt. Eher niedrige Effekte zeigen Metaanalysen von Studien aus dem Bereich des dissozialen Verhaltens (▶ Kap. 10) und Suchtverhaltens sowie Studien, die »harte«, d. h. dem Alltagsverhalten nahe oder standardisierte Wirksamkeitsmaße einsetzen (nicht nur z. B. elterliche Erfolgseinschätzungen) (Beelmann, 2006). Universelle Präventionsprogramme weisen geringere Effekte auf als selektive oder indizierte. Dies verwundert allerdings nicht, da die meisten Kinder sich gut entwickeln und keine Verhaltensprobleme haben und es deshalb für Programme viel schwerer ist, bei solchen Kindern positive Wirkungen zu erzielen. In diesem Zusammenhang müssen dann mögliche negative Effekte, wie z. B. die Gefahr einer Verängstigung von Kindern im Rahmen der Prävention sexuellen Missbrauchs, ernster genommen und auch verstärkt Kosten-Nutzen-Analysen betrieben werden. Natürlich kann es aus normativen Erwägungen auch sinnvoll sein, geringe Effekte zu finanzieren, wenn gesellschaftlich ein sehr hoher Wert auf das Wohlergehen von Kindern gelegt wird (Beelmann, 2006). Die Wirksamkeit früher Hilfen, bei denen es oft um indizierte Maßnahmen geht, bei denen die elterliche Erziehungsfähigkeit oder kindliche Entwicklung beeinflusst werden sollen, wird in Metaanalysen meist als niedrig eingeschätzt (vgl. Lengning & Zimmermann, 2009).

Ein großer Informationsmangel besteht hinsichtlich der *längerfristigen Effekte* von Programmen, die fast nur für die entwicklungsfördernden Vorschulprogramme untersucht wurden (vgl. Beelmann, 2006; Ramey & Ramey, 1998; Mayr, 2000b). Zuverlässige Angaben liegen meist nur bis zu einem Jahr nach Abschluss der Programme vor. Es ist gut möglich, dass präventive Programme auch erst langfristig Wirkung entfalten, wenn z. B. die in einem Elterntraining erlernten Strategien (s. u.) auch in der Erziehung umgesetzt werden und die Kinder entsprechende Veränderungen, wie etwa eine verstärkte elterliche Anerkennung, als stabil erleben. Stark strukturiert und verhaltensorientiert vorgehende Programme schneiden in der Regel besser ab als andere (Durlak & Wells, 1998; Beelmann, 2006). Größere Effekte zeigen sich auch dann, wenn es sich um universitäre Modellprojekte handelt bzw. wenn Autoren oder Programmentwickler wesentlich an der Durchführung beteiligt sind. Schlechter schneiden Projekte in Praxiskontexten ab oder wenn die Projektdurchführung durch Dritte erfolgt (vgl. Beelmann, 2006; Hoagwood et al., 1996). Ein Transfer von Modellprojekten in die Praxis und der Vergleich von Wirkungen ist oftmals schwierig, weil viele Projekte nicht manualisiert und nicht präzise dokumentiert sind. Letzteres wäre auch wichtig, um die Erforschung der eigentlich wirksamen Bestandteile voranzutreiben (Ramey & Ramey, 1998; Beelmann, 2006). Studien sollten bei der Einschätzung des Programmerfolges auch einen Vergleich mit der normalen Inzidenzrate (▶ Kap. 10) des Problemverhaltens vornehmen, dem vorgebeugt werden soll (Heinrichs et al., 2008).

Eine zentrale Frage bei der Messung der Wirksamkeit ist die richtige *Wahl der Erfolgsmaße*. Angemessen wäre eine multimodale (z. B. Emotion, Kognition, Verhalten) und multimethodale (z. B. Verhaltensbeobachtung, schriftliche oder mündliche Befragung, Test) Erfassung von Veränderungen in verschiedenen Settings (z. B. zu Hause, Schule) durch verschiedene Beurteiler (z. B. Eltern, Kinder, Lehrerinnen und Lehrer). Je nach gewählter Erfassung können sich sehr unterschiedliche Effektstärken zeigen (Heinrichs et al., 2006a).

Ein weitergehendes Modell, das eine systematische Einschätzung der Effektivität von Maßnahmen zur psychischen Gesundheit von Kindern und Jugendlichen erlauben soll, haben Hoagwood et al. (1996) vorgelegt (▶ Tab. 12.2). Ihre Überlegungen sind nicht zuletzt im Hinblick auf die enorme Steigerung der Kosten im Gesundheitswesen entstanden. Auch wenn ihr Modell seine Herkunft aus einem klinisch-psychiatrischen Kontext nicht leugnen kann, lässt es sich doch auf Interventionen mit förderndem Schwerpunkt übertragen. Dabei würden Ergebnisse vor allem auf der zweiten Ebene, der psychosozialen Anpassung angestrebt. Es ginge

dann z. B. darum, muttersprachliche Kompetenzen von Kindern aufzubauen oder zum Schulbesuch zu motivieren. Hoagwood et al. (1996) argumentieren, dass Ergebnisse immer auf mehreren Ebenen auftreten, dass
aber Studien, die über die Symptomebene hinausgehen, noch erstaunlich
selten sind. Außerdem haben sich zwei Richtungen der Forschung ganz
unabhängig voneinander entwickelt: *Studien zur klinischen Effektivität und
Studien zur Effizienz von Versorgungsstrukturen* im Gesundheitswesen. Interventionen, die im Rahmen gut kontrollierter und intensiv begleiteter
wissenschaftlicher (klinischer) Studien durchgeführt werden, scheinen jedoch leider erfolgreicher zu verlaufen als solche, die Teil der allgemeinen
Versorgung sind (Hoagwood et al., 1996; Beelmann, 2006). Die Integration
von Forschung in die Praxis, d. h. die allgemeine Versorgung, ist ihrer
Ansicht nach daher eine unerlässliche Bedingung für eine qualitativ
hochwertige Gesundheitsfürsorge.

Tab. 12.2: Das SFCES-Modell zur Prüfung der Wirkung von Interventionen zur
psychischen Gesundheit im Kindes- und Jugendalter (n. Hoagwood et
al., 1996)

Bereiche	Beispiele
Symptome und Diagnosen (**S:** Symptoms and diagnoses)	Ablenkbarkeit, Impulsivität, Depression, Angst
Psychosoziale Anpassung/ Funktionsniveau (**F:** Functioning)	Ausmaß der Fähigkeit, sich an die Anforderungen von Zuhause, Schule und Gemeinschaft anzupassen
Perspektiven der Nutzer (**C:** Consumer perspectives)	Lebensqualität, Zufriedenheit mit Versorgung, familiale Belastung
Umwelten (**E:** Environments)	Gegenstück zum Funktionsniveau: Stabilität der kindlichen Umgebung (elterliche Beziehung, Erhalt der Schulklasse), Gewalt im Wohnviertel, Verfügbarkeit sozialer Unterstützung
Systeme (**S:** Systems)	Angebote sozialer Dienste: Niveau, Art, Nutzungsmuster, Restriktivität; Beziehung und Koordination von Organisationen, Kosten und Finanzierungsmechanismen

12.3 Vermeidung von Verhaltensauffälligkeiten und psychischen Störungen

Ausgehend von einem Risiko- und Schutzfaktorenmodell der kindlichen Entwicklung (▶ Kap. 10, ▶ Abb. 10.1), sollten Programme, die auf eine Prävention von psychopathologischen Entwicklungsverläufen abzielen, einerseits risikoerhöhende Faktoren beseitigen oder minimieren, andererseits risikomildernde Faktoren verstärken bzw. einführen. Doch wo sollen die Programme ansetzen – die Zahl der bekannten Faktoren ist groß und gerade im primär präventiven Bereich werden Interventionen in der Regel weniger maßgeschneidert erfolgen als in späteren Phasen der Prävention, wo den Maßnahmen oft eine ausführliche Diagnostik vorausgeht. Ausgangspunkt sind Überlegungen, von welchen Faktoren eine möglichst breit gefächerte Wirkung ausgeht, wie gut beeinflussbar ein Faktor ist – bei möglichst minimalen Aufwendungen aufseiten der dafür verantwortlichen Hilfesysteme, z. B. der Gesundheitsfürsorge. Beispielhaft seien im Folgenden zwei primär präventive manualisierte Programme vorgestellt, die auch in Deutschland angewendet und methodisch anspruchsvoll evaluiert werden.

Da der *Eltern-Kind-Beziehung* eine Basisfunktion für die gesamte kindliche Entwicklung zukommt und eine Türöffner-Funktion im Hinblick auf soziale Umwelten, haben Trainingselemente, die die Eltern-Kind-Beziehung verbessern und solche, die Eltern in die Lage versetzen, ein anregendes Erziehungsklima zu schaffen, in allen möglichen Interventionsphasen hohe Priorität. Das momentan wohl bekannteste Programm zur Verbesserung elterlichen Erziehungsverhaltens – *Triple P* (Positive Parenting Program, Sanders, 1999; Sanders & Ralph, 2005) – wurde an der Universität von Queensland entwickelt. Es kann als universelle Präventionsstrategie durchgeführt werden, wie dies in Australien z. B. mit Fernsehbeiträgen geschehen ist, oder in unausgelesenen Elterngruppen im Rahmen der Familienbildung; es kann aber auch an Eltern vermittelt werden, deren Kinder bereits Verhaltensauffälligkeiten zeigen. Triple P umfasst fünf Interventionsebenen mit steigendem Intensitätsgrad (vgl.

Heinrichs et al., 2006a; Sanders & Ralph, 2005). Die Eltern sollen in die Lage versetzt werden, unabhängig von professioneller Unterstützung Erziehungsprobleme zu lösen. Fünf Aspekte bilden Grundprinzipien für eine positive Erziehung (▶ Kasten). Zusätzlich werden den Eltern Erziehungsstrategien vermittelt, die für das Kindesalter oder Teile davon gelten (Markie-Dadds et al., 2003).

Elterliche Strategien zur Umsetzung einer positiven Beziehung in Triple P

1. Eine positive Beziehung aufbauen

Wertvolle Zeit miteinander verbringen: Versuchen Sie regelmäßig im Laufe des Tages kurze Zeitspannen mit Ihrem Kind zu verbringen und ihm dabei auch Ihre Aufmerksamkeit zu schenken.

Miteinander reden: Sprechen Sie mit dem Kind über Dinge, die es interessieren, aber teilen Sie auch eigene Gedanken mit.

Zuneigung zeigen: Dies sollte auch körperlich durch Zärtlichkeiten, Toben usw. gezeigt werden.

2. Angemessenes Verhalten fördern

Loben: Wenn Ihr Kind sich angemessen verhält, können Sie es loben, indem Sie allgemeine Zustimmung formulieren, besser aber mit der genauen Beschreibung dessen, was Ihnen gefällt. Vermeiden Sie, Lob in dem Sinne negativ zu formulieren, dass es etwas unterlassen hat, das Sie nicht gut finden.

Aufmerksamkeit schenken: Hier geht es wieder um Situationen, in denen Sie etwas gut finden und Sie können dies ganz beiläufig tun, z. B. durch Blicke oder ein Schulterklopfen.

Für spannende Beschäftigungen sorgen: Bieten Sie Ihrem Kind sowohl drinnen als auch draußen Umgebungen, die sicher sind und in denen interessante Dinge zum Entdecken und Spielen vorhanden sind.

3. Neue Fertigkeiten und Verhaltensweisen beibringen

Ein gutes Vorbild sein: Man sollte das Kind zusehen lassen, wie man gerade Dinge tut, beschreiben, was man tut und das Kind sie nachahmen lassen. Gegebenenfalls sollte man es unterstützen, es ermutigen, das Ganze noch einmal alleine zu versuchen und bei Erfolg loben.

Beiläufiges Lernen nutzen: Wenn Ihr Kind sich von selbst an Sie wendet, um Informationen oder Aufmerksamkeit zu erhalten, dann ist es bereit zu lernen. Um seine Selbständigkeit zu unterstützen, sollten Sie nicht einfach eine Antwort geben, sondern ihm eher helfen, selbst eine Lösung zu finden. Wenn das Kind das Interesse verliert oder keine Lösung findet, sollten Sie selbst die richtige Antwort geben und nicht auf dem Thema beharren.

Methode des Fragen-Sagen-Tun: Lange und schwierige Aufgaben kann man mit dieser Methode Schritt für Schritt beibringen. Fragen Sie zunächst, was der erste Schritt ist. Weiß Ihr Kind die Antwort nicht, sagen Sie ihm mit ruhiger Stimme, was es tun soll. Helfen Sie Ihrem Kind, wenn es die Handlung nicht alleine ausführt, indem Sie die Hände auf die des Kindes legen und sie führen. Sie sollten die Hilfe beenden, sobald die Handlung begonnen hat und Ihr Kind diese selbständig zu Ende führen lassen.

Punktekarte benutzen: Dies ist eine gute Methode, um Ihr Kind besonders zu motivieren, wenn es ein Verhalten ändern, etwas Neues lernen oder eine Aufgabe bewältigen soll. Sie können die Methode für einige Wochen anwenden und dann langsam ausblenden. Ihr Kind kann sich Punkte, Smilies oder Ähnliches verdienen, die dann in eine Tabelle geklebt werden. Dies kann Ihrem Kind ein Gefühl dafür geben, was es schon erreicht hat. Bei einer bestimmten Anzahl von Punkten kann es auch eine vereinbarte besondere Belohnung geben.

4. Umgang mit Problemverhalten

Klare Familienregeln aufstellen: Sie sollten nur wenige Regeln aufstellen, die nachvollziehbar, leicht zu befolgen, durchsetzbar und positiv formuliert sind.

Mit direktem Ansprechen auf Regelverstöße reagieren: Sichern Sie sich die Aufmerksamkeit des Kindes, erklären Sie, was das Problem ist und lassen Sie Ihr Kind das angemessene Verhalten nennen bzw. nennen Sie es und üben Sie es schließlich mindestens einmal.

Absichtliches Ignorieren bei leichtem Problemverhalten: Wenn Sie ein Verhalten bewusst nicht beachten wollen, sollten Sie Ihr Kind nicht anschauen oder mit ihm sprechen. Das kann dazu führen, dass das Kind zunächst laut wird oder sein Verhalten steigert. Hier gibt es Möglichkeiten, um als Eltern selbst ruhig zu bleiben. Sobald es sich angemessen verhält, loben Sie es.

Ruhige, klare Anweisungen geben: Geben Sie nur Anweisungen, wenn Ihnen etwas wichtig ist. Gewinnen Sie zunächst die Aufmerksamkeit Ihres Kindes, sagen Sie ihm, was es tun soll, geben Sie ihm Zeit zu gehorchen und loben Sie es, wenn es folgt. Wiederholen Sie die Anweisung nur, wenn das Kind zu einer anderen Tätigkeit übergehen soll. Bei Nichtbefolgen sollten Sie eine Konsequenz folgen lassen.

Anweisungen mit logischen Konsequenzen untermauern: Diese sind am besten für eher geringfügiges und seltenes Problemverhalten geeignet und sollten der Situation angemessen sein. Unterbrechen Sie die Tätigkeit des Kindes oder entfernen Sie das Spielzeug für kurze Zeit – mit einer Erklärung. Bei erneutem Problemverhalten bedarf es einer längeren Unterbrechung oder anderer Mittel.

Den stillen Stuhl benutzen: Dies bedeutet, dass Ihr Kind kurze Zeit in dem Raum, in dem das Problemverhalten aufgetreten ist, ruhig in Ihrer Nähe sitzen soll. Schenken Sie ihm in dieser Zeit keine Aufmerksamkeit. Das Kind muss wissen, was auf es zukommt, bevor Sie diese Methode einsetzen. Anschließend sollte das Problemverhalten nicht mehr angesprochen werden. Helfen Sie dem Kind, wieder eine Beschäftigung zu finden und loben Sie es möglichst bald für angemessenes Verhalten.

Die Auszeit bei schwerem Problemverhalten: Hier ist das Vorgehen ähnlich dem beim Stillen Stuhl. Das Kind wird jedoch für kurze Zeit an einen anderen, sicheren, uninteressanten, hellen, gut belüfteten Ort gebracht. Die Tür bleibt offen, außer, das Kind bleibt nicht im Raum. Die Auszeit soll allen Beteiligten die Möglichkeit geben, sich zu beruhigen. Das Ende der Auszeit darf nicht vom Kind bestimmt werden und sie wird nur beendet, wenn das Kind ruhig geblieben ist.

Die theoretischen Grundlagen des Programms stammen überwiegend aus dem *lerntheoretisch-verhaltensmodifikatorischen Bereich* (operantes und sozialkognitives Lernen, verhaltensanalytische Modelle, zu Grundlagen vgl. Merod, 2007).

Die *Wirksamkeit des Triple P-Programms* wurde und wird in zahlreichen kontrollierten Studien und nun auch in groß angelegten Public Health Studien in den USA und der Schweiz überprüft. Heinrichs et al. (2006a) führten eine randomisierte Kontrollgruppenstudie mit Triple P zur Prävention kindlicher Verhaltensstörungen bei Kindern im Alter von ca. zwei bis sechs Jahren durch. Wie bei universellen Präventionsstudien üblich, waren Familien aus der Mittel- und Oberschicht überrepräsentiert. Eine deutliche Steigerung der Teilnahme von sozial benachteiligten Familien ist bei finanzieller Entschädigung zu erwarten (Heinrichs et al., 2006b). Der Erfolg des Programms wurde ermittelt mit verschiedenen – in den meisten Fällen von beiden Eltern ausgefüllten – Fragebogen zum Verhalten der Kinder und zum Erziehungsverhalten, der psychischen Gesundheit und der Partnerschaftsqualität der Eltern. Messungen fanden vor dem Training, unmittelbar danach und ein Jahr später statt. Bei beiden Eltern war eine Verbesserung des Erziehungsverhaltens zu verzeichnen; die Mütter bewerteten darüber hinaus das kindliche Problemverhalten und ihre psychische Belastung als verringert und wurden zufriedener mit ihrer Partnerschaft. Die Einschätzung von Problemverhalten zwischen Müttern und Vätern korreliert nur in mittlerer Höhe, was auf eine geschlechtsabhängige Wahrnehmung hinweist (vgl. Heinrichs et al., 2006a).

In der Beschreibung der Studie wird eine Reihe von Problemen deutlich, mit denen Interventionen im psychosozialen Bereich und universelle Prävention in besonderem Maße zu kämpfen haben: eine breit gestreute Teilnehmerschaft zu erreichen, insbesondere auch aus einkommens- und bildungsmäßig unterprivilegierten Schichten der Bevölkerung, auch Väter zu erreichen und die freiwillige Teilnahme aller Personen über eine größere Zahl von Sitzungen aufrechtzuerhalten. Beiden vorgestellten Evaluationsstudien (Heinrichs et al., 2006a, b) ist gemeinsam, dass sie das Training auf eine möglichst geringe Zahl von Sitzungen verkürzen und eine intensive Stichprobenpflege (z. B. Postkarten zu Festtagen) insbesondere im Hinblick auf weitere geplante Nachuntersuchungen betreiben. Ein ähnliches Bemühen um die Teilnehmenden dürfte im Rahmen der normalen Gesundheitsversorgung kaum möglich sein.

Triple P umfasst mittlerweile eine Reihe von Programmen, die auf verschiedene Gruppen von Eltern bzw. Kindern mit Risiken und Vulnerabilitäten abzielen. Bei Eltern mit sehr früh geborenen Kindern (< 32

Wochen) wurde eine Variante eines Baby Triple P (BPT) eingesetzt mit dem Ziel die Bindung der Mutter an das Kind zu verbessern ebenso wie ihre Responsivität. BPT umfasst den Umgang mit den besonderen Belastungen der Elternschaft, der Partnerschaft, Aspekte der Entwicklung des Kindes und positives Elternverhalten und Responsivität. Direkte Beobachtungen des Elternverhaltens erbrachten keine Unterschiede zwischen den Müttern der Interventions- und der Kontrollgruppe, die nur die im Krankenhaus übliche Unterweisung erhalten hatte. Im Fragebogen schätzten die BPT-Mütter ihre Freude am Baby und die spielerische Interaktion mit 12 Monaten sogar als weniger gut ein als die Mütter der Kontrollgruppe. Möglicherweise wurden die Mütter durch die sehr auf Informationsvermittlung ausgerichtete Intervention vor allem selbstkritisch. Die Forscherinnen überlegen, ob ein übendes Einbeziehen der Babys eher zu den erwünschten Effekten führen würde, denn dieses hatte sich in anderen Studien als hilfreich erwiesen (Evans, 2017).

EFFEKT, ein Programm zur Prävention von Problemen des Sozialverhaltens im Vorschulalter, umfasst neben einem ebenfalls lerntheoretisch-verhaltensmodifikatorisch orientierten Elterntraining auch ein Kinder-Training (vgl. Lösel et al., 2006). Das Elterntraining, auf das hier nicht genauer eingegangen wird, gliedert sich in fünf wöchentliche Sitzungen von 1,5 bis 2 Stunden. Das Kindertraining »Ich kann Probleme lösen« (Beelmann et al., 2004) ist ein Gruppentraining zum sozialen Problemlösen. Zum einen werden Grundlagen der sozial-kognitiven Problemlösung vermittelt (Wortkonzepte, Erkennen von Gefühlen, Gründe und Ursachen des Verhaltens). Zum anderen geht es um mehr verhaltensbezogene Problemlösefertigkeiten (alternative Lösungen, Antizipation und Bewertung von Handlungskonsequenzen). Didaktisch arbeitet das Training u. a. mit Rollenspielen, Modell-Spielen, Frage-Antwort-Runden, Bewegungsspielen, Bildvorlagen, Singspielen und Handpuppen. Um dem Entwicklungsstand der Kinder gerecht zu werden, gibt es getrennte Kurse für jüngere und ältere Kinder. Das Training umfasst 15 Sitzungen zwischen einer halben und einer Stunde über einen Zeitraum von drei bis fünf Wochen. Lösel et al. (2006) überprüften die Wirkung in einer Studie an 609 Familien, die vier Bedingungen (nur eine der beiden Trainingsformen, Kombination, Kontrollgruppen) zugeordnet wurden. Eine erste Testung der Wirkungen fand zwei bis drei Monate nach Ende des Trainings statt, eine zweite 13 bis 14 Monate, eine dritte ca. zwei Jahre danach. Messinstrumente zum Kindertraining waren ein von den Kindergärtnerinnen auszufüllender Fragebogen zum prosozialen Verhalten, der Veränderungen beim Sozialverhalten, Hyperaktivität/Unaufmerksamkeit und emotionale Störungen erfasst, die Beteiligung der Kinder beim Training und die Inhalte der Zeugnisbeurteilungen. Hier liegen also auch noch Beurteilungen vor, die über die direkt am Training beteiligten Personen hinausgehen. Bei der ersten und zweiten Erhebung danach zeigten sich beim kombinierten Training die besten Effekte, bei der langfristigen Beurteilung auf der Basis der Zeugnisbemerkungen schneidet besonders das Kindertraining erfolgreich ab.

Im nächsten Abschnitt gehen wir auf Programme der allgemeinen Entwicklungsförderung ein, die in der Regel nur schwache Bezüge zur Vermeidung von Störungen/Krankheiten herstellen. Sie entstanden oft, um den Effekten von Armut und sozialer Benachteiligung in möglichst frühem Alter entgegenzuwirken. In einem sehr weiten Sinn könnten auch sie als Formen universeller Prävention betrachtet und in das Schema von Hurrelmann und Settertobulte in Phase 1 (▶ Tab. 12.1) integriert werden.

12.4 Allgemeine Entwicklungsförderung von Kindern

Bildung und Förderung haben ihren Platz natürlich vor allen Dingen in der Schule, in deren Primarbereich Kinder in den meisten westlichen industrialisierten Ländern im Alter von fünf bis sieben Jahren eintreten. Ansätze zur außerfamilialen Versorgung und Erziehung jüngerer Kinder reichen in Europa bis in das 18. Jh. zurück (vgl. Erning, 1987). Für die Gestaltung der sich in Deutschland ab dem 19. Jh. entwickelnden Formen öffentlicher Kleinkinderziehung waren in wechselndem Maße *sozialfürsorgerische Ziele*, z. B. die Freistellung der (meist armen) berufstätigen Eltern und der gleichzeitige Schutz von Kleinkindern vor Unfällen und Verwahrlosung, und *pädagogische Ziele*, z. B. die Erziehung zu gesellschaftlichen Werten und die Aneignung von Wissen, bestimmend.

In Deutschland kam es Anfang der 1970er Jahre zu einer institutionellen Reform im Elementarbereich, angeregt durch Empfehlungen des Deutschen Bildungsrates, in denen explizit auf neue lerntheoretische und entwicklungspsychologische Erkenntnisse verwiesen wurde. Im Gegensatz zu früheren reifungstheoretischen Vorstellungen betonten psychologische Theorien in der 2. Hälfte des 20. Jh. immer mehr die Bedeutung einer stimulierenden Umwelt und die starke Wirksamkeit früher Erfahrungen auch auf die Entwicklung der Intelligenz. Kognitive Theorien, auch im Gefolge von Piagets Studien, hatten die Bedeutung des aktiven kindlichen Explorierens und Lernens nahegelegt. Nun wurde nach Möglichkeiten gefragt, Entwicklungsfortschritte gezielt anzuregen (vgl. Schmidt-Denter, 2002). Solche Theorien fielen gerade in den USA auf einen fruchtbaren politischen Boden, der vom Wunsch nach der Mobilisierung von Begabungsressourcen und der Bekämpfung von Armut wie auch Rassenschranken geprägt war. Sie führten dort bereits in den 1960er Jahren zu Ansätzen kompensatorischer Erziehung, die bald in wissenschaftlich begleitete und evaluierte Programme mündeten, da in den USA schneller als in Deutschland danach gefragt wurde, ob durch öffentliche Gelder geförderte Maßnahmen auch die gewünschten Effekte erzielten.

Auch in den Empfehlungen des Deutschen Bildungsrates werden Zweifel daran geäußert, dass die Familie angesichts gesteigerter Erwartungen an die Sozialisation von Kindern (technologischer Fortschritt, Berufstätigkeit beider Elternteile) diese Funktion allein erfüllen kann. Der *Gedanke einer kompensatorischen Erziehung* geht dabei aber weit über die Förderung benachteiligter Kinder hinaus. »Der Kindergarten kann eine notwendige und wünschenswerte Ergänzung der Erziehung in der Familie sein, indem er erweiternd und kompensierend, unterstützend und verändernd den Entwicklungsverlauf des Kindes nach dem vollendeten 3. Lebensjahr bis zum Schuleintritt mitbeeinflußt und mitverantwortet. [...] Der Kompensationsgedanke ist jedoch als Bestandteil eines systematischen Förderprogramms zu verstehen, das allen, auch den in ihrer Lernfähigkeit schon weiter entwickelten Kindern, neue Lernergebnisse und angemessene Anregungen vermittelt« (Deutscher Bildungsrat, 1970, S. 63/64).

Heute haben die Empfehlungen des Bildungsrates nichts an Aktualität verloren. Nach wie vor sind die Einrichtungen der vorschulischen Kindererziehung kein Teil des Bildungssystems, sondern der Kinder- und Jugendhilfe zugeordnet. Sie müssen sich sowohl den Aufgaben widmen, die als sozialfürsorgerisch gelten, als auch solchen, die mit Bildung und Förderung umschrieben werden. Die Unterscheidung verschwimmt jedoch zusehends, da immer mehr die Bedeutung informeller Lernprozesse und die Wechselwirkung zwischen Bildungs- und Lernprozessen und Lebenslagen deutlich wird. Außerdem müssen Überlegungen zur Kleinkindbetreuung heute auch Lösungen für die frühe Kindheit parat haben (s. u.).

Forschung zur vorschulischen Kinderbetreuung

Natürlich hat sich die nunmehr über Jahrzehnte laufende Forschung auch gewandelt (vgl. European Child Care and Education-Group, 1999; Melhuish, 2004). In einer ersten Welle wurde gefragt, ob die außerhäusliche Kinderbetreuung Kindern schaden könnte und ob erzieherische Interventionen die Entwicklung der Kinder fördern könnten, die unter Risikobedingungen aufwachsen. In einer zweiten Welle versuchte man genauer zu verstehen, wie frühe Umwelten auf die kindliche Entwicklung beeinflussen und wie frühe Bedingungen die spätere Entwicklung einwirken. Nun versuchte man auch die Qualität der Programme zu messen und diese in Beziehung zu den Entwicklungsergebnissen zu setzen. In einer dritten Welle, einsetzend in den 1990er Jahren, begann man die gesamte Ökologie kindlichen Aufwachsens einzubeziehen. Dies bedarf komplexerer Forschungsansätze, in die neben der Qualität der Programme auch Charakteristika der Familie und des Kindes einbezogen werden.

Bei Studien zur Wirksamkeit der vorschulischen Betreuung muss berücksichtigt werden, dass die Kinder meist nicht nur eine Betreuungsart erfahren haben und Wirkungen dann nicht ohne weiteres zugeordnet werden können. Bisher fand häufig ein Wechsel im Alter von drei Jahren statt, z. B. von der Familie in eine Institution. Auch wenn bereits eine institutionelle Betreuung vorlag, wurde die Arbeit der Einrichtungen ab diesem Alter expliziter von Bildungsanstrengungen bestimmt. Zu einem besseren Verständnis von Angeboten oder Programmen ist es außerdem sinnvoll, zwischen »large-scale-« und »program«-Programmen zu unterscheiden (Mayr, 2000b). Bei Ersteren steht der Versorgungsgedanke im Vordergrund, bei Letzteren das Forschungsinteresse. Dementsprechend möchten wir sie auch als *Versorgungsprogramme* und *Modellprogramme* bezeichnen. Als Large-Scale-Maßnahmen könnte man z. B. die Einführung der Vorschulerziehung in Deutschland oder das Head-Start-Programm in den USA bezeichnen. Politische Zielsetzungen sind hier primär und die Programme sind im Rahmen der Alltagsversorgung für eine große Zahl von Familien implementiert. Der Gedanke an Wirksamkeitsüberprüfungen folgt oft erst lange nach der Einrichtung der Angebote. Anders als bei den Modellprogrammen ist es hier in der Regel auch nicht möglich, Kinder nach dem Prinzip einer Zufallsauswahl einer Interventionsgruppe zuzuweisen, die am Programm teilnimmt, oder einer Kontrollgruppe, die an keinem Programm oder einer Art Ersatzprogramm teilnimmt. Bei den Modellprogrammen sind Kinder der Interventions- und der Kontrollgruppe in der Regel in zentralen, für die meisten Studien wichtigen Merkmalen wie Geschlecht, sozio-ökonomischer Status u. a. parallelisiert. Dies gilt als ein besonders hochwertiges Studiendesign in der Evaluationsforschung. Damit soll der Einfluss weiterer Variablen in beiden Gruppen gleich gehalten werden, so dass Unterschiede zwischen der Interventions- und der Kontrollgruppe möglichst sicher auf die Intervention zurückgeführt werden können. Solche Studien gehören in der Regel zu den Studien mit quasi-experimentellem Design (vgl. Melhuish, 2004).

Im Folgenden sollen einige Programme exemplarisch vorgestellt und Ergebnisse zur Wirksamkeit berichtet werden, die sich aus Metaanalysen ergeben haben.

12.4.1 Versorgungs-/Large-Scale-Programme

Head Start

Eines der ältesten Programme der kompensatorischen Erziehung, das bis heute überlebt hat und verbessert wird, ist Head Start (vgl. Opp & Fingerle, 2000). Seit seinen Anfängen im Jahr 1965 sind in 30 Jahren mehr als 23 Millionen Kinder gefördert worden (vgl. Head Start Bureau, 2006). Dies macht aber nur ca. ein Drittel der Kinder aus, die eigentlich zur Teilnahme berechtigt wären. Gefördert werden vor allem Kinder zwischen drei und fünf Jahren. 90 % der Plätze sind für Kinder aus Familien unterhalb der Armutsgrenze vorgesehen, 10 % für Kinder mit Behinderungen. Obwohl über Bundesmittel finanziert, handelt es sich um lokal verwaltete Projekte, die sich z. T. erheblich in ihrer Art und Qualität unterscheiden. Neben einer Förderung im Hinblick auf intellektuelle, emotionale und soziale Kompetenzen, geht es auch darum, eine angemessene Gesundheitsversorgung zu sichern. Ein wichtiger Grundsatz ist die Beteiligung der Eltern am Programm, sei es, indem sie selbst weitergebildet werden, sei es durch ihre Beteiligung an Entscheidungen oder durch ihre berufliche oder ehrenamtliche Mitarbeit. In den Head-Start-Programmen arbeiten 155 300 bezahlte Mitarbeiter, die von 1 315 000 Freiwilligen unterstützt werden. Head Start kooperiert auch mit anderen lokalen sozialen Diensten, um sozial benachteiligte Familien in ihrem Alltag zu unterstützen.

Verglichen mit präzise definierten, kontrolliert implementierten und finanziell gut ausgestatteten Modellprojekten schneiden Head-Start-Projekte deutlich schlechter ab. Eine Metaanalyse von 210 Studien durch McKey et al. (1985) zeigte zwar intellektuelle Gewinne (IQ, Schulreife, Schulleistung), die jedoch bereits ein Jahr nach Ende des Programms bis zur Bedeutungslosigkeit zurückgegangen waren. Ähnlich sah es nach drei Jahren im Hinblick auf Selbstwertgefühl, Leistungsmotivation und Sozialverhalten aus. Relativ überdauernd scheinen dagegen Verbesserungen von Gesundheit und Ernährung zu sein. 1995 fand eine Erweiterung um das Programm Early Head-Start für Kinder unter drei Jahren statt (Love et al., 2005).

Vorschulische Erziehung und Betreuung

Mittlerweile gibt es auch in Europa qualitativ hochwertige Längsschnittstudien, die die Wirksamkeit vorschulischer Erziehung überprüfen. Dabei geht es nicht um spezielle Curricula, sondern um verschiedene Formen der Betreuung überhaupt, bei denen auch im oben genannten Sinne sehr unterschiedliche Ansprüche im Hinblick auf Bildung und Förderung gestellt werden. Die meisten großen Studien, die gezielt Effekte auf die

Entwicklung der Eltern-Kind-Bindung, die sozioemotionale und kognitive Entwicklung untersuchen, stammen aus englischsprachigen und skandinavischen Ländern. In Deutschland wird diese Forschung erst in den letzten Jahren aufgenommen, seit der Ausbau von Betreuungsangeboten vor dem vierten Lebensjahr und die bildungsorientierte Reorganisation des Kindergartensektors auch zum politischen Ziel wurden. Mittlerweile verfügen fast alle Bundesländer über Bildungspläne, die den vorschulischen Bereich vollständig einschließen und teilweise auch gezielt mit dem schulischen Elementarbereich verzahnen (vgl. z. b. Hessisches Sozialministerium & Hessisches Kultusministerium, 2019).

Die englische EPPE-Studie (Effective Provision of Pre-School Education, 1997 bis 2003; vgl. The EPPE 3–11 Research Team, 2005) hat Informationen über insgesamt 3 000 Kinder im Alter von drei bis sieben Jahren aus 141 Settings zusammengetragen. Ein besonders interessanter Aspekt der Studie ist, dass eine Gruppe von Kindern ohne jede Vorschulerfahrung als Vergleichsgruppe einbezogen wurde. Die Studie will Fragen nach den Effekten von Vorschule auf die intellektuelle und soziale bzw. Verhaltensentwicklung, nach der Effektivität verschiedener Vorschulangebote und deren Charakteristika, nach dem Einfluss der vorausgehenden Betreuungsgeschichte und des Elternhauses und nach der Dauerhaftigkeit von Effekten bis in die Anfänge der Grundschule mit sechs bis sieben Jahren bzw. in noch höherem Alter beantworten. Zusammenfassend lässt sich sagen, dass Vorschulerziehung die Entwicklung aller Kinder, nicht nur sozial benachteiligter, verbessert und ausschließlich zu Hause erzogene Kinder von ihren kognitiven und sozialen Fähigkeiten und der Konzentrationsfähigkeit her beim Schuleintritt schlechter abschneiden. Sowohl die häusliche Lernumgebung als auch verschiedene Vorschulangebote haben einen deutlichen Einfluss auf die Entwicklung der Kinder. Für die häusliche Lernumgebung gilt: Was Eltern mit ihren Kindern machen, welche Aktivitäten sie anregen oder teilen, ist wichtiger als das, was sie sind, im Sinne von Bildungsniveau und beruflichem Status. Und manche dieser förderlichen Verhaltensweisen sind es durchaus, die auch eine erfolgreiche Vorschule auszeichnen.

Aus Fallstudien an besonders erfolgreichen Vorschulangeboten kommen die Verantwortlichen der Studie zu sechs *Empfehlungen für die Gestaltung von Angeboten* (Sylva et al., 2004). So sollten 1. Interaktionen unterstützt werden, in denen es zu dem kommt, was sie als ein für eine Weile *anhaltendes gemeinsames/geteiltes Denken* (sustained shared thinking) bezeichnen. Personen arbeiten intellektuell zusammen, z. B. indem sie ein Problem lösen oder eine Geschichte ergänzen. Solche Erfahrungen sind häufiger in dyadischen Interaktionen mit Erwachsenen oder Gleichaltrigen oder während konzentrierter Gruppenarbeit. Aktivitäten sollten 2. ungefähr zu gleichen Anteilen vom Personal und vom Kind initiiert werden. Vom Kind gewählte Angebote können vom Personal in einer Weise aufgenommen werden, die das kindliche Denken fördert. 3. und 4. sollte sichergestellt werden, dass das Personal über ausreichende Kenntnisse über den in der Einrichtung verfolgten Lehrplan und über kindliche Entwicklung verfügt. 5. sollte der Anteil des Personals, der im Hinblick auf kindliche Lernprozesse geschult ist, möglichst hoch sein. Solche Personen unterstützen das kindliche Lernen direkt und regen auch weniger qualifizierte Personen dazu an. Eltern sollten 6. in die Lernprozesse ihrer Kinder eingebunden werden, indem sie über die Erziehungsziele der Einrichtung informiert sind und an Entscheidungen bzgl. ihrer Kinder teilhaben. 7. Bei Fehlverhalten der Kinder und Konflikten sollten vom Personal Lösungen mit Hilfe von Überlegung und Sprache herbeigeführt werden, nicht nur z. B. über Ablenkung und nicht erläuterte Verbote.

Die ursprüngliche Studie wurde in Primar- und Sekundarschulen weitergeführt (EPPSE-Project), in denen Kinder aus der ursprünglichen Vorschulstudie weiterverfolgt wurden. Es wurden standardisierte Erhebungen der kognitiven Fortschritte in Lesen und Mathematik durchgeführt und Lehrer füllten Fragebogen zur sozialen und Verhaltensentwicklung aus. Für Kinder im fünften Schuljahr konnte gezeigt werden, dass die generelle Unterrichtsqualität wesentlich mit den kognitiven Leistungen der Kinder zusammenhing. Darüber hinaus wurden effektive pädagogische Strategien identifiziert, z. B. die regelmäßige abschließende Zusammenschau und Evaluation der Lernergebnisse der Unterrichtsstunde im Klassenplenum (Siraj-Blatchford et al., 2011).

Felfe und Huber (2015) kommen nach Auswertung einer Studie der Weltbank, dem Entwicklungsprogramm der Vereinten Nationen und der Europäischen Kommission an Roma-Familien in Ländern in Mittel- und Südosteuropa zu dem Schluss, dass die kognitive Entwicklung (u. a. Kenntnis von Zahlen und Buchstaben) von Drei- bis Sechsjährigen durch den Besuch von Vorschuleinrichtungen einen wesentlichen Schub erhält. Leider ist dies nicht in gleicher Weise mit einer besseren Integration der Kinder dieser Minorität in die Gleichaltrigengruppe der Mehrheitsgesellschaft verbunden.

Während die Bilanz zur Vorschulerziehung ab dem Alter von drei Jahren bei guter Qualität durchgängig positiv ist (vgl. auch Schmidt-Denter, 2002; Melhuish, 2004; European Child Care and Education Study Group, 1999) fällt das Bild für die nichtmütterliche bzw. außerfamiliale Betreuung im früheren Alter gemischter aus. Sehr frühe (besonders erstes Lebensjahr) außerfamiliale Betreuungsarrangements, sehr ausgedehnte Betreuungszeiten und schlechte Betreuungsqualität (z. B. ein ungünstiges Verhältnis Kinder pro Betreuungsperson) sind Faktoren, die im Zusammenhang mit eher ungünstigen Ergebnissen genannt werden. Berichtet wird von Effekten auf die Bindungsqualität (▶ Kap. 8.3), weniger Folgsamkeit bei Anordnungen von Erwachsenen (compliance) und größerer Aggressivität gegenüber Peers. Im Zusammenhang mit schlechter Qualität von Angeboten bleiben auch die erwarteten positiven kognitiven und sprachlichen Wirkungen aus bzw. es finden sich sogar schlechtere Ergebnisse als bei alleiniger Betreuung in der Herkunftsfamilie (vgl. Melhuish, 2004; Peth-Pierce, 1998). Viernickel und Schwarz (2009) empfehlen in einer Expertise für Kindertageseinrichtungen ein Fachkraft-Kind-Verhältnis von 1:3 bis 1:4 bei Gruppen von unter Dreijährigen, von ca. 1:8 bei Drei- bis Sechsjährigen und von 1:10 bei Fünf- und Sechsjährigen. Dies seien Schwellenwerte, bei deren Überschreiten mit Einbußen im Wohlbefinden der Kinder und in der Qualität der pädagogischen Prozesse zu rechnen sei.

12.4.2 Modellprogramme

Neben Programmen, die gezielt die Entwicklung einzelner Funktionen anregen sollen, z. B. die Lesefähigkeit, die Sprache oder bestimmte Formen des Denkens (vgl. Schmidt-Denter, 2002), gibt es eine Vielzahl von Programmen, die die Entwicklung von Kindern allgemein fördern und z. T. auch besonders Defizite ausgleichen sollen, die durch familiale Problemlagen oder kindliche Risikofaktoren entstehen. Auf eher allgemein fördernde Programme wollen wir uns im Folgenden konzentrieren, insbesondere solche, die mit sozial benachteiligten Familien durchgeführt wurden (vgl. Mayr, 2000b; Melhuish, 2004). Die elf hochwertigsten Interventionsprojekte für arme und sozial benachteiligte Kinder, die zwischen 1962 und 1972 in den USA durchgeführt worden waren, organisierten sich in einem Konsortium zum Zwecke gemeinsamer längsschnittlicher Nachuntersuchungen. Besonders bekannt und erfolgreich ist das High/Scope Perry Preschool Project (▶ Kasten; vgl. Mayr, 2000b; Schweinhart et al., 1993).

High/Scope Perry Preschool Project
Es handelt sich um ein über zwei Jahre laufendes Halbtagsangebot (aktives Lernmodell orientiert an Piaget; ein Lehrer auf fünf bis sechs Kinder) an fünf Wochentagen in einer Einrichtung, das bei Dreijährigen mit niedrigem IQ (zwischen 70 und 85) ansetzte und durch 90-minütige Hausbesuche durch die Vorschullehrer und regelmäßige Gruppentreffen der Eltern ergänzt wurde. Die Familien waren Afroamerikaner aus deprivierten Stadtvierteln. Die Kinder wurden zufällig einer Interventions- oder Kontrollgruppe zugewiesen und 123 Kinder wurden bis ins Erwachsenenalter weiter untersucht. Es kam zu einer deutlichen Verbesserung der Schulleistung und der intellektuellen Entwicklung, die jedoch im Verlauf von fünf bis sechs Jahren wieder zurückging und dann in der Regel nicht mehr nachweisbar war. Die Kinder mussten trotzdem seltener Klassen wiederholen und wurden seltener an sonderpädagogische Einrichtungen überwiesen. Auch im Alter von 27 Jahren fanden sich noch deutliche Unterschiede zur Kontrollgruppe: Die Kinder der Interventionsgruppe hatten seltener die Schule vor Abschluss der Highschool abgebrochen, wiesen weniger Verhaftungen auf, waren seltener auf wohlfahrtsstaatliche Unterstützung angewiesen, erzielten größere wirtschaftliche Erfolge (Einkommen, Hausbesitz) und die Frauen waren seltener als Teenager oder unehelich schwanger geworden. Die positiven Effekte werden vor allem auf eine verbesserte Schulreife zurückgeführt, die eine positive Verstärkung durch Lehrer und eine insgesamt positive Hinwendung zu Schule und Lernen zur Folge hatte.

Da Hilfsangebote sehr unterschiedliche Erfolge verzeichnen konnten, diskutiert Mayr (2000b) die Frage, wie frühe Hilfen organisiert sein sollten, um Erfolg zu haben.

Für die kindbezogenen Interventionen gilt, dass die direkte Förderung in einer Einrichtung, zumindest im Hinblick auf die geistige Entwicklung, größere und dauerhaftere Wirkungen verspricht als eine indirekte Förderung über die Eltern. Die kostengünstigeren Interventionen in der Familie direkt müssen daher auf ihre Legitimation hinterfragt werden (Ramey & Ramey, 1998). Bilinguale Familien-Literacy-Programme, die auch den Erwerb der häuslichen Erstsprache durch die Arbeit mit den Eltern unterstützen, zeigen jedoch deutliche Erfolge. Man geht davon aus, dass ein guter Erwerb der Erstsprache kognitive Fähigkeiten unterstützt, die über Sprachen hinweg übertragen werden (Anderson et al., 2017). Bei der zunehmenden sprachlichen Vielfalt in Bildungseinrichtungen wären diese im Hinblick auf die Förderung der Erstsprache vielfach überfordert.

Ein hoher Anteil von Kindern mit psychosozialen Entwicklungsrisiken in Einrichtungen kann sich negativ auf Lernprozesse auswirken (Lee et al. 1998). Gewisse Mindeststandards vorausgesetzt, scheinen positive Effekte auf die kognitive Entwicklung für alle Formen institutioneller Tagesbetreuung zu gelten, nicht nur für spezielle Modellprogramme. Nichtsdestotrotz haben Betreuungsformen mit hohen Qualitätsstandards bessere Effekte. Ob spezifische Curricula differentielle Effekte mit sich bringen, ist bisher noch sehr wenig untersucht. Möglicherweise wirken sich wenig individualisierte, hoch strukturierte und lehrerorientierte Ansätze besonders auf nicht-kognitive, sozioemotionale und motivationale Indikatoren kurz- und langfristig eher negativ aus. Weikart und Schweinhart (1997) nennen *Qualitätskriterien für langfristig wirksame Programme*, die teilweise mit den von EPPE gemachten Empfehlungen übereinstimmen (s. o.): eine Förderung der aktiven Tätigkeit des Kindes, eine günstige Erzieher-Kind-Relation, eine klare Tagesstruktur, eine gute Führung der Einrichtung und Vertrautheit des Personals mit dem Programm sowie eine weitreichende Beteiligung der Eltern.

Elternbezogene Interventionen stützen sich theoretisch oft auf den sozialökologischen Ansatz Bronfenbrenners und seine Annahme über die Bedeutung des proximalen Settings für die Entwicklung (▶ Kap. 1). Verschiedene Reviews und Metaanalysen versuchen Faktoren zu identifizieren, die Erfolge wahrscheinlicher machen (vgl. Seitz & Provence, 1990; Mayr, 2000b). So sollten sich die Helfenden durch hohe Professionalität und Kompetenz auszeichnen. Es ist wichtig, Eltern in Interventionsprogramme einzubeziehen und eine kontinuierliche Beziehung und ein partnerschaftliches Arbeitsverhältnis zu ihnen aufzubauen. Interventionen scheinen sich langfristig eher auf die sozioemotionale und motivationale als auf die kognitive Entwicklung der Kinder auszuwirken. Bei der elternbezogenen Intervention ist es wichtig, das subjektive Hilfebedürfnis der Eltern zu beachten und die Hilfen individuell zuzuschneiden (vgl. auch Anderson et al., 2017). Die Erfahrungen aus den bisherigen Projekten sprechen für einen frühen Zeitpunkt der Intervention, in jedem Fall vor Schulbeginn, und für intensive Formen der Intervention, die sich sowohl an das Kind als auch an die Eltern richten und das Kind in vielen Entwicklungsbereichen und in verschiedenen Settings (z. B. Elternhaus, Betreuungseinrichtung) im Hinblick auf bestehende Defizite, aber auch auf Stärken und Kompetenzen fördern. Je langfristiger – möglichst über das Vorschulalter hinaus – die Förderung erfolgt, desto langfristiger sind auch die Effekte.

Bereits vor der gesetzlichen Verankerung der Frühen Hilfen in Deutschland wurde 2007 ein Nationales Zentrum Frühe Hilfen (NZFH) aufgebaut, das eine Reihe von Modellprojekten gefördert hat. Dazu gehört auch das Projekt »Keiner fällt durchs Netz«, das an verschiedenen Standorten im Saarland evaluiert wurde (Sidor et al., 2016). Die Intervention, bei der belastete Familien durch Familienhebammen in Hausbesuchen betreut und mit Kontrollfamilien verglichen wurden, hatte am Ende des ersten Lebensjahres einen positiven Effekt auf die kindliche soziale Entwicklung und die mütterliche Wahrnehmung des kindlichen Temperaments. Interventionseffekte im Bereich der mütterlichen Feinfühligkeit, der Stressbelastung und der mütterlichen Depressivität waren nicht nachweisbar. Eine Analyse der Arbeitsschwerpunkte zeigt, dass medizinische Versorgung, Selbstfürsorge und Sensibilisierung für die Signale des Babys dominierten, die Stärkung der elterlichen Kompetenzen aber eher einen geringen Raum einnahm und mehr berücksichtigt werden sollte. Längerfristige Wirkungen der Intervention sind in den verschiedenen Modellprojekten noch nicht abzuschätzen.

Zusammenfassung

Den Eltern eines Kindes wird in modernen Gesellschaften durch vielfältige öffentliche Unterstützungssysteme (z. b. Kinder- und Jugendhilfe, Gesundheitssystem) bei der Förderung der kindlichen Entwicklung geholfen, gleichzeitig werden die Eltern aber auch im Hinblick auf ihren Erziehungserfolg kontrolliert.

Um abweichenden Entwicklungsverläufen in der Kindheit entgegenzusteuern, kann im Verlauf der Entstehung körperlicher und psychischer Krankheiten bzw. Störungen und ihrer Folgen zu verschiedenen Zeitpunkten interveniert werden. Von präventiver Intervention sprechen wir hier bei den ersten drei Phasen – wenn die Kinder noch gesund sind, wenn sich erkennbare Risikofaktoren zeigen oder erste frühe Störungs- bzw. Krankheitsanzeichen.

Die kurzfristige Wirksamkeit präventiver Interventionen zur Vermeidung von Verhaltensauffälligkeiten und psychischen Störungen konnte in Metaanalysen nachgewiesen werden. In verschiedenen Problembereichen, und abhängig davon, welcher Zeitpunkt der Prävention betrachtet und welche Art von Erfolgsmaß verwendet wird, fällt die Wirkung jedoch unterschiedlich aus. Angemessen wäre es, verschiedene Funktionsbereiche der Person (z. B. Kognition, Emotion) mit verschiedenartigen Maßen (z. B. Fragebogen, Beobachtung) zu erfassen. Nach bisherigen Erfahrungen erweist es sich als schwierig, eine breite und dauerhafte Beteiligung der Eltern, vor allem auch der Väter und von Personen aus sozial benachteiligten Schichten, zu erreichen.

Maßnahmen zur allgemeinen Entwicklungsförderung von Kindern sollen vielfach die Folgen gesellschaftlicher Probleme und Veränderungen auffangen (z. B. Förderdefizite in sozial benachteiligten Familien). Anfänge der Programme lassen sich bis in die 1960er und 1970er Jahre zurückverfolgen. Anders als in Deutschland wurden sie in den USA schon frühzeitig systematisch evaluiert. Man kann Modellprogramme, die meist im Hinblick auf Forschungsfragen initiiert werden, von Versorgungsprogrammen (z. B. Vorschulerziehung) unterscheiden, die allgemein in das Bildungs- oder Gesundheitssystem integriert werden. Erstere erweisen sich vielfach als effizienter, weil hier die Maßnahmen sorgfältiger implementiert und kontrolliert wurden. Die Forschung zu Modellprogrammen bei sozial benachteiligten Familien in den USA hat wichtige Hinweise auf Wirkfaktoren geliefert. Es zeigte sich, dass eine kurzfristige Förderung im Vorschulalter nicht zu bleibenden kognitiven Verbesserungen führt. Haltbarer waren oft sozio-emotionale und motivationale Effekte im Hinblick auf ein Verbleiben im Bildungssystem und eine an gesellschaftliche Vorstellungen angepasste Lebensführung.

Eine Reihe von Ergebnissen zu Qualitätsmerkmalen der älteren Modellprogramme wird durch aktuelle Studien zur Kindertagesbetreuung im Vorschulalter bestätigt. Bei der außerfamilialen Kindertagesbetreuung von Kindern unter drei Jahren sind noch einmal besondere Qualitätsmerkmale zu beachten, die vor allem den gelingenden Aufbau der ersten sozialen Beziehungen betreffen.

Empfohlene Literatur

Lohaus, A. & Glüer, M. (Hrsg.) (2014). *Entwicklungsförderung im Kindesalter. Grundlagen, Diagnostik und Intervention.* Göttingen u.a.: Hogrefe.
Sarimski, K. (2013). *Soziale Risiken im frühen Kindesalter. Grundlagen und frühe Interventionen.* Göttingen u.a.: Hogrefe.

Lernfragen

1. Welche Präventionsbegriffe werden mittlerweile unterschieden und in welchen Phasen der Gesundheit bzw. der Entwicklung von Verhaltensauffälligkeiten oder psychischer Störung/Krankheit setzen sie an?

2. Welche Präventionsprogramme für Verhaltensauffälligkeiten/psychische Störungen weisen besonders hohe Effekte auf, welche eher niedrige und was für Gründe liegen dafür vor?

3. In welchen Bereichen kann sich die Wirksamkeit von präventiven Interventionen nach dem SFCS-Modell zeigen?

4. Mit welchen Problemen haben universelle Präventionsprogramme für Verhaltensauffälligkeiten/Störungen häufig zu kämpfen?

5. Was versteht man unter Versorgungs-, was unter Modellprogrammen in Bezug auf die Förderung der kindlichen Entwicklung?

6. Nennen Sie Faktoren, die die Wirksamkeit von Programmen zur allgemeinen Entwicklungsförderung positiv beeinflussen können! Welche Merkmale führen zum Ausbleiben von positiven Effekten oder sogar zu negativen?

Literatur

Achenbach, T. M. (1974). *Developmental psychopathology*. New York: Ronald Press.

Adolph, K. E. & Hoch, J. E. (2019). Motor development: Embodied, embedded, enculturated, and enabling. *Annual Review of Psychology, 70*, 141–164.

Adolph, K. E., Verejken, B. & Shrout, P. E. (2003). What changes in infant walking and why. *Child Development, 74*, 475–497.

Ahnert, L. (Hrsg.) (2014). *Frühe Bindung* (3. Aufl). München: Reinhardt.

Ahnert, L. & Eckstein-Madry, T. (2013). Krippen. In L. Fried, & S. Roux (Hrsg.), *Handbuch Pädagogik der frühen Kindheit* (3., überarb. Aufl., S. 335–345). Berlin: Cornelsen.

Ahnert, L. & Lamb, M. (2011). Öffentliche Tagesbetreuung auf dem Prüfstand entwicklungspsychologischer Forschung. In H. Keller (Hrsg.), *Handbuch der Kleinkindforschung* (4. Aufl.). Bern: Hans Huber

Ahnert, L., Roßbach, H.-G., Neumann, U., Heinrich, J. & Koletzko, B. (2005). *Bildung, Betreuung und Erziehung von Kindern unter sechs Jahren* (Bd. 1 des 12. Kinder- und Jugendberichts). München: Verlag DJI.

Ainsworth, M. D. S. (1967). *Infancy in Uganda: Infant care and the growth of love.* Baltimore: Johns Hopkins University Press.

Ainsworth, M. D. S. (2003). Mutter-Kind-Bindungsmuster: Vorausgegangene Ereignisse und ihre Auswirkungen auf die Entwicklung. In K. E. Grossmann & K. Grossmann (Hrsg.), *Bindung und menschliche Entwicklung. John Bowlby, Mary Ainsworth und die Grundlagen der Bindungstheorie* (S. 317–340). Stuttgart: Klett-Cotta (Originalarbeit erschienen 1985).

Ainsworth, M. D. S. & Bell, S. M. (2003). Die Interaktion zwischen Mutter und Säugling und die Entwicklung von Kompetenz. In K. E. Grossmann & K. Grossmann (Hrsg.), *Bindung und menschliche Entwicklung. John Bowlby, Mary Ainsworth und die Grundlagen der Bindungstheorie* (S. 217–241). Stuttgart: Klett-Cotta (Originalarbeit erschienen 1974).

Ainsworth, M. D. S. & Wittig, B. A. (1969). Attachment and exploratory behavior of one-year-olds in a Strange Situation. In B. M. Foss (Ed.), *Determinants of infant behavior* (S. 111–136). London: Methuen.

Ainsworth, M. D. S., Blehar, M. C., Waters, E. & Wall, S. (1978). *Patterns of attachment. A psychological study of the strange situation.* Hillsdale: Lawrence Erlbaum.

Albrecht, C., Hanssen-Doose, A., Bös, K., Schlenker, L., Schmidt, S., Wagner, M., Will, N. & Worth, A. (2016). Motorische Leistungsfähigkeit von Kindern und Jugendlichen in Deutschland. Eine 6-Jahres-Kohortenstudie im Rahmen des Motorik-Moduls (MoMo). *Sportwissenschaft, 46*, 294–304.

Altvater-Mackensen, N. & Grossmann, T. (2015). Learning to match auditory and visual speech cues: Social influences on acquisition of phonological categories. *Child Development, 86*, 362–378.

Amsterdam, B. (1972). Mirror self-image reactions before age two. *Developmental Psychobiology, 5*, 297–305

Anderson, C. A., Shibuya, A., Ihori, N., Swing, E. L., Bushman, B. J., Sakamoto, A., Rothstein, H. R. & Saleem, M. (2010). Violent video game effects on aggression, empathy, and prosocial behavior in Eastern and Western countries: A meta-analytic review. *Psychological Bulletin, 136*, 151–173.

Anderson, N. H. (1974a). Algebraic models in perception. In E. C. Carterette & M. P. Friedman (Eds.), *Handbook of perception* (Vol. 2). New York: Academic Press.

Anderson, N. H. (1974b). Cognitive algebra. In L. Berkowitz (Ed.), *Advances in experimental social psychology* (Vol. 7). New York: Academic Press.

Anderson N. H. (1981). *Foundations of information integration theory.* New York: Academic Press.

Anderson, N. H. (1982). *Methods of information integration theory.* London: Academic Press.

Anderson, J., Anderson, A. & Sadiq, A. (2017). Family literacy programmes and young children's language and literacy development: paying attention to families' home language. *Early Child Development and Care, 187*, 644–654.

Anglin, J. (1993). Vocabulary development: A morphological analysis. *Monographs of the Society for Research in Child Development, Serial No. 238, 58(10).*

Antell, S. E. & Keating, D. P. (1983). Perception of numerical invariance in neonates. *Child Development, 54*, 695–701.

Arens, A. K., Trautwein, U. & Hasselhorn, M. (2011). Erfassung des Selbstkonzepts im mittleren Kindesalter: Validierung einer deutschen Version des SDQ I. *Zeitschrift für Pädagogische Psychologie, 25*, 131–144.

Ariès, P. (1960/2007). *Geschichte der Kindheit.* München: dtv. Arens, A. K., Trautwein, U. & Hasselhorn, M. (2011). Erfassung des Selbstkonzepts im mittleren Kindesalter: Validierung einer deutschen Version des SDQ I. *Zeitschrift für Pädagogische Psychologie, 25*, 131–144.

Arnold, D. S., Lonigan, C. J., Whitehurst, G. J. & Epstein, J. N. (1994). Accelerating language development through picture-book reading. Replication and extension to a videotape training format. *Journal of Educational Psychology, 86*, 235–243.

Arterberry, M. E. & Bornstein, M. H. (2002). Infant perceptual and conceptual categorization: the roles of static and dynamic stimulus attributes. *Cognition, 86*, 1–2.

Arterberry, M. (2001). Making living versus nonliving distinctions: Lessons from infants. *Behavioral and Brain Sciences, 24*, 477–478.

Aslin, R. N. (2017). Statistical learning: a powerful mechanism that operates by mere exposure. *Wiley Interdisciplinary Reviews. Cognitive Science, 8*:e1373.

Aslin, R. N., Jusczyk, P. W. & Pisoni, D. B. (1998). Speech and auditory processing during infancy: Constraints on and precursors to language. In D. Kuhn & R. Siegler (Eds.), *Cognition, Perception and Language* (S. 147–198). New York: Wiley.

Aster, M. v. (2001). *Zareki: Testverfahren zur Dyskalkulie.* Frankfurt a. M.: Swets.

Astington, J. W. (2000). *Wie Kinder das Denken entdecken.* München: Reinhardt.

Astington, J. W. & Baird, J. A. (2005). *Why language matters for theory of mind.* Oxford: Oxford University Press.

Atkinson, J. W. (1957). Motivational determinants of risk-taking behavior. *Psychological Review, 64*(6,1), 359–372.

Atkinson, R. C. & Shiffrin, R. M. (1968). Human memory: A proposed system and its control processes. In K. W. Spence (Ed.), *The Psychology of Learning and Motivation: Advances in Research and Theory* (pp. 89–195). New York: Academic

Baddeley, A. (2000). The episodic buffer: A new component of working memory? *Trends in Cognitive Sciences, 4*, 417–423.

Baddeley, A. D. (2001). Is working memory still working? *American Psychologist, 56*, 851–864.

Baddeley, A. D. (2003). Working memory. Looking back and looking forward. *Nature Reviews Neuroscience, 4*, 829–839.

Bainski, C. (2005). Nach PISA und IGLU. Anforderungen an Sprachlernkonzepte im Elementar- und Primarbereich. In C. Röhner (Hrsg.), *Erziehungsziel Mehrsprachigkeit. Diagnose von Sprachentwicklung und Förderung von Deutsch als Zweitsprache* (S. 25–39). Weinheim, München: Juventa.

Baillargeon, R. (1987). Object permanence in 3.5-and 4.5-month-old infants. *Developmental Psychology, 23*, 655–664.

Bandura, A. (1977). *Social learning theory.* Englewood: Prentice-Hall.

Bandura, A. (1999). Social cognitive theory of personality. In L. A. Pervin & O. P. John (Eds.), *Handbook of personality: Theory and research* (2. Aufl., S. 154–196). New York: Guilford Press.

Barnett, M. A., Gustafsson, H., Deng, M., Mills-Koonce, W. R. & Cox, M. (2012). Bidirectional associations among sensitive parenting, language development, and social competence. *Infant and child development, 21*(4), 374–393.

Baron-Cohen, S. (2005). Autism. In B. Hopkins, R. G. Barr, G. F. Michel & P. Rochat (Eds.), *The Cambridge Encyclopedia of Child Development* (S. 398–401). Cambridge: Cambridge University Press.

Barrett, K. C. (1995). A functionalist approach to shame and guilt. In J. P. Tangney & K. W. Fischer (Eds.), *Self-conscious emotions. The psychology of shame, guilt, embarrassment, and pride* (pp. 25–63). New York: The Guilford Press.

Barrett, K. C. & Campos, J. J. (1987). Perspectives on emotional development II: A functionalist approach to emotions. In J. D. Osofsky (Ed.), *Handbook of infant development* (2nd ed.) (pp. 555–578). New York: Wiley.

Baudson, T. G., Weber, K. E. & Freund, P. A. (2016). More than only skin deep: Appearance self-concept predicts most of secondary school students' self-esteem. *Frontiers in Psychology, 7*, 1–14.

Bauer, P. J, & Larkina, M. (2014). The onset of childhood amnesia in childhood: A prospective investigation of the course and determinants of forgetting of early-life events. *Memory, 22*, 907–924.

Baumard, N., Mascaro, O. & Chevallier, C. (2012). Preschoolers are able to take merit into account when distributing goods. *Developmental Psychology, 48*, 492–498.

Baumeister, R. F., Campbell, J., Krueger, J. I. & Vohs, K. D. (2003). Does high self-esteem cause better performance, interpersonal success, happiness, or healthier lifestyles? *Psychological Science in the Public Interest, 4*, 1–44.

Bee, H. & Boyd, D. (2004). *The Developing Child.* Boston: Pearson.

Beeghly, M. & Cicchetti, D. (1994). Child maltreatment, attachment, and the self-system: Emergence of an internal state lexicon at high social risk. *Development and Psychopathology, 6*, 5–30.

Beelmann, A. (2006). Wirksamkeit von Präventionsmaßnahmen bei Kindern und Jugendlichen: Ergebnisse und Implikationen der integrativen Erfolgsforschung. *Zeitschrift für Klinische Psychologie und Psychotherapie, 35*, 151–162.

Beelmann, A., Jaursch, S. & Lösel, F. (2004). *Ich kann Probleme lösen: Soziales Trainingsprogramm für Vorschulkinder.* Universität Erlangen-Nürnberg: Institut für Psychologie.

Behl-Chadha, G. (1996). Basic-level and superordinate-like categorical representations in early infancy. *Cognition, 60*, 105–141.

Behne, T., Carpenter, M., Call, J, & Tomasello, M. (2005) Unwilling versus unable: Infants' understanding of intentional action. *Developmental Psychology, 41*, 328–337.

Belliveau, C. (2002). *Simultaner bilingualer Spracherwerb unter entwicklungs- und kognitionspsychologischen Aspekten.* Aachen: Shaker.

Belsky, J., Fish, M. & Isabella, R. A. (1991). Continuity and discontinuity in infant negative and positive emotionality: Family antecedents and attachment consequences. *Developmental Psychology, 27*, 421–431.

Berk, L. E. (2020). *Entwicklungspsychologie* (7., aktualisierte Aufl.). München: Pearson-Studium.

Berk, L. E., Mann, T. D., & Ogan, A. T. (2006). Make-Believe play: Wellspring for development of self-regulation. In D. Singer, R.M. Golinkoff, & Hirsh-Pasek (Eds.), *Play = Learning: How play motivates and enhances children's cognitive and social-emotional growth.* New York, NY: Oxford University Press.

Bertenthal, B. I. & Clifton, R. K. (1998). Perception and action. In D. Kuhn & R. Siegler (Eds.), *Handbook of child psycholog. Vol. 2.: Cognition, brain and language* (5. Aufl., S. 51–102). New York: Wiley.

Bierman, K. L., Kalvin, C. B. & und Heinrichs, B. S. (2015). Early Childhood Precursors and Adolescent Sequelae of Grade School Peer Rejection and Victimization. *Journal of Clinical Child & Adolescent Psychology, 44,* 367–379.

Binet, A. & Simon, T. (1905). Methodes nouvelles pour le diagnostic du niveau intellectuel des anormeaux. *L'Annee Psychologique, 11,* 191–244.

Bischof, N. (1989). Emotionale Verwirrungen: oder Von den Schwierigkeiten im Umgang mit der Biologie. *Psychologische Rundschau, 40,* 188–205.

Bischof-Köhler, D. (1988). Über den Zusammenhang von Empathie und der Fähigkeit, sich im Spiegel zu erkennen. *Schweizerische Zeitschrift für Psychologie, 47,* 147–159.

Bischof-Köhler, D. (2000a). *Kinder auf Zeitreise. Theory of Mind, Zeitverständnis und Handlungsorganisation.* Bern: Huber

Bischof-Köhler, D. (2000b). Empathie, prosoziales Verhalten und Bindungsqualität bei Zweijährigen. *Psychologie in Erziehung und Unterricht, 47,* 142–158.

Bjorklund, D. F & Pellegrini, A. D. (2000). Child development and evolutionary psychology. *Child Development, 71,* 1687–1708.

Blischke, K. (2010). Entwicklung der Haltungskontrolle. In N. Schott & J. Munzert (Hrsg.), *Motorische Entwicklung* (S. 30–48). Göttingen u.a.: Hogrefe.

Bock, J., Helmeke, C., Ovtscharoff, W. jr., Gruß, M. & Braun, K. (2003). Frühkindliche emotionale Erfahrungen beeinflussen die funktionelle Entwicklung des Gehirns. *Neuroforum (2),* 51–55.

Borg, I., Staufenbiel, T. & Scherer, K. R. (1988). On the symbolic basis of shame. In K. R. Scherer (Ed.), *Facets of emotion. Recent research* (S. 79–98). Hillsdale, NJ: Erlbaum Publishers.

Bös, K. (2003). Motorische Leistungsfähigkeit von Kindern und Jugendlichen. In W. Schmidt, I. Hartmann-Tews & W.-D. Brettschneider (Hrsg.), *Erster Deutscher Kinder- und Jugendsportbericht.* Schorndorf: Karl Hoffmann. [http://www.sport. uni-karlsruhe.de/ifss/838.php (S. 1–23)]

Bourgeois, J.-P. (2001). Synaptogenesis in the neocortex of the newborn: The ultimate frontier for individuation? In C. A. Nelson & M. Luciana (Eds.), *Handbook of Developmental Neuroscience* (S. 23–34). Cambridge, MA, London: Bradford Book.

Brandt, I. & Sticker, E. J. (2001). *(GES) Griffiths-Entwicklungsskalen zur Beurteilung der Entwicklung in den ersten beiden Lebensjahren* (2., überarb. u. erw. Aufl.). Göttingen: Hogrefe Testzentrale.

Bretherton, I. (1993). From dialogue to internal working models: The co-construction of self in relationships. In C. A. Nelson (Ed.), *-Minnesota Symposia on Child Psychology: Vol. 26. Memory and affect* (S. 237–363). Hillsdale: NJ: Erlbaum.

Bretherton, I. (1995). Die Geschichte der Bindungstheorie. In G. Spangler & P. Zimmermann (Hrsg.), *Die Bindungstheorie. Grundlagen, Forschung und Anwendung* (S. 27–49). Stuttgart: Klett-Cotta.

Breuer, J. (2002). *Kindliche Lebens- und Bewegungswelten in dicht besiedelten Wohnquartieren.* Hamburg: Czwalina.

Briere, J. (1992). *Child abuse trauma: theory and treatment of the lasting effects.* Newbury Park, CA: Sage.

Bronfenbrenner, U. (1978). Ansätze zu einer experimentellen Ökologie menschlicher Entwicklung. In R. Oerter (Hrsg.), *Entwicklung als lebenslanger Prozess* (S. 33–65). Hamburg: Hoffmann und Campe.

Bronfenbrenner, U. (1986). Recent advances in research on the ecology of human development. In R. K. Silbereisen, K. Eyferth & G. Rudinger (Eds.), *Development as action in context: Problem behavior and normal youth development* (S. 286–309). New York: Springer.

Bronfenbrenner, U. & Morris, P. A. (1998). The ecology of developmental processes. In W. Damon (Ed.), *Handbook of Child Psychology* (S. 993–1028). New York: Wiley.

Brosch, T. & Scherer, K. R (2008). Plädoyer für das Komponenten-Prozess-Modell als theoretische Grundlage der experimentellen Emotionsforschung. In W. Janke, M. Schmidt-Daffy & G. Debus (Hrsg.), *Experimentelle Emotionspsychologie: Methodische Ansätze, Probleme und Ergebnisse* (193–204). Lengerich: Pabst Science Publishers.

Buggle, F. (2001). *Die Entwicklungspsychologie Jean Piagets* (4. Aufl.). Stuttgart: Kohlhammer.

Bundesarbeitsgemeinschaft für Haltungs- und Bewegungsförderung e. V. (Hrsg.) (2004). *Testmanual des Motorik-Moduls. Haltung und Bewegung, 24* [http://www.mo torik-modul.de/download/Manual/MoMoTestmanual_Endversion BAG 231006. pdf]

Burns, M.P. & Sommerville, J. A. (2014). »I pick you«: the impact of fairness and race on infants' selection of social partners. *Frontiers in Psychology, 5,* 93.

Butterworth, G. (1990). Self-perception in infancy. In D. Cichetti & M. Beeghly (Eds.), *The self in transition: Infancy to childhood* (S. 119–137). Chicago: The University of Chicago Press.

Campos, J. J., Barrett, K. C., Lamb, M. E., Goldsmith, H. H. & Stenberg, C. (1983). Socioemotional development. In P. H. Mussen (Ed.), *Handbook of child psychology* (S. 783–915). New York: Wiley.

Caplan, G. (1964). *Principles of preventive psychiatry.* New York: Behavioral Publications.

Caplan, M. (1993). Inhibitory influences in development: The case of prosocial behavior. In D. F. Hay & A. Angold (Eds.), *Precursors and Causes in Development and Psychopathology* (S. 169–198). Chicester: Wiley.

Carey, S. (2009). *The Origin of Concepts.* Oxford: Oxford University Press.

Carlo, G., Knight, G. P., McGinley, M. & Hayes, R. (2011): The Roles of Parental Inductions, Moral Emotions, and Moral Cognitions in Prosocial Tendencies Among Mexican American and European American Early Adolescents. *The Journal of Early Adolescence 31,* 757–781.

Case, R. (1985). *Intellectual development: A systematic reinterpretation* New York, NY: Academic Press.

Casey, B. J., Thomas, K. M. & McCandliss, B. (2001). Application of magnetic resonance imaging to the study of development. In C. A. Nelson & M. Luciana (Eds.), *Handbook of Developmental Neuro-science* (S. 137–147). Cambridge, MA & London: Bradford Book.

Casey, B. J., Tottenham, N., Liston, C. & Durston, S. (2005). Imaging the developing brain: What have we learned about cognitive development. *Trends in Cognitive Neurosciences, 9*, 104–110.

Caspi, A. (1998). Personality development across the life course. In N. Eisenberg (Ed.), *Handbook of child psychology. Vol. 3: Social, emotional, and personality development* (5. Aufl., S. 311–388). New York u. a.: Wiley.

Caspi, A. & Shiner, R. L. (2007). Personality development. In N. Eisenberg (Ed.), *Handbook of child psychology. Vol. 3: Social, emotional, and personality development* (5. Aufl., S. 300–365). New York: Wiley.

Cernoch, J. M. & Porter, R. H. (1985). Recognition of maternal axillary odors by infants. *Child Development, 56*, 1593–1598.

Chen, X. (2010). Shyness-Inhibition in Childhood and Adolescence. A cross-cultural perspective. K. H. Rubin & R. J. Coplan (Eds.), *The development of shyness and social withdrawal* (pp. 213–235). NY: Guilford

Chung, J. M., Hutteman, R. & van Aken, M. A. G. (2017). High, low and in between: Self-esteem development from middle childhood to young adulthood. *Journal of Research in Personality, 70*, 122–133.

Cicchetti, D. (1999). Entwicklungspsychopathologie: Historische Grundlagen, konzeptuelle und methodische Fragen, Implikationen für Prävention und Intervention. In R. Oerter, C. v. Hagen, G. Röper & G. Noam (Hrsg.), *Klinische Entwicklungspsychologie. Ein Lehrbuch* (S. 11–44). Weinheim: PVU.

Cicchetti, D. (2002). The impact of social experience on neurobiological systems: illustration from a constructivist view of child maltreatment. *Cognitive Development, 17*, 1407–1428.

Cillessen, A. H. N. (2009). Sociometric methods. In K. H. Rubin, W. M. Bukowski & B. Laursen (Eds), *Handbook of peer interactions, relationships, and groups* (pp. 82–99). New York, NY, US: Guilford Press.

Cillessen, A. H. N., Bukowski, W. M. & Haselager, G. J. T. (2000). Stability of sociometric categories. In A. H. N. Cillessen & W. M. Bukowski (Eds.), *Recent advances in the measurement of acceptance and rejection in the peer system* (S. 75–93). San Francisco: Jossey-Bass.

Clements, J. & Perner, J. (1994). Implicit understanding of belief. *Cognitive Development, 9*, 377–397.

Close, R. (2004). *Television and language development in the early years: a review of the literature.* Expertise on behalf of the National Literacy Trust, London: [http//: www.literacytrust.org.uk/research/TV.pdf]

Coie, J. D. & Kupersmidt, J. B. (1983). A behavioral analysis of emerging social status in boys' groups. *Child Development, 54*(6), 1400–1416.

Cole, D. A. (2006). Coping with longitudinal data in research on developmental psychopathology. *International Journal of Behavioral Development, 30,* 20–25.

Coplan, R. J. & Bullock, A. (2012). Temperament and peer relationships. In M. Zentner & R. L. Shiner (Eds.), *Handbook of temperament* (pp. 442–461). New York: Guilford Press.

Cowan, N. (1999). An embedded-processes model of working memory. In A. Miyake & P. Shah (Hsg.): *Models of working memory: Mechanisms of active maintenance and executive control* (S. 62–101). Cambridge University Press.

Cowell, J. M., Sommerville, J. A. & Decety, J. (2019). That's not fair: Children's neural computations of fairness and their impact on resource allocation behaviors and judgments. *Developmental Psychology, 55,* 2299–2310.

Crick, N. R. & Dodge, K. A. (1994). A review and reformulation of social information-processing mechanisms in children's social adjustment. *Psychological Bulletin, 115,* 74–101.

Crockenberg, S. B. (1981). Infant irritability, mother responsiveness, and social support influences on the security of infant-mother attachment. *Child Development, 52,* 857–865.

Csikszentmihalyi, M. (2010). *Das flow-Erlebnis. Jenseits von Angst und Langeweile: Im Tun aufgehen* (10. Aufl.). Stuttgart: Klett-Cotta.

Dahl A. (2019). The science of early moral development: On defining, constructing, and studying morality from birth. *Advances in Child Development and Behavior, 56,* 1–35.

Damon, W. (1990). *Die soziale Welt des Kindes.* Frankfurt a. M.: Suhrkamp (Originalarbeit erschienen 1977).

Damon, W. & Hart, D. (1988). *Self-understanding in childhood and adolescence.* Cambridge: Cambridge University Press.

Davidov, M., Zahn-Waxler, C., Roth-Hanania, R. & Knafo, A. (2013): Concern for Others in the First Year of Life: Theory, Evidence, and Avenues for Research. *Child Developement Perspectives 7,*126–131.

De Waal, E. & Pienaar, A. E. (2021). Influences of persistent overweight on perceptual-motor deficiency of primary school children: the North-West CHILD longitudinal study. *BMC Pediatrics, 21,* 245.

De Wolff, M. & van IJzendoorn, M. H. (1997). Sensitivity and attachment: A meta-analysis on parental antecedents of infant attachment. *Child Development, 68*(4), 571–591.

DeCasper, A. & Fifer, W. P. (1980). Of human bonding: newborns prefer their mothers voices. *Science, 208,* 1174–1176.

Deimann, P. & Kastner-Koller, U. (2007). Entwicklungsdiagnostik. In M. Hasselhorn & W. Schneider (Hrsg.), *Handbuch der Entwicklungspsychologie* (S. 558–569). Göttingen: Hogrefe.

Dempster, F. N. (1985). Short-term memory development in childhood and adolescence. In C. J. Brainerd & M. Pressley (Eds.), *Basic processes in memory development* (pp. 209–278). New York: Springer.Deutsche Gesellschaft für Psychologie (2016).

Revision der auf die Forschung bezogenen ethischen Richtlinien. [https://www.dgps. de/fileadmin/documents/Empfehlungen/berufsethische_richtlinien_dgps.pdf]

Deutscher Bildungsrat (1970/1992). Strukturplan für das Bildungswesen: Elementarbereich. In W. Grossmann (Hrsg.), *Kindergarten und Pädagogik. Grundlagentexte zur deutsch-deutschen Bestandsaufnahme.* Weinheim, Basel: Beltz.

DeVries, M. W. (1984). Temperament and infant mortality among the Masai of East Africa. *American Journal of Psychiatry, 141*(10), 1189–1194.

Dobbelstein-Osthoff, P., Lind, G., Oser, F., Reinhardt, S. & Schirp, H. (1991). *Demokratie und Erziehung in der Schule: Förderung moralisch-demokratischer Urteilsfähigkeit.* Soest: Landesinstitut für Schule und Weiterbildung.

Dodge, K. A. (1983): Behavioral antecedents of peer social status. *Child Development, 5 4*(6), 1386–1399.

Döpfner, M. (2013). Klassifikation und Epidemiologie psychischer Störungen. In Petermann, F. (Hrsg.), *Lehrbuch der Klinischen Kinderpsychologie.* (7., überarb. & erw. Aufl., S. 31–56). Göttingen u. a.: Hogrefe.

Döring, N. & Bortz, J. (2016). *Forschungsmethoden und Evaluation in den Sozial- und Humanwissenschaften* (5., vollst. überarb. Aufl.). Heidelberg: Springer.

Dubois, J. et al. (2008). Mapping the early cortical folding process in the preterm newborn brain. *Cerebral Cortex, 18*, 1444–1454.

Dufresne, A. & Kobasigawa, A. (1989). Children's spontaneous allocation of study time: Differential and sufficient aspects. *Journal of Experimental Child Psychology, 47*, 274–296.

Dunitz-Scheer, M., Scheer, P., Wilken, M., Kaschnitz, W. & Kurz, R. (1998). Schlaf und Schlafstörungen bei Kleinkindern. *Pädiatrie und Pädologie, 2*, 28–38.

Durlak, J. A. & Wells, A. M. (1998). Evaluation of indicated preventive interventions (secondary prevention) mental health programs for children and adolescents. *American Journal of Community Psychology, 26*, 775–802.

Dweck, C. S. (2007). The perils and promises of praise. *Educational Leadership, 65*, 34–39.

Dweck, C. S. & Molden, D. C. (2005). Self-Theories: Their impact on competence motivation and acquisition. In A. Elliot & C. S. Dweck (Eds.), *The handbook of competence and motivation* (S. 122–144). New York: Guilford.

Ebersbach, M. (2009). Achieving a new dimension: Children integrate three stimulus dimensions in volume estimations. *Developmental Psychology, 45*, 877–883.

Eimas, P. D., Siqueland, E. R., Jusczyk, P. W. & Vigorito, J. (1971). Speech perception in infants. *Science, 171*, 303–306.

Eisenberg, N., Fabes, R. A. & Spinrad, T. L. (2006). Prosocial development. In W. Damon, N. Eisenberg & R. M. Lerner (Eds.), *Handbook of child psychology* (6. Aufl., S. 646–718). Hoboken: John Wiley and Sons.

Eisenberg, N., Miller, P. A., Schaller, M., Fabes, R. A., Fultz, J., Shell, R. & Shea, C. L. (1989). The role of sympathy and altruistic personality traits in helping: A reexamination. *Journal of Personality, 57*, 41–67.

Eisenberg, N., Spinrad, T. L., & Knafo-Noam, A. (2015). Prosocial development. In M. E. Lamb & R. M. Lerner (Eds.), *Handbook of child psychology and developmental science, Vol. 3: Socioemotional processes (7th ed.)* (pp. 610–656). Hoboken, NJ, US: John Wiley & Sons.

Eisenberg, N., Spinrad, T. L., Taylor, Z. E. & Liew, J. (2017). Relations of inhibition and emotion-related parenting to young children's prosocial and vicariously induced distress behavior. *Child Development*, 90, 846–858.

Ekman, P. (1992). An argument for basic emotions. *Cognition and Emotion, 6*, 169–200.

Elbert, T., Heim, S. & Rockstroh, B. (2001). Neural plasticity and development. In C. A. Nelson & M. Luciana (Eds.), *Handbook of Developmental Neuroscience* (S. 191–202). Cambridge, MA & London: Bradford Book.

Eliot, L. (1999). *Early Intelligence. How the Brain and Mind Develop in the First Five years of Life*. London: Penguin Books.

Elsabbagh, M. & Karmiloff-Smith, A. (2006). Modularity of mind and language. In K. Brown (Ed.), *Encyclopedia of language and linguistics* (2. Aufl., S. 218–224). Oxford: Elsevier.

Ennouri, K. & Bloch, H. (1996). Visual control of hand approach movements in newborns. *British Journal of Developmental Psychology, 14*, 327–338.

Erikson, E. H. (1971). *Identität und Lebenszyklus. Drei Aufsätze*. Frankfurt a. M.: Suhrkamp.

Eriksson, P. S., Perfilieva, E., Bjork-Eriksson, T., Alborn, A. M., Nordborg, C., Peterson, D. A. & Gage, F. H. (1998). Neurogenesis in the adult human hippocampus. *Nature Medicine, 4*, 1313–1317.

Erning, G. (1987). Geschichte der öffentlichen Kleinkindererziehung von den Anfängen bis zum Kaiserreich. In G. Erning, K. Neumann & J. Reyer (Hrsg.), *Geschichte des Kindergartens (Bd. 1: Entstehung und Entwicklung der öffentlichen Kleinkindererziehung in Deutschland von den Anfängen bis zur Gegenwart)* (S. 13–41). Freiburg i. B.: Lambertus.

Esser, G. & Petermann, F. (2010). *Entwicklungsdiagnostik*. Göttingen: Hogrefe (Kompendien Psychologische Diagnostik, Band 13).

Ettrich, K. U. (2000). *Entwicklungsdiagnostik im Vorschulalter: Grundlagen, Verfahren, Neuentwicklungen, Screenings*. Göttingen: Vandenhoeck & Ruprecht.

European Child Care and Education (ECCE)-Group (1999). *European child care and education study. Final report for work package # 2* www.uni-bamberg.de/fileadmin/uni/fakultaeten/ppp_lehrstuehle/elementarpaedagogik/Team/Rossbach/Ecce_Study_Group.pdf.

Evans, T., Boyd, R. N., Colditz, P., Sanders, M. & Whittingham, K. (2017). Mother-very preterm infant relationship quality: RCT of Baby Triple P. *Journal of Child and Family Studies, 26*, 284–295.

Falkai, P. & Wittchen, H.-U. (Hrsg.) (2018). *Diagnostisches und Statistisches Manual Psychischer Störungen DSM-5* (2., korr. Aufl.). Göttingen u. a.: Hogrefe.

Fahrmeier, E. D. (1978). The development of concrete operations among the Hausa. *Journal of Cross-Cultural Psychology, 9*, 23–44.

Feldman, R. S. (2001). *Child development* (2. Aufl.). Upper Saddle River, NJ: Prentice Hall.

Felfe, C. & Huber, M. (2015). Does preschool boost the development of minority children? The case of Roma children. *Working Papers SES, N. 455 II. 2015*, Wirtschafts- und Sozialwissenschaftliche Fakultät, Universität Freiburg, Schweiz.

Ferguson, C. J. (2007). The good, the bad and the ugly: A meta-analytic review of positive and negative effects of violent video games. *Psychiatry Quarterly, 78*, 309–316.

Fernald, A., Taeschner, T., Dunn, J., Papoušek, M., Boysson-Bardies, B. de & Fukui, I. (1989). A cross-language study of prosodic modifications in mothers' and fathers' speech to preverbal infants. *Journal of Child Language, 16*, 477–501.

Field, T. (1998). Touch therapy effects on development. *International Journal of Behavioral Development, 22*, 779–797.

Fivush, R. & Hamond, N. R. (1990). Autobiographical memory across the preschool years. Toward reconceptionalizing childhood amnesia. In R. Fivush & A. Hudson (Eds.), *Knowing and remembering in young children* (S. 223–248). New York: Cambridge University Press.

Flavell, J. H. (2000). Development of children's knowledge about the mental world. *International Journal of Behavioral Development, 24*(1), 15–23.

Flynn, J. R. (1987). Massive IQ gains in 14 nations: What IQ tests really measure. *Psychological Bulletin, 101*, 171–191.

Fox, N. A. (1995). Of the way we were: Adult memories about attachment experiences and their role in determining infant-parent relationships: A commentary on van IJzendoorn. *Psychological Bulletin, 117*, 404–410.

Franceschini, R. (2002). Das Gehirn als Kulturinskription. In J. Müller-Lancé & C. M. Riehl (Hrsg.), *Ein Kopf – viele Sprachen. Koexistenz, Interaktion und Vermittlung* (S. 45–62). Aachen: Shaker.

Freud, A. & Dann, S. (1951). An experiment in group upbringing. *The Psychoanalytic Study of the Child, 16*, 127–168.

Freud, S. (1997). *Abriss der Psychoanalyse: Einführende Darstellungen* (5., unveränd. Aufl.). Frankfurt a. M.: Fischer.

Frey, K. S. & Ruble, D. N. (1990). Strategies for comparative evaluation: Maintaining a sense of competence across the life span. In R. J. Sternberg & J. Kolligian (Eds.), *Competence considered* (S. 167–189). New Haven, CT: Yale University Press.

Frijda, N. (1986). *The emotions*. Cambridge: Cambridge University Press.

Fröhlich-Gildhoff, K. & Rönnau-Böse, M. (2014). *Resilienz* (3. Aufl.). München & Basel: Ernst Reinhardt Verlag.

Fuhrer, U., Marx, A., Holländer, A. & Möbes, J. (2000). Selbstbildentwicklung in Kindheit und Jugend. In W. Greve (Hrsg.), *Psychologie des Selbst* (S. 39–57). Weinheim: PVU.

Furth, H. G. (1986). *Intelligenz und Erkennen. Grundlagen der genetischen Erkenntnistheorie Piagets.* Frankfurt a. M.: Suhrkamp.

Garner, R., Gillingham, M. G. & White, C. S. (1989). Effects of »seductive details« on macroprocessing and microprocessing in adults and children. *Cognition Instruction, 6,* 41–57.

Ghanbari, M.-C., Tietjens, M., Seidel, I. & Strauß, B. (2012). Motorische Leistungsfähigkeit in der Grundschule. Die Bedeutung der individuellen Förderung sozial benachteiligter Kinder. *Sportunterricht,* 61(8), 234–238.

Garz, D., Oser, F. & Althof, W. (1999). *Moralisches Urteil und Handeln.* Frankfurt a. M.: Suhrkamp.

Gelman, S. A., & Meyer, M. (2011). Child categorization. *Cognitive Science, 2,* 95–105.

Georgieff, M. K. & Rao, R. (2001). The role of nutrition in cognitive development. In C. A. Nelson & M. Luciana (Eds.), *Handbook of Developmental Neuroscience* (S. 491–504). Cambridge, MA & London: Bradford Book.

Geppert, U. (in collaboration with D. Schmidt & I. Galinowski) (1997). *Self-evaluative emotions coding system (SEECS) (Technical manual, revised version).* Munich: Max-Planck-Institute for Psychological Research.

Geraci, A., & Surian, L. (2011). The developmental roots of fairness: Infants' reactions to equal and unequal distributions of resources. *Developmental Science, 14,* 1012–1020.

Glenberg, A. M., Schroeder, J. L. & Robertson, D. (1998). Averting the gaze disengages the environment and facilitates remembering. *Mem-ory & Cognition, 26,* 651–658.

Gogolin, I. (2005). Erziehungsziel Mehrsprachigkeit. In C. Röhner (Hrsg.), *Erziehungsziel Mehrsprachigkeit. Diagnose von Sprachentwicklung und Förderung von Deutsch als Zweitsprache* (S. 13–24). Weinheim, München: Juventa.

Goldman, A. I. (2006). *Simulating Minds.* Oxford, Oxford University Press.

Goldsmith, H. & Alansky, J. A. (1987). Maternal and infant temperamental predictors of attachment: A meta-analytic review. *Journal of Consulting and Clinical Psychology,* 55(6), 805–816.

Goldstein, E. B. (2002). *Wahrnehmungspsychologie.* Heidelberg, Berlin: Spektrum Akademischer Verlag.

Goldstein, E. B. (2015). *Wahrnehmungspsychologie.* Der Grundkurs (9., überarb. und aktual. Aufl.). Berlin & Heidelberg: Springer & Spektrum Akademischer Verlag.

Gontard, A. (2019). Vorwort zur deutschen Übersetzung. In Zero to Three. DC:0–5. Diagnostische Klassifikation seelischer Gesundheit und Entwicklungsstörungen in der frühen Kindheit (S. 9–16). Stuttgart u. a.: Kohlhammer.

Goswami, U. (2001). *So denken Kinder. Einführung in die Psychologie der kognitiven Entwicklung.* Bern: Huber.

Gratier, M., Devouche, E., Guellai, B., Infanti, R., Yilmaz, E. & Parlato-Olivieira, E. (2015). Early development of turn-taking in vocal interaction between mothers and infants. *Frontiers in Psychology,* 6:1167.

Granqvist, P., Sroufe, L. A., Dozier, M., Hesse, E., Steele, M., van Ijzendoorn, M. et al. (2017): Disorganized attachment in infancy. A review of the phenomenon and its implications for clinicians and policy-makers. *Attachment & Human Development* 19 (6), 534–558.

Greenough, W. T. & Alcantara, A. A. (1993). The roles of experience in different developmental information stage processes. In B. de Boisson-Bardies, S. de Schonen, P. Juszyk, P. McNeilage & J. Morton (Eds.), *Developmental neurocognition* (S. 3–16). Dordrecht: Kluwer Academic Publishers.

Greve, W. (2000). Psychologie des Selbst – Konturen eines Forschungsthemas. In W. Greve (Hrsg.), *Psychologie des Selbst* (S. 15–36). Weinheim: PVU.

Griffin, S. (1995). A cognitive-developmental Analysis of pride, shame, and embarrassment in middle childhood. In J. P. Tangney & K. W. Fischer (Eds.): *Self-conscious emotions. The psychology of shame, guilt, embarrassment, and pride* (S. 219–236). New York: The Guilford Press.

Grimm, H. (2001). *Sprachentwicklungstest für drei- bis fünfjährige Kinder (SETK 3–5).* Göttingen: Hogrefe.

Grimm, H. (2003). *Störungen der Sprachentwicklung. Grundlagen – Ursachen – Intervention – Prävention* (2., überarb. Aufl.). Göttingen: Hogrefe.

Grimm, H. & Weinert, S. (2002). Sprachentwicklung. In R. Oerter & L. Montada (Hrsg.), *Entwicklungspsychologie* (5., überarb. Aufl., S. 517–550). Weinheim: PVU.

Grob, A. & Jaschinski, U. (2003). *Erwachsen werden. Entwicklungspsychologie des Jugendalters.* Weinheim: Beltz PVU.

Grossmann, K. E. (2014). Theoretische und historische Perspektiven der Bindungsforschung. In L. Ahnert (Hrsg.), *Frühe Bindung: Entstehung und Entwicklung* (S. 21–41). München: Reinhardt.

Grossmann, K. E., Grossmann, K., Kindler, H., Scheuerer-Englisch, H., Spangler, G., Stöcker, K., Suess, G. & Zimmermann, P. (2003). Die Bindungstheorie: Modell, entwicklungspsychologische Forschung und Ergebnisse. In H. Keller (Hrsg.), *Handbuch der Kleinkindforschung* (S. 223–282). Bern: Huber.

Grossmann, K., Grossmann, K. E., Spangler, G., Suess, G. & Unzner, L. (1985). Maternal sensitivity and newborns' orientation responses as related to quality of attachment in Northern Germany. *Monographs of the Society for Research in Child Development,* 233–256.

Gunderson, E. A., Gripshover, S. J., Romero, C., Dweck, C. S., Goldin-Meadow, S. & Levine, S. C. (2013). Parent praise to 1- to 3-year-olds predicts children's motivational frameworks 5 years later. *Child Development,* 84, 1526–1541.

Hamlin, J. K. (2013). Failed attempts to help and harm: Intention versus outcome in preverbal infants' social evaluations. *Cognition, 128,* 451–474,

Hamlin, J. K. & Wynn, K. (2011). Young infants prefer prosocial to antisocial others. *Cognitive Development,* 26 (1), 30–39. Hamlin, J. K., Wynn, K. & Bloom, P. (2007). Social evaluation in preverbal infants. *Nature,* 450, 557–559. Hamlin, J. K., Wynn, K. & Bloom, P. (2010). Three-month-olds show a negativity bias in their social evaluations. *Developmental Science,* 13, 923–929.

Halpern, M. (2016). How children learn their mother tongue: They don't. *Journal of Psycholinguistic Research*, *45*, 1173–1181.

Hansen, A. (2020) (Ed.). *Children's Errors in Mathematics* (5th ed.). Los Angeles, CA: Sage.

Harewood, T., Vallotton C. D. & Brophy-Herb, H. (2017). More than just the breadwinner: the effects of fathers' parenting stress on children's language and cognitive development. *Infant and Child Development*, *26*: e1984.

Harris, M. & Butterworth, G. (2002). *Developmental psychology: A student's handbook.* Hove: Psychology Press.

Harter, S. (1998). The development of self-representations. In N. Eisenberg (Ed.), *Handbook of child psychology. Vol. 3: Social, emotional, and personality development* (5. Aufl., S. 553–518). New York u. a.: Wiley

Harter, S. (2012). *The construction of the self. Developmental and sociocultural foundations* (2. ed.). New York, NY: The Guilford Press.

Hasselhorn, M. & Marx, H. (2000). Arbeitsgedächtnis und Leseleistungen. In M. Hasselhorn, W. Schneider & H. Marx. (Hrsg.), *Diagnostik von Lese-Rechtschreibschwierigkeiten* (S. 135–148). Göttingen: Hogrefe.

Hay, D. F. (1994). Prosocial development. *Journal of Child Psychology and Psychiatry and Allied Disciplines*, *35*, 29–71.

Hayne, H. (2004). Infant memory development. Implications for childhood amnesia. *Developmental Review*, *24*, 33–73.

Haywood, K. M. & Getchell, N. (2014). *Life span motor development (6., überarb und aktual. Aufl.).* Leeds: Human Kinetics.

Head Start Bureau (2006). *Head start program fact sheet.*[http://www.acf.hhs.gov/programs/hsb/research/2006.htm]

Heckhausen, H. (1963). *Hoffnung und Furcht in der Leistungsmotivation.* Meisenheim: Hain.

Heckhausen, H. (1978). Entwicklung, psychologisch betrachtet. In F. E. Weinert, C. F. Graumann, H. Heckhausen & M. Hofer (Hrsg.), *Pädagogische Psychologie* (S. 67–99). Frankfurt a. M.: Fischer.

Heckhausen, H. (1980). *Motivation und Handeln: Lehrbuch der Motivationspsychologie.* Berlin: Springer.

Heckhausen, H. & Heckhausen, J. (2006). *Motivation und Handeln* (3., überarb. und aktual. Aufl.). Heidelberg: Springer.

Heinrichs, N., Döpfner, M. & Petermann, F. (2008). Prävention psychischer Störungen. In F. Petermann (Hrsg.), *Lehrbuch der Klinischen Kinderpsychologie* (6., überarb. Aufl., S. 643–659). Göttingen u. a.: Hogrefe.

Heinrichs, N., Hahlweg, K., Bertram, H., Kuschel, A. Naumann, S. & Harstick, S. (2006a). Die langfristige Wirksamkeit eines Elterntrainings zur universellen Prävention kindlicher Verhaltensstörungen: Ergebnisse aus Sicht der Väter und Mütter. *Zeitschrift für Klinische Psychologie und Psychotherapie*, *35*, 82–96.

Heinrichs, N., Krüger, S. & Guse, U. (2006b). Der Einfluss von Anreizen auf die Rekrutierung von Eltern und auf die Effektivität eines präventiven Elterntrainings. *Zeitschrift für Klinische Psychologie und Psychotherapie, 35,* 97–108.

Henderlong, J. & Lepper, M. R. (2002). The effects of praise on children's intrinsic motivation: A review and synthesis. *Psychological Bulletin, 128,* 774–795.

Hennon, E., Hirsh-Pasek, K. & Golinkoff, R. M. (2000). Die besondere Reise vom Fötus zum spracherwerbenden Kind. In H. Grimm (Hrsg.), *Sprachentwicklung* (S. 41–103). Göttingen u. a.: Hogrefe.

Henrich, J., Heine, S. J. & Norenzayan, A. (2010). The weirdest people in the world? *Behavioral Brain Science, 33,* 61–83.

Hertenstein, M. J., Verkamp, J. M., Kerestes, A. M. & Holmes, R. M. (2006). The communicative functions of touch in humans, nonhuman primates, and rats: A review and synthesis of the empirical research. *Genetic, Social, and General Psychology Monographs, 132,* 5–94.

Hessisches Ministerium für Soziales und Integration & Hessisches Kultusministerium (2019). *Bildung von Anfang an. Bildungs- und Erziehungsplan für Kinder von 0 bis 10 Jahren in Hessen* (9. Aufl.). [https://bep.hessen.de/sites/bep.hessen.de/files/2022-11/BEP_2019_Web.pdf]

Hickmann, M. (2000). Pragmatische Entwicklung. In H. Grimm (Hrsg.), *Sprachentwicklung* (S. 193–227). Göttingen u. a.: Hogrefe.

Higgins, E. T. (1991). Development of self-regulatory and self-evaluative processes: Costs, benefits, and tradeoffs. In M. R. Gunnar & L. A. Sroufe (Eds.), *Minnesota Symposia on Child Development. Vol. 23: Self processes and development* (S. 125–166). Hillsdale, NJ: Erlbaum.

Hilbrink, E.E., Gattis, M. & Levinson, S.C. (2015) Early developmental changes in the timing of turn-taking: a longitudinal study of mother–infant interaction. *Frontiers in Psychology, 6:*1492.

Hilgert, A. (2000). Psychomotorische Diagnostik/Motodiagnostik. In R. Naschwitz-Moritz (Hrsg.), *Die Psychomotorische Idee. Grundlagen und Praxisanregungen* (S. 62–76). Aachen: Meyer & Meyer.

Hirsh-Pasek, K. & Golinkoff, R. M. (1996). *The origins of grammar. Evidence from early language comprehension.* Cambridge, MA: MIT Press.

Hirsh-Pasek, K. Golinkoff, R. M., Berk, L. E., & Singer. D. G. (2009). *A mandate for playful learning in preschool: Presenting the evidence.* New York: Oxford University Press.

Hoagwood, K., Jensen, P. S., Petti, T. & Burns, B. J. (1996). Outcomes of mental health care for children and adolescents: I. A comprehensive conceptual model. *Journal of the American Academy of Child and Adolescent Psychiatry, 35,* 1055–1063.

Hofer, M. A. & Sullivan, R. M. (2001). Toward a neurobiology of attachment. In C. A. Nelson & M. Luciana (Eds.), *Handbook of developmental cognitive neuroscience* (599–616). Cambridge, MA & London: Bradford Book.

Hoffman, M. L. (2000). *Empathy and moral development: Implications for caring and justice.* New York: Cambridge University Press.

Hohm, E., Laucht, M., Zohsel, K., Schmidt, M. H., Esser, G., Brandeis, D. & Banaschewski, T. (2017). Resilienz und Ressourcen im Verlauf der Entwicklung. Von der frühen Kindheit bis zum Erwachsenenalter. *Kindheit und Entwicklung, 26*, 230–239.

Holodynski, M. (2005). Am Anfang war der Ausdruck. Meilensteine und Mechanismen der Emotionsentwicklung. Psychologie in Erziehung und Unterricht. *Zeitschrift für Forschung und Praxis, 52*, 229–249.

Holodynski, M. (2006). Die Entwicklung der Leistungsmotivation im Vorschulalter: Soziale Bewertungen und ihre Auswirkung auf Stolz-, Scham- und Ausdauerreaktionen. *Zeitschrift für Entwicklungspsychologie und Pädagogische Psychologie, 38*(1), 2–17.

Holodynski, M. & Oerter, R. (2012). Emotion. In W. Schneider & U. Lindenberger (Hrsg.), *Entwicklungspsychologie* (7., vollst. überarb. Aufl., S. 497–520). Weinheim & Basel: Beltz PVU.

Holz, N.E., Laucht, M. & Meyer-Lindenberg, A. (2015). Recent advances in understanding the neurobiology of childhood socioeconomic disadvantage. *Current Opinion, 28*, 1–6.

Honig, M. S. (1993). Sozialgeschichte der Kindheit im 20. Jahrhundert. In M. Markefka & B. Nauck (Hrsg.), *Handbuch der Kindheitsforschung* (S. 207–219). Neuwied: Luchterhand.

Hubbard, J. A. (2001). Emotion expression processes in children's peer interaction: the role of peer rejection, aggression, and gender. *Child Development, 72*, 5, 1426–1438.

Huber, O. (2005). *Das psychologische Experiment: Eine Einführung* (4., vollst. überarb. Aufl.). Bern: Huber.

Huppert, E., Cowell, J. M., Cheng, Y., Contreras-Ibáñez, C., Gomez-Sicard, N., Gonzalez-Gadea, M. L., . . . Decety, J. (2019). The development of children's preferences for equality and equity across 13 individualistic and collectivist cultures. *Developmental Science, 22*, e12729.

Hurrelmann, K. & Settertobulte, W. (2000). Prävention und Gesundheitsförderung im Kindes- und Jugendalter. In F. Petermann (Hrsg.), *Lehrbuch der Klinischen Kinderpsychologie und -psychotherapie* (4., überarb. Aufl., S. 131–148). Göttingen u. a.: Hogrefe.

Hüther, G. & Rüther, E. (2003). Die nutzungsabhängige Reorganisation neuronaler Verschaltungsmuster im Verlauf psychotherapeutischer und psychopharmakologischer Behandlungen. In G. Schiepek (Hrsg.), *Neurobiologie der Psychotherapie* (S. 224–234). Stuttgart & New York: Schattauer.

Ihle, W. & Esser, G. (2002). Epidemiologie psychischer Störungen im Kindes- und Jugendalter: Prävalenz, Verlauf, Komorbidität und Geschlechtsunterschiede. In A. Ehlers & K. Hahlweg (Hrsg.), Psychische Störungen im Kindes- und Jugendalter (Themenheft). *Psychologische Rundschau, 53*, 159–169.

ILO and UNICEF Office of Research (2022). *The role of social protection in the elimination of child labour: Evidence review and policy implications*. Geneva and Florence: International Labour Organization and UNICEF Office of Research – Innocenti.

Ismail, F. Y., Fatemi, A. & Johnston, M. V. (2017). Cerebral plasticity: Windows of opportunity in the developing brain. *European Journal of Pediatric Neurology, 21*, 23–48.

Janczyk, M., Schöler, H. & Grabowski, J. (2004). Arbeitsgedächtnis und Aufmerksamkeit bei Vorschulkindern mit gestörter und unauffälliger Sprachentwicklung. *Zeitschrift für Entwicklungspsychologie und Pädagogische Psychologie, 36*, 200–206.

Janke, B. (2008): Emotionswissen und Sozialkompetenz von Kindern im Alter von drei bis zehn Jahren. *Empirische Pädagogik* 22 (2), S. 127–144.

Janus, M. & Offord, D. R. (2007). Development and psychometric prop-erties of the Early Development Instrument (EDI): A measure of children's school readiness. *Canadian Journal of Behavioural Science, 39*(1), 1–22.

Jenni, O., Kakebeeke, T., Werner, H. & Caflisch, J. (2012). Bewegungsverhalten im Kindesalter: Was ist normal? In T. Hellbrügge & B. Schneeweiß (Hrsg.), *Kinder im Schulalter. Verhaltensstörungen, Lernprobleme, Normabweichungen* (S. 67–83). Stuttgart: Klett-Cotta.

Jensen, K., Vaish, A. & Schmidt, M. (2014). The emergence of human prosociality: Aligning with others through feelings, concerns and norms. *Frontiers in Psychology, 5*, 822.

Johnson, S. P. & Aslin, R. N. (1995). Perception of object unity in 2-month-old infants. *Developmental Psychology, 31*, 739–745.

Kagan, J. (2000). *Die drei Grundirrtümer der Psychologie.* Weinheim: Beltz (Originalarbeit erschienen 1998).

Kail, R. V. (2004). Cognitive development includes global and domain-specific processes. *Merrill-Palmer-Quarterly, 50*, 445–455.

Kail, M. & Hickmann, M. (1992). French children's ability to introduce referents in narratives as a function of mutual knowledge. *First Language, 12*, 73–94.

Kail, M. & Sanchez y Lopez, I. (1997). Referent introductions in Spanish children's narratives as a function of contextual constraints: A cross-linguistic perspective. *First Language, 17*, 103–130.

Karmiloff-Smith, A. (1992). *Beyond modularity. A developmental perspective on cognitive science.* Cambridge, MA: MIT Press.

Karmins, M. & Dweck, C. S. (1999). Person vs. process praise and crit-icism: Implications for contingent self-worth and coping. *Developmental Psychology, 35*, 835–847.

Kastner-Koller, U. & Deimann, P. (2012). *Wiener Entwicklungstest: Ein Verfahren zur Erfassung des allgemeinen Entwicklungsstandes bei Kindern von 3 bis 6 Jahren* (3., überarb. und erweiterte Aufl.). Göttingen: Hogrefe.

Kaufmann-Hayoz, R. & Leuwen, van L. (2002). Entwicklung der Wahrnehmung. In H. Keller (Hrsg.), *Handbuch der Kleinkindforschung* (3. Aufl., S. 861–895). Bern: Huber.

Keitel, A., Daum, M.M. (2015) The use of intonation for turn anticipation in observed conversations without visual signals as source of information. *Frontiers in Psychology*, 6:108.

Keller, B. B. & Bell, R. Q. (1979). Child effects on adult's method of eliciting altruistic behavior. *Child Development*, *50*, 1004–1009.

Keller, H. (2014). Kultur und Bindung. In L. Ahnert (Hrsg.), *Frühe Bindung: Entstehung und Entwicklung* (S. 110–124). München: Reinhard.

Keller, M. & Simbruner, G. (2007). Neurophysiologie der menschlichen Hirnentwicklung: Prä-, peri- und postnatale Störungen. In L. Kaufmann, H.-C. Nuerk, K. Konrad & K. Willmes (Hrsg.), *Kognitive Entwicklungsneuropsychologie* (S. 11–24). Göttingen u. a.: Hogrefe.

Keller, M. (2001). Moral in Beziehungen: Die Entwicklung des frühen moralischen Denkens in Kindheit und Jugend. In W. Edelstein, F. Oser & P. Schuster, P. (Hrsg.), *Moralische Erziehung in der Schule* (S. 111–138). Weinheim: Beltz.

Kielhöfer, B. & Jonekeit, S. (1995). Zweisprachige Kindererziehung (9., erw. Aufl.). Tübingen: Stauffenburg.

Kienbaum, J. (1995). Sozialisation von Mitgefühl und prosozialem Verhalten. Ein Vergleich deutscher und sowjetischer Kindergartenkinder. In G. Trommsdorff (Hrsg.), *Kindheit und Jugend in verschiedenen Kulturen* (S. 83–109). Weinheim: Juventa.

Kienbaum, J. (2003). *Entwicklungsbedingungen prosozialer Responsivität in der Kindheit: Eine Analyse der Rolle von kindlichem Temperament und der Sozialisation innerhalb und außerhalb der Familie.* Lengerich: Pabst.

Kienbaum, J. (2008). Förderung von Mitgefühl im schulischen Kontext. In B. Gasteiger-Klicpera, H. Julius und C. Klicpera (Hrsg.), Handbuch Sonderpädagogik. Band 3: Sonderpädagogik der sozialen und emotionalen Entwicklung (S. 876–886). Göttingen: Hogrefe.

Kienbaum, J. (2013). Intuitive Aufteilungsentscheidungen in Grund- und Hauptschule sowie Gymnasium: Allgemeine oder differenzielle Entwicklung? *Zeitschrift für Entwicklungspsychologie und Pädagogische Psychologie*, *45(4)*, 207–215.

Kienbaum, J. (2014a). The development of sympathy from 5 to 7 years: Increase, decline, or stability? A longitudinal study. *Front. Psychol. 5*, 468.

Kienbaum, J. (2014b). Entwicklungsbedingungen von Mitgefühl in der Kindheit. *Gestalt Theory*, 36, 2, 117–128.

Kienbaum, J. (2015). Entwicklungsbedingungen von Mitgefühl in der Kindheit. In T. Malti & S. Perren (Hrsg.), *Soziale Kompetenz bei Kindern und Jugendlichen: Entwicklungsprozesse und Förderungsmöglichkeiten* (2., überarbeitete Aufl., S. 35–51). Stuttgart: Kohlhammer.

Kienbaum, J. (2023a). Begrifflichkeiten. In J. Kienbaum (Hrsg.), *Die Entwicklung von Mitgefühl. Von der frühen Kindheit bis in das hohe Alter.* Stuttgart: Kohlhammer.

Kienbaum, J. (2023b). Die Entwicklung von Mitgefühl in der Kindheit. In J. Kienbaum (Hrsg.), *Die Entwicklung von Mitgefühl. Von der frühen Kindheit bis in das hohe Alter.* Stuttgart: Kohlhammer.

Kienbaum, J. & Mairhofer, S. (2022). Need, effort, or integration? The development of intuitive distributive justice decisions in children, adolescents, and adults. *Social Development, 31,* 603–618.

Kienbaum, J. & Trommsdorff, G. (1999). Social development of young children in different cultural systems. *International Journal of Early Years Education, 7*(3), 241–248.

Kienbaum, J. & Wilkening, F. (2009). Children's and adolescents' intuitive judgements about distributive justice: Integrating need, effort, and luck. *European Journal of Developmental Psychology,* 6, 481–498.

Kienbaum, J., Zorzi, M. & Kunina-Habenicht O., (2019). The development of interindividual differences in sympathy: The role of child personality and adults' responsiveness to distress. *Social Development, 28,* 398–413.

Klausen, E. & Passman, R. H. (2006). Pretend companions (imaginary playmates). The emergence of a field. *J. of Genetic Psychology, 167,* 349–364.

Klein, G. (2000). Frühförderung in Sozialen Brennpunkten. Erfahrungen aus dem Reutlinger Projekt Frühförderung. In H. Weiß (Hrsg.), *Frühförderung mit Kindern und Familien in Armutslagen* (S. 198–208). München, Basel: Reinhardt.

Klein, M., Emrich, E., Schwarz, M., Papathanassiou, V., Pitsch, W. Kindermann, W. & Urhausen, A. (2004). Sportmotorische Leistungsfähigkeit von Kindern und Jugendlichen im Saarland – Ausgewählte Ergebnisse der IDEFIKS-Studie (Teil 2). *Deutsche Zeitschrift für Sportmedizin, 55,* 211–220.

Kleine, W. (2003). *Tausend gelebte Kindertage. Sport und Bewegung im Alltag der Kinder.* Weinheim, München: Juventa.

Klinnert, M. D., Campos, J. J., Sorce, J. F., Emde, R. N. & Svejda, M. (1983). Emotions as behavior regulators: Social referencing in infancy. In R. Plutchik & H. Kellerman (Eds.), *Emotion: Theory, research and experience. Vol. 2: Emotion in early development* (S. 57–85). New York: Academic Press.

Knafo, A. & Uzefovsky, F. (2013): Variation in empathy: The interplay of genetic and environmental factors. In M. Legerstee, D. W. Haley & M. H. Bornstein (Eds.), *The infant mind: Origins of the social brain* (pp. 97–120). New York, NY, US: Guilford Press,

Knudsen, E. I. (2004). Sensitive periods in the development of the brain and behavior. *Journal of Cognitive Neuroscience, 16,* 1412–1425.

Kochanska, G., Murray, K. & Coy, K. C. (1997). Inhibitory control as a contributor to conscience in childhood: From toddler to early school age. *Child Development, 68*(2), 263–277.

Kohlberg, L. (1995). Moralstufen und Moralerwerb: Der kognitiv-entwicklungstheoretische Ansatz. In S. Althof, G. Noam & F. Oser (Hrsg.), *Die Psychologie der Moralentwicklung* (S. 123–174). Frankfurt a. M.: Suhrkamp.

Kohlberg, L., Scharf, P. & Hickey, J. (1972). The justice structure of the prison – a theory and an intervention. *The Prison Journal, 51,* 3–14.

Kolb, B. & Gibb, R. (2001). Early brain injury, plasticity, and behavior. In C. A. Nelson & M. Luciana (Eds.), *Handbook of Developmental Neuroscience* (S. 175–190). Cambridge, MA: Bradford Book.

Konner, M. (1975). Relations among infants and juveniles in comparative perspective. In M. Lewis & L. Rosenblum (Eds.), *Friendship and peer relations.* New York: Wiley.

Kolb, B. & Wishaw, I.Q. (1996). *Neuropsychologie* (2. Aufl.). Heidelberg, Berlin: Spektrum Akademischer Verlag.

Kramer, K. (2003). Wie werde ich ein Sprachgenie? *Geist und Gehirn, 2*, 48–50.

Krampen, G., Enneking, A., Brendel, M., Freilinger, J. & Medernach, J. (2003). Spracherwerb unter mehrsprachigen Entwicklungsbedingungen. Multi- und Semilingualität am Beispiel von Primarschulkindern in Luxemburg. *Report Psychologie, 28*, 286–293.

Kreutzer, M. A., Leonard, C. & Flavell, J. H. (1975). An interview study of children's knowledge about memory. *Monographs of the Society for Research in Child Development, 40* (159), 1–60.

Krevans, J., Gibbs, J. C. (1996). Parents' use of inductive discipline: Relations to children's empathy and prosocial behavior. *Child Development, 67* (6), S. 3263–3277.

Krings, T. (2003). Grundlagen der funktionellen Magnetresonanztomographie. In G. Schiepek (Hrsg.), *Neurobiologie der Psychotherapie* (S. 104–130). Stuttgart, New York: Schattauer.

Krombholz, H. (2013). Motor and cognitive performance of overweight children. *Perceptual & Motor Skills, 16*, 40–57.

Krombholz, H. (2015). Untersuchung der Entwicklung und Förderung von Kindern mit unterschiedlichem motorischem Leistungsstand im Vorschulalter. *Zeitschrift für Sportpsychologie, 22*, 63–76.

Kubicek, C., Gervain, J., de Boisferon, A. H., Pascalis, O., Loevenbruck, H. & Schwarzer, G. (2014). The influence of infant-directed speech on 12-month-olds' intersensory perception of fluent speech. *Infant Behavior and Development, 37*, S. 644–651.

Kubinger, K. D. (2006). *Psychologische Diagnostik: Theorie und Praxis psychologischen Diagnostizierens.* Göttingen: Hogrefe.

Lalonde, K. & Werner, L. A. (2021). Development of the mechanisms underlying audiovisual speech perception benefit. *Brain Sciences, 11*, 49.

Lampert, T., Mensink, G. B. M., Romahn, N. & Woll, A. (2007). Körperlich-sportliche Aktivität von Kindern und Jugendlichen in Deutschland. Ergebnisse des Kinder- und Jugendgesundheitssurveys (KiGGS). *Bundesgesundheitsblatt – Gesundheitsforschung – Gesundheitsschutz, 50*, 634–642.

Landesinstitut für Schule und Weiterbildung (Hrsg.) (1995). *Werteerziehung in der Schule – aber wie? Ansätze zur Entwicklung moralisch-demokratischer Urteilsfähigkeit* (2. Aufl., unveränderter Nachdruck). Bönen: Verlag für Schule und Weiterbildung.

Lange, A. (1996). Kinderalltag in einer Landgemeinde. Befunde und weiterführende Überlegungen zur Untersuchung der Lebensführung von Kindern. In M. S. Honig, H. R. Leu & U. Nissen (Hrsg.), *Kinder und Kindheit. Soziokulturelle Muster – sozialisationstheoretische Perspektiven* (S. 77–98). Weinheim: Juventa.

Lanza, E. (1997). *Language mixing and infant bilingualism: A sociolinguistic perspective.* Oxford: Oxford University Press.

Lapsley, D., & Carlo, G. (2014). Moral development at the crossroads: New trends and possible futures. *Developmental Psychology, 50*(1), 1–7.

Largo, R. H. (2001). *Babyjahre.* München: Piper.

Largo, R. H. (2004). Entwicklung der Motorik. In H. G. Schlack (Hrsg.), *Entwicklungspädiatrie. Wichtiges kinderärztliches Wissen über die ersten 6 Lebensjahre* (S. 23–34). München: Hans Marseille.

Largo, R. H., Fischer, J. E. & Rousson, V. (2003). Neuromotor development from kindergarten age to adolescence: developmental course and variability. *Swiss Medicine Weekly, 133*, 193–199.

Leary, M. R. & Kowalski, R. M. (1995). *Social anxiety.* New York: The Guilford Press.

Lee, V. E., Loeb, S. & Lubeck, S. (1998). Contextual effects of prekindergarten classrooms for disadvantaged children on cognitive development. *Child Development, 69*, 479–494.

Lengning, A. & Zimmermann, P. (2009). Interventions- und Präventionsmaßnahmen im Bereich Früher Hilfen. Internationaler Forschungsstand, Evaluationsstandards und Empfehlungen für die Umsetzung in Deutschland. Expertise, hrsgg. vom NZFH, Köln.

Lewis, M. (2016). Self-conscious emotions: Embarrassment, pride, shame, guilt and hubris. In L. F. Barrett, M. Lewis & J.M. Haviland-Jones (Hrsg.), *Handbook of emotions* (4. Aufl., 792–814). New York & London: The Guilford Press.

Lewis, M. & Ramsay, D.S. (2002). Cortisol response to embarrassment and shame. *Child Development, 68*, 621–629.

Lewis, M. & Brooks-Gunn, J. (1979). *Social cognition and the acquisition of self.* New York, London: Plenum Press.

Lewis, M., Sullivan, M.W., Stanger, C. & Weiss, M. (1989). Self-development and self-conscious emotions. *Child Development, 60*, 146–156.

Lind, G. (2003). *Moral ist lehrbar: Handbuch zur Theorie und Praxis moralischer und demokratischer Bildung.* München: Oldenbourg.

Liszkowski, U., Carpenter, M., Striano, T., & Tomasello, M. (2006). Twelve- and 18-month-olds point to provide information for others. *Journal of Cognition and Development, 7*, 173–187.

Lleó, C., Mogharbel, C. & Prinz, M. (1994). Babbling und Frühwortproduktion im Deutschen und Spanischen. *Linguistische Berichte, 151*, 191–217.

Lochman, J. E. (2006). Translation of research into interventions. *International Journal of Behavioral Development, 30*, 31–38.

Lohaus, A., Lamm, B., Keller, H., Teubert, M., Fassbender, I., Glüer, M., et al. (2014). Gross and fine motor differences between Cameroonian and German children aged 3 to 40 months: Results of a cross-cultural longitudinal study. Journal of Cross-Cultural Psychology, 45, 1328–1341.

Lohaus, A. & Vierhaus, M. (2019). *Entwicklungspsychologie des Kindes- und Jugendalters für Bachelor* (4. Aufl.). Heidelberg: Springer.

Long, H. B., McCrary, K., & Ackerman, S. (1979). Adult cognition: Piagetian based research findings. *Adult Education, 30,* 3–18.

Lopez, D. F., Little, T. D., Oettingen, G. & Baltes, P. B. (1998). Self regulation and school performance: Is there optimal level of action – control? *Journal of Experimental Child Psychology, 70,* 54–74.

Lösel, F., Beelmann, A., Stemmler, M. & Jaursch, S. (2006). Prävention von Problemen des Sozialverhaltens im Vorschulalter. Evaluation des Eltern- und Kindertrainings EFFEKT. *Zeitschrift für Klinische Psychologie und Psychotherapie, 35,* 127–139.

Love, J. M. et al. (2005). The effectiveness of Early Head Start for 3-year-old children and their parents: Lessons for policy and programs. *Developmental Psychology, 41,* 885–901.

Macfie, J., Cicchetti, D. & Toth, S. L. (2001). The development of dissociation in maltreated preschool-aged children. *Development and Psychopathology, 9,* 781–796.

Macha, T. & Petermann, F. (2006). Entwicklungsdiagnostik. In F. Petermann & M. Eid (Hrsg.), *Handbuch der Psychologischen Diagnostik* (S. 594–602). Göttingen: Hogrefe.

Macha, T. & Petermann, F. (2017). Entwicklungsdiagnostische Verfahren: Ressourcen- und Risikoerkennung. In F. Petermann & S. Wiedebusch (Hrsg.), *Praxishandbuch Kindergarten. Entwicklung von Kindern verstehen und fördern* (S. 133–152). Göttingen: Hogrefe.

Macha, T., Proske, A. & Petermann, F. (2005). Validität von Entwicklungstests. *Kindheit und Entwicklung, 14*(3), 150–162.

Magai, C. (2008). Long-lived emotions: A life course perspective on emotional development. In M. Lewis, J. M. Haviland-Jones & L.F. Barrett (Hrsg.), *Handbook of emotions* (3. Aufl., 376–394). New York & London: The Guilford Press.

Malti, T., Eisenberg, N., Kim, H. & Buchmann, M. (2013). Developmental trajectories of sympathy, moral emotion attributions, and moral reasoning: The role of parental support. *Social Development, 22,* 773–793.

Main, M. (1995). Desorganisation im Bindungsverhalten. In G. Spangler & P. Zimmermann (Hrsg.), *Die Bindungstheorie. Grundlagen, Forschung und Anwendung* (S. 120–139). Stuttgart: Klett-Cotta.

Mandler, J. M. (2000). Perceptual and conceptual processes. *Journal of Cognition and Development, 1,* 3–36.

Mandler, J. M. (2004). Thoughts before language. *Trends in Cognitive Science, 8,* 508–513.

Mangelsdorf, S. C. & Frosch, C. A. (2000). Temperament and attachment: One construct or two? *Advances in child development and behavior, 27,* 181–220.

Marean, G. C., Werner, L. A. & Kuhl, P. K. (1992). Vowel categorization by very young infants. *Developmental Psychology, 28*, 396–405.

Margraf-Stiksrud, J. (2003). Entwicklungsdiagnostik. In H. Keller (Hrsg.), *Handbuch der Kleinkindforschung* (S. 1097–1124). Bern: Huber.

Markie-Dadds, C., Sanders, M. R. & Turner, K. M. (2003). *Das Triple P Elternarbeitsbuch. Der Ratgeber zur positiven Erziehung mit praktischen Übungen.* Deutsche Ausgabe hrsgg. von PAG Institut für Psychologie AG. Münster: Verlag für Psychotherapie.

Markowitsch, H. (2009). *Dem Gedächtnis auf der Spur: Vom Erinnern und Vergessen* (3. Aufl.). Darmstadt: Wissenschaftliche Buchgesellschaft.

Marquis, W. A., Noroña, A. N. & Baker, B. L. (2017). Developmental delay and emotion dysregulation: Predicting parent-child conflict across early to middle childhood. *Journal of Family Psychology, 31*, 327–335.

Marsh, H. W. & O'Mara, A. (2008). Reciprocal effects between academic self-concept, self-esteem, achievement, and attainment over seven adolescent years: Unidimensional and multidimensional perspectives of self-concept. *Personality and Social Psychology Bulletin, 34*, 542–552.

Masangkay Z. S., Mccluskey, K. A., Mcintyre, C. W., Sims-Knight, J., Vaughn, B. E. & Flavell, J. H. (1974). The early development of inferences about the visual percepts of others. *Child Development, 45*, 357–366.

Mascolo, M. F., Fischer, K. W. & Li, J. (2003). Dynamic development of component systems of emotions: pride, shame, and guilt in China and the United States. In R. J. Davidson, K. R. Scherer, H. H. Goldsmith (Eds.), *Handbook of affective sciences.* Oxford: Oxford University Press.

Masten, A. S. (2006). Developmental psychopathology: Pathways to the future. *International Journal of Behavioral Development, 30*, 47–54.

Masten, A. S. & Cicchetti, D. (2016). Resilience in development: Progress and transformation. In D. Cicchetti (Eds.), Developmental psychopathology (3. ed.). Volume Four: Risk, resilience, and intervention (pp. 271–333). Hoboken, NJ: Wiley.

Mayr, T. (1992). Die soziale Stellung schüchtern-gehemmter Kinder in der Kindergartengruppe. *Zeitschrift für Entwicklungspsychologie und Pädagogische Psychologie, 24*, 249–265.

Mayr, T. (2000a). Beobachtungsbogen für Kinder im Vorschulalter (BBK) – ein Vorschlag zur Skalenbildung. *Psychologie in Erziehung und Unterricht, 47*(4), 280–295.

Mayr, T. (2000b). Entwicklungsrisiken bei armen und sozial benachteiligten Kindern und die Wirksamkeit früher Hilfen. In H. Weiß (Hrsg.), *Frühförderung mit Kindern und Familien in Armutslagen* (S. 142–163). München, Basel: Reinhardt.

Mayr, T. (2003). Früherkennung von Entwicklungsrisiken in Kindertageseinrichtungen. *KiTa Spezial, 32–38.*

Mayr, T. & Ulich, M. (1999). Children's well-being in daycare centres. An exploratory empirical study. *International Journal of Early Years Education, 7*(3), 229–239.

Mayr, T. & Ulich, M. (2003). Seelische Gesundheit bei Kindergartenkindern. In W. E. Fthenakis (Hrsg.), *Elementarpädagogik nach Pisa* (S. 190–205). Freiburg: Herder.

Mayr, T. & Ulich, M. (2006a). *Perik: Positive Entwicklung und Resilienz im Kindergartenalltag* (Begleitheft). Freiburg: Herder.

Mayr, T. & Ulich, M. (2006b). *Perik: Positive Entwicklung und Resilienz im Kindergartenalltag* (Beobachtungsbogen). Freiburg: Herder.

Mayr, T. & Ulich, M. (2009). Positive Entwicklung und Resilienz in Kindertageseinrichtungen. Der Beobachtungsbogen PERIK. *Frühförderung interdisziplinär, 28,* 1, 12–22.

McKey, R. H., Condelli, L., Granson, H., Barrett, B., McConkey, C. & Plantz, M. (1985). *The impact of Head Start on children, families, and communities.* Washington, DC: CSR, Inc.

Mead, G. H. (1934). *Mind, self and society. From the standpoint of a social behaviorist.* Chicago: University of Chicago Press.

Meaney, M. J. (2001). Maternal care, gene expression, and the transmission of individual differences in stress reactivity across generations. *Annual Review of Neuroscience, 24,* 1161–1192.

Medienpädagogischer Forschungsverbund Südwest (2021). *KIM-Studie 2020. Kinder, Internet, Medien,* Stuttgart: mpfs URL: https://www.lfk.de/medienkompetenz/ netzwerke/medienpaedagogischer-forschungsverbund-suedwest (abgerufen am 11. 08.2022).

Mehler, J., Juszcyk, P., Lambertz, G., Halsted, N., Bertoncini, J. & -Amiel-Tyson, C. (1988). A precursor of language acquisition in young infants. *Cognition, 29,* 143–178.

Meisels, S. J. & Atkins-Burnett, S. (2006). Evaluating early childhood assessments: A differential analysis. In K. McCartney & D. Phillips (Eds.), *The Blackwell handbook of early childhood development* (pp. 533–549). Oxford: Blackwell Publishing.

Melchers, P., Floss, S., Brandt, I., Esser, K. J., Lehmkuhl, G., Rauh, H. & Sticker, E. J. (2003). *EVU: Erweiterte Vorsorgeuntersuchung.* Leiden: PITS.

Melchers, P. & Preuß, U. (2009). *K-ABC. Kaufman Assessment Battery for Children* (8. Aufl.). Frankfurt a. M.: Pearson.

Melhuish, E. C. (2004). *A literature review of the impact of early years provision on young children, with emphasis given to children from disadvantaged backgrounds. Report to the Comptroller and Auditor General.* London: National Audit Office. [http://me dia.nao.org.uk/uploads/2004/02/268_literaturereview.pdf]

Meltzoff, A. N. (1990). Foundations for developing a concept of self: The role of imitation in relating self to other and the value of social mirroring, social modeling, and self practice in infancy. In D. Cichetti & M. Beeghly (Eds.), *The self in transition: Infancy to childhood* (S. 139–164). Chicago: The University of Chicago Press.

Meltzoff, A. N. (1995). What infant memory tells us about infantile amnesia: Long-term recall and deferred imitation. *Journal of Experimental Child Psychology, 59,* 497–515.

Mennella, J. A. & Beauchamp, G. K. (2005). Understanding the origin of flavor preferences. *Chemical Senses, 30* (suppl. 1), i242–i243.

Menyuk, P. (2000). Wichtige Aspekte der lexikalischen und semantischen Entwicklung. In H. Grimm (Hrsg.), *Sprachentwicklung* (S. 171–192). Göttingen u. a.: Hogrefe.

Merod, R. (2007). Lerntheoretische Grundlagen der Verhaltenstherapie mit Kindern und Jugendlichen. In M. Borg-Laufs (Hrsg.), *Lehrbuch der Verhaltenstherapie mit Kindern und Jugendlichen. Band 1: Grundlagen* (2. Aufl., S. 23–58). Tübingen: DGVT-Verlag.

Meyer-Probst, B. & Reis, O. (1999). Von der Geburt bis 25. Rostocker Längsschnittstudie (ROLS). *Kindheit und Entwicklung, 8,* 59–68.

Michaelis, R. & Niemann, G. W. (1999). *Entwicklungsneurologie und Neuropädiatrie.* Stuttgart: Thieme.

Michl, P., Meindl, T., Meister, F., Born, C., Engel, R. R., Reiser, M. & Hennig-Fast, K. (2014). Neurobiological underpinnings of shame and guilt: a pilot fMRI study. *SCAN, 9,* 150–157.

Mietzel, G. (2002). *Wege in die Entwicklungspsychologie: Kindheit und Jugend* (4., vollst. überarb. Aufl.). Weinheim: Beltz.

Miller, G. A. (1956). The magical number seven, plus or minus two: Some limits on our capacity for processing information. *Psychological Review, 101,* 343–352.

Miller, P. H. (2000). *Theorien der Entwicklungspsychologie.* Heidelberg u. a.: Spektrum.

Miller, R. S. (1995): Embarrassment and social behavior. In J. P. Tangney & K. W. Fischer (Eds.), *Self-conscious emotions. The psychology of shame, guilt, embarrassment, and pride.* (pp. 322–339). New York: The Guilford Press.

Montada, L. (2002). Fragen, Konzepte, Perspektiven. In R. Oerter & L. Montada (Hrsg.), *Entwicklungspsychologie* (S. 3–53). Weinheim: Beltz PVU.

Montada, L. (2005). 100 Jahre Psychologie: Entwicklungspsychologie. In T. Rammsayer & S. Troche (Hrsg.), *Reflexionen der Psychologie. 100 Jahre Deutsche Gesellschaft für Psychologie. Bericht über den 44. Kongress der Deutschen Gesellschaft für Psychologie in Göttingen 2004* (S. 42–50). Göttingen: Hogrefe.

Montada, L. (2008). Fragen, Konzepte, Perspektiven. In R. Oerter & L. Montada (Hrsg.), *Entwicklungspsychologie* (6., vollst. überarb. Aufl., S. 3–48). Weinheim: Beltz.

Morrongiello, B. A., Fenwick, K. D. & Chance, G. (1990). Sound localization acuity in very young infants: An observer-based testing procedure. *Developmental Psychology, 26,* 75–84.

Mrakotsky, C. (2007). Konzepte der Entwicklungsneuropsychologie. In L. Kaufmann, H.-C. Nuerk, K. Konrad & K. Willmes (Hrsg.), *Kognitive Entwicklungsneuropsychologie* (S. 25–45). Göttingen u. a.: Hogrefe.

Mühlbauer, K. R. (1991). *Zur Lage des Arbeiterkindes im 19. Jahrhundert.* Köln: Böhlau.

Mummendey, H. D. (2006). *Psychologie des »Selbst«. Theorien, Methoden und Ergebnisse der Selbstkonzeptforschung.* Göttingen u. a.: Hogrefe.

Murphy, L. B. (1937). *Social behavior and child personality. An exploratory study of some roots of sympathy.* New York: Morningside Hights.

Müsseler, J. & Prinz, W. (2002). *Allgemeine Psychologie.* Heidelberg: Spektrum Akademischer Verlag.

Myers, D. G. & Wilson, J. (2014). Gedächtnis. In D. G. Myers (Hrsg.), *Psychologie* (3. Aufl.) (S. 327–366). Berlin: Springer.

Nagy, Z., Westerberg, H. & Klingberg, T. (2004). Maturation of white matter is associated with the development of cognitive functions during childhood. *Journal of Cognitive Neuroscience, 16,* 1227–1233.

Nelson, K. (1993). The psychological and social origins of autobiographical memory. *Psychological Science, 4,* 7–14.

Nelson, K. (1995). The ontogeny of memory for real events. In U. Neisser & E. Winograd (Eds.), *Remembering reconsidered. Ecological and traditional approaches to the study of memory* (S. 244–276). New York: Cambridge University Press.

Nelson, C. A. & Monk, C. S. (2001). The use of event-related potentials in the study of cognitive development. In C. A. Nelson & M. Luciana (Eds.), *Handbook of Developmental Neuroscience* (S. 125–136). Cambridge, MA, London: Bradford Book.

Nelson, K. & Fivush, R. (2004). The emergence of autobiographical memory: a social cultural developmental theory. *Psychological Review, 111,* 486–511.

Neumann, K. (1987). Geschichte der öffentlichen Kleinkinderziehung von 1945 bis in die Gegenwart. In G. Erning, K. Neumann & J. Reyer (Hrsg.), *Geschichte des Kindergartens (Bd. 1: Entstehung und Entwicklung der öffentlichen Kleinkindererziehung in Deutschland von den Anfängen bis zur Gegenwart)* (S. 83–115). Freiburg i.B.: Lambertus.

Newell, K. M. & McDonald, P. V. (1997). The development of grip patterns in infancy. In K. J. Connolly & H. Forssberg (Eds.), *Neurophysiology & neuropsychology of motor development* (S. 286–318). London: Mc Keith.

Nicholls, J. G. (1978). The development of the concepts of effort and ability, perception of own attainment, and the understanding that difficult tasks require more than ability. *Child Development, 49,* 800–814.

NICHD Early Child Care Research Network (Ed.) (2005). *Child care and child development: Results from the NICHD study of early child care and youth development.* New York: Guilford Press.

Niebank, K. & Petermann, F. (2002). Grundlagen und Ergebnisse der Entwicklungspsychopathologie. In F. Petermann (Hrsg.), *Lehrbuch der Klinischen Kinderpsychologie und -psychotherapie* (5., korr. Aufl., S. 57–94). Göttingen: Hogrefe.

Nievar, M. A. & Becker, B. J. (2008). Sensitivity as a privileged predictor of attachment: A second perspective on De Wolff and Van IJzendoorn's meta-analysis. *Social Development, 17,* 102–114.

Niija, Y., Crocker, J. & Bartmess, E. N. (2004). From vulnerability to resilience: Learning orientations buffer contingent self-esteem from failure. *Psychological Science, 15,* 801–805.

Nunner-Winkler, G. (2000). Identität aus soziologischer Sicht. In W. Greve (Hrsg.), *Psychologie des Selbst* (S. 302–316). Weinheim: PVU.

Nunner-Winkler, G. (2005). Zum Verständnis von Moral – Entwicklungen in der Kindheit. In D. Horster & J. Oelkers (Hrsg.), *Pädagogik und Ethik* (S. 173–192). Wiesbaden: VS Verlag für Sozialwissenschaften.

Nussbaum, A. D. & Dweck, C. S. (2008). Defensiveness vs. remediation: Self-theories and modes of self-esteem maintenance. *Personality and Social Psychology Bulletin, 34*, 127–134.

O'Brien, S. F. & Bierman, K.L. (1988). Conceptions and perceived influence of peer groups: Interviews with preadolescents and adolescents, *Child development, 59*, 1360–1365.

Oerter, R. (2008a). Spiel. In B. Herpertz-Dahlmann, F. Resch, M. Schulte-Markwort & A. Warnke (Hrsg.), *Entwicklungspsychiatrie* (S. 242–256). Stuttgart: Schattauer.

Oerter, R. (2008b). Kultur, Ökologie und Entwicklung. In R. Oerter & L. Montada (Hrsg.), *Kultur, Ökologie und Entwicklung* (S. 85–116). Weinheim: PVU.

Oerter, R., Schneewind, K. & Resch, F. (1999). Modelle der Klinischen Entwicklungspsychologie. In R. Oerter, C. v. Hagen, G. Röper & G. Noam (Hrsg.), *Klinische Entwicklungspsychologie. Ein Lehrbuch* (S. 79–118). Weinheim: PVU.

Oller, D. K. & Eilers, R. E. (2002a). An integrated approach to evaluating effects of bilingualism in Miami school children: The study design. In D. K. Oller & R. E. Eilers (Eds.), *Language and literacy in bilingual children* (S. 22–40). Clevedon u. a.: Multilingual Matters LTD.

Oller, D. K. & Eilers, R. E. (2002b). Balancing interpretations regarding effects of bilingualism: Empirical outcomes and theoretical possibil-ities. In D. K. Oller & R. E. Eilers (Eds.), *Language and literacy in bilingual children* (S. 281–292). Clevedon u. a.: Multilingual Matters LTD.

Oller, D. K. & Pearson, Z. B. (2002). Assessing the effects of bilingualism: A background. In D. K. Oller & R. E. Eilers (Eds.), *Language and literacy in bilingual children* (S. 3–21). Clevedon u. a.: Multilingual Matters LTD.

Olsho, L. W., Koch, E. G., Carter, E. A. Halpin, C. F. & Spetner, N. B. (1988) Pure-tone sensitivity of human infants. *Journal of the Acoustical Society of America, 84*, 1316–1324.

Onishi, K. H., & Baillargeon, R. (2005). Do 15-month-old infants understand false beliefs? *Science, 308*, 255–258.

Opp, G. & Fingerle, M. (2000). Risiko und Resilienz in der frühen Kindheit am Beispiel von Kindern aus sozioökonomisch benachteiligten Familien: amerikanische Erfahrungen mit Head Start. In H. Weiß (Hrsg.), *Frühförderung mit Kindern und Familien in Armutslagen* (S. 164–174). München, Basel: Reinhardt.

Organisation for Economic Co-operation and Development [OECD] (Ed.) (2001). *Starting strong: early childhood education and care.* Paris: OECD.

Ornstein, P. A., Baker-Ward, L. & Naus, M. J. (1988). The development of mnemonic skill. In F. E. Weinert & M. Perlmutter (Eds.), *Memory development. Universal changes and individual differences* (S. 31–50). Hillsdale, NJ: Erlbaum.

Orth, U. & Robins, R.W. (2014). The development of self-esteem. *Current Directions in Psychological Science*, 23(5), 381–387.

Oser, F. & Althof, W. (1992). *Moralische Selbstbestimmung*. Stuttgart: Klett-Cotta.

Oser, F. & Althof, W. (2001). Die Gerechte Schulgemeinschaft: Lernen durch Gestaltung des Schullebens. In W. Edelstein, F. Oser & P. Schuster (Hrsg.), *Moralische Erziehung in der Schule. Entwicklungspsychologie und pädagogische Praxis* (S. 233–268). Weinheim: Beltz.

Pancsofar, N. & Vernon-Feagans, L. (2006). Mother and father language input to young children: Contributions to later language development. *Journal of Applied Developmental Psychology, 27*, 571–585.

Papoušek, M. (1997). *Vom ersten Schrei zum ersten Wort*. Bern: Huber.

Papoušek, H. & Papoušek, M. (1987). Intuitive parenting. A dialectic counterpart to the infant's integrative competence. In J. D. Osofsky (Ed.), *Handbook of infant development* (2. Aufl., S. 669–720). New York: Wiley.

Park, D., Gunderson, E. A., Tsukayama, E., Levine, S. C. & Beilock, S. L. (2016). Young children's motivational frameworks and math achievement. Relation to teacher-reported instructional practices, but not teacher theory of intelligence. *Journal of Educational Psychology, 108*, 300–313.

Parkin, A. J. (2000). Erinnern und Vergessen. Wie das Gedächtnis funktioniert – und was man bei Gedächtnisstörungen tun kann. Bern: Huber.

Parrat-Dayon, S. & Tryphon, A. (1999). Einleitung. In J. Piaget (Hrsg.), *Über Pädagogik* (S. 7–29). Weinheim u. a.: Beltz.

Pascalis, O., de Schonen, S., Morton, J., Deruelle, C. & Fabre-Grenet, M. (1995). Mother's face recognition by neonates: A replication and an extension. *Infant Behavior and Development, 18*, S. 79–85.

Pascual-Leone, A. & Torres, F. (1993). Plasticity of the sensorimotor cortex representation of the reading finger in Braille readers. *Brain, 116*, 39–52.

Pastorelli, C., Lansford, J. E., Luengo Kanacri, B. P., Malone, P. S., Di Giunta, L., Bacchini, D. et al. (2016). Positive parenting and children's prosocial behavior in eight countries. *Journal of Child Psychology and Psychiatry, and Allied Disciplines, 57*, 824–834.

Pauen, S. (2000). Early differentiation within the animate domain. Are humans something special? *Journal of Experimental Child Psychology, 75*, 134–151.

Pauen, S. (2002). Evidence of knowledge-based categorization in infancy. *Child Development, 73*, 116–133.

Pauen, S. & Elsner, B. (2008). Neurologische Grundlagen der Entwicklung. In R. Oerter & L. Montada (Hrsg.), *Entwicklungspsychologie* (6., überarb. Aufl., S. 67–84). Weinheim, Basel: Beltz.

Pauen, S. & Träuble, B. (2006). Kategorisierung und Konzeptbildung. In W. Schneider & B. Sodian (Hrsg.), *Kognitive Entwicklung – Enzyklopädie der Psychologie. Entwicklungspsychologie Band 2* (S. 377–407). Göttingen: Hogrefe.

Paulus, M. (2014). The early origins of human charity: Developmental changes in preschoolers' sharing with poor and wealthy individuals. *Frontiers in Psychology*, *5*, 344.

Paulus, M. (2023). Die Entstehung von Mitgefühl im Säuglings- und Kleinkindalter. In J. Kienbaum (Hrsg.), *Die Entwicklung von Mitgefühl. Von der frühen Kindheit bis in das hohe Alter.* Stuttgart: Kohlhammer.

Pekrun, R. (1987). Die Entwicklung leistungsbezogener Identität bei Schülern. In H. P. Frey & K. Haußer (Hrsg.), Identität. Entwicklungen psychologischer und soziologischer Forschung (S. 43–57). Stuttgart: Enke.

Pellegrini, A. D. & Smith, P. (2003). Development of play. In J. Valsiner & K. Connolly (Eds.), Handbook of developmental psychology (S. 276–291). London: Sage.

Penfield, W. & Rasmussen, T. (1950). *The cerebral cortex of man.* New York: The Macmillan Company.

Penner, Z. (2000). Phonologische Entwicklung. In H. Grimm (Hrsg.), Sprachentwicklung (S. 105–139). Göttingen u. a.: Hogrefe.

Penney, C. G. (1989). Modality effects and the structure of short-term verbal memory. *Memory & Cognition*, *17*, 398–422.

Perner, J. & Ruffman, T. (1995). Episodic memory and autonoetic consciousness. Developmental evidence and a theory of infantile amnesia. *Journal of Experimental Child Psychology*, *59*, 516–548.

Petermann, F. (2002). Grundbegriffe und Trends der Klinischen Kinderpsychologie und Kinderpsychotherapie. In F. Petermann (Hrsg.), *Lehrbuch der Klinischen Kinderpsychologie und -psychotherapie* (5., korr. Aufl., S. 10–25). Göttingen: Hogrefe.

Petermann, F., Döpfner, M., Lehmkuhl, G. & Scheithauer, H. (2002). Klassifikation und Epidemiologie psychischer Störungen. In F. Petermann (Hrsg.), *Lehrbuch der Klinischen Kinderpsychologie und -psychotherapie* (5., korr. Aufl., S. 29–56). Göttingen: Hogrefe.

Petermann, F. & Macha, T. (2005a). Entwicklungsdiagnostik. *Kindheit und Entwicklung, 14*(3), 131–139.

Petermann, F. & Macha, T. (2005b). *Psychologische Tests für Kinderärzte.* Göttingen: Hogrefe.

Petermann, F. & Macha, T. (2008). Entwicklungsdiagnostik. In F. Petermann & W. Schneider (Hrsg.), *Enzyklopädie der Psychologie: Entwicklungspsychologie – Band 7 (Angewandte Entwicklungspsychologie)* (S. 19–59). Göttingen: Hogrefe.

Petermann, F., Macha, T. (2013). *Entwicklungstest für Kinder von 6 Monaten bis 6 Jahren – Revision.* Frankfurt a. Main: Pearson Assessment.

Petermann, F., Niebank, K. & Scheithauer, H. (2004). *Entwicklungswissenschaft: Entwicklungspsychologie – Genetik – Neuropsychologie.* Berlin: Springer.

Petermann, F. & Renziehausen, A. (2005). *NES Neuropsychologisches Entwicklungs-Screening.* Bern: Huber.

Petermann, F. & Resch, F. (2008). Entwicklungspsychopathologie. In F. Petermann (Hrsg.), *Lehrbuch der Klinischen Kinderpsychologie* (6., überarb. Aufl., S. 49–64). Göttingen u. a.: Hogrefe.

Petermann, F. & Rudinger, G. (2002). Quantitative und qualitative Methoden der Entwicklungspsychologie. In R. Oerter & L. Montada (Hrsg.), *Entwicklungspsychologie* (S. 999–1028). Weinheim: PVU.

Petermann, F., Stein, I. A. & Macha, T. (2006). *Entwicklungstest sechs Monate bis sechs Jahre.* (2., veränd. Aufl.). Frankfurt a. M.: Harcourt Test Services.

Petermann, F. & Winkel, S. (2005). Entwicklungspsychologische Diagnostik im frühen Kindesalter. *Frühförderung interdisziplinär, 1,* 19–24.

Peterson, C., Slaughter, V., Moore, C., & Wellman, H. M. (2016). Peer social skills and theory of mind in children with autism, deafness, or typical development. *Developmental Psychology, 52,* 46–57.

Peth-Pierce, R. (1998). *The NICHD study of early child care.* NIH-Pub-98–4318.

Pflüger, L. (1991). *Neurogene Entwicklungsstörungen. Eine Einführung für Sonder- und Heilpädagogen.* München, Basel: Reinhardt.

Piaget, J. (1975). *Das Erwachen der Intelligenz beim Kinde.* Stuttgart: Klett-Cotta. (Originalarbeit erschienen 1936).

Piaget, J. (1966). *Psychologie der Intelligenz.* Zürich: Rascher.

Piaget, J. (1975). *Nachahmung, Spiel und Traum.* Stuttgart: Klett-Cotta.

Piaget, J. (1978). *Das Weltbild des Kindes.* Stuttgart. Stuttgart: Klett Cotta. (Originalarbeit erschienen 1926)

Piaget, J. (1983). *Das moralische Urteil beim Kinde* (2., veränd. Aufl.). Stuttgart: Klett-Cotta. (Originalarbeit erschienen 1932).

Piaget, J. & Inhelder, B. (1977). *Von der Logik des Kindes zu der Logik der Heranwachsenden. Essay über die Ausformung der formal-operativen Strukturen.* Olten/Freiburg i.B.: Walter.

Piaget, J. & Inhelder, B. (1993). *Die Psychologie des Kindes* (5. Aufl.). München: dtv.

Pianta, R. C. (2001). *Student-teacher relationship scale: Professional manual* (6. Aufl.). Lutz: Psychological Assessment Resources.

Pinquart, M., Feußner, C. & Ahnert, L. (2013). Meta-analytic evidence for stability in attachments from infancy to early adulthood. *Attachment & Human Development, 15,* 189–218.

Pinquart, M., Schwarzer, G. & Zimmermann, P. (2011). *Entwicklungspsychologie – Kindes- und Jugendalter.* Göttingen: Hogrefe.

Poulin-Dubois, D., Rakoczy, H., Burnside, K., Crivello, C., Dörrenberg, S., Edwards, K., Krist, H., Kulke, L., Liszkowski, U., Low, J., Perner, J., Powell, L., Priewasser, B., Rafetseder, E., & Ruffman, T. (2018). Do infants understand false beliefs? We don't know yet – A commentary on Baillargeon, Buttelmann and Southgate's commentary, *Cognitive Development, 48,* 302–315.

Putallaz, M. (1983). Predicting children's sociometric status from their behavior. *Child Development, 54,* 1417–1422.

Quaiser-Pohl, C. & Rindermann, H. (2010). *Entwicklungsdiagnostik.* München: UTB.

Quandt, S. (1977). *Kinderarbeit und Kinderschutz in Deutschland seit dem 18. Jahrhundert – Materialheft.* Paderborn: Schöningh.

Quinn, P. C. & Eimas, P. D. (1998). Evidence for a global categorical representation of humans by young infants. *Journal of Experimental Child Psychology, 69,* 151–174.

Quinn, P.C. & Eimas, P. D. (2000). The emergence of category representations during infancy: are separate perceptual and conceptual processes required? *Journal of Cognition and Development, 1,* 55–61.

Quinn, P. C., & Eimas, P. D., & Rosenkrantz, S. L. (1993). Evidence for representations of perceptually similar natural categories by 3-month-old and 4-month-old infants, *Perception, 22,* 463–475.

Quinn, P. C. & Oates, J. (2004). Early category representation and concepts. In J. Oates & A. Grayson (Eds.), *Cognitive and language development in children* (S. 21–60). Milton Keynes & Oxford: The Open University & Blackwell.

Radke-Yarrow, M., Zahn-Waxler, C. & Chapman, M. (1983). Children's prosocial dispositions and behavior. In P. H. Mussen & E. M. Hetherington (Eds.), *Handbook of Child Psychology: Socialization, Personality and Social Development* (pp. 469–546). New York: Wiley.

Ramey, C. T. & Ramey, S. L. (1998). Early intervention and early experience. *American Psychologist, 53,* 109–120.

Rapoport, A. (1976). *Experimental games and their uses in psychology.* Morristown, NJ: General Learning Press.

Rauh, H. (2000). Bindungsforschung im deutschsprachigen Raum – Einführung in das Themen-Doppelheft. *Psychologie in Erziehung und Unterricht, 47,* 81–86.

Rauh, H. (2008). Vorgeburtliche Entwicklung und Frühe Kindheit. In R. Oerter & L. Montada (Hrsg.), *Entwicklungspsychologie* (6. Aufl., S. 149–224). Weinheim: PVU.

Raven, J. C. (2002). *Coloured Progressive Matrices (CPM)* (3., neu norm. Aufl.). Frankfurt a. M.: Harcourt Test Services.

Reinhold, C. & Kindler, H. (2006). Gibt es Kinder, die besonders von Kindeswohlgefährdung betroffen sind? In H. Kindler, S. Lillig, H. Blüml, T. Meysen & A. Werner (Hrsg.), *Handbuch Kindeswohlgefährdung nach § 1666 BGB und Allgemeiner Sozialdienst (ASD).* München: DJI.

Reisenzein, R., Debler, W. & Siemer, M. (1992). Über spontane Anstrengungsinferenzen bei scheinbar paradoxen Wirkungen von Lob und Tadel. *Sprache & Kognition, 11,* 129–135.

Remschmidt, H., Schmidt, M. & Poustka, F. (Hrsg.) (2017). *Multiaxiales Klassifikationsschema für psychische Störungen des Kindes- und Jugendalters nach ICD-10. Mit einem synoptischen Vergleich von ICD-10 und DSM-5* (7., aktual. Aufl.). Göttingen u. a.: Hogrefe.

Resch, F. (1999). Beitrag der klinischen Entwicklungspsychologie zu einem neuen Verständnis von Normalität und Pathologie. In R. Oerter, C. v. Hagen, G. Röper & G. Noam (Hrsg.), *Klinische Entwicklungspsychologie. Ein Lehrbuch* (S. 606–622). Weinheim: PVU.

Retter, H. (2005). Spiel und Spielzeug auf der Schwelle eines neuen Zeitalters. *Braunschweiger Beiträge für Theorie und Praxis von RU und KU, 113* (3), 57–61.

Rheinberg, F. & Krug, S. (2005). *Motivationsförderung im Schulalltag* (3. Aufl.). Göttingen: Hogrefe.

Rheinberg, F. & Vollmeyer, R. (2012). *Motivation* (8. Aufl.). Stuttgart: Kohlhammer.

Rheinberg, F. & Vollmeyer, R. (2019). *Motivation* (9. Aufl.). Stuttgart: Kohlhammer.

Rinker, T., Budde-Spengler, N. & Sachse, S. (2016). The relationship between first language (L1) and second language (L2) lexical development in young Turkish-German children. *International Journal of Bilingual Education and Bilingualism, 20,* 218–233.

Ritterfeld, U. (2000). Welchen und wieviel Input braucht das Kind? In H. Grimm (Hrsg.), *Sprachentwicklung* (S. 403–432). Göttingen u. a.: Hogrefe.

Rizzo, M. T., & Killen, M. (2016). Children's understanding of equity in the context of inequality. *British Journal of Developmental Psychology, 34,* 569–581.

Rochat, P., & Hespos, S. J. (1997). Differential rooting response by neonates: Evidence for an early sense of self. *Early Development and Parenting, 6,* 105–112.

Roediger, H. L. & Karpicke, J. D. (2006). Test-enhanced learning: Taking memory tests improves long-term retention. *Psychological Science. 17,* 249–255.

Röhner, C. (2005). Mehrsprachigkeit anerkennen und fördern. Eine programmatische Einführung. In C. Röhner (Hrsg.), *Erziehungsziel Mehrsprachigkeit. Diagnose von Sprachentwicklung und Förderung von Deutsch als Zweitsprache* (S. 7–11). Weinheim, München: Juventa.

Rollett, B. (2002). Frühe Kindheit, Störungen, Entwicklungsrisiken, Förderungsmöglichkeiten. In R. Oerter & L. Montada (Hrsg.), *Entwicklungspsychologie* (S. 713–739). Weinheim: Beltz.

Rosch, E. & Mervis, C. B. (1975). Family resemblances: Studies in the internal structures of categories. *Cognitive Psychology, 7,* 573–605.

Rosch, E., Mervis, C.B., Gray, W.D., Johnson, D.M., & Boyes-Braem, P. (1976). *Basic objects in natural categories. Cognitive Psychology, 8,* 382–439.

Rosner, R. (1999). Entwicklungsdiagnostik und Entwicklungstests in der Klinischen Entwicklungspsychologie. In R. Oerter, C. von Hagen, G. Roeper & G. Noam (Hrsg.), *Klinische Entwicklungspsychologie: Ein Lehrbuch* (S. 119–147). Weinheim: PVU.

Rothbart, M. K. & Bates, J. E. (1998). Temperament. In N. Eisenberg (Ed.), *Handbook of child psychology. Vol. 3: Social, emotional, and personality development* (5. Aufl., S. 105–176). New York: Wiley.

Roth-Hanania, R., Davidov, M., Zahn-Waxler, C. (2011). Empathy development from 8 to 16 months: Early signs of concern for others. *Infant Behavior & Development, 34,* 447–458.

Rousseau, J.-J. (1762/2010). *Émile oder Über die Erziehung.* Köln: Anaconda.

Rubin, K.H., Bowker, J.C., McDonald, K.L., & Menzer, M. (2013). Peer relationships in childhood. In P. Zelazo (Ed.), *Oxford handbook of developmental psychology, Vol 2: Self and other* (pp. 242–275). Oxford, UK: Elsevier.

Rubin, K., Bukowski, W. M. & Bowker, J. C. (2015). Children in peer groups. In M. H. Bornstein & T. Leventhal (Eds.), *Handbook of child psychology and developmental science* (pp. 175–222). Hoboken, New Jersey: Wiley.

Rubin, K., Coplan, R., Chen, X., Bowker, J. & McDonald, K. (2011). Peer relationships in childhood. In M. H. Bornstein & M. E. Lamb (Eds.), *Developmental Science: An Advanced Textbook* (pp. 519–570), Seventh Edition. New York: Psychology Press.

Ruble, D. N. & Frey, K. S. (1991). Changing patterns of comparative behavior as skills are acquired: A functional model of self-evalua-tion. In J. Suls & T. A. Wills (Eds.), *Social comparison: Contemporary theory and research* (S. 70–112). Hillsdale, NJ: Erlbaum.

Rütten, A. & Pfeifer, K. (Hrsg.) (2016). Nationale Empfehlungen für Bewegung und Bewegungsförderung. Gefördert vom Bundesministerium für Gesundheit. FAU Erlangen [https://www.sport.fau.de/files/2016/05/Nationale-Emp fehlungen-für-Bewegung-und-Bewegungsförderung-2016.pdf].

Ruffman, T., Slade, L. & Crowe, E. (2002). The relation between children's and mothers' mental state language and theory-of-mind understanding. *Child Development, 73*, 734–751.

Russ, S.W. (2004). *Play in* Child Development *and Psychotherapy*. Mahwah, NJ: Erlbaum.

Saffran, J. R., Aslin, R. N. & Newport, E. L. (1996). Statistical learning by 8-month old infants. *Science, 274*, 1926–1928.

Sagi, A. & Hoffman, M. L. (1976). Empathic distress in the newborn. *Developmental Psychology, 12*, 175–176.

Salisch, M. von (2000). Zum Einfluss von Gleichaltrigen (Peers) und Freunden auf die Persönlichkeitsentwicklung. In M. Amelang (Hrsg.), *Enzyklopädie der Psychologie, Differentielle Psychologie* (S. 345–405). Göttingen: Hogrefe.

Sameroff, A. J. (1975). Early influences on development: Fact or fancy? *Merrill-Palmer Quarterly, 21*(4), 267–294.

Sanders, M. R. (1999). Triple P-positive parenting program: Towards an empirically validated multilevel parenting and family support strategy for the prevention of behavior and emotional problems in children. *Clinical Child and Family Psychology Review, 2*, 71–90.

Sanders, M. R. & Ralph, A. (2005). Familienintervention und Prävention bei Verhaltensstörungen im Kindes- und Jugendalter. In P. F. Schlottke, R. K. Silbereisen, S. Schneider & G. W. Lauth (Hrsg.), *Störungen im Kindes- und Jugendalter – Grundlagen und Störungen im Entwicklungsverlauf* (S. 342–378). Göttingen u. a.: Hogrefe.

Schaal, B., Marlier, L. & Soussignan, R. (2000). Human foetusses learn odors from their pregnant mother's diet. *Chemical Senses, 25*, 229–237.

Schandry, R. (2016). *Biologische Psychologie. Ein Lehrbuch* (4., überarb. Aufl.). Weinheim: Beltz PVU.

Scheithauer H., Bondü R., Hess, M. & Mayer H. (2015). Förderung sozial-emotionaler Kompetenzen im Vorschulalter: Ergebnisse der Augsburger Längsschnittstudie zur Evaluation des primärpräventiven Programms Papilio® (ALEPP). In T. Malti u. S. Perren (Hg.), *Soziale Kompetenz bei Kindern und Jugendlichen: Entwicklungsprozesse und Förderungsmöglichkeiten* (2., überarb. Auflage, S. 155–176). Stuttgart: Kohlhammer.

Scheithauer, H. & Petermann, F. (2000). Frühinterventionen und -präventionen im Säuglings-, Kleinkind- und frühen Kindesalter. In F. Petermann, K. Niebank & H. Scheithauer (Hrsg.), *Risiken in der frühkindlichen Entwicklung. Entwicklungspsychopathologie der ersten Lebensjahre* (S. 331–356). Göttingen: Hogrefe.

Scherer, K. R. (1990). Theorien und aktuelle Probleme der Emotionspsychologie. In K. R. Scherer (Hrsg.), *Psychologie der Emotion* (S. 2–40). Göttingen: Hogrefe.

Schick, A. (2015). Förderung sozial-emotionaler Kompetenzen in Kindergärten, Grundschulen und in der Sekundarstufe: Konzeption und Evaluation der Faustlos-Curricula. In T. Malti und S. Perren (Hg.), *Soziale Kompetenz bei Kindern und Jugendlichen. Entwicklungsprozesse und Förderungsmöglichkeiten* (2., überarb. Aufl., S. 193–207). Stuttgart: Kohlhammer.

Schick, A. & Cierpka, M. (2003). Faustlos: Evaluation eines Curriculums zur Förderung sozial-emotionaler Kompetenzen und zur Gewaltprävention in der Grundschule. *Kindheit und Entwicklung, 12*, 100–110.

Schlingloff, L., Csibra, G., & Tatone, D. (2020). Do 15-month-old infants prefer helpers? A replication of Hamlin *et al.* (2007). *Royal Society Open Science, 7*(4), 191795.

Schmidt, M. F.H., Svetlova, M., Johe, J. & Tomasello, M. (2016). Children's developing understanding of legitimate reasons for allocating resources unequally. *Cognitive Development, 37*, 42–52.

Schmidtchen, S. & Erb, A. (1976). Analyse des Kinderspiels. Köln: Kiepenheuer & Witsch.

Schmidt-Denter, U. (2002). Vorschulische Förderung. In R. Oerter & L. Montada (Hrsg.), *Entwicklungspsychologie* (5., überarb. Aufl., S. 740–755). Weinheim: Beltz PVU.

Schmidt-Denter, U. (2005). *Soziale Beziehungen im Lebenslauf* (4., vollst. überarb. Aufl.). Weinheim: Beltz.

Schneider, B. H. (2016). *Childhood friendships and peer relations: Friends and enemies.* London: Routledge

Schneider, W. (2008) (Hrsg.). *Entwicklung von der Kindheit bis zum Erwachsenenalter: Befunde der Münchner Längsschnittstudie LOGIK.* Weinheim: Beltz.

Schneider, W. & Bjorklund, D. (2005). Memory and knowledge development. In J. Valsiner & K. Connolly (Eds.), *Handbook of developmental psychology* (S. 370–403). London: Sage.

Schneider, W., Hasselhorn, M. & Körkel, J. (2003). Entwicklung des Gedächtnisses und Metagedächtnisses im Kindes- und Jugendalter. In W. Schneider & M. Knopf (Hrsg.), *Entwicklung, Lehren und Lernen* (S. 15–34). Göttingen: Hogrefe.

Schneider, W. & Lindenberger, U. (2018). *Entwicklungspsychologie* (8. Aufl.). Weinheim: Beltz.

Schneider, W. & Lindenberger, U. (2012). Gedächtnis. In W. Schneider & U. Lindenberger (Hrsg.), *Entwicklungspsychologie* (7. Aufl., S.413–432. Weinheim: Beltz.

Schneider, W. & Pressley, M (1989). *Memory development between two and twenty.* Mahwah, NJ: Erlbaum.

Schnotz, W. (2006). *Pädagogische Psychologie: Workbook.* Weinheim: Beltz.

Schölmerich A. & Leyendecker, B. (2009). Psychologische Diagnostik bei Kindern aus zugewanderten Familien. In D. Irblich & G. Renner (Hrsg.), *Diagnostik in der klinischen Kinderpsychologie. Die ersten sieben Lebensjahre.* Göttingen: Hogrefe

Schone, R. (2000). Vernachlässigung von Kindern. Basisfürsorge und Interventionskonzepte. In H. Weiß (Hrsg.), *Frühförderung mit Kindern und Familien in Armutslagen* (S. 71–88). München, Basel: Reinhardt.

Schott, N. & Munzert, J. (Hrsg.) (2010). *Motorische Entwicklung.* Göttingen u. a.: Hogrefe.

Schuhrke, B. (1991). *Körperentdecken und psychosexuelle Entwicklung. Theoretische Überlegungen und eine Längsschnittuntersuchung an Kindern im zweiten Lebensjahr.* Regensburg: Roderer.

Schuhrke, B. (1999). Scham, körperliche Intimität und Familie. *Zeitschrift für Familienforschung, 11,* 59–83.

Schuhrke, B. (2005). Schamgefühl und körperliche Privatsphäre bei Kindern. Ergebnisse einer Puppenspielstudie. In B. Bender-Junker & C. Mansfeld (Hrsg.), *Bildung und Bildungsanlässe. Pädagogische und gesellschaftliche Kontexte* (S. 15–40). Darmstadt: Bogen Verlag.

Schuhrke, B. (2020). Zur Bedeutung der Scham und ihrer Entwicklung in Kindheit und Jugend. *Ärztliche Psychotherapie, 15,* S. 221–226.

Schuhrke, B. & Arnold, J. (2009). Kinder und Jugendliche mit problematischem sexuellem Verhalten in (teil-)stationären Hilfen zur Erziehung. *Praxis der Kinderpsychologie und Kinderpsychiatrie, 58,* 186–214.

Schuhrke, B. [unter Mitarbeit von Rank, A., Stadler, A., Pinz, D. & Hildner, B.] (2003). *Kindliche Körperscham und familiale Schamregeln* (7., unveränd. Aufl.). Eine Studie im Auftrag der Bundeszentrale für gesundheitliche Aufklärung. Köln: BZgA.

Schuster, P. (2001). Von der Theorie zur Praxis – Wege zur unterrichts-praktischen Umsetzung des Ansatzes von Kohlberg. In W. Edelstein, F. Oser & P. Schuster (Hrsg.), *Moralische Erziehung in der Schule* (S. 177–212). Weinheim: Beltz.

Schütz, A. (2000). *Psychologie des Selbstwertgefühls. Von Selbstakzeptanz bis Arroganz.* Stuttgart: Kohlhammer.

Schwarzer, G. (2015). Wahrnehmung. In G. Schwarzer & B. Jovanovic, *Entwicklungspsychologie der Kindheit* (S. 138–164). Stuttgart: Kohlhammer.

Schweinhart, L. J., Barnes, H. & Weikhart, D. (Eds) (1993). *Significant benefits: The High/Scope Perry Pre-school study through age 27.* Ypsilanti, Michigan: High/Scope Press.

Seiffge-Krenke, I. (2009). *Psychotherapie und Entwicklungspsychologie. Beziehungen, Herausforderungen, Ressourcen und Risiken* (2. Aufl.). Berlin: Springer.

Seitz, V. & Provence, S. (1990). Caregiver-focused models of early intervention. In S. J. Meisels & J. P. Shonkoff, (Eds.), *Handbook of early childhood intervention* (S. 400–427). Cambridge, New York: Cambridge University Press.

Selman, R. L. (1984). *Die Entwicklung des sozialen Verstehens.* Frankfurt a. M.: Suhrkamp.

Senzaki, S., Shimizu, Y. & Calma-Birling, D. (2021). The development of temperament and maternal perception of child: A cross-cultural examination in the United States and Japan. *Personality and Individual Differences, 170.* doi: 10.1016/j.paid.2020.110407 110407.

Shankle, W. R., Romney, A. K., Landing, B. H. & Hara, J. (1998). Developmental patterns in the cytoarchitecture of the human cerebral cortex from birth to six years evaluated by correspondence analysis. *Proceedings of the National Academy of Sciences. 95*, 4023–4028.

Shatz, M. & Gelman, R. (1973). The development of communication skills: Modifications in the speech of young children as a function of the listener. *Monographs of the Society for Research in Child Development, 38*, 1–38.

Shiner, R., Buss, K. A., McClowry, S. G., Putnam, S., Saudino, K. J. & Zentner, M. (2012). What is temperament *now?* Assessing progress in temperament research on the twenty-fifth anniversary of Goldsmith et al. (1987). *Child Development Perspectives, 6*, 43–444.

Sidor, A., Kunz, E., Eickhorst, A. & Cierpka, M. (2016). Wirksamkeit des Präventionsprojekts »Keiner fällt durchs Netz« (KfdN) in Modellprojektstandorten im Saarland. *Zeitschrift für Entwicklungspsychologie und Pädagogische Psychologie, 47*, 1–13.

Siegler, R., Eisenberg, N., DeLoache, J. & Saffran, J. (2016). *Entwicklungspsychologie im Kindes- und Jugendalter.* Heidelberg: Spektrum Akademischer Verlag.

Simmer, M. L. (1971). Newborn's response to the cry of another infant. *Developmental Psychology, 5*, 136–150.

Singer, W. (2002). *Der Beobachter im Gehirn. Essays zur Hirnforschung.* Frankfurt a. M.: Suhrkamp.

Siraj-Blatchford, I., Shepherd, D.-L., Melhuish, E., Taggart, B., Sammons, P., Sylva, K. (2011). Effective primary pedagogical strategies in English and mathematics in key stage 2: A study of year 5 classroom practice drawn from the EPPSE 3–16 longitudinal study. Department of Education Research Brief 129 [https://dera.ioe.ac.uk/id/eprint/3876/1/3876_DFE-RR129.pdf].

Sloane, S., Baillargeon, R. & Premack, D. (2012). Do infants have a sense of fairness? *Psychological Science, 23*, 196–204.

Sloutsky, V. M. (2010). From perceptual categories to concepts: What develops? *Cognitive Science, 34*, 1244–1286.

Smith, E. R. (1998). Mental representation and memory. In D. T. Gilbert, S. T. Fiske & G. Lindzey (Eds.), *The handbook of social psychology* (Vol. I, 4th ed., pp. 391–445). Boston, MA: The MacGraw-Hill Companies.

Sodian, B. (2018). Entwicklung des Denkens. In W. Schneider & U. Lindenberger (Hrsg.), *Entwicklungspsychologie* (8. Aufl., S. 395–422). Weinheim: Beltz PVU.

Soto, C. J. & Tackett, J. L. (2015). Personality traits in childhood and adolescence: Structure, development, and outcomes. *Current Directions in Psychological Science, 24*, 358–362.

Spinath, F. M. (2000). Temperamentsmerkmale bei Kindern: Psychometrische Güte und verhaltensgenetische Befunde zum deutschen Emotionalitäts-Aktivitäts-Soziabilitäts-Temperamentinventar (EAS) nach Buss & Plomin (1984). *Zeitschrift für Differentielle und Diagnostische Psychologie, 21*, 65–75.

Spitzer, M. (2002). *Lernen. Gehirnforschung und die Schule des Lebens.* Heidelberg, Berlin: Spektrum Akademischer Verlag.

Spröber, N., Schlottke, P. F. & Hautzinger, M. (2006). ProAct + E: Ein Programm zur Prävention von »bullying« an Schulen und zur Förderung der positiven Entwicklung von Schülern. Evaluation eines schulbasierten, universalen, primärpräventiven Programms für weiterführende Schulen unter Einbeziehung von Lehrern, Schülern und Eltern. *Zeitschrift für Klinische Psychologie und Psychotherapie, 35*, 140–150.

Sroufe, A. (1997). Psychopathology as an outcome of development. *Development and Psychopathology, 9*, 251–268.

Sroufe, L. A. (1990). An organizational perspective on the self. In D. Cicchetti & M. Beeghly (Eds.), *The self in transition: Infancy to chidlhood* (S. 281–307). Chicago: The University of Chicago Press.

Starker, A., Lampert, T., Worth, A., Oberger, J., Kahl, H. & Bös, K. (2007). Motorische Leistungsfähigkeit. Ergebnisse des Kinder- und Jugendgesundheitssurveys (KiGGS). *Bundesgesundheitsbl Gesundheitsforsch Gesundheitsschutz, 50*, 775–783.

Statistisches Bundesamt (destatis) (2023). *Betreuungsquote von Kindern unter 6 Jahren nach Bundesländern.* [https://www.destatis.de/DE/Themen/Gesellschaft-Umwelt/ Soziales/Kindertagesbetreuung/Tabellen/betreuungsquote.html]

Steinhausen, H.-C. (2006). *Psychische Störungen bei Kindern und Jugendlichen. Lehrbuch der Kinder- und Jugendpsychiatrie* (6., überarb. Aufl.). München: Urban & Fischer.

Stern, C. & Stern, W. (1907/1965). *Die Kindersprache. Eine psychologische und sprachtheoretische Untersuchung* (5. Aufl.). Darmstadt: Wissenschaftliche Buchhandlung.

Stern, D. (1993). *Die Lebenserfahrung des Säuglings* (3. Aufl.). Stuttgart: Klett-Cotta.

Stifter, C. & Dollar, J. (2016). Temperament and developmental psychopathology. In D. Cicchetti (Eds.), *Developmental psychopathology* (3. ed.). Volume Four: Risk, resilience, and intervention (pp. 546–607). Hoboken, NJ: Wiley.

Stork, H. (1988). Stufen der kognitiven Entwicklung nach Piaget und ihre mögliche Berücksichtigung im naturwissenschaftlichen Unterricht. In I. Oomen-Welke & C. von Rhöneck (Hrsg.), *Schüler: Persönlichkeit und Lernverhalten. Methoden des*

Messens und Denkens in der fachdidaktischen Unterrichtsforschung (S. 85–107). Tübingen: Gunter Narr.

Straub, J. (2000). Identität als psychologisches Deutungskonzept. In W. Greve (Hrsg.), *Psychologie des Selbst* (S. 279–301). Weinheim: PVU.

Strauss, R. S. & Dietz, W. H. (1998). Growth and development of term children with low birth weight: Effects of genetic and environmental factors. *Journal of Pediatrics, 133,* 76–72.

Sturmhöfel, N., Streb, J. & Arndt, P.A. (2015, September). *Preschool children's self-regulation and task orientation capacities predict their primary school social integration and academic performance.* Paper presented at the 25th Annual Conference of European Early Childhood Education Research Association (EECERA), Barcelona.

Suchodoletz, W. von (2001). Hirnorganische Repräsentation von Sprache und Sprachentwicklungsstörungen. In W. von Suchodoletz (Hrsg.), *Sprachentwicklungsstörungen und Gehirn. Neurobiologische Grundlagen von Sprache und Sprachentwicklungsstörungen* (S. 27–69). Stuttgart: Kohlhammer.

Sutherland, P. (1992). *Cognitive development today: Piaget and his critics.* London: Paul Chapman.

Sylva, K., Melhuish, E., Sammons, P., Siraj-Blatchford, I. & Taggart, B. (2004). *The effective provision of pre-school education (EPPE) project: Findings from pre-school to end of key stage 1.* Research Brief, Department for Education and Skills (Dfes), November [https://dera.ioe.ac.uk/id/eprint/18189/2/SSU-SF-2004-01.pdf].

Szagun, G. (2000). *Sprachentwicklung beim Kind* (6., überarb. Aufl.). Weinheim: Beltz.

Szagun, G. (2013). *Sprachentwicklung beim Kind.* (6., neu ausgestattete Aufl.). Weinheim: Beltz.

Takesian, A. E. & Hensch, T. K. (2013). Balancing plasticity/stability across brain development. *Progress in Brain Research, 207,* 3–34.

Tanapat, P., Hastings, N. B., Gould, E. (2001). Adult neurogenesis in the hippocampal formation. In C. A. Nelson & M. Luciana (Eds.), *Handbook of Developmental Neuroscience* (S. 93–105). Cambridge, MA: Bradford Book.

Tangney, J. P., Wagner, P., Fletcher, C. & Gramzow, R. (1992). Shamed into anger? The relation of shame and guilt to anger and self-report-ed aggression. *Journal of Personality and Social Psychology, 62,* 669–675.

Teicher, M. H., Samson, J. A., Anderson, C. M. & Ohashi, K. (2016). The effects of childhood maltreatment on brain structure, function and connectivity. *Nature Reviews, 17,* 652–666.

Tellegen, P. J., Laros, J. A. & Petermann, F. (2007). *Snijders-Oomen Non-verbaler Intelligenztest von 2½ bis 7 Jahren (SON-R 2½–7): Handanweisung und deutsche Normen* (2., veränd. Aufl.). Göttingen: Hogrefe.

Textor, M. R. (2000). Institutionelle Hilfesysteme. In H. Weiß (Hrsg.), *Frühförderung mit Kindern und Familien in Armutslagen* (S. 103–112). München, Basel: Reinhardt.

The EPPE 3–11 Research Team (2005). *Effective pre-school and primary education 3–11 project (EPPE 3–11). A longitudinal study funded by the DfES (2003–2008).* [https:// discovery.ucl.ac.uk/id/eprint/10096935/1/Sylva_Effect_of_starting_pre-school_ at_age_2_report.pdf

Thelen, E. (2000). Motor development as foundation and future of developmental psychology. *International Journal of Behavioral Development, 24(4),* 385–397.

Thomas, A. (1991). *Grundriß der Sozialpsychologie: Grundlegende Begriffe und Prozesse.* Göttingen: Hogrefe.

Thomas, A. & Chess, S. (1977). *Temperament and development.* New York: Brunner/ Mazel.

Thomas, K. M. & Casey, B. J. (2003). Methods for imaging the developing brain. In M. De Haan & M. H. Johnson (Eds.), *The cognitive neuroscience of development* (S. 19–42). Hove: Psychology Press.

Thompson, R. A. (2009). Early foundations: Conscience and the devel-opment of moral character. In D. Narvaez & D. Lapsley (Eds.), *Personality, identity, and character: Explorations in moral psychology* (pp. 159–184). New York: Cambridge University Press.

Tophoven, S., Lietzmann, T. Reiter, S. & Wenzig, C. (2017). *Armutsmuster in Kindheit und Jugend. Längsschnittbetrachtungen von Kinderarmut.* Gütersloh: Bertelsmann Stiftung.

Toth, S. L., Cicchetti, D., Macfie, J. & Emde, R. N. (1997). Representations of self and other in the narratives of neglected, physically abused, and sexually abused preschoolers. *Development and Psychopathology, 9,* 781–796.

Touwen, B. C. L. (1998). The brain and the development of function. *Developmental Review, 18,* 504–526.

Tracy, R. & Gawlitzek-Maiwald, I. (2000). Bilingualismus in der frühen Kindheit. In H. Grimm (Hrsg.), *Sprachentwicklung* (S. 495–535). Göttingen u. a.: Hogrefe.

Trautner, H. M. (1997). *Lehrbuch der Entwicklungspsychologie: Theorien und Befunde* (2., unveränd. Aufl.). Göttingen: Hogrefe.

Trautner, H. M. (2002). Entwicklung der Geschlechtsidentität. In R. Oerter & L. Montada (Hrsg.), *Entwicklungspsychologie* (5., überarb. Aufl., S. 648–674). Weinheim: PVU.

Trautner, H. M. (2008). Entwicklung der Geschlechtsidentität. In R. Oerter & L. Montada (Hrsg.), *Entwicklungspsychologie* (6., überarb. Aufl., S. 625–651). Weinheim: Beltz.

Treszniewski, K. H., Donnellan, M. B. & Robins, R. W. (2003). Stability of self-esteem across the life span. *Journal of Personality and Social Psychology, 84,* 205–220.

Trommsdorff, G. (1995). Person-context relations as developmental conditions for empathy and prosocial action: A cross-cultural anal-ysis. In T. A. Kindermann (Ed.), *Development of Person-Context Relations* (S. 113–146). Hillsdale: Erlbaum.

Trommsdorff, G., Friedlmeier, W. & Mayer, B. (2007). Sympathy, distress, and prosocial behavior of preschool children in four cultures. *International Journal of Behavioral Development, 3*, 284–293.

Trudeau-Fisette, P., Ito, T. & Ménard, L. (2019). Auditory and somatosensory perception in children and adults. *Frontiers in Human Neuroscience, 13*, 344.

Trudewind, C. & Husarek, B. (1979). Mutter-Kind-Interaktion bei der Hausaufgabenbetreuung und die Leistungsmotientwicklung im Grundschulalter: Analyse einer ökologischen Schlüsselsituation. In H. Walter & R. Oerter (Hrsg.), *Ökologie und Entwicklung* (S. 229–246). Stuttgart: Klett.

Trudewind, C. & Kohne, W. (1982). Bezugsnorm-Orientierung der Lehrer und Motientwicklung: Zusammenhänge mit Schulleistung, Intelligenz und Merkmalen der häuslichen Umwelt in der Grundschulzeit. In F. Rheinberg (Hrsg.) *Bezugsnormen zur Schulleistungsbewertung: Analyse und Intervention* (S. 115–141). Düsseldorf: -Schwann.

Turiel, E. (1983). *The development of social knowledge: Morality and convention.* Cambridge: Cambridge University Press.

Turiel, E. (2008). Thought about actions in social domains: Morality, social conventions, and social interactions. *Cognitive Development, 23*, 136–154.

Ulich, D., Kienbaum, J. & Volland, C. (1999). Emotionale Schemata und Emotionsdifferenzierung. In W. Friedlmeier & M. Holodynski (Hrsg.), *Emotionale Entwicklung. Funktion, Regulation und soziokultureller Kontext von Emotionen* (S. 52–69). Berlin: Spektrum Akademischer Verlag.

Ulich, D., Kienbaum, J. & Volland, C. (2002). Empathie mit anderen entwickeln: Wie entwickelt sich Mitgefühl? In M. von Salisch (Hrsg.), *Emotionale Kompetenz entwickeln. Grundlagen in Kindheit und Jugend* (S. 111–133). Stuttgart: Kohlhammer.

Ulich, D. & Mayring, P. (2003). *Psychologie der Emotionen* (2., überarb. und erw. Aufl.). Stuttgart: Kohlhammer.

Ulich, M. (1988). Risiko- und Schutzfaktoren in der Entwicklung von Kindern und Jugendlichen. *Zeitschrift für Entwicklungspsychologie und Pädagogische Psychologie, 20*, 146–166.

Ulrich, B. D. (1997). Dynamic systems theory and skill development in infants and children. In K. J. Connolly & H. Forssberg (Eds.), *Neurophysiology & neuropsychology of motor development* (S. 319–345). London: Mc Keith.

Underwood, M. K. (2004). Gender and peer relations: Are the two gender cultures really all that different? In J. B. Kupersmidt & K. A. Dodge (Eds.), *Children's peer relations: From development to intervention* (S. 21–36). Washington: American Psychological Association.

van Aken, M. A. G., Asendorpf, J. B. & Wilpers, S. (1996). Das soziale Unterstützungsnetzwerk von Kindern: Strukturelle Merkmale, Grad der Unterstützung, Konflikt und Beziehung zum Selbstwertgefühl. *Psychologie in Erziehung und Unterricht, 43*, 114–126.

van den Boom, D. C. (1997). Sensitivity and attachment: Next steps for developmentalists. *Child Development, 64*(4), 592–594.

van IJzendoorn, M. H., Schuengel, C., Bakermans-Kranenburg, M. J. (1999): Disorganized attachment in early childhood. Meta-analysis of precursors, concomitants, and sequelae. *Development Psychopathology* 11 (2), 225–249.

Viernickel, S. & Schwarz, S. (2009). *Schlüssel zu guter Bildung, Erziehung und Betreuung. Wissenschaftliche Parameter zur Bestimmung der pädagogischen Fachkraft-Kind-Relation.* Expertise hrsg. v. Der Paritätische Gesamtverband, Diakonisches Werk der EKD, Gewerkschaft Erziehung und Wissenschaft [https://www.gew.de/index.php?eID=dumpFile&t=f&f=26405&token=d4c11a627e9b10904f97f9166f06a2593ef47c94&sdownload=]

Volland, C., Ulich, D. & Fischer, A. (2004). Wer verdient Hilfe? Zum altersabhängigen Einfluss von Empfängermerkmalen auf die Prosozialität von Kindern. *Zeitschrift für Entwicklungspsychologie und Pädagogische Psychologie, 36*(2), 69–73.

Wachs, T. D., Georgieff, M., Cusick, M. & McEwen, B. (2014). Issues in the timing of integrated early interventions: contributions from nutrition, neuroscience and psychological research. *Annals of the New York Academy of Sciences, 1308,* 89–106.

Wallbott, H. G. & Scherer, K. R. (1989). Assessing emotion by ques-tionnaire. In R. Plutchik & H. Kellerman (Eds.), *The measurement of emotions* (S. 55–82). San Diego: Academic Press.

Wang, Y. & Henderson, A. M. E. (2018). Just rewards: 17-month-old infants expect agents to take resources according to the principles of distributive justice. *Journal of Experimental Child Psychology, 172,* 25–40.

Warneken, F., & Tomasello, M. (2009). The roots of altruism. *British Journal of Psychology, 100,* 455–471.

Watson, J. B. (1930). *Behaviourism.* New York: Norton.

Watson, J. B. & Raynor, R. (1920). Conditioned emotional reactions. *Journal of Experimental Psychology, 3,* 1–14.

Weikart, D. P. & Schweinhart, L. J. (1997). High/Scope Perry preschool program. In G. W. Albee & T. P. Gullotta (Eds.), *Primary prevention works* (S. 146–166). Thousand Oaks, CA: Sage Publications.

Weinert, F. E. (1990). Einführung und Überblick. In W. Schneider, M. Knopf, E. Stern, A. Helmke & J. Asendorpf (Hrsg.), *Die Entwicklung kognitiver, motivationaler und sozialer Kompetenz zwischen dem 4. und 8. Lebensjahr* (S. 1–20). München: Max-Planck-Institut für Psychologische Forschung.

Weinert, F. E. & Schneider, W. (Eds.) (1999). *Individual development from 3 to 12. Findings from the Munich longitudinal study.* Cambridge: University Press.

Weinert, S. (2003). Entwicklung von Sprache und Denken. In W. Schneider & M. Kopf (Hrsg.), *Lehren und Lernen. Zum Gedenken an Franz Emmanuel Weinert* (S. 93–108). Göttingen: Hogrefe.

Weiß, H. (2000). Kindliche Entwicklungsgefährdungen im Kontext von Armut und Benachteiligung. In H. Weiß (Hrsg.), *Frühförderung mit Kindern und Familien in Armutslagen* (S. 50–70). München, Basel: Reinhardt.

Weissenborn, J. (2000). Der Erwerb von Morphologie und Syntax. In H. Grimm (Hrsg.), *Sprachentwicklung* (S. 141–169). Göttingen u.a.: Hogrefe.

Wentura, D. (2000). Personale und subpersonale Aspekte des Selbst: Wie man über sich »Selbst« Auskunft gibt ohne über sich selbst Auskunft zu geben. In W. Greve (Hrsg.), *Psychologie des Selbst* (S. 255–276). Weinheim: PVU.

Werner, E. & Smith, R. S. (1982). *Vulnerable but invincible: a longitudinal study of resilient children and youth.* New York: McGraw-Hill.

Whitehurst, G. J., Falco, F. L., Lonigan, C. J., Fischel, B. D., DeBaryshe, M. C., Valdez-Menchaca, M. C. & Caulfield, M. (1988). Accelerating language development through picture book reading. *Developmental Psychology, 24,* 525–559.

Whiten, A. (1991). *Natural theories of mind: Evolution, development and simulation of everyday mindreading.* Cambridge: Blackwell.

Wicker, F. W.; Payne, G. C. & Morgan, R. D. (1983). Participant descriptions of guilt and shame. *Motivation and Emotion, 7,* 25–39.

Wiefel, A. et al. (2007). Diagnostik und Klassifikation von Verhaltensauffälligkeiten bei Säuglingen und Kleinkindern von 0–5 Jahren. *Praxis der Kinderpsychologie und Kinderpsychiatrie, 56,* 59–81.

Wilkening, F. (1979). Combining of stimulus dimensions in children's judgments of area: An information integration analysis. *Developmental Psychology, 15,* 25–33.

Wilkening, F. (1980). Development of dimensional integration in children's perceptual judgment: Experiments with area, volume, and velocity. In F. Wilkening, J. Becker, & T. Trabasso (Eds.), *Information integration by children* (pp. 47–69). Hillsdale, NJ: Erlbaum.

Wilkening, F. & Krist, H. (2008). Entwicklung der Wahrnehmung und Psychomotorik. In R. Oerter. & L. Montada (Hrsg.), *Entwicklungspsychologie* (6., überarb. Aufl., S. 413–435). Weinheim: PVU.

Wilson M. (2002). Six views of embodied cognition. *Psychonomic Bulletin & Review, 9,* 625–636.

Wimmer, M. C. & Marx, C. (2014). Inhibitory processes in visual perception: A bilingual advantage. *Journal of Experimental Child Psychology, 126,* 412–419.

Wimmer, H. & Perner, J. (1983). Beliefs about beliefs: Representation and constraining function of wrong beliefs in young children's understanding of deception. *Cognition,* 13, 103–128.

Winterbottom, M. (1958). The relation of need for achievement to learning experience in independence and mastery. In J. W. Atkinson (Ed.), *Motives in fantasy, action, and society* (S. 453–478). Princeton, NJ: Van Nostrand.

Wiseheart, M., Küpper-Tetzel, C. E., Weston, T., Kim, A. S. N., Kapler, I. V., & Foot-Seymour, V. (2019). Enhancing the quality of student learning using distributed practice. In J. Dunlosky & K. A. Rawson (Eds.), *The Cambridge handbook of cognition and education* (S. 550–583). Cambridge University Press.

Wittgenstein, L. (1953/1982). *Philosophische Untersuchungen* (3. Aufl.). Frankfurt a.M.: Suhrkamp.

Wolff, U. (2000). Die kindliche Entwicklung. In R. Naschwitz-Moritz (Hrsg.), *Die Psychomotorische Idee. Grundlagen und Praxisanregungen* (S. 25–43). Aachen: Meyer & Meyer.

Woodward, A. L. (1998). Infants selectively encode the goal object of an actor's reach. *Cognition, 69*,1–34.

Wurmser, L. (2001) »Die tiefste Gewissenskollision« – Zur Konfliktanalyse der Scham. Ethik und Sozialwissenschaften. *Streitforum für Erwägungskultur, 12,* 335–337.

Younger, B. A. & Gotlieb, S. (1988). Development of categorization skills: Changes in the nature or structure of infant form categories? *Devel-opmental Psychology, 24,* 611–619.

Zahn-Waxler, C., Radke-Yarrow, M., King, R. A. (1979). Child rearing and children's prosocial initiations toward victims of distress. *Child Development, 50,* S. 319–330.

Zahn-Waxler, C., Schiro, K., Robinson, J. A. L., Emde, R. N. & Schmitz, S. (2001). Empathy and prosocial patterns in young MZ and DZ twins. Development and genetic and environmental influences. In R. N. Emde & J. K. Hawitt (Eds.), *Infancy to early childhood. Genetic and environmental influences on development change* (S. 141–162). Oxford: Oxford University Press.

Zamuner, T. S. & Kharlamov, V. (2016). Phonotactics and syllable structure in infant speech perception. In J. Lidz, W. Snyder & J. Pater (Hrsg.), *The Oxford handbook of developmental linguistics* (S. 27–42). New York, NY: Oxford University Press.

Zander, M. (Hrsg.) (2011). *Handbuch Resilienzförderung.* Wiesbaden: VS Verlag für Sozialwissenschaften.

Zask, A., Beurden, van E., Barnett, L., Brooks, L. O. & Dietrich, U. C. (2001). Active school grounds – myth or reality? Results of the »Move It Groove It« project. *Preventive Medicine, 33,* 402–408.

Zeman, J. & Garber, J. (1996). Display rules for anger, sadness, and pain: It depends on who is watching. *Child Development, 67*(3), 957–973.

Zentner, M. (unter Mitarbeit von L. Ihrig) (2011). *Inventar zur integrativen Erfassung des Kind-Temperaments* (IKT). Bern: Huber.

Zentner, M. R. (2000). Das Temperament als Risikofaktor in der frühkindlichen Entwicklung. In F. Petermann, K. Niebank & H. Scheithauer (Hrsg.), *Risiken in der frühkindlichen Entwicklung. Entwicklungspsychopathologie der ersten Lebensjahre* (S. 257–281). Göttingen: Hogrefe.

Zentner, M. & Bates, J. E. (2008). Child Temperament: An Integrative Review of Concepts, Research Programs, and Measures. European Journal of Developmental Science, 2(1/2), 7–37.

Zentner, M. & Shiner, R. L. (2012). Fifty years of progress in temperament research. A synthesis of major themes, findings, and challenges and a look forward. In M. Zentner & R. L. Shiner (Eds.), *Handbook of temperament* (pp. 673–700). New York: Guilford Press.

Zero to Three (2019). DC:0–5. Diagnostische Klassifikation seelischer Gesundheit und Entwicklungsstörungen in der frühen Kindheit. Stuttgart: Kohlhammer.

Zierer, K. (2006). *Können Kinder Moral lernen?* Baltmannsweiler: Schneider.

Zimbardo, P. G. & Gerrig, R. J. (2004). *Psychologie.* München: Pearson Studium.

Zimmer-Gembeck, M. J., Webb, H. J., Pepping, C. A., Swan, K., Merlo, O., Skinner, E. A., Avdagic, E. & Dunbar, M. (2015). Review: Is parent-child attachment a correlate of children's emotion regulation and coping? *International J. of Behavioral Development, 41,* S. 1–20.

Zimmermann, P. & Spangler, G. (2008). Bindung, Bindungsdesorganisation und Bindungsstörungen in der frühen Kindheit: Entwicklungsbedingungen, Prävention und Intervention. In R. Oerter & L. Montada (Hrsg.), *Entwicklungspsychologie.* (6., vollst. überarb. Aufl., S. 689–704). Weinheim: Beltz.

Zimmermann, P., Spangler, G., Schieche, M. & Becker-Stoll, F. (1995). Bindung im Lebenslauf: Determinanten, Kontinuität, Konsequenzen und künftige Perspektiven. In G. Spangler & P. Zimmermann (Hrsg.), *Die Bindungstheorie. Grundlagen, Forschung und Anwendung* (S. 311–332). Stuttgart: Klett-Cotta.

Ziv, T. & Sommerville, J. A. (2017). Developmental differences in infants' fairness expectations from 6 to 15 months of age. *Child Development, 88,* 1930–1951.

Stichwortverzeichnis

A

Abweichung   271
–   Entwicklungspfade   271, 284
–   Störung   271, 281
ADHS   286
Aggressivität   272
Ammensprache   114
Anerkennung   265
anhaltendes geteiltes Denken   330
Anlage und Umwelt   23, 112, 219
–   Erfahrung   71
–   erfahrungsunabhängige, -erwarten-
    de, -abhängige Hirnentwick-
    lung   66
–   Interaktion   74
Anpassung   67, 74, 270
–   Fehlanpassung   270, 272
Anspruchsniveau   226
Apoptose   62, 64
Äquilibration   153
Äquivalenz der Indikatoren   45
Ätiologie   275, 281
Attribution auf Anstrengung   233
auditive Wahrnehmung
–   Hören   66, 81
Aufteilungsgerechtigkeit   43, 196
Autismus   188, 274, 279
autonome Moral   190
Axon   58

B

Bayley Scales of Infant Development
–   Tests   84
Begriff   108, 259
–   Eigenschaftsbegriff   262
–   Exemplare   175
–   Vorbegriffe   155
Behaviorismus   31
Benennungsexplosion   106
Beobachtung
–   naturalistisch   41
–   standardisiert   41, 301
Bewegung   80, 98, 178
–   aktiv   87
–   Bewegungsinformation   80
–   Bewegungsmangel   93
–   pränatal   86
–   reaktiv   86
–   Variabilität   87, 88
Bezugsnorm
–   individuell   232
–   sozial   231
Bildung   328
Bildung von Nervenzellen   61
Bildungspläne   329
Bilingualität   118, 119
Bindung   127
–   Bindungstheorie, Arbeitsmodelle
    258
–   Bindungsverhalten   128
–   desorganisiert   132

– Filialprägung 72
– Konsequenzen der 134
– sicher 131
– Stabilität der 133
– und Determinismus 136
– und frühe nicht-mütterliche Betreuung 144
– und soziale Unterstützung 135
– unsicher-ambivalent 131
– unsicher-vermeidend 131
biopsychosoziale Modelle 272
blinde Menschen 67
Brazelton Neonatal Behavior Assessment Scale 84

C

Chronosystem 37
constraint 88, 107, 123
Corpus callosum 57

D

Dendriten 59, 69
– Dornenfortsätze 69
– Entstehung 64
dendritic spines
– Entstehung 64
Diagnosen 274
Diagnostik 94
Dilemma 192
Dishabituation 176
Diskurskohärenz 111

E

Egozentrismus 155, 185
Einsatz 300
Elektroenzephalogramm 56
Eltern-Kind-Beziehung 318
Emotionen

– Basisemotionen 209
– Komponenten 208
Empathie 194, 215
Entwicklung
– allgemeine 21
– differentielle 21, 218, 219
– Stufentheorie, Merkmale 153
Entwicklungsdefizit 292
Entwicklungsdiagnostik 291
– Entwicklungsprognose 298
– Fördermaßnahmen 299
– in der pädagogischen Praxis 301
Entwicklungspfade 74
Entwicklungsprognose 285
Entwicklungspsychopathologie-
Begriff/Definition 270
Entwicklungsrückstand 292
Entwicklungsstörung 106
Entwicklungstests 278, 293
– allgemein 295
– Einsatz 300
– Entwicklungsprofil 296
– Interpretation des Ergebnisses 298
– Normwerte 297
– speziell 296
– Störeinflüsse 297
Entwicklungstheorie
– biologisch-reifungstheoretisch 29
– kognitive 34
– ökologisch 35
Epidemiologie
– Inzidenzrate 281
– Prävalenzrate 281
EPPE-Studie 329
ereigniskorrelierte Potentiale 56
– evozierte 78
Erfahrung 66, 74
Erfolgsmaße 316
Erkenntnistheorie
– genetische (Piaget) 151
Ernährung 70, 71
– Mutter 82
– Nahrungspräferenz 83

Erstsprache 119
Erwartungs-mal-Wert-Modelle 224
Ethologie 29, 128
Event-Sampling-Methode 41
Evolutionstheorie 28
Exosystem 36
Experiment 43, 44
– experimentelles Denken 159
– Experimentieren 161
– Pendelversuch 158
– Umschüttversuch 157

F

Fachkraft-Kind-Verhältnis 331
false belief 185
Farbensehen 80
Feinfühligkeit 129, 135
Formal-operationale Intelligenz 158
Fragebogen 39
– EAS Temperament 244
fremde Situation 129
Frühgeborene 73
– taktile Stimulation 84

G

Gedächtnis 163
– autobiographisch 172
– Gedächtnisspanne 167
– Gedächtnisstrategien 167
– Metagedächtnis 170
– Speicherformen 164
Gefühlsansteckung 215
Gehen 89
Geruchswahrnehmung
– Personen 83
Geschlecht 33, 97, 139, 264, 273,
  305, 322
Geschlechtsidentität
– global/spezifisch 253
Geschmackswahrnehmung 82

Gesellschaft 270
Gesundheit 93, 94, 310, 312
Gesundheitswesen 316
Gleichgewicht 84
Glia 58, 65
– Entstehung 61
Grammatik 109
Greifen 91
– Auge-Hand-Koordination 91
– Greifschema 154
Grenzsteine 89
Grenzwert 278
Großhirn 57
– Amygdala 57
– Hemisphären 57
– Hippocampus 57, 70
– Lappen 57

H

Habituation 81, 176
Habituationsmethode 78
Hausaufgaben 232
heteronome Moral 190
High/Scope Perry Preschool Project
  332
Hirnrinde 57, 70
– Broca-Region 113
horizontale Verschiebung 159
Hörschwellen 82
Hypothesenbildung 158

I

Identität
– Begriff/Definition 249
– Theorie Erikson 249, 250
Information
– Informationsspeicherung 163
– Informationsstatus 111, 112
– Informationsverarbeitung 55, 163
innere Arbeitsmodelle 133

Instinktkoordinationen 154
Intelligenz 233, 328
– Intelligenztests 292
Interaktionen
– Mutter – Kind 231
– Säugling – Eltern 258
interaktionistische Theorien 22
intermodale Wahrnehmung 85, 105, 115
Intervention 287, 288
– Probleme 322
Interventionsansätze 312
Interventionsprogramme- Früh- 311
Interviews
– klinisch 40
– klinisches Gespräch 150
– standardisiert 40
intuitives Elternverhalten 114

K

Kategorie/Klasse
– Klassifikation 157
Kausalität 48
Kinderarmut 28
Kindeswohlgefährdungen 285
Kindheit 25–27
Klassifikation, psychiatrische
– dimensionale (Achenbach) 278, 280
– DSM-5 279
– ICD-11 279
– kategoriale 274, 277
– MAS 275
Klassisches Konditionieren 31
kognitive Entwicklung 113, 329, 334
kognitive Organisation
– sensomotorische Strukturen 152
– Verhaltenskoordinationen-Operationen 152
Kommunikation 114–116, 118, 122, 123, 188, 208, 251, 256, 258, 277

– vorsprachlich 110
Komorbidität 275
kompensatorische Erziehung 325
Konstruktion 161
Konstruktivismus 34
– Ko-Konstruktion 261
– sozial 35
Kontinuität und Diskontinuität 24
Kontrastempfindlichkeit 79
Kontrollgruppe 327
Konzept 108, 120, 159, 161, 261
– Erfolgswahrscheinlichkeit 228, 229
– Geschlechtsrollen 33
– Selbstkonzept 251–253, 259, 260, 262, 264
– Tüchtigkeitskonzept 227, 230
– Ursachenkonzepte 228
Körperhaltung 84
Korrelation 48
Kortex
– Broca-Areal 121
– Neokortex 57
kritische Periode 71
Kultur 270
Kulturvergleich 45, 89, 134, 219
– individualistisch/kollektivistisch 265

L

Labyrinthstellreflex 87
Lallphase 106
Längsschnittuntersuchung 46, 328
Lautstärke 82
Lawrence Kohlberg 192
lehrende Sprache 116
Leistungsmotivation 224, 328
– allgemeine Entwicklung 227, 228, 230
– Anspruchsniveau 225
– differentielle Entwicklung 231

- Erfolgsanreiz 225
- Erfolgsmotiv 225, 231–233
- Erfolgswahrscheinlichkeit 225
- intrinsisch 265
- Misserfolgsmotiv 225, 231, 232
- Selbstbewertungsmodell 225
Lernen 70, 330
- informelles 326
Lernumgebung 329
Lexikon 106
limbisches System 58
Lob 265

M

Magnetresonanztomographie 56
Makrosystem 36
medizinisches Modell 271
Mesosystem 36
Metaanalysen 315, 333
Migrationshintergrund 94, 97, 117, 119, 120, 297
Mikrosystem 36
Mind 188
Missbrauch 315
Misserfolgsmotivation 232
Misshandlung 261, 284, 285
Mitgefühl 194, 214, 215, 220, 223
Modelllernen 32, 33
Modellprogramme 331
Modellprojekte 309, 316
modernisierte Kindheit 93
Modularität 113
Moralische Entwicklung
- Dilemmadiskussionen 199
- Förderung 198
- gerechte Schulgemeinschaft 200
Moralisches Urteil 189
- Dilemma 192
- nach Lawrence Kohlberg 192
- nach Piaget 190
- soziale Konventionen 194

Morphologie, morphologisch 103, 108
Motiv 223
Motivation 223
motivationale Entwicklung 334
Motorik 66
- biomechanische Parameter 88
- Definition 86
- Greifen 91
- Lokomotion 89
- Regression 88
Mutter-Kind-Interaktion 232
mütterliche Stimme 81
Muttersprache/Erstsprache 81, 118
Myelinisierung 58, 65
- Entstehung 65

N

Naturphänomene, Erklärungen
- animistisch 155
- artifizialistisch 155
- finalistisch 155
Neuronen 58
- Entstehung 61
- Migration 62
- Vernetzung 62, 63
- Wettbewerb 64
Neurotransmitter 59
Nominationstechnik 139
- abgelehnte Kinder 140, 141
- beliebte Kinder 140
- durchschnittliche Kinder 140
- soziale Beachtung 140
- soziale Präferenz 140
- umstrittene Kinder 140
- vernachlässigte Kinder 140

O

Objektivität 38
Objektpermanenz 154

Objektuntersuchung 177
operantes Konditionieren 32
operantes Lernen 321

P

Pädagogik 160, 325
Partnerprinzip 118
Passung zwischen Temperament und
  Umwelt 22
Peer-Ablehnung 139
Peer-Akzeptanz 139
Peer-Status 139
Peerbeziehungen 137
– Folgen 143
– Stabilität 141, 142
personenzentriert 288
Persönlichkeit
– Definition 242
– Eigenschaften/The Big Five 242
Phonologie 103, 104
Piaget 190
Plastizität, neuronale
– Definition 60
– Dornenfortsätze 65
– im Kortex 68
– Kontrollmechanismen 68, 72
– Risiken 67
Präferenzmethode 78
Pragmatik 103, 110
Prävention- Formen 310
Programme 309
– EFFEKT 323
– Head-Start 327, 328
– Modellprogramme 327
– ProAct 311
– Qualitätskriterien 333
– Triple P 319
– Versorgungsprogramme 327
Prosodie 103, 104
prosoziales Verhalten 218
Psychoanalyse 31

Psychopathologie 70, 74
– Entwicklungspsychopathologie 70

Q

Q-Sorts 243
Querschnittuntersuchung 46

R

Referenz 107
Referenz, sprachlich 112, 123
Reflex 86, 154
Reifung 65
– Gehirn 65
Reliabilität 38
– Diagnosen 278
Resilienz 282
Risiko-Wahl-Modell 224
risikoerhöhend 284
Risikofaktoren 310
– Schutzfaktoren 282, 318

S

Schallquellen 81
Scham 209, 210, 213
– Körperscham 210
– Leistungsscham 225, 227
Schätzskalen 41
Schreitreflex 88
Schulleistung 328
Schwarz-Weiß-Denken 261
Screening-Verfahren 294
– Sensitivität- Spezifität 294
Sehschärfe 79
Selbst 251
– Begriff/Definition 251
– Differenzierung/Integration 253
– inhaltliche (objektive) Seite 251
– Prozess (subjektive Seite) 252

– Theorie James   250
Selbst-/Fremdregulation   272
Selbstbewertung   263
Selbstempfindungen   255
– das auftauchende Selbst   255
– Invarianzerfahrungen   256
– Kern-Selbst   255
– subjektives Selbst   255
– Theorie D. Stern   254
– verbales Selbst   256
Selbstkonzept (s. Konzept)   251
– kategoriale Identifikationen   259
– Selbst-Extension (Thomae)   259
Selbstobjektivierung   210, 216, 259
Selbstständigkeitserziehung   231
Selbstwertgefühl   251, 262, 328
– Definition   251
– global   260, 265
– hoch   260, 263
– niedrig   260
Semantik   103, 106
Semilingualität   119
sensible Periode   30, 71
– Beginn   73
– Ende   73
sensomotorische Intelligenz   154
sequentielles Berühren   177
Sinnessysteme   79
– kortikale Landkarten   67
somatosensorische Wahrnehmung   79, 84
– som.sens. Kortex   68
sozial-kognitives Lernen   321
sozialer Vergleichsmaßstab   262
Sozialfürsorge   324
Sozialisation   264
sozialökologischer Ansatz Bronfenbrenners   333
Sozialstatus   70, 94, 97, 120, 284, 329
Sozialverhalten   328
sozioemotionale Entwicklung   329, 334
soziokulturelle Theorie   35

soziometrische Verfahren   139
Spiel   178
– Formen   179
– Merkmale   178
Sport   94, 98
Sprache   155, 259
Sprachmischung   122
Sprechakt   111
Stillen   70, 83
Störungsbegriff   271
– Definition   273
Störvariablen   43
Strafe   235
Stressoren   284
stützende Sprache   115
Synapsen   59, 69
– Entstehung   62
Synaptogenese   62
Syntax   108
Systeme   273, 288
– kognitiver Operationen   157
– ökologisch   270
systemische Theorie   74
– Selbstkorrektur   74
– Selbstorganisation   74
Systemtheorien   88
– Motorik   92

T

Tagebücher   28, 42
Tagesbetreuung   143
– und kindliche Entwicklung   144
taktile Wahrnehmung   66, 84
Temperament   22, 135, 282
– Definition   244
– Dimensionen   246
– Erblichkeit   248
– Stabilitäten   246
Tests   70
– motorische Leistungsfähigkeit   95
Theory of Mind   184

– Autismus 187
– false belief task 185
– Theory of Mind Modul 188
Tiefensehen 66, 74, 80
Tierstudien 56
Time-Sampling-Methode 41
Tonhöhe 69, 82
transaktionales Modell 22

U

Übergewicht 93, 97
Umwelt 69
– anregende 69
– anregungsarme 67
Untersuchungsanordnungen 176
– Objektuntersuchung 177
– sequentielles Berühren 177

V

Validität 39
– ökologische 44
verhaltensorientiert 316, 321
Verhaltensstörungen 143
Vernetzung, neuronale
– konstruktivistisches Modell 63
– selektionistisches Modell 63
Verstärker 32
vestibuläre Wahrnehmung 84
visuelle Klippe 80
visuelle Wahrnehmung 69

– Greifen 92
– Hören 78
– Sehen 66, 72, 78, 79
vocabulary spurt 106
vorschulische Kinderbetreuung 326
Vulnerabilität 71, 284

W

Wachstum
– Retardierung 70, 73
Wahrnehmung 66, 77
– Bottom-up-Prozess 77
– Top-down-Prozess 77
Wirksamkeit 315, 331
– EFFEKT 324
– Head-Start 327
– klinische Studien- Studien zu Versorgungsstrukturen 316
– Triple P 322
– vorschulische Betreuung 326
Wissensbestände
– Experten-Novizen 171
– Netzwerke 170
Wissensrepräsentation
– intuitive Theoriebildung 174

Z

zentrales Nervensystem 57
Zielsetzung 226
Zone nächster Entwicklung 35